北大社"十四五"普通高等教育本科规划教材
高等院校经济管理类专业"互联网+"创新规划教材

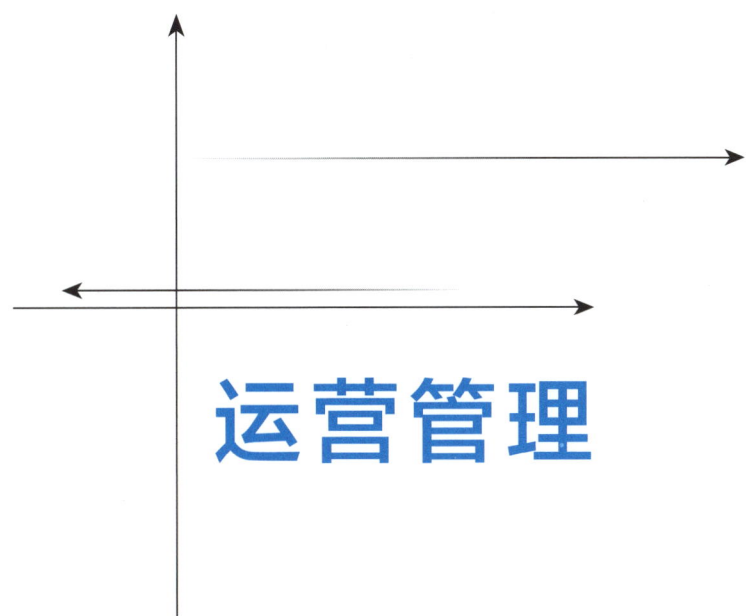

运营管理

马丽娜 ◎ 主编

北京大学出版社
PEKING UNIVERSITY PRESS

内 容 简 介

本书系统阐述了运营管理的相关理论，旨在帮助读者全面掌握运营管理的核心知识和技能，同时强调企业在追求经济效益的过程中，必须注重社会责任和道德伦理，以实现经济效益和社会效益的双赢。本书将学术前沿和企业实践紧密结合，在运营管理概论，运营战略、生产率和竞争优势，产品和服务设计，设施选址与布置优化，工作设计，生产计划，作业计划，运营能力管理，库存管理，物料需求计划与企业资源计划，供应链管理，新型生产方式等关键领域展示了运营管理的最新理论成果和实践应用。

本书既可作为高等院校"运营管理"课程的基础教材，也可为企业管理者、运营专业人员、学术研究人员提供丰富的学术启示和实践指导。

图书在版编目（CIP）数据

运营管理 / 马丽娜主编. -- 北京：北京大学出版社，2024.12. --（高等院校经济管理类专业"互联网+"创新规划教材）. -- ISBN 978-7-301-36095-8

Ⅰ.F273

中国国家版本馆 CIP 数据核字第 2025ZZ0868 号

书　　名	运营管理 YUNYING GUANLI
著作责任者	马丽娜　主编
策划编辑	王显超
责任编辑	赵天思
数字编辑	金常伟
标准书号	ISBN 978-7-301-36095-8
出版发行	北京大学出版社
地　　址	北京市海淀区成府路 205 号　100871
网　　址	http://www.pup.cn　新浪微博：@北京大学出版社
电子邮箱	编辑部 pup6@pup.cn　总编室 zpup@pup.cn
电　　话	邮购部 010-62752015　发行部 010-62750672　编辑部 010-62750667
印刷者	北京市科星印刷有限责任公司
经销者	新华书店
	787 毫米 x 1092 毫米　16 开本　25 印张　602 千字 2024 年 12 月第 1 版　2024 年 12 月第 1 次印刷
定　　价	68.00 元

未经许可，不得以任何方式复制或抄袭本书之部分或全部内容。
版权所有，侵权必究
举报电话：010-62752024　电子邮箱：fd@pup.cn
图书如有印装质量问题，请与出版部联系，电话：010-62756370

前言
Preface

随着新一轮科技革命和产业变革的深入发展，我国迎来了新的战略发展机遇。世界百年未有之大变局加速演进，在国家战略层面，无论是党的二十大报告还是"十四五"规划，都强调破局的关键是"高质量发展"，而发展新质生产力是推动高质量发展的内在要求和重要着力点。新质生产力已经在实践中形成并展示出对高质量发展的强劲推动力、支撑力，代表着科技革命和产业变革的新方向、新趋势。习近平总书记强调，要根据科技发展新趋势，优化高等学校学科设置、人才培养模式，为发展新质生产力、推动高质量发展培养急需人才。借此契机，本书融入数字化、智能化、绿色化等元素，以探索工商管理专业人才培养的新动能。

"运营管理"课程是工商管理专业的核心课程，具有理论交叉多、实操性强等特点。本书的编写不仅关注理论知识的传授，更注重实践操作的指导，力求强化学生的创新思维，以及跨界合作、信息技术应用等能力，从而使他们能够胜任未来复杂多变的管理工作，为推动高质量发展、建设现代化经济体系贡献自己的力量。

本书力求在现有"运营管理"课程的相关教材框架的基础上加以创新和完善，体现出如下特点。

理论与实践相结合：本书力求"顶天立地"，在介绍运营管理经典和前沿的理论研究，讲解有关工具、方法和模型的基础上，引入企业运营管理的典型实例，通过理论与实践的结合，为读者提供一本综合的企业运营管理指南，也为读者理解企业运营管理的本质、把握未来发展脉搏提供有益的参考。

思政引入与价值引领：本书在编写过程中将课程思政元素适当融入章节，引导读者关注国家的战略政策、时政热点，自觉把小我融入大我，将社会主义核心价值观内化为精神追求、外化为自觉行动。

前沿技术与管理方法：本书涵盖了当前运营管理领域的前沿技术和管理方法，介绍了可持续发展、企业道德、绿色制造、智能制造等新理念和新技术的应用。

教材配套与教学互动：本书在结构设计上设置了"本章要点""引例""思维风向""知行合一""习题"等板块，增强了本书的可读性，也为读者提供了更多的思考和讨论空间。同时，本书提供教学PPT和习题等资源，增强了教学活动的便捷性，推动教学与学习相互促进。

本书的编写工作，是在吉林大学商学与管理学院马丽娜教授的主导和指导下进行的。作为本书的主编，马丽娜教授长期深耕运营管理教学一线，拥有丰富的教学经验和深厚的专业知识。马丽娜教授对教材的整体结构和内容进行了梳理和规划，带领团队完成了教材内容的编写工作，保证了教材的学术性、实用性和权威性。教材编写的具体分工如下。第1章：马丽娜、黄玮玮；第 2 章：黄玮玮、刘炎炎；第 3 章：黄玮玮、刘炎炎；第 4 章：马丽娜、秦岭；第 5 章：秦岭；第 6 章：马丽娜、黄梓曦；第 7 章：郑文欣；第 8 章：黄梓曦；第 9 章：马丽娜、郑文欣；第 10 章：郑文欣；第 11 章：王国库；第 12 章：王国库。修订和校对工作主要由郑文欣、黄梓曦完成。

　　本书在编写过程中得到了吉林大学商学与管理学院的大力支持，北京大学出版社的编辑老师也为本书的修改和完善提供了宝贵的意见，在此谨向他们表示衷心的感谢。

　　由于编写时间紧迫，编者才疏学浅，本书可能存在疏漏和不足之处，在此诚恳地请求专家学者和同行们给予批评和指正，以便不断改进和提高。

编　者
2024 年 11 月于吉林大学

【资源索引】

目录

第1章 运营管理概论 / 001
1.1 运营管理的定义及其实质 / 002
1.2 运营管理的内容 / 008
1.3 运营管理的历史演变 / 017
1.4 运营管理的发展趋势 / 025
习题 / 030

第2章 运营战略、生产率和竞争优势 / 035
2.1 运营战略规划 / 036
2.2 生产率 / 047
2.3 赢得竞争优势 / 049
习题 / 053

第3章 产品和服务设计 / 058
3.1 产品和服务设计的综合框架 / 060
3.2 质量功能展开与价值分析 / 073
3.3 流程分析与选择 / 087
3.4 服务设计 / 098
3.5 技术选择——数字化流程管理和自动化 / 107
习题 / 118

第4章 设施选址与布置优化 / 126
4.1 设施选址决策 / 127
4.2 设施布置决策 / 132
4.3 仓库布置 / 143
4.4 选址与布置决策的定量分析法 / 144
4.5 装配线平衡 / 152

4.6　办公室布置 / 157
4.7　现代设施布置的数字化应用 / 158
习题 / 161

第 5 章　工作设计 / 168

5.1　工作设计概述 / 169
5.2　工作测量 / 172
5.3　人－机工程 / 179
习题 / 185

第 6 章　生产计划 / 189

6.1　综合计划 / 190
6.2　主生产计划 / 203
6.3　收益管理 / 208
习题 / 210

第 7 章　作业计划 / 215

7.1　作业计划概述 / 216
7.2　载荷 / 219
7.3　服务业环境中的作业计划 / 223
7.4　排队管理 / 227
7.5　人员班次计划 / 231
习题 / 236

第 8 章　运营能力管理 / 242

8.1　概述 / 243
8.2　产能的度量 / 248
8.3　运营能力规划方案的分析与评价 / 250
8.4　运营能力管理的意义 / 255
8.5　需求预测 / 256
习题 / 276

第 9 章　库存管理 / 281

9.1　库存及其作用 / 282
9.2　库存问题的分类 / 285
9.3　库存控制系统 / 285

9.4 单周期库存问题的基本解决方法 / 288
9.5 确定型均匀需求库存问题的基本模型 / 289
9.6 不确定型库存问题的订货批量和订货点 / 294
习题 / 297

第 10 章 物料需求计划与企业资源计划 / 303

10.1 物料需求计划概述 / 304
10.2 物料需求计划与能力需求计划的关系 / 308
10.3 服务业中的物料需求计划 / 309
10.4 物料需求计划的扩展 / 309
习题 / 314

第 11 章 供应链管理 / 319

11.1 供应链的管理思想及发展趋势 / 320
11.2 供应链系统设计 / 324
11.3 供应链管理与物流管理 / 328
11.4 供应链管理与库存管理 / 331
11.5 供应链管理与采购管理 / 336
11.6 供应商管理 / 343
11.7 牛鞭效应 / 345
11.8 供应链的发展方向 / 349
习题 / 360

第 12 章 新型生产方式 / 363

12.1 精益生产 / 364
12.2 敏捷制造 / 367
12.3 约束理论 / 369
12.4 智能制造 / 372
12.5 云制造 / 375
12.6 3D 打印技术 / 377
12.7 绿色制造 / 379
习题 / 383

参考文献 / 385

附录 AI 伴学内容及提示词 / 387

第 1 章

运营管理概论

古人说:"有一定之略,然后有一定之功。略者不可以仓卒制,而功者不可以侥幸成也。"正确的战略需要正确的策略来落实。

——习近平

管理者的一项具体任务就是要把今天的资源投入到创造未来中去。

——彼得·德鲁克

本章要点

- 理解运营管理的概念。
- 掌握运营管理的分类。
- 掌握运营管理理论的发展历程。
- 了解运营管理的发展趋势。

东航飞行记录本的前世今生

"飞行记录本"是飞机的伴飞笔记，用于记录飞机每次飞行的具体信息，主要记录飞机故障的发生、分析和排除的整个过程，是飞机飞行质量的重要保障。飞行记录本又分为飞机技术记录本和客舱记录本。

2021年前，飞行记录本主要是纸质的，依靠手工记录、人工传递的方式进行记录和传递，存在着物理触点多、手工输入数据低效、原始飞行记录只是数据的简单堆积而没有发挥"数据库"作用等缺陷。传统的记录方式和传递流程导致航空公司很难整体、全面、精准地把握飞机状态，降低了飞机的使用效率。

中国东方航空公司（简称"东航"）针对传统纸质飞行记录本的弊端对其进行数字化升级，在中国民航系统中首次使用电子飞行记录本。东航通过对飞行记录本实施数字化输入、高速传输、建立数字库、数据共享等措施完成了对飞行记录本的数字化升级。东航的电子飞行记录本使东航的飞机在全球任何一个航点，都可以让机组人员通过轻触屏端让后台马上收到信息，为飞机更新实时信息，并使信息实时体现在东航的系统中。

通过电子飞行记录本，东航不仅实现了降本——降低了大量的纸张和人力成本，更重要的是实现了增效——对飞机状态、维修状况等都有了更精准的把握，也减少了人为因素造成的差错，提高了飞机的使用效率。

资料来源：http://www.cmcc-dlut.cn/Cases/Detail/6634 [2025-03-01].

1.1 运营管理的定义及其实质

1.1.1 运营管理的定义

1. 运营及运营管理的概念

竞争，即"不同主体争夺有限资源的过程"，所以企业竞争与军事竞争具有颇多相似之处。企业运营职能相当于军事后勤职能。后勤是"后方对前方的一切供应工作"。供应即供给方提供满足需求方需要的物资，所以后勤可以理解为后方从各方筹集前方所需要的物资，"保质、保量、按时"送到指定位置的工作。从后勤的定义中可以看出影响后勤的几个关键要素：对象（物资）、来源及途径（从各方筹集并送到指定位置）、绩效标准（保质、保量、按时）。与之类似，简单地说，运营就是企业生产产品和提供服务的全过程，即企业将输入的资源转化为输出的产品和服务。运营管理就是企业为了满足需求，对企业的生产运营系统进行规划、设计，通过组织资源、生产制造和管理培训等，将资源（人员、材料、流程等）转化成产品和服务的所有管理的总和。

"打仗就是打后勤"——企业竞争本质上也是运营职能的竞争。军事后勤管理与企业运营管理的比较见表1-1。

表1-1 军事后勤管理与企业运营管理的比较

类型	应用领域	服务对象	输出对象	考核标准	过程	过程本质
军事后勤管理	战争	作战部队	物料;人员;设施;服务	速度快;服务好;费用低	物料的设计、筹集、储存、发送、保养、撤离和处理;人员的集中、运输、医护和撤离;设施的设计、保养、运作和处置;服务的筹集、提供和维护	转运
企业运营管理	企业竞争	一线营销人员/顾客	产品;服务	时间短;成本低;符合需求	设施选址、产品设计、工艺设计、工厂布局、物料管理、质量控制、维护管理	转化

2. 企业运营职能和其他职能的关系

企业的运营能力决定了企业能否在市场竞争中获得竞争优势。企业一直在寻求其资源供给与市场需求之间的平衡和匹配。一方面，产能过剩导致供给过多时资源将被浪费；另一方面，产能不足则意味着市场需求得不到满足，企业会逐渐失去市场。在企业内部，企业供应端的职能主要是运营职能，企业需求端的职能主要是营销职能。

一般情况下，企业具备三个基本职能：财务职能、运营职能和营销职能（图1-1）。

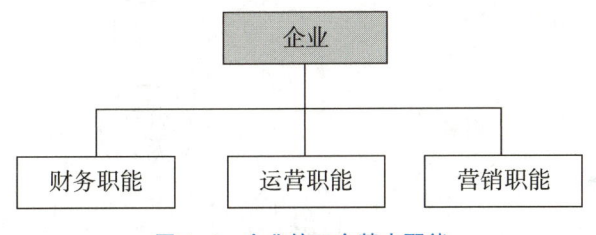

图1-1 企业的三个基本职能

企业的运营职能主要指向需求端提供产品和服务的职能。为了实现运营职能，企业需要协调其他职能部门进行配合，以期需求端所需要的资源能够得到持续有效供给。

财务部门通常要进行筹资、投资和营运活动，为保证企业实现运营职能而进行价格分析、资金分配和使用，因此财务职能会对运营职能的正常开展产生重要且关键的影响。

企业最主要的营销职能包括顾客需求分析、竞争对手分析和价值传播。营销部门是运营部门的需求发起端和产品、服务的接收端，任何市场需求信息不准确或任何原因导致的销售受阻都将会造成运营资源的巨大浪费。

企业竞争从根本上说是企业运营职能的竞争，运营职能在企业三个基本职能的相互依赖和相互配合的过程中处于核心地位。在某种程度上，企业的运营职能是营销职能和财务职能价值能够实现的基础。虽然企业的三个基本职能部门在进行各自的活动，但各职能部门所做的决策也会对其他职能部门产生不同的影响。因此运营部门需要和财务部门、营销部门进行积极的沟通。财务部门和营销部门的职能见表1-2。

表 1-2　财务部门和营销部门的职能

部门	职能
财务部门	编制及调整定期预算
	分析投资方案
	资金筹集和供应
营销部门	顾客需求分析
	竞争对手分析
	价值传播

运营部门除了应与财务部门、营销部门积极配合，还要和采购部门、人力资源部门、法律部门、公共关系部门等互相联系、互相配合（图 1-2）。

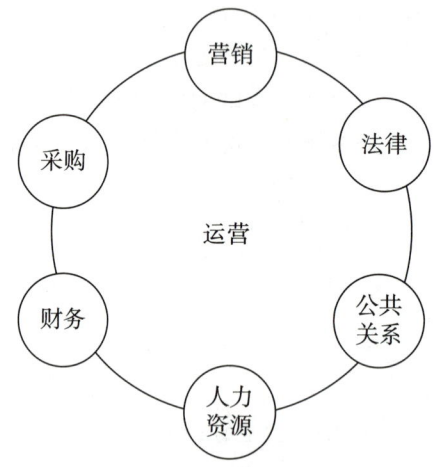

图 1-2　运营部门与辅助部门的相互配合

拓展知识

供应链的定义

供应链和运营的本质是一样的。供应链的定义有很多。

从用户角度（广义的供应链定义），供应链是由采购商、供应商、制造商和分销商组成的团队，按照时间顺序以团队接力的形式完成从采购、制造到交付的所有人员、设施、设备组成的网络。

从企业角度，供应链是企业运营管理的一部分。供应链的"链状流程"涉及从原材料到初级供应商、一级供应商、制造商、分销商再到顾客的所有过程（图 1-3），这个过程涉及采购原材料、生成总成部件、制造产品、销售产品、交付产品及售后服务。

供应链的名称形象地说明了供应链的特征——"链状流程"，每个节点代表着一个相关的操作流程。"链状流程"说明了供应链的两个本质特征：相继的、互联的。供应链中的每个节点既是下游的供应商又是上游的顾客。供应链中的所有节点在根本利益上是一致的，其中任何一个节点因人为因素或不可抗因素而中断都会导致整个供应链中断。

供应链本质上也是一种流程，每个节点都可以看作其子流程。图1-4可以展现这一点。

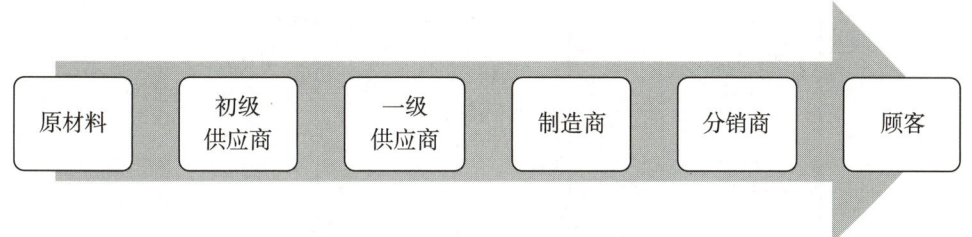

图 1-3 供应链的"链状流程"

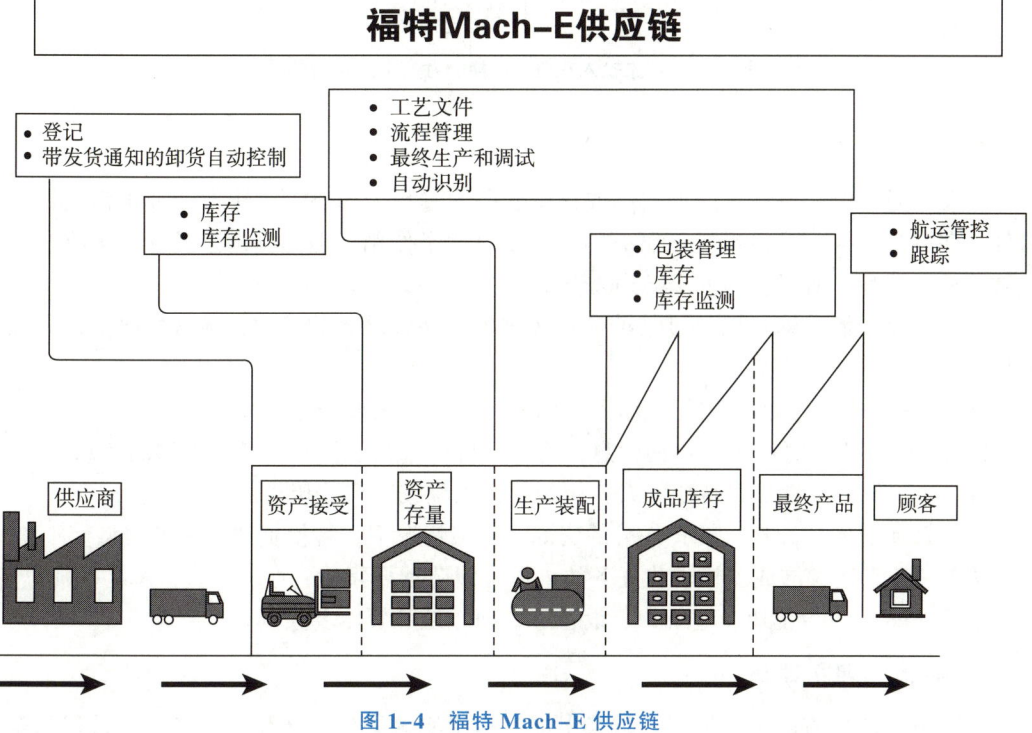

图 1-4 福特 Mach-E 供应链

当然也可以用树的形式来形容供应链：树干、树枝和树叶，可以将之理解为供应链主流程、子流程和分流程。

从企业角度看，供应链的外部流程包括：接受其他企业提供的原材料、设备、部件等输入，同时以产品或服务的形式向顾客输出；供应链的内部流程为在企业内部将原材料加工成产品或服务。

1.1.2 运营管理的实质

运营就是将投入转化（转换）为产出的过程，运营职能就是通过转化（转换）带来增值（图1-5）。

图1-5展现了运营的四个要素：投入、转化（转换）过程、产出及控制。通常情况下，人们将资源要素（土地、劳动、资本、信息等）作为投入，通过转化（转换）过程（切削、组装、运输等）产出产品或服务。为了保证产品或服务的质量，在转化（转换）和产出的各个阶段，人们需要参照标准进行监测和反馈从而进行控制。

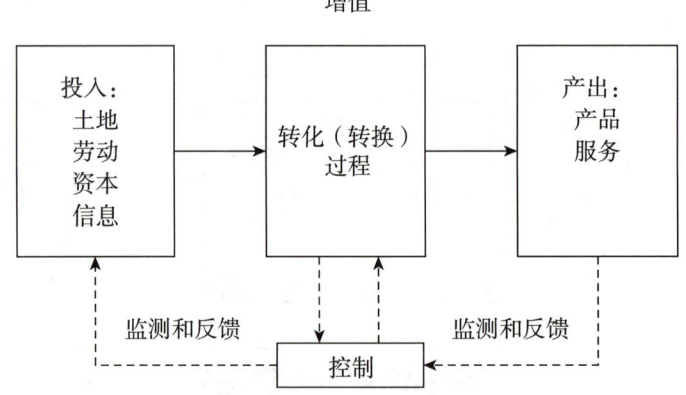

图 1-5 有关投入转化（转换）为产出的运营职能

1. 投入

投入的资源中有一些在生产产品或提供服务的过程中形态发生了改变或被消耗掉，而另外一些则是在生产产品或提供服务的过程中发挥了作用，但是其形态没有发生改变或没有被明显地消耗，所以投入的资源通常分成两类。

（1）转化资源，即可以通过某种形式转化为产品或服务的资源，通常情况下，有三种类型。

原材料——生产过程中的物理输入，例如：汽车公司使用零件生产汽车。

信息——在生产过程中使用的信息，例如：咨询公司、律师事务所提供的信息。

顾客——发生某种形式转变的人，例如：在医院或美容院接受服务的人。

（2）转换资源，即执行转化任务的资源，一般情况下，转换资源有两种类型。

员工——直接参与或支持转化任务的人员，即劳动要素。

设施——一般指土地、建筑物、设备等，即土地和资本要素。

2. 转化（转换）过程

运营职能的实质就是在转化（转换）的过程中实现增值。转化（转换）的过程指企业接受投入资源并对其进行转化（转换），为顾客提供产品或服务的过程。对转化（转换）过程的举例说明见表 1-3。

表 1-3 对转化（转换）过程的举例说明

地点	投入	转化（转换）过程	产出
麻辣烫店	生蔬菜 熟食 水 清洗设备 劳动 餐具 桌椅	清洁 切割 蒸煮 清洗	麻辣烫

续表

地点	投入	转化（转换）过程	产出
医院	医生、护士 医院房间 设备 医疗用品	检查 监测 治疗	健康的人

3. 产出

产出通常指有形的产品或无形的服务，需要注意的是，提供产品与提供服务不是截然分开的，很少有只提供纯产品或纯服务的情况，多数情况下，企业提供的是一个同时包含产品和服务的产品包。不同行业提供的产品包中产品和服务所占的比例有所不同（图1-6）。

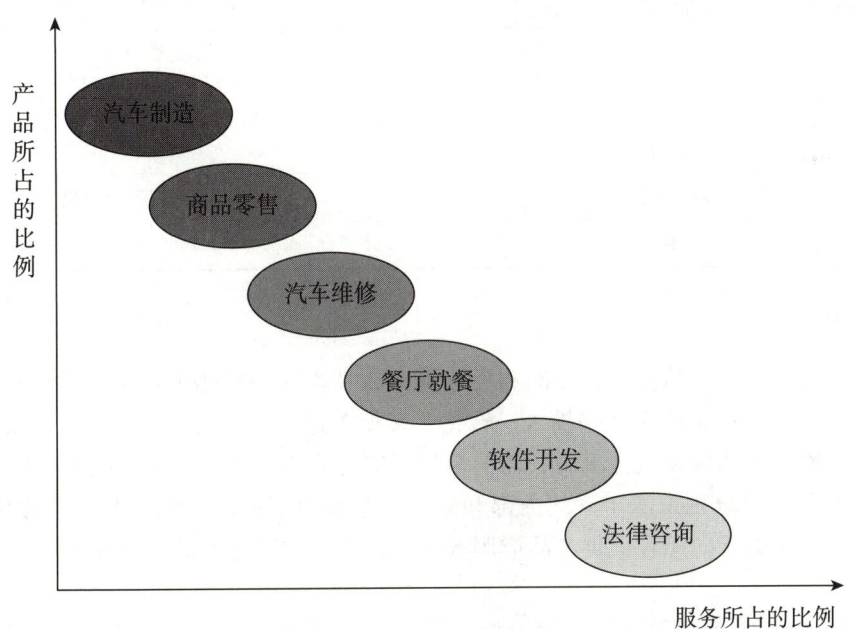

图1-6 不同行业提供的产品包中产品和服务所占的比例

尽管企业向顾客提供的产品和服务总是相伴而行，但是产品和服务是既有共同点也有差异之处的两种产出类型。服务的本质是活动，企业通过向顾客提供服务使顾客获益。由于活动具有抽象性，因此服务不涉及所有权问题。相对于产品，服务通常具有以下五项特征。

（1）无形性：因为没有实物或者仅有少量实物存在，所以服务是无形的。服务的无形性是指顾客在没有接触服务时，既无法看到也无法触摸它。无形性是服务的决定性特征。服务营销人员需要让顾客能够"看到"无形的服务，即"无形服务有形化"。

（2）异质性（可变性）：鉴于服务的本质，每一次提供的服务都是独一无二的，即使是同一名顾客的同一个服务需求由同一名提供者提供服务，所提供的服务也可能完全不同。

（3）易逝性（没有库存）：服务具有易逝性，无法储存起来以供将来使用，服务一旦使用就无法储存、退回或转售。提供给顾客后，服务随即被完全消耗。例如，当顾客对一名理发师提供的服务不满意时，他也只能接受这样的事实：要么接受这个发型，要么再剪短一些。

（4）不可分离性（同时性）：服务的生产和消费在同一时间进行，服务在生产时必须被消费。服务是一项活动，服务的提供者和接受者应该在同一时间提供和接受服务。

（5）参与性：服务的接受者和提供者都参与，服务才能进行，顾客参与服务提供过程是服务的重要特征。顾客通常将服务视为双方共同创造的结果——服务的"决策权"在顾客方面。

产品和服务的主要差异见表1-4。

表1-4　产品和服务的主要差异

产品	服务
有形的	无形的
均质的	异质的
不易逝的	易逝的
生产和消费可分离	生产和消费不可分离
无须共同参与	共同参与

4. 控制

控制通过监测和反馈实现，监测和反馈循环在"投入—转化（转换）过程—产出"的所有环节中。反馈信息用来调整投入、转化（转换）过程及相关的操作系统以实现期望的产出，系统对积极的反馈进行巩固，而消极的反馈可能会导致系统改变投入或转化（转换）过程。反馈的信息分别来源于系统内部和外部，系统内部信息来源于测试、评估等环节；系统外部信息来源于向顾客提供产品或服务的销售人员或服务人员及顾客本身。

1.2　运营管理的内容

1.2.1　运营管理的管理对象

运营管理有两个管理对象：运营过程和与之相适应的运营管理系统。运营过程是将投入转化（转换）成产出的过程，是价值增值过程或者劳动提供过程。运营管理系统则是运营过程得以实现的手段和措施，其构成与运营过程中转化（转换）过程的物理转化过程及管理过程相对应，所以运营管理系统由物理系统和管理系统构成。

1.2.2　流程管理

流程管理是运营管理的关键问题。流程是为了实现特定的目标或结果而采取的一系列把输入转化成输出的、连续的步骤或行动。流程是企业开展活动的基本组织工具，某种程度上可以说，企业是靠流程组织起来的。企业所有的管理工作都有流程的要素。

1. 流程的分类

一般来说，企业流程分为对内流程和对外流程。对内流程通常包括三大类型。

（1）高级管理流程，也称决策流程。企业通过高级管理流程实现对企业整体运营的把控。例如：战略规划流程。

（2）运营流程，是为顾客创造价值的核心流程，是端到端的增值流程。例如：采购流程、顾客管理流程。

（3）支持流程，也称职能流程，是为运营流程提供支持，间接为顾客创造价值的流程。支持流程为高级管理流程和运营流程的正常运行提供保障，同时也可以独立运行。例如：信息技术流程、人力资源流程。

对外流程则分为面向供应商的流程和面向顾客的流程。无论是面向供应商还是面向顾客，本质上都是一个流程，体现了供应链和流程的特征。流程内每个企业或企业内部门都是其上游企业、部门的顾客，同时也是其下游企业、部门的供应商。任何一个节点出现问题都会导致不能向顾客"保质、保量、按时"交付产品或提供服务，最终会让整个流程所有环节的参与者的利益都受到损害。

按照职能划分，企业流程分成管理流程和业务流程。管理流程是企业对内面向企业目标时，能够通过降成本、控风险，在提升顾客满意度的同时提升企业效益的流程。业务流程是企业对外面向顾客时，能够通过转化（转换）实现增值的流程。管理流程是业务流程得以实现的保障。

流程通常具有以下几个特征。

（1）目标性。流程的目标性极强，流程决策一旦确定，就不再考虑为什么这样做，而是考虑怎样去做，即从执行的角度把企业确定的目标实施到位。也就是说，在决策确定以后，每个流程要解决的就是怎样去更好地实现决策目标。一个流程通常由主流程和子流程组成，呈"树状"，每个流程都有其目标，这些子流程的共同目标是主流程的目标。

（2）全局性。流程中每个节点的价值得以实现的前提是整个流程价值的实现，因此在流程的每个节点都要站在全局的角度去思考如何完成该节点的使命。

（3）合作性。流程的所有环节不是竞争关系，而是合作关系。流程中任何环节的缺失都将导致整个流程效率降低甚至停止运行，因此，流程中所有部门必须有合作的意识。当高级管理者具备流程思维并能够以流程的观点处理事务时，企业目标将更清晰，企业将获得更多的支持力量，最终将会使企业获得更大的收益。

企业流程管理是企业内部的管理。通常，企业流程管理涉及流程的设计、实施和监控。

运营管理和供应链管理在流程管理方面通常要面对的主要问题是流程变化。

2. 流程变化

流程能力的供给与需求之间最完美的状态是供给与需求完全匹配。流程能力不足将导致顾客不满意度提高，最终会导致企业失去市场、收益降低；流程能力过剩则是浪费，流程能力浪费最终会导致成本增加而使企业失去竞争力。准确的市场预测是实现流程能力的供给与需求匹配的前提。企业要将市场预测转化为流程能力需求预测，组织流程能力资源去满足这些需求。恰当的流程能力能够满足预期的流程能力需求。可是流程本身常常由于各种原因出现变化,以及需求也常常变动。这些因素导致流程能力供给与需求之间总是难以达到平衡的状态。企业管理人员总是要面对各种原因导致的流程变化。流程发生变化的原因主要有两个方面。

(1)需求方面发生变化。通常情况下,无论是季节性还是趋势性的需求变化,都是可以被预测到的,这是企业的基本能力。

(2)供给方面发生变化。主要体现为流程在产品与服务方面发生的变化,流程的随机性变化和系统性变化。

① 流程在产品与服务方面发生的变化表现为交期变化和质量变化。产品或服务的交期通常受需求与产能的关系、产品复杂性、库存状况、运送距离及供应商等因素的影响。导致产品或服务质量发生变化的原因多数是5M1E涉及的要素,即人员、设备、原材料、方法、测量和环境。

② 流程的随机性变化。随机性变化是相对于常见变化而言的,常见变化是主要的变化,其呈正态分布且可以预见,是可以通过试验、检测、统计分析来预测的。随机性变化则相对复杂,具有以下特点:

a. 流程中新的、未预料到的或之前被忽视的事件;

b. 这些变化通常是不可预测的;

c. 没有历史经验可以借鉴。

随机性变化难以预测的特点,使得对随机性变化的应对体现出企业真正的流程管理能力。

③ 流程的系统性变化。系统性变化通常是由人员、设备等因素导致的变化,具体原因包括信息传递错误、输入错误、使用错误方法或设备不完善等。通过对流程进行分析和完善、对人员进行培训等可以减少这类变化的发生。

流程管理者的大部分时间都在应对流程的变化。流程的变化会给运营流程和供应链流程造成非常大的影响,影响到运营和供应链最优目标的实现。无论是主流程还是子流程都要时时面对流程变化,本书后文还会对流程变化进行详细描述。

1.2.3 运营管理的范围

通常情况下,每个企业运营管理的范围都不会完全相同。运营管理人员主要进行的工作有四个方面:运营战略规划、运营管理系统设计、运营管理系统运行以及运营管理系统维护与改进。

1. 运营战略规划

除非垄断,一般而言,竞争是企业面临的常态。企业间竞争的媒介是产品或服务,因此能够将投入转化成产品或服务的企业运营职能是企业间竞争的关键要素。通过规划运营战略获得竞争优势是企业实现可持续发展的关键,企业的竞争优势在市场端最终体现在高质量、低成本和快速交付几个方面。

实际上企业获得竞争优势的途径有很多,例如投入资本或者技术。但是无论哪一种投入都需要企业的运营职能来实现转化。所以良好的运营管理能力是企业提升竞争力最直接也是最有效的途径。企业间竞争的实质是企业间运营管理能力的竞争。

为了创造和保持企业的竞争优势，企业需要重视运营战略。第一，要使企业的运营战略与企业的使命、愿景和战略相匹配；第二，要使企业的运营战略与运营管理人员负责的其他工作之间能够密切配合；第三，要使运营管理系统的设计、运行、维护与改进能够有效展开（图1-7）。

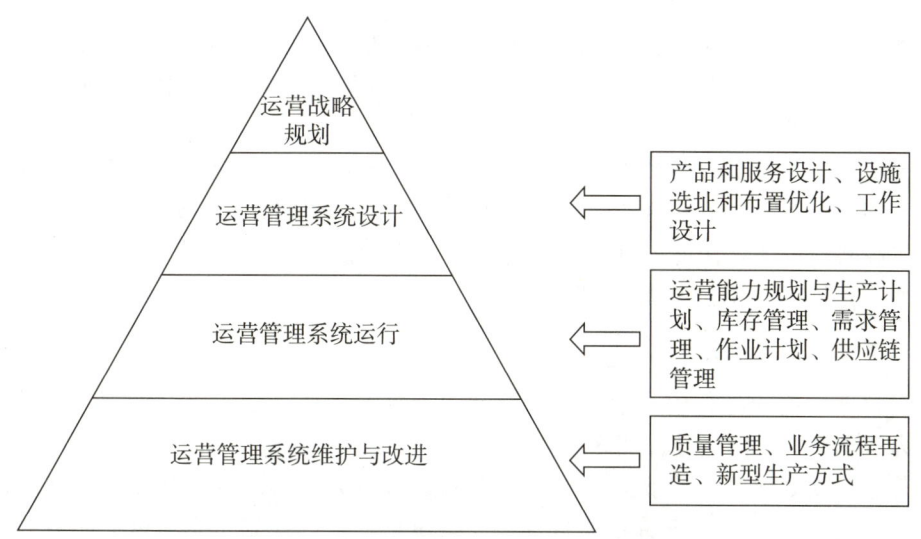

图1-7　运营战略与运营管理系统的设计、运行、维护与改进

2. 运营管理系统设计

运营管理系统的设计内容包括：产品和服务设计、设施选址和布置优化、工作设计。这些内容涉及的问题都是运营管理的基本问题，对这些问题的决策涉及运营战略甚至组织战略的范畴，对运营管理的后续影响很大，一旦确定下来，不到万不得已是不能进行修改的，因为一旦修改就意味着巨大的浪费和巨额的投入。

产品和服务设计不仅是产品和服务开发的重要环节，也是运营管理的重要环节。产品和服务开发不仅是针对产品和服务本身进行设计，还要在组织战略和运营战略的框架下，结合企业的资源，协调运营管理中的各个环节，包括原材料采购、生产制造、物流运输、仓储，甚至需要协调供应商、经销商和顾客，设计出既能满足顾客需求的质量功能，又能降低成本使整个供应链获得相应收益的产品和服务。产品和服务设计作为运营管理的发起端需要从战略高度用系统的方法确认顾客真正的需求是什么，怎样才能够从整体上满足顾客的需求。产品和服务设计涉及运营过程的所有环节。

设施选址和布置优化是企业经济效益的决定性环节之一。设施作为生产运营过程中的物理手段，一般是企业投资的最大硬件。设施选址对以后的设施布置、生产运营成本、产品和服务质量、物流成本、仓储成本等都会产生巨大影响。如果选择不当，就很难通过其他的管理手段弥补其产生的后果，因此设施选址需要慎重权衡和决策。在进行选择时，需要综合考虑多方面的因素，要考虑到全球化发展趋势、区域经济发展不平衡、城市规模和人口迁移等因素。企业的选址要结合企业的性质、使命和资源而定，工程选址通常要多考虑成本，服务性较强的组织则通常会选择接近消费者的区域。无论哪一种选择，其目标都是为企业创造竞争优势。设施布置就是将企业内的物质设施按照某种生产目的进行一定的组合和布置的过程。设施布置既要考虑到流程内的经济活动单元的总体状况,又要考虑到各个经济活动单元的特殊情况,例如空间、形状等,从而达到既能高效协同又没有浪费的布置目的。设施布置由顾客需求形式决定,同时受企业规模、产品设计、工艺要求及企业专业化水平和协同能力等多方面因素的影响。

工作设计,也称岗位设计,即在充分分析的基础上,对各个岗位进行分析、研究,明确岗位职责以达到帮助企业完成目标的目的,同时研究在完成岗位工作的基础上如何通过提高员工的满意度达到提高员工工作积极性的目的的设计工作。工作设计要满足企业的需求,同时也要兼顾员工的需要。工作设计的难点在于设计要充分考虑"人"的因素,岗位工作绝不能过分单一,单一容易让人感觉枯燥乏味;也不能难度太高,难度太高会对员工技能有更高要求;还要让员工有工作的成就感。因此在进行工作设计时,工作内容要有广度、深度、完整性、自主性和反馈性特征。

3. 运营管理系统运行

运营管理系统的运行内容包括:运营能力规划与生产计划、库存管理、物料需求计划、能力需求计划、供应链管理等。

运营能力规划解决的是企业规模的问题,运营能力过剩,企业将面临过高的运营成本;运营能力不足,则意味着企业将逐渐失去市场。生产计划是企业运营能力的重要体现,生产计划既要满足顾客需求的交期和品质,又要控制成本使企业获得收益,同时还要对生产的准备、分配和使用过程进行计划。

库存管理通常由库存控制和仓库管理两部分组成,是管理企业库存水平的过程。库存管理包括对要从仓库运送到最终目的地(理想情况下为顾客)或要进行处置(不理想情况下)的产品的管理。库存管理系统还监控产品的移动、使用和存储情况。库存管理的目标是保持生产所需或顾客所需的每种产品的最佳数量,适当的库存控制有利于跟踪采购订单并保持供应链正常运转。准确需求预测和库存周期管理是库存管理的常规手段,但是库存管理也要时时应对不确定性问题。数字化流程管理给库存管理带来阶段性的变革,物联网的出现更是给其带来了革命性的变化。

物料需求计划(Material Requirements Planning,MRP),也称物料准备计划,是企业根据产品需求在结构和数量上的关系,以单品为对象,以完成时间为参考进行的倒排计划。物料需求计划可以帮助企业定义需要什么、需要多少以及何时需要材料,并根据成品生产计划进行逆推。物料需求计划将成品生产计划转换为在既定时间内生产最终产品所需的子组件、零件和原材料的需求列表。物料需求计划能帮助企业掌握库存需求,同时平衡供需。

能力需求计划(Capacity Requirements Planning,CRP)是确定企业的可用生产能力能否实现其生产目标的管理方法。能力需求计划首先着眼于企业的计划生产进度,然后根据企业的生产能力权衡时间表,看看实现生产目标是否现实。如果发现其生产能力不足,可能会改变生产目标或采取其他措施使生产能力能够实现生产目标。能力需求计划与物料需求计划齐头并进,能确保企业拥有可满足生产需求的物资。

供应链将原材料开发为成品并交付给最终顾客。供应链管理(Supply Chain Management,

SCM）是对产品和服务流的集中管理，包括将原材料转化为最终产品的所有流程。供应链管理涉及采购、运营、物流、仓储和营销渠道等多个要素。供应链需要面对可持续性发展、不确定性/波动性风险等问题。供应链管理从全局角度协调供应链从原材料供应到产品交付和售后维护或召回等环节，其期望最大限度地提高整条供应链的总收益并最大可能地降低供应链内合作伙伴之间冲突的总成本。现在供应链管理又出现了一些新的发展趋势：越来越多的企业开始关注时间和速度；服务质量和质量创新成为提高企业绩效的力量；供应链组织成员精简成为新的潮流；顾客满意度越来越受重视导致企业越来越重视与物流企业的关系，因为物流企业成为了可以提高服务水平的合作者；数字化的发展对供应链影响深刻，可持续发展理念被越来越多的企业所接受。例如：物流企业是供应链中的重要部分，中国大部分新能源牵引车和载货车被专业物流企业所采购。

4. 运营管理系统维护与改进

运营管理系统的维护与改进内容主要有：质量管理、业务流程再造、新型生产方式。

质量是企业生存的根本保证和生命线。质量能够满足顾客对功能、特性或能力的需求。质量管理即计划、组织、协调企业内不同活动和行为，以确保提供的产品和服务是一致的，同时提供这些产品和服务的方法也是一致的。因此一致性是质量管理的典型特征。

质量管理通常由四个部分组成：质量规划、质量保证、质量控制和质量改进。其中，质量规划是关键，按照质量大师田口玄一的理论，产品的质量决定于产品设计阶段。现在全面质量管理（Total Quality Management，TQM）已经在很多国家的企业中推广开来，全面质量管理可以概括为一个以顾客为中心的组织管理体系，它让所有员工参与持续改进活动。随着经济全球化的发展，资本和产品流动趋于国际化，质量管理也趋于国际化，国际标准化组织（ISO）是一个独立的非政府联盟，主要任务是协调世界范围内的标准化工作。

业务流程再造（Business Process Reengineering，BPR）是企业的战略管理工具，业务流程再造注重分析、设计企业内部的工作流程和过程。业务流程再造的目标是帮助企业重新思考如何工作，以便从根本上提高服务质量，削减运营成本，创造竞争优势。业务流程再造专注于全盘实现企业目标，研究企业流程与目标的关系，鼓励全面的流程加工，而不是改进一些次要的流程。业务流程再造可以从管理角度提高企业资源的利用效率，提高企业的竞争力。但是业务流程再造只是企业提高竞争力的工具，它也和其他工具一样，要受到企业的使命、战略和资源的制约。恰当的工具一定是与企业相匹配的工具。

新型生产方式包括：精益生产、敏捷制造、约束管理和绿色制造等。

（1）精益生产：精益生产是一种旨在减少生产过程中的无益浪费，从而为终端消费者创造经济价值的系统性的生产方法。精益生产的核心是用最少的劳动创造最大的价值。精益生产实现减少浪费的途径是优化流程。精益生产中的"精益"已经上升到管理哲学的层面，"精益"坚持持续改进。"精益"与六西格玛管理法的结合——精益六西格玛可以说明，企业管理实现从战略层次到战术层次全方位的整合，是对企业业务流程的优化，是企业追求卓越的过程。

（2）敏捷制造：敏捷制造是一种非常注重对顾客需求快速响应的制造方法，企业实行敏捷制造可以将速度和敏捷性转变为关键的竞争优势。它是一种在当今快速变化的市场中企业发展竞争优势的非常有趣的方法。企业实行敏捷制造能够更好地利用短暂的机会窗口应对顾客需求的快速变化。敏捷制造的四个关键要素为模块化产品设计、信息技术、企业虚拟合作伙伴和企业员工的知识文化。

（3）约束管理：每个系统都在某种程度上受到限制。约束或限制因素决定了系统的增长速度、扩展或目标的实现。约束理论（Theory Of Constraints，TOC）展示了如何找到任何系统中的限制因素，并利用这些信息进行重大改进，以建立一个不断繁荣的组织。约束管理在很多管理问题中有着广泛的应用。它与"精益"和六西格玛管理法相结合，为发现问题、创建突破性解决方案和规划实施提供了强大的工具。经过验证的解决方案是通过将约束理论应用于大量现实世界的操作问题而得到的。

（4）绿色制造：绿色制造源于人类的"自我觉醒"。绿色制造是生产流程的更新和制造领域内环境友好型运营方式的建立。从本质上讲，它是制造业的"绿色化"，即使用更少的自然资源，减少污染和浪费，回收和再利用材料，并减少生产过程中的排放。

1.2.4 运营决策

1. 运营决策的层次

运营决策共有三个层次：运营战略决策、运营战术决策和运作决策（表1-5）。

表1-5 运营决策的三个层次

决策层次	时期	主要决策点	内容
运营战略决策	长期	方向/目标	产品/服务设计方向、运营能力规划、设施选址方向、供应商选择等
运营战术决策	短期	资源分配	资源需求计划、设备维护策略、库存控制策略等
运作决策	短期	平稳运行	工作设计、作业计划、库存控制、成本控制、工期控制、质量管理等

2. 运营决策的方法和工具

运营管理者在做出决策时需要一定的决策方法和工具，这些方法和工具包括定量分析方法、指标管理方法、权衡分析方法、个性化方法、系统工作方法、确定优先次序等。

（1）定量分析方法。

定量分析方法是相对定性分析方法而言的。定性分析方法是研究事物规律的方法，是基于历史事实、演绎逻辑和事物的矛盾性来确定事物发展规律的方法。定性分析方法分为两个层次：一是没有大量数据分析作为支撑的纯定性分析；二是以定量分析为基础的定性分析。现在多数定性分析方法在形式上都属于第二个层次——定量分析基础上的定性分析。

定量分析方法是基于事物的数量进行分析的方法，主要对数量的特征、关系和变化进行分析。定量分析方法主要用来描述事物要素之间的相互作用和趋势走向。通常情况下，定量分析方法有比率分析法、趋势分析法、相互对比分析法、结构分析法和数学模型分析法等。定量分析方法在计算机及云技术发展的基础上获得了突飞猛进的发展。

需要注意的是，定性分析方法和定量分析方法是相互促进的辩证统一的关系。第一，大量定性分析以定量分析为基础；第二，定性分析为定量分析指明了方向。在进行决策时，要综合运用这两种方法，既不要过分迷信定量分析方法，认为这是有逻辑前提和逻辑过程的方法而忽视定性分析方法的重要性，任何事物都有相对的片面性，没有方向的分析也会造成资源浪费；也不要过分高估定性分析方法，定性分析是在定量分析的基础上进行的，二者相辅相成。决策分析是基于一定前提和基础进行的分析，而决策过程本身就是一个主观判断的过程。

（2）指标管理方法。

管理者对运营的管理和控制是通过对预期的参数即指标的管理来实现的。量化是管理的前提条件，指标的设立是进行运营管理的前提。运营指标众多，通常来说，指标管理有三个维度。

① 运营战略。运营战略决定运营指标，设立运营指标也是为了让运营战略落地实施。有什么样的运营战略，通常就有什么样的运营指标。运营战略的确认一定要在运营指标制定之前，即设立运营指标时，首先要明确运营战略是成本领先战略、差异化战略还是顾客体验战略，然后建立与竞争优势要素（成本、质量、快速交付、柔性等）相对应的指标。所以设立运营指标的根本前提是要有一个明确、清晰的运营战略。

② 运营流程。运营流程即运营战略的实施路径，也是运营指标完成的途径。运营战略的落地过程就是运营流程将职能串联起来而实现价值的过程。运营指标是针对职能岗位设置的。所以各个职能岗位指标也是通过运营流程串联起来去实现价值的，这就是运营战略的实施过程。各个职能岗位指标的设置要能保证运营流程整体价值的实现，所以各个职能岗位指标的完成情况会或推动或制约整个运营流程目标的完成情况。毕竟整个运营流程目标的完成情况并不取决于最优岗位的完成情况，而是取决于瓶颈岗位的完成情况。

③ 职位说明书。职位说明书是对具体岗位的描述。相应岗位的作用是通过岗位质保指标来衡量的。具体岗位是按照运营战略和运营流程来设置的，所以岗位说明书是对运营战略、运营流程和运营职能具体的描述，对具体岗位设置的指标都是具体的。

（3）权衡分析方法。

权衡是舍弃一些要素以换取另外一些要素并扩大收益的过程，即增加一些东西的同时另外一些东西必然要减少。权衡的前提是资源的有限性。

决策伴随着整个运营管理的过程，因此权衡在企业的运营管理过程中时刻发生。适当的权衡分析方法的选择主要基于对认知行为和非认知行为的选择。认知行为通常被认为是有意识的理性决策行为，价格、质量等因素是认知因素。非认知行为通常被认为是非理性的不太有意识的决策行为。有一些消费者"跟着感觉走"的行为多数是非认知行为。至于决策行为的主要影响因素是什么，至今尚存在争议，毕竟人所做的所有决策都是主观的。

权衡分析的工具有很多，例如：联合分析、离散选择模型等。权衡分析中的决定性因素依然是人，使用哪种工具，偏好哪种结果都是由人做出来的决策，这些行为受到以往的经验、教育水平甚至性格的影响。同时，任何一种分析都不得不面临一个权衡的问题，即在信息不全面的情况下怎样进行取舍。因为要把所有的信息都集中在一起进行分析才能使结果较为理想,所以在信息不全面的前提下分析出来的结果就无法确定是否与客观事实相符。

(4)个性化方法。

个性化又称为定制化,即定制产品或服务以满足特定个人或特定群体的需求。个性化的程度是影响企业竞争力的一个要素。个性化让顾客参与到产品(或服务)的设计与生产或提供的过程中,让顾客更有"主人"的感觉,感觉到这些产品和服务是专属于自己的、与众不同的产品(或服务)。个性化方法是根据每个顾客的特征提供高度个人化体验的方法。个性化涉及顾客行为分析,需要在分析的基础上设计出更吸引顾客的定制体验。个性化流程通常有四个要素。

① 顾客细分。基于顾客个人数据进行细分。

② 生命周期映射。生命周期映射可以用来构建顾客档案,可以通过激活、培育和重新激活来跟踪顾客生命周期。

③ 工作流程构建。工作流程构建可以用来实现个性化的顾客体验设计。

④ 动态内容。个性化可以为每个顾客提供量身定制的动态内容。

个性化程度取决于企业的运营战略。个性化与标准化相比,对企业的流程要求程度更高,而产量更低。个性化程度对整个企业的营销、财务、运营、人力资源等系统都有不同程度的影响。

(5)系统工作方法。

系统工作方法就是从全局的角度对整个工作流程和每个子流程进行"内省"以明确整个工作流程的目标,以及子流程和流程中每个环节在整个工作流程中的定位、使命及各自的目标的方法。系统工作方法是从工作流程的全局去看每个子流程的问题,而不是从局部的角度去看待问题。系统工作方法尽管强调全局的角度,但是也关注子流程各自在系统中的作用。

系统工作方法通常强调四个要素:相互依赖、积极响应、输出结果和职责重点。

① 相互依赖。企业系统内部每个部门都需要从其他部门获得输入来实现业务目标,同时这些部门也对其他部门形成支撑作用。这些部门之间不是相互隔绝的关系,而是相互依赖,各自作为企业系统的一部分存在于系统之中。

② 积极响应。企业系统会根据外在的环境变化做出适时调整,各个部门也要从全局的角度出发,对系统发出的指令积极响应。

③ 输出结果。系统工作方法关注的是整个企业能够产生正确的结果,因此每个部门都要根据系统的要求和预期来工作。整个企业系统要有结果,企业系统的每个部门也要有结果。若企业系统中只有几个部门有突出结果,那么对整个系统的结果输出也没有太多帮助。

④ 职责重点。使用系统工作方法的重要前提是各部门职责清晰、明确。职责不清晰或职责重叠都会降低整个企业系统的传递效率并影响企业系统的重点。

(6)确定优先次序。

管理者需要确定运营管理过程中各个要素的重要程度(即权重)以确定优先次序。对流程中所有要素都赋予同样的权重对企业来说一定是个灾难,并不是所有要素所做的贡献都是相等的。通常情况下,总是有一部分所占比例比较少的要素的贡献率更大,帕累托原理就是专门描述这一现象的,帕累托原理又称 80/20 法则,简单来说就是组织 80% 的结果是由 20% 的要素贡献的。帕累托原理可以帮助管理者确定对企业影响最大的要素,并明确其优先级。

1.3 运营管理的历史演变

生产与运作系统在人类历史上出现比较早,两河文明时期的苏美尔地区就已经出现了库存记录等系统;古埃及在有组织的建造金字塔的过程中也使用了规划、组织和控制等运营管理的要素;中国商周时期组织青铜制品冶炼的队伍更是独立运作的专业队伍。

真正意义的运营管理诞生于 18 世纪开始的工业革命。运营管理通过对资源和资源转化过程的精准控制来输出更有价值的产品或服务,其最重要的绩效考核标准是组织效率。从组织效率的提升、巩固和加强角度来看,自工业革命以来,运营管理经历了以下五个发展阶段(图 1-8)。

(1)分工和专业化理论基础阶段。
(2)科学管理的应用和实践阶段。
(3)人际关系运动对运营管理的改善和促进阶段。
(4)决策理论、数学方法和计算机技术对运营管理的加强阶段。
(5)质量管理理论对运营管理的巩固阶段。

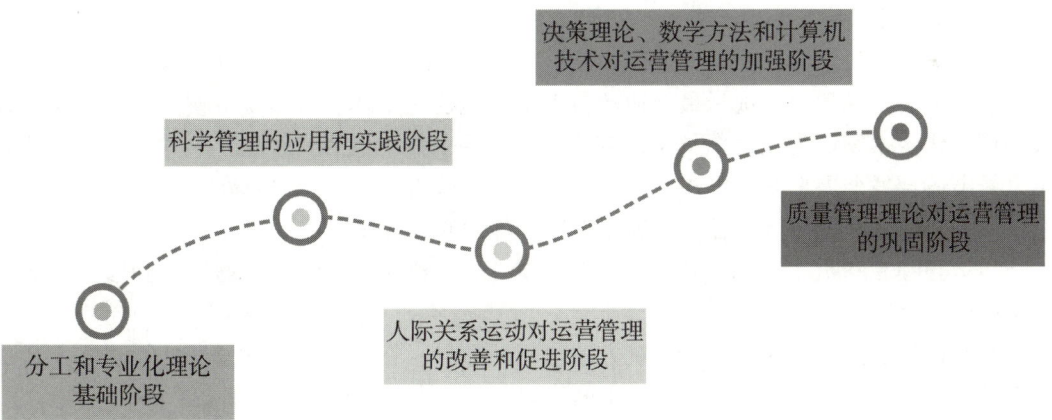

图 1-8 运营管理经历的五个发展阶段

运营管理的五个发展阶段也可以分解为科学管理理论的提出与实践,人际关系运动对科学管理理论的调整和改善,质量管理和质量控制理论的提出与实践,运筹学和管理控制理论的发展,全面质量管理的流行,流程再造、六西格玛和精益再造的发展等阶段。这些阶段并不是互相排斥和对立的,每一次变革、新的理论或工具的加入都是对组织效率的提高。正如切斯特·巴纳德在定义组织时所做的判断——"组织为两个或更多人之间有意识的协调活动""这种协调不可能持续很长时间",组织不会持续很长时间,没有成长的理论也不会持续很长时间,运营管理也是在曲折的道路上不断成长的。

1.3.1 分工和专业化理论基础阶段

工业革命为现代运营管理提供了诞生的理论前提和发展的舞台。

工业革命之前产品和服务没有实现标准化生产和提供，都是小批量生产和提供的。工业革命促使以家庭为主导的家庭式生产转向工厂式生产。这些工厂可以雇用数百名甚至数千名工人，以更便宜的价格生产大批量标准化产品。

工业革命的开始通常与十八世纪英国纺织工业的发展联系在一起。

约翰·凯伊发明了飞梭；詹姆斯·哈格里夫斯发明了珍妮纺纱机；理查德·阿克莱特发明了水力纺纱机；詹姆斯·瓦特改进了蒸汽机。

1851年，在水晶宫世博会上，"美国制造体系"一词被用来描述在美国正在发展的新方法，该方法基于两个核心特征：可互换的零件和广泛使用的机械化生产。

伴随着这些生产实践，分工和专业化理论也开始出现。1776年，亚当·斯密发展了在制造业中得以应用的劳动专业化理论。

工业革命是人类第一次系统可控地使用能源，这使集中资源和人力进行生产成为现实，因此，工业革命为现代运营管理提供了实践的舞台。同时，伴随工业革命的生产实践产生的分工和专业化理论为现代运营管理提供了理论前提。

1.3.2 科学管理的应用和实践阶段

科学管理的发展促进了真正意义的现代工厂的出现。美国管理学家及机械工程师弗雷德里克·温斯洛·泰勒被称为"科学管理之父"，是科学管理理论的创始人。泰勒认为科学管理的原则主要有以下几个。

（1）对员工工作的每个部分进行"科学"分析，并设计出最有效的工作方式。

（2）再次"科学地"选择最合适的员工来承担这项工作，且员工应按照设计的确切方式完成工作。泰勒认为，每个员工都有能力在某些工作中成为"一流"人才。管理层的职责是找出适合每个员工的工作并对他们进行培训，直到他们成为"一流"人才。

（3）管理者必须与员工合作，确保工作以科学的方式完成。

（4）管理者和员工之间有明确的工作"分工"。管理者负责工作的规划和监督，员工负责执行。

泰勒总结了科学管理方法与传统方法之间的差异：在"主动、激励"的管理下，几乎所有的问题都是员工的，而在完全科学的管理下，一半的问题是管理者的。

尽管泰勒相信管理者和员工之间的纠纷将会被消除，但他的观点还是与劳工组织多次发生冲突。在1911年他的著作《科学管理原理》出版后，科学管理方法逐渐被企业界所接受。科学管理方法的出现是历史选择，在大机器生产背景下，实现组织效率的提高是时代的需求。

在科学管理理论的众多领军人物中，有两位比较特别：哈灵顿·爱默生和弗兰克·吉尔布雷斯。

爱默生在很多方面反复实践着科学管理理论，但他不愿意承认自己的理论在泰勒的科学管理理论范围内，事实上，他和泰勒之间在思想上互相影响。爱默生曾经习惯将泰勒称为他思想的源泉，他认为泰勒试图做得太多，因为他超前于他的时代。爱默生认为使项目变得更加实际，才能够取得成果。他认为自己的理论和科学管理理论有根本的区别。

爱默生称他的系统是"效率"系统，而不是"科学管理"系统。

爱默生反对拥有众多负责人的职能安排方式，并强调"一线和员工"的职能，即只有一个负责人（一线和员工）。爱默生认为职能专家（或员工）不是执行者，而只是向单一负责机构提供建议的人。这样做既能避免设立太多负责人，又能使企业在专家建议下运作。

爱默生采用的工资制度基于员工的"效率百分比"。标准时间是在时间研究分析的基础上设定的，在标准时间内完成相同任务的员工被认为拥有100%的效率。

吉尔布雷斯也是科学管理的理论研究和实践的先驱，1885年，吉尔布雷斯就已经进行"动作研究"。1906年，在与泰勒结识后，吉尔布雷斯将科学管理应用到了工厂实践中。吉尔布雷斯和妻子莉莲·吉尔布雷斯在之后又开始研究工作中人的要素及工人的疲劳问题，后来他们又把重点转向了人的动机问题。这些研究和我们要在下一部分介绍的人际关系运动密切相关。

福特汽车是科学管理理论应用和实践的典范。福特汽车采用了移动的装配线，还采取了标准化部件。同时福特汽车通过采用标准化零件量具和保持零件生产的一致性实现了零件的互换性，降低了整车装配时间和生产成本。同时，福特汽车采用了劳动分工方法，即将整车装配分成很多的工位和工序，在每个工位和工序上的工人只需承担一小部分工作。劳动分工使每个工人的作业面很窄，几乎不需要特别的技术。上述概念的使用使福特汽车能够充分利用廉价的劳动力进行大规模生产。

科学管理理论是对分工和专业化理论的发展，在实践的过程中，"零件量具标准化"和"零部件生产一致性"丰富了分工和专业化理论。科学管理追求效率，也提高了效率，但是科学管理在某种程度上存在着对效率、任务过于重视而导致对人有所忽视的现象。因此这时需要一种能够将人的因素融合于科学管理的方法，于是人际关系运动应运而生。

1.3.3　人际关系运动对运营管理的改善和促进阶段

人际关系运动是科学管理发展过程中必然的调节过程。科学管理倾向于淡化社会压力对人类互动的影响。人际关系运动则发展了科学管理，因为它认识到人们的态度、看法和愿望会对其工作绩效产生影响。

1. 玛丽·帕克·福莱特的组织管理理论和马克斯·韦伯的官僚理论

组织管理理论和官僚理论催生了人际关系运动。

福莱特理解了层级组织中的横向流程，并强调了层级组织中非正式流程的重要性，以及组织和"专业权威"的理念。她认识到组织的整体性，并提出了"互惠关系"理念，以理解个人与他人关系的动态。福莱特提倡"整合"原则，即基于"权力与权力"而不是"权力高于"概念的非强制性权力共享。

福莱特认为，解决冲突有多种方法。第一种解决方法是一方主导另一方。在主导地位下，一方决定安排的条款。生活中这种情况很少发生，而且对于许多企业来说，这种方法是不可能的，因为会导致员工心怀不满。第二种解决方法是妥协。在妥协中，双方都无法得到自己想要的一切，最多能得到一个双方都同意的结果。这种方法的问题在于，双方都放弃了自己真正想要的东西，而选择了可以达成一致的东西。在妥协中，双方都不满意。解决冲突的第三种方法是整合，各方陈述其偏好并试图达成协议就是"整合"的情况。

根据韦伯的官僚理论，任何组织的形成、管治、支配均建构于某种特定的权威之上。适当的权威能够消除混乱、带来秩序；而没有权威的组织将无法实现其组织目标。他提出了三种正式的权威形式，分别为传统权威、魅力权威及理性法定权威。

（1）传统权威是一种在很大程度上依赖于传统或习俗的权力领导形式。这种权威不利于社会变革，往往是非理性的和不一致的。

（2）魅力权威则是指领导者的使命和愿景能够激励他人，从而形成其权力基础。这种权威往往基于信念。

（3）理性法定权威是以理性和法律规定为基础行使的权威。在这种权威下，服从并不是因为信仰或崇拜，而是因为规则给予了领导者权力。因此，运用理性法定权威能够形成一个客观、具体的组织结构。

2. 埃尔顿·梅奥的霍桑研究

霍桑研究是管理学家梅奥在霍桑工厂于1927年至1932年主导的一系列心理学实验。

霍桑研究由一系列的实验组成：照明实验、福利实验、访谈试验和群体试验。霍桑研究发现，任何要素的改变都会导致产量增加。比较典型的是第二部分试验——福利实验，又称"接力组装测试"。这些实验是在一个房间里进行的，研究人员测试了工作条件（如休息时间、工厂提供的午餐和报酬）对产量的影响。他们挑选了六名年轻女工加入生产电话继电器开关的团队。每个女工都很年轻，不太可能很快结婚。一名女工被指派去收集零件以进行转换，其他五名女工都被分配去组装电话继电器开关的一个部件。研究人员发现，无论操纵什么变量，产量都会增加。尽管如此，实验过程中仍然发生了意外的情况。两名女工因健康问题被解雇，但产量进一步增加。结果令研究人员感到惊讶：他们原本预计产量会减少，但结果是产量在持续增加。

梅奥观察到，如果管理层了解个体工人对工作的态度所发挥的作用，并考虑群体态度如何影响行为，那么产量就可以增加。梅奥认为，社会和管理者对这些问题的关注在增加产量方面发挥了作用。霍桑工厂的女工在工作中享有自由，包括就其工作条件提出建议的权利。许多霍桑工厂的女工都觉得自己很特别，如果她们在接力组装任务中表现出色，就会受到公司管理层更好的对待。此外，霍桑工厂的女工变得对彼此非常友好。她们作为一个团队共同工作的形式和工作满意度的提高似乎推动了女工取得更好的表现。研究还发现，财务激励也是绩效的明显驱动因素。

霍桑研究发现，影响员工绩效的重要因素之一是他们是否被他人观察。换句话说，员工和管理层之间的关系会影响员工的效率。如果员工受到老板的关注，他们就会更有动力去做好工作——这种现象被称为霍桑效应。总体来说，霍桑研究表明，工作动机是多种因素的集合，包括薪酬、社会关系、意义、兴趣和态度。压力和疲劳不仅可能是对不太理想的身体状况的反应，还可能是与主管和同事互动的结果。

3. 道格拉斯·麦格雷戈的 X 理论和 Y 理论

麦格雷戈在《企业的人性面》中主张：在一定环境中员工可以通过权威、引导、控制、自我控制而达到激励效果，即 X 理论和 Y 理论。

（1）X 理论：对员工的消极看法。

① 管理者负责为了经济目的而对企业各部分进行组织。

② 管理者应该指导员工的工作、激励他们、控制他们的行为并在必要时改变他们的行为以适应企业的需要。

③ 管理者必须说服、奖励、惩罚和控制员工，使其停止消极和反抗行为。

（2）Y 理论：对员工的积极看法。

① 管理者负责为了经济目的而对企业各部分进行组织。

② 员工通常具有创新性、享受工作、愿意承担责任、能够自我指导。

③ 最重要的是，管理者应专注于创建一个系统，在该系统中，员工能够根据企业目标实现自己的目标。

Y 理论指出员工可以被信任。麦格雷戈在他的书中提到亚伯拉罕·马斯洛的需求层次理论，以让管理者更好地了解能让员工表现良好的心理动机。

4. 亚伯拉罕·马斯洛的需求层次理论

马斯洛的需求层次理论是心理学中的一种动机理论，包括人类需求的五层模型，通常被描述为金字塔式的层次结构（图 1-9）。从底层向上分别为生理需求、安全需求、爱和归属感需求、尊重需求和自我实现需求。

一个人在满足更高的需求之前，通常要先满足层次结构较低的需求。

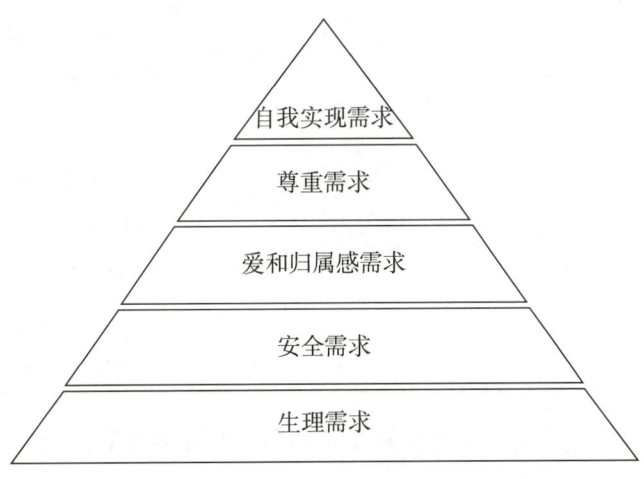

图 1-9 马斯洛的需求层次理论

（1）生理需求是人类生存最基本的需求，例如空气、食物、水、住所、衣服和睡眠。

（2）安全需求是指人类希望在生活中体验秩序、可预测性和控制力。

（3）爱和归属感需求是指人类对人际关系、与其他人的联系性，以及成为群体一部分的情感需求。

（4）尊重需求是马斯洛需求层次中的第四层，包括自我价值、成就和尊重。

（5）自我实现需求是马斯洛需求层次中的最高层次，指实现个人潜力、寻求个人成长和巅峰体验。

需要注意的是，人类的动机是由层次化的需求驱动的。需求按照优先顺序进行组织，在满足更高的需求之前，必须或多或少（而不是没有）地满足更基本的需求。需求的顺序并不严格，可以根据外部情况或个体差异灵活调整。大多数行为都是多动机的，也就是说，同时由不止一种基本需求决定。

 拓展思考

> 可以看到，人际关系运动对运营管理方法进行了改善，也一定程度上契合了"以人为本"的发展理念。以人为本既体现了历史唯物主义方法论的基本原理，也是我们推动经济社会发展的根本目的。

1.3.4 决策理论、数学方法和计算机技术对运营管理的加强阶段

在科学管理诞生的同时，一些决策理论和数学方法就开始应用在运营管理中，随着计算机技术的发展，计算机技术也开始在运营管理中进行应用。决策理论、数学方法和计算机技术的应用见表1-6。

表1-6 决策理论、数学方法和计算机技术的应用

人物	应用
哈里斯	库存管理的数学模型
休哈特	休哈特控制图
道奇、罗米格	抽样和质量控制的统计程序
布莱克等	运筹学在第二次世界大战中大量应用
约翰·莫奇利等	电子化数字计算机
乔治·丹齐格、威廉姆斯	编程业务运营软件
查恩斯	线性数学规划
Sperry公司	大型计算机
莱特	在制造业中引入计算机以及对材料的控制和规划

大规模、有组织的工业生产实践促进了运营管理理论和工具的产生与发展，这些理论和工具又促进了生产效率的提高。

1.3.5 质量管理理论对运营管理的巩固阶段

从科学管理诞生的时代起，运营管理努力的方向就是提高效率。效率从广义上说就是可以把事情做好且没有浪费的能力。那么效率的功用至少有三个维度：做完，即数量多；做好，即质量好；没有浪费。因此质量管理是运营管理发展到一定阶段的必然选择。

从国外看，质量管理可以追溯到中世纪的欧洲，工匠们开始使用特殊的标记来识别自

己制造的产品,这些特殊的标记逐渐成为产品质量的保证。中国的质量管理甚至可以追溯到战国时的秦国,当时秦国的兵器生产已经有了一整套严格的质量管理制度。

第二次世界大战中,美国发布军用标准,即 MIL-STD-105,对军用品的质量进行管理,同时也为供应商提供统计质量控制(Statiscal Quality Control,SQC)技术培训课程来帮助供应商提高产品质量。20 世纪中期,休哈特开始专注研究控制流程,使质量不仅与成品相关,而且与制造成品的流程相关。休哈特认识到工业流程会产生数据,认为可以使用统计技术对这些数据进行分析,以了解过程是否稳定且受控,或者是否受到应修复的特殊原因的影响。在此过程中,休哈特为现代质量控制工具——休哈特控制图奠定了基础。戴明就是休哈特质量控制方法的支持者。

第二次世界大战后,日本本土及日本企业中出现了很多质量管理大师。

下面介绍几位质量管理大师。

1. 戴明

戴明是美国统计学家和资深质量管理专家。1950 年前后,他受邀多次到日本讲授质量管理。他认为应系统地检查产品的瑕疵,分析瑕疵的成因并加以修正,随后记录质量改进的效果,他的这些观念被日本企业迅速采纳,这使日本产品占领了很多市场。戴明多次于日本发表管理学方面的演说,内容包括如何改进设计、服务,以及如何通过统计学上的方差分析、假设检验等方法进行产品质量检测。1951 年,日本设立戴明奖,以奖励在严格的质量管理竞赛中获得优胜的企业。戴明博士对日本的贡献影响了日本的制造业及工商业,在日本被视为英雄,但在美国,直到他于华盛顿特区逝世前夕才开始有美国企业注意到他。

戴明的主要贡献在于提出了全面质量管理、持续改进、员工参与、团队精神等,他的主要论点在《转危为安》一书中被总结为 14 点,成为全面质量管理的理论基础。

2. 朱兰

朱兰是美国质量管理专家。朱兰将帕累托原理应用于质量管理,认为质量管理的重点是最终产品或成品的质量,使用的工具为来自贝尔系统的验收抽样、检查计划和控制图。朱兰用质量计划、质量控制和质量改进的"三部曲"对质量管理进行描述。此外,朱兰还提倡持续改进和计算质量成本。

3. 石川馨

石川馨是日本本土质量管理专家,他协助翻译戴明和朱兰两位学者的著作。石川馨个人认为质量管理的重点是数据收集及报告,因此发展出石川图(鱼骨图)用于产品的流程管理。石川馨还是日本 20 世纪 60 年代"质量圈"运动的主要领导者。石川馨说过:"符合标准不是决策的最终目标,客户满意才是。"

4. 田口玄一

田口玄一是田口损失函数的发明人,田口玄一将质量管理的重点从仅仅满足规格标准转移到积极减少变化。这种方法鼓励制造商努力持续改进并提供始终如一的高质量产品,以满足顾客的期望。通过强调最小化变化,田口损失函数的运用有助于推动稳健设计的开发,最终提高顾客满意度并降低制造商的成本。田口玄一说过:"成本比质量重要,但是质量是降低成本的最佳途径。"

5. 大野耐一和新乡重夫

大野耐一和新乡重夫重新发展了"Kaizen"的管理哲学。"Kaizen"一词源自日语，意思是"良好的改变"，并且它是一种与持续改进密切相关的哲学。持续改进是质量管理的重要标志。

除了这些和日本及日本企业相关的质量管理大师，还有休哈特——质量控制的先驱，被称为"统计质量控制之父"，他设计了休哈特控制图。休哈特对朱兰和戴明的思想产生了很大影响。费根鲍姆在"缺陷成本"的研究方面有很大贡献。克劳士比的学说强调商品应该是零缺陷的，品质管理是预防产品不及格，而不是对不合格的产品做出评估。

日本还提出了很多先进的质量管理理念、方法和工具。

1. 全面质量管理

全面质量管理取代了品质管理，品质管理是把管理完全交给品质控制工程师和技术人员，通过品质检验与统计方法来降低企业生产成本。全面质量管理则强调企业员工要对品质文化有一个统一的认知，并通过共同实践，实现企业管理品质的提高。在全面质量管理方面贡献最大的依然是戴明。

2. 持续改进

持续改进是质量管理的一种方法，用以持续实现过程质量、工艺质量、产品质量、交付能力和服务质量的小幅改进。其总体目标是通过对内部程序和过程的持续改进，提高企业的效率和产品的质量。

3. 精益生产

精益生产又称为准时生产，是通过缩短生产时间、供应链及响应时间提高相应能力的一种方法。精益生产就是要减少浪费，不仅是材料浪费，还有某些流程产生的劳动力浪费和时间浪费。当所有这些浪费都从系统中被清除后，才可以说系统得到了真正的精益和优化。

4. 质量功能展开

质量功能展开是赤尾洋二和水野滋提出的用于将顾客声音转换成产品设计规格的方法，质量功能展开的重点是"倾听顾客的声音"，然后在产品设计阶段就协调采购、制造、销售等职能部门共同研究匹配。

此外，质量管理方面还有比尔·史密斯提出的六西格玛和ISO的ISO 9000质量管理体系等理念、方法和工具。

质量管理是运营管理发展到一定阶段的必然产物。从泰勒设置质检部门到全面质量管理理论、持续改进方法的付诸实施，质量管理几乎贯穿现代运营管理的整个过程。从被动到主动，从生产端到设计端再到全面持续改进，从产品质量检查到在过程中进行质量控制再到从设计端"倾听顾客的声音"，质量管理从理论到实践，在各方面巩固和发展了运营管理。

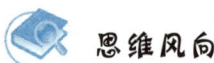

我国于 2023 年 2 月发布了《质量强国建设纲要》。当今世界百年未有之大变局加速演进，新一轮科

技革命和产业革命深入发展，引发质量理念、机制、实践的深刻变革。质量作为繁荣国际贸易、促进产业发展、增进民生福祉的关键要素，越来越成为经济、贸易、科技、文化等领域的焦点。在推动"中国制造"向"中国智造"的转变中，质量管理将起到引领作用。在以习近平同志为核心的党中央坚强领导下，新时代十年来我国质量事业实现跨越式发展，质量强国建设取得历史性成效。

加快建设质量强国，是适应我国主要矛盾发生重大转变的战略选择。当前，我国社会主要矛盾已经转化为人民日益增长的美好生活需要和不平衡不充分的发展之间的矛盾。加快建设质量强国，就是使我们的产品质量适应分众化、个体化消费的变化，提升产品的品质和档次，在设计上适应、功能上拓展、性能上提升、水平上提高，满足人民群众的新需求、新需要。我国必须依靠增加产品数量的有效供给，解决供给不充分的问题；依靠高质量水平的产品数量增长，解决供给不平衡问题；依靠加快建设质量强国，增品种、提品质、创品牌，满足人民群众对美好生活的需求。

加快建设质量强国，是实现我国经济发展由大向强转变的重要途径。一方面，我们全面加强质量管理，努力增加以技术、标准、品牌、质量、服务为核心的竞争新优势，形成一大批享有国际声誉的优秀品牌，打造一批先导性、支柱性产业集群，进一步增强产业竞争力、经济发展动力、国家综合实力。另一方面，党的二十大报告中提出"13个强国"目标，质量强国建设对其他强国建设，具有规范保障、服务促进等作用。《国家标准化发展纲要》提出，到2025年，我国标准化发展将实现"四个转变"，即标准供给由政府主导向政府与市场并重转变、标准运用由产业与贸易为主向经济社会全域转变、标准化工作由国内驱动向国内国际相互促进转变、标准化发展由数量规模型向质量效益型转变。随着这些转变的实现，各领域、各行业的标准化水平将大幅提升。

加快建设质量强国，是推动我国经济社会实现高质量发展的重要举措。党的二十大报告中"质量强国"处于"建设现代化产业体系"重要段落，需要我们从经济建设整体的高度来认识"加快建设质量强国"的时代意义。党的二十大报告明确提出，我国要实施产业基础再造工程和重大技术装备攻关工程，支持专精特新企业发展；要巩固优势产业领先地位，在关系安全发展的领域加快补齐短板，提升战略性资源供应保障能力；要推动战略性新兴产业融合集群发展，构建新一代信息技术、人工智能、生物技术、新能源、新材料、高端装备、绿色环保等一批新的增长引擎；加快发展数字经济，打造具有国际竞争力的数字产业集群；要优化基础设施布局、结构、功能和系统集成，构建现代化基础设施体系，等等。这些论述包括了制造业和服务业、传统产业和战略性产业，包含了实体经济、资源产业、物联网、数字经济等重点内容。同时，现代社会的日常运转，经济贸易活动的正常开展，都需要时间、距离、质量、体积等物理量来测量、衡量。这就要求我们真正把经济发展的立足点转移到质量和效益上来，提升建设质量强国的强度，从而保持较强的质量竞争力，真正实现我国经济社会的高质量发展。

资料来源：http://www.qstheory.cn/dukan/hqwg/2023-02/14/c_1129363479.htm[2025-02-05].

1.4 运营管理的发展趋势

1.4.1 运营管理面临的时代变化

1. 全球化

全球化的核心是具体和抽象的资源在全球范围内的交流，技术进步及经济依存是全球化的两个关键因素。全球化一方面带来了增长的机遇，另一方面也带来了全球性的竞争和挑战。

全球化使企业从更高、更广的范围思考企业的运营。

（1）全球化使产品需求和产品设计更加复杂。不同国家或地区的市场需求存在差异，在产品设计阶段，设计师需要考虑这些因素。

（2）全球化使企业需要全球化运营。当前供应链发展主要由两个因素决定：世界经济全球化和全球科技革命，全球化背景下，顾客对供应链、物流服务的新的需求产生了，需要企业进行全球化运营。

全球化运营的特点包括：

① 通信技术和交通的改善使得物理距离不再那么重要，企业可以在单一的市场中进行全球化运营；

② 国家之间的贸易壁垒减少，国际贸易和竞争加剧，使物流任务变得更加复杂；

③ 企业的选址是在生产成本较低的国家和地区。

（3）全球范围内的生产设施选址。生产设施选址的决定直接影响企业的盈利能力，全球化选址需要综合考虑资本、劳动力、环境、技术和物流等因素。物流也成为选址的关键影响因素之一，同时政治稳定和安全性成为全球选址的决定因素。

（4）全球化对库存管理产生重要影响。全球化对库存管理提出了更高的要求，全球化背景下，面对更多的变化，更加准确的预测和判断成为全球化库存管理的必要前提。自动化、人工智能、物联网等技术会提高预测和判断能力，但复杂多变的国际形势对库存管理提出了挑战。

（5）全球化的全面质量管理。全面质量管理是全员参与的质量管理，不仅要求企业成员具备相应的技能，更重要的是要求企业成员对质量文化有一个共同的认知，并通过全员共同实践实现企业管理质量的提高。全球化背景下，各个国家的文化差异导致企业成员对同一文化标准有不同理解。因此全面质量管理在全球化背景下面临的主要问题不是技能问题而是文化问题。

全球化对国际企业运营实践既有积极的促进，也有消极的影响。虽然全球化的好处不容忽视，但企业也必须意识到在日益互联的世界中运营所面临的潜在挑战。全球化运营管理的五个负面因素包括文化障碍、语言差异、法律复杂性、政治不稳定性和竞争加剧。这些因素会极大地影响企业在国外市场有效运营的能力。

2. 信息化技术

信息化技术对全球化背景下的企业运营管理产生了新的影响。对运营管理有直接影响的信息化技术有三种：生产技术、流程技术和信息技术（图 1-10）。

生产技术	流程技术	信息技术
新产品或新服务的发现，是产品和服务开发人员将知识、理论翻译成企业含义的过程。	制造产品和提供服务的方法、设备和程序等，不仅包括内部流程，还包括外部流程。	信息在计算机及其他设备中存储、整合、发送时使用的技术，简称IT。

图 1-10　三种信息化技术

信息化技术极大地影响了运营管理，改变了企业运营和管理资源的方式。

（1）运营自动化：信息化技术进步的重大影响之一是运营自动化。运营自动化使企业能够简化流程、提高效率并降低运营成本。运营自动化还提高了准确性、一致性并减少了人为错误。

（2）技术集成：信息化技术实现了各种操作系统的集成，使企业更容易有效地进行运营管理。例如，企业可以使用企业资源计划（Enterprise Resource Planning，ERP）系统来集成不同的部门和流程，例如财务、采购和库存管理。这些系统的集成为企业提供了实时数据，使企业能够快速做出明智的决策。

（3）改进的数据管理和分析：大数据和云计算的可用性彻底改变了企业管理和分析数据的方式。改进的数据管理和分析使企业能够获得有关其运营、顾客行为和市场趋势的宝贵见解。通过使用数据管理和分析工具，企业可以在改善运营、产品和服务方面做出明智的决策。

（4）供应链管理：信息化技术对供应链管理产生了重大影响，使其更加高效。通过射频识别（Radio Frequency Identification，RFID）等技术，企业可以跟踪产品和原材料，确保及时交付。区块链技术的使用还提高了供应链的透明度，使跟踪产品从制造商到最终顾客的流动变得更加容易。

（5）顾客关系管理：信息化技术使企业能够改进其顾客关系管理（Customer Relationship Management，CRM）流程。例如，企业可以使用顾客关系管理软件来跟踪顾客的互动、偏好和反馈。这些数据可用于提供个性化服务和体验，从而提高顾客满意度和忠诚度。

信息化技术极大地影响了运营管理，改变了企业运营和管理资源的方式。从运营自动化、技术集成、改进的数据管理和分析、供应链管理到顾客关系管理，企业可以利用信息化技术来改善运营效果、提高效率、降低成本并提高顾客满意度。为了保持竞争力，企业需要接受这些技术进步并跟上运营管理不断变化的发展趋势。

3. 制造业和服务业的融合趋势

制造业与服务业的融合已经在各个领域不同程度地发生了。许多企业开始提供定制化产品来满足顾客需求，也有一些企业已经实现了顾客参与的产品设计、制造和消费的无缝连接。制造业和服务业的融合有着深深的时代背景。

（1）环境因素。全球开始进入服务时代，在经济结构上服务业所占比重越来越大。中国的服务业增加值超过了国内生产总值的50%。有形产品的价值越来越多的时候，通常需要通过无形的服务来辅助实现。在全球化的背景下，各国纷纷出台政策加速制造业与服务业的融合。

（2）市场需求。市场需求方面顾客越来越强调个性化的产品与服务，对产品和服务中体验要素的关注程度越来越高，因此对企业提供的产品及相关的服务的期望也越来越高。顾客不再过分关注产品与服务的价格和质量，而是更多地希望参与到产品和服务的设计、制造和提供过程之中。服务是产品的延伸和补充，服务让顾客有了更多的参与感和更深的体验感。

（3）企业原因。企业希望通过产品和服务的组合来精准地满足顾客需求，从而实现企业增值。在价值链的重心从制造业转向服务业及信息化技术得到广泛应用的背景下，服务业与制造业的融合可以为企业及行业创造新的竞争优势。

4. 可持续制造

可持续制造（也称绿色制造或可持续生产）代表了产品创造过程的整体方法，其重点是减少对环境、社会和经济的负面影响。数字制造技术的进步降低了可持续制造在开发和实施过程中职能解决方案的系统阻力。

工业制造类企业是温室气体排放的主要贡献者，因此这些企业需要通过创新来寻找新的绿色原材料或新能源，并在生产中加强管理以减少对自然的影响。为了实现《巴黎协定》和中国的"双碳"目标，这些工业制造类企业需要在产品设计时期和生产过程中就开始实行节能减排措施，同时也需要对供应链和产品的生命周期进行管理，以减少浪费和碳排放。

可持续制造的要素如图 1-11 所示。

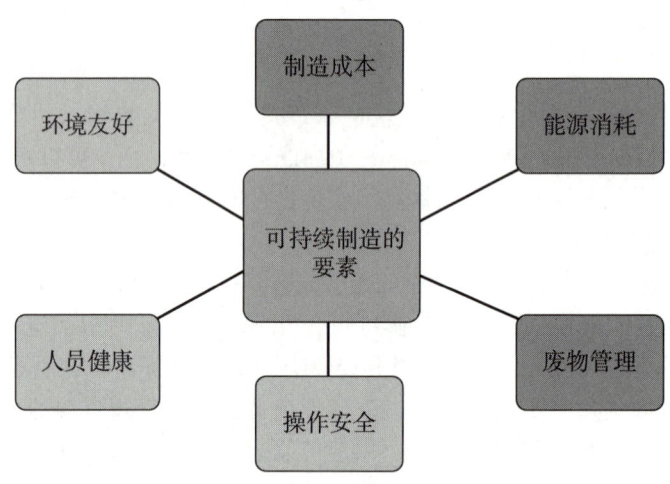

图 1-11 可持续制造的要素

制造成本——如何控制用于制造产品的资金金额；
能源消耗——如何控制用于生产的能源量；
废物管理——如何处置、再利用或回收废物；
操作安全——如何确保生产过程的安全；
人员健康——如何确保作业中的工人处于健康状态；
环境友好——如何确保产品对环境无害。

 拓展思考

> 中国于 2020 年提出了"双碳"目标，这既是高质量发展的需要，也是经济转型升级的必然要求。这一战略决策对产品和服务的"绿色、低碳"要求是贯穿其全生命周期的，从原材料采购、研发、生产制造、交付、使用到回收利用均要求实现可持续发展。此外，国际主要经济体也设置了相应的"碳指标"，企业的全流程绿色运营既是自身高质量发展的内在需要，也是保持和创造竞争优势的必然要求。

1.4.2 运营管理面临的问题

1. 不稳定性

面对运营管理中的不稳定性，企业需要解决的主要问题是如何通过组织和协调应对。不稳定性包括两个方面：一是内部资源的不稳定性；二是外部环境的不稳定性。

（1）内部资源的不稳定性主要体现在以下几个方面。
① 企业外部环境导致企业内部的经济条件及现金流变差；
② 创新能力不足导致企业失去可持续发展的动力；
③ 风险管控不严格导致企业管理成本增加；
④ 质量问题导致企业失去声誉；
⑤ 网络安全问题是所有企业都要面对的挑战。

 拓展思考

解决企业内部资源不稳定问题应坚持问题导向和系统观念。例如创新能力不足时，企业应树立创新驱动发展战略，将产品创新、品牌创新、产业组织创新、商业模式创新等应用到企业运营战略的制定和实施中。要解决质量问题时，则应树立工匠精神，用全面质量管理方法打造高品质产品，来为企业可持续发展保驾护航。

（2）外部环境的不稳定性主要体现在以下几个方面。
① 全球化、经济一体化情况下的竞争加剧，以及逆全球化情况下的贸易保护和贸易壁垒；
② 区域政治和经济不稳定状况下的运营风险；
③ 区域之间政治斗争及冲突导致的供应链中断；
④ 不可抗力导致的原材料供应及物流运输困难；
⑤ 全球范围内或区域内的经济危机导致的运营外部环境危机。

 拓展思考

面对企业外部环境影响，企业应在保持战略定力的前提下适度调整运营战略。当前中国正在构建以国内大循环为主体、国内国际双循环相互促进的新发展格局。一方面，世界经济复苏乏力，中国巨大的消费市场将成为拉动经济增长的主要动力。另一方面，受保护主义、技术变革、要素成本变化等多重因素影响，全球供应链格局正在进行深刻调整。从企业运营的角度看，在制定运营战略时，企业应充分考虑运营的重心如何调整，如何保障供应链安全以保持企业竞争优势。

2. 道德问题

相对于法律，道德是更高水平的秩序。商业道德是指导商业组织中个人行为的当代组织标准、原则、价值观和规范。一个负责任的企业通常也因为商业道德获得相应的收益：吸引更多投资者关注该企业、获得顾客信任的竞争优势、提高企业的声誉、与供应链合作伙伴进行良好的合作等。企业在进行商业决策时要充分考虑对所有的利益相关者及社会的影响。当然，也不会有一个企业在决策和实际运营过程中不犯错误，负责任的企业要勇于承担责任、纠正错误。

道德投资是长远投资，是一个企业关注未来发展的开始，企业道德是一个强大而稳定的社会的基础。

（1）基于良好的企业道德实践的信任、信心和相互尊重是经济强劲的关键基础。如果没有这些基石，投资就会被推迟，交易就会不确定，就业就会停滞，整体经济增长就会受到阻碍。

（2）研究表明，道德与财务和非财务绩效之间存在明显的相关性。具有浓厚道德文化的个人和组织往往表现更加出色。

（3）高标准的企业道德往往与更高水平的运营和组织效率相关，包括更高的工作满意度、更低的员工流动率、更少的不当行为、更少的工作相关冲突、更高的工作绩效和更高的团队创造力。

（4）在诚信和责任方面享有盛誉的企业会发现其更容易吸引、雇用和留住最优秀和最聪明的人才。

3. 环境问题

现在全球面临的环境问题主要是气候变化、污染、环境退化和资源枯竭，环境问题也在影响着企业的运营。

很多国家都在制定环境保护的法律法规，环境要素也开始在国家间的贸易保护中扮演新角色。企业需要付出更多的资源在"双碳"（碳达峰与碳中和）要素上，这不仅代表企业内部的能源和原材料结构需要转型，也会影响到供应链的绿色管理。可持续性企业通常有两个维度：一是其对社会和社会正义的贡献，通常称为社会影响；二是其对保护环境质量的贡献，通常称为环境影响。企业在进行可持续决策时需要考虑社会指标和环境指标。

企业在产品设计阶段就要综合考虑产品和服务的"绿色方案"，这个方案包括产品的规划、设计、采购、供应链管理、制造、销售、运输、仓储、服务和回收等。在每个环节都要考虑到能源及原材料的消耗，不是从一个局部，而是从全局角度进行考虑。

环境要素的影响涉及整个企业的运营管理和供应链管理。

 知行合一

【中远海控："全球化"战略下的运营策略】

习 题

一、名词解释

请分别解释：运营管理、广义的供应链、流程、管理流程和业务流程、精益生产。

二、选择题

1. 在企业内部，企业供应端的职能主要是（　　）。
   A. 运营职能　　　　B. 管理职能　　　　C. 市场职能　　　　D. 营销职能
2. 一般情况下，不属于企业三项基本职能的是（　　）。
   A. 公共关系职能　　B. 财务职能　　　　C. 运营职能　　　　D. 营销职能
3. 以下哪项不是运营的要素？（　　）
   A. 投入要素　　　　B. 产出要素　　　　C. 转化（转换）过程　D. 运行过程
4. 下列要素中不属于运营中投入资源的转化资源的是（　　）。
   A. 原材料　　　　　B. 信息　　　　　　C. 顾客　　　　　　D. 设施
5. 相对于产品，以下哪项不属于服务通常具有的特征？（　　）
   A. 有形性　　　　　B. 异质性　　　　　C. 易逝性　　　　　D. 不可分离性
6. 以下不属于流程特征的是（　　）。
   A. 目标性　　　　　B. 全局性　　　　　C. 合作性　　　　　D. 矛盾性
7. 运营管理和供应链管理在流程管理方面通常要面对的主要问题是（　　）。
   A. 流程设计　　　　B. 流程实施　　　　C. 流程监控　　　　D. 流程变化
8. 以下哪项不是导致流程在供给方面发生变化的因素？（　　）
   A. 产品与服务的变化　　　　　　　　B. 交期变化
   C. 随机性变化　　　　　　　　　　　D. 系统性变化
9. 通常情况下，以下哪个环节被认为是运营管理最重要的环节？（　　）
   A. 工作设计　　　　　　　　　　　　B. 产品和服务设计
   C. 设施选址和布置优化　　　　　　　D. 作业组织
10. 以下哪个因素是企业经济效益的决定性环节之一？（　　）
    A. 工作设计　　　　　　　　　　　　B. 产品和服务设计
    C. 设施选址和布置优化　　　　　　　D. 作业组织
11. 以下不属于运营管理系统的维护与改进内容的有（　　）。
    A. 质量管理　　　　B. 业务流程再造　　C. 新型生产方式　　D. 企业需求计划
12. 下列不属于运营管理决策层次的是（　　）。
    A. 运营需求决策　　B. 运营战略决策　　C. 运营战术决策　　D. 运作决策
13. 下列不属于运营决策工具的是（　　）。
    A. 定量分析方法　　B. SWOT 分析法　　C. 权衡分析方法　　D. 确定优先次序
14. 运营指标众多，不属于通常指标管理三个维度的是（　　）。
    A. 运营战略　　　　B. 运营战术　　　　C. 运营流程　　　　D. 职位说明书
15. 以下属于泰勒科学管理首要原则的是（　　）。
    A. 科学分析　　　　B. 效率百分比　　　C. 整合原则　　　　D. 需求层次

三、简答题

1. 一般情况下企业的三个核心职能是什么？
2. 运营管理的实质是什么？运营的四个要素是什么？
3. 相对于产品，服务的五个特征是什么？
4. 企业的对内流程和对外流程有哪些？

5. 流程变化中随机性变化的特点是什么？

6. 为了创造和保持企业的竞争优势，企业需要重视运营管理，其需要在哪三个方面做出努力？

7. 为什么说产品和服务设计不仅是产品开发的重要环节，也是运营管理最重要的环节？

8. 自工业革命以来，运营管理经历的主要阶段有哪些？

9. 日本提出了哪些先进的质量管理理念、方法和工具？

10. 当今运营管理的发展趋势有哪些？

四、论述题

1. 为什么说企业的运营能力决定了企业能否在竞争中获得竞争优势？

2. 企业的运营职能和其他职能的关系是什么？

3. 有人说企业内部的流程管理是供应链管理的一部分，也有人说供应链管理就是企业的流程管理，试从企业和供应链角度进行分析。

4. 有人认为企业的营销职能使企业增值，也有人认为企业的运营职能使企业增值，从辩证的角度分析这两个观点。

5. 怎样理解流程变化是流程管理的最主要问题？

五、案例分析题

传统装修市场分为硬装市场和软装市场，硬装是指在房屋装修过程中不能移动或更换的装饰物，软装是指在房屋装修过程中可以移动或更换的装饰物。在传统装修市场中，硬装和软装市场因为技术、工艺不同而具有不同的界限。

伴随着房地产行业的发展，传统装修市场竞争加剧，客流减少，传统装修模式瓶颈凸显。在房地产行业日趋成熟的背景下，消费者的消费心态越来越成熟，消费需求更加多样化，同时其也希望以更加省心省力的方式完成定制化装修。国家多次出台政策，支持制造业由生产型制造向服务型制造转型。装修市场也开始围绕顾客的需求，整合供应链资源，融合软装、硬装等渠道资源满足顾客的个性化需求。

欧派家居集团（简称欧派）在家居行业扮演着重要角色，自2019年起开始利用自己的品牌优势、渠道体系以及大规模定制能力运行整装业务，即由欧派与各地领袖装修企业合作，欧派负责提供欧派系软装产品，包括橱柜、衣柜、木门、卫浴产品等；当地装修企业提供硬装与其他产品，共同形成整装大家居的交付能力。欧派初始整装业务流程见图1-12。

欧派随即发现当前的整装业务仅仅是将所涉及的产业链企业简单地捆绑在一起，去为顾客提供产品和服务，企业之间并无深入的资源整合和互动，导致资源浪费，效率难以提升。具体表现在：总部对与当地装修企业的合作难以管理；所有原材料并非由欧派统一供应，原材料的质量把控难以得到完全保障，原材料供应商良莠不齐的情况进而引发装修质量差、整体性差等问题；供应链各个主体之间信息通路狭窄，沟通效率低下；设计、订单分解、信息传输、定制生产、物流配送、施工交付等环节需要供应链企业多层逐级传导，路径过长，表现出生产慢、送货慢、装修慢、交付慢等问题。

在定制家居特别是整装这个赛道上，顾客最关注的无非就是三个问题——质量、设计和交付，但这三点都或轻或重地出现了问题。首先，装修企业和原材料供应商良莠不齐带来的质量差异难以把控，装修企业施工质量难以保证；其次，装修企业量尺设计无法保证与供应的原材料匹配，设计上对供应商产品了解较少，难以发挥设计的创造性，导致尺寸

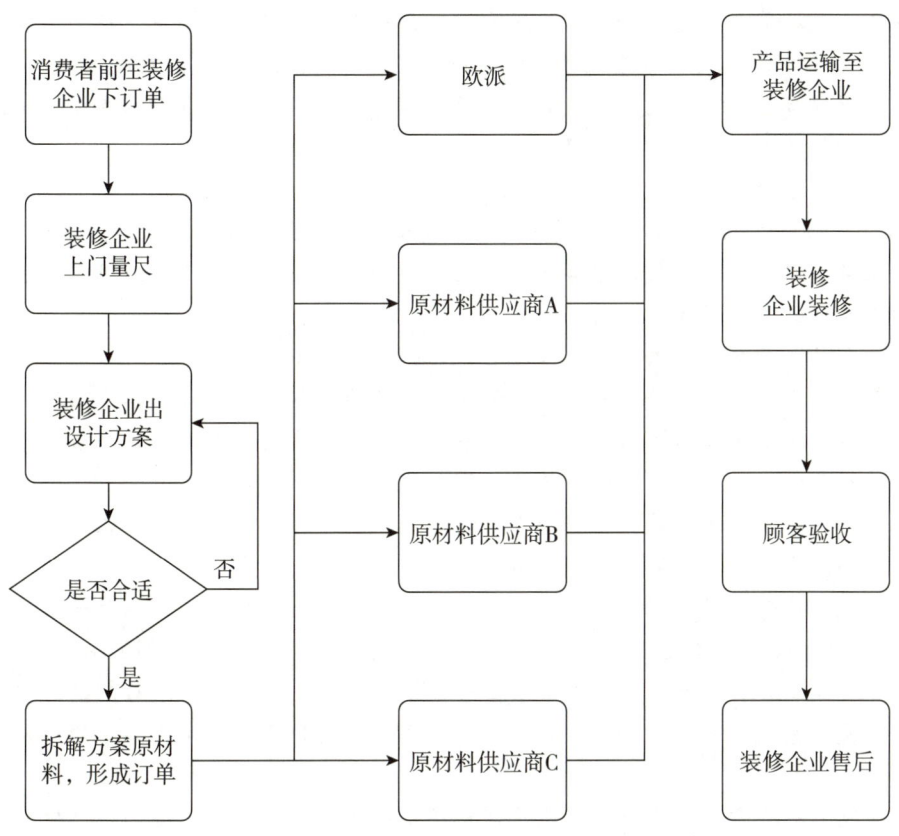

图 1-12 欧派初始整装业务流程

和设计不匹配,以及设计美观性、整体性不足的问题;最后,冗长的产业链带来信息交换的不便,大大延长了交付时间,产生的牛鞭效应导致资源浪费。

明确了实现最终目标的三个抓手——质量、设计、交付,接下来就是明确系统中有何主体以及他们所扮演的角色。这个系统包含着几个核心主体。

首先是作为系统构建者和规则制定者的欧派,它拥有行业领导者地位、丰富完善的经销商体系、强大的品牌影响力、高水平的设计团队、大规模非标定制的生产能力。

其次,装修企业也扮演着重要角色,他是最终服务的交付者,也是唯一与顾客对接的主体。前期的考察量尺、设计,后期的硬装软装交付,都需要装修企业来完成。

最后,整个供应链的供应商也是不可忽视的,整装满足的是顾客"装修一个家"的服务需求,所需要的产品种类非常庞杂,所以供应商不只局限于欧派或某个原材料供应商,原材料既包含欧派生产家具所需的木材、铝铁等,也包括硬装与软装材料如水泥、管材、涂料、大理石、布料、皮革等,甚至用于装修的产品也被囊括进来,如成品插座、水龙头、灯饰、开关、净水器等。

为了解决上述问题,欧派通过构建平台,制定平台企业之间的规则,达到了提高效率、促进资源整合的目的。欧派构建的平台不仅是产品和服务传递的平台,更是产品和服务设计及交流的平台。

如此,三个核心的抓手问题都有了初步解法,接下来就是促进方法的落实。无论是平台的构建还是设计赋能,信息通路的高效顺畅都是至关重要的。在"互联网+"和"数智化"大背景下，欧派需要为整个平台系统适配一个高效能的信息技术网络。在平台端，欧派需要组建数智化系统，用于平台主体间的联络和主体内的生产活动，表现在订单获取、订单拆解、订单整合、订单派发、智能排产、物流调度、仓储管理等方面。在设计端，欧派需要通过设计软件展示一体化设计效果，模块化室内设计元素，匹配实际产品品类，达到设计与交付的一致性，深度赋能一线装修企业。在顾客端，欧派需要铺设多渠道、多形式的营销端口，利用线上媒体软件、线下体验店等途径，为顾客提供线上线下沟通闭环、交易闭环、服务闭环，打造便捷的服务体验。在这样的构想下，欧派逐渐形成了基于顾客服务目标的平台化服务创新战略蓝图。

为了保证平台化服务创新战略蓝图的落地，欧派采取了以下措施。

第一，建立一体化供应链平台——欧派优材，它吸纳了各种装修和家具产品的材料供应商，各地方装修企业不用自己考察与选择整装供应商，只需要在欧派优材平台下单，就可以依托欧派线下城市服务商，实现材料的一站式采购、运送与交付。

第二，借力铂伦斯全球设计奖，提高设计能力。欧派通过设立铂伦斯全球设计奖整合优秀的设计作品和设计人员，提升了欧派的整体设计能力。

第三，研发设计软件"嘉居设计师"。这是一个集设计、制造和信息化于一体的三维CAD平台，可以在设计、渲染、报价、下单、生产等方面弥补设计和订单的不足。

第四，开发观测分析平台。将观测分析平台建设为基础平台，让欧派与一线消费者之间的联系变得更加紧密，可以为顾客提供"指定时间、指定地点、指定产品"的一站式配送服务。

第五，在顾客体验方面，欧派的小程序实现了智能催单、生产进度查询、使用教程查看、物流追踪等功能。

问题：

1. 结合案例分析什么是平台化服务创新，它的特点是什么。
2. 请结合当下制造业服务化转型趋势，分析平台化服务创新的重要性。
3. 结合案例分析欧派平台化服务创新的驱动因素有哪些。
4. 结合案例分析欧派如何实施平台化服务创新战略，效果如何。

【第1章习题答案】

第 2 章

运营战略、生产率和竞争优势

准确把握事物发展的必然趋势,敏锐洞悉前进道路上可能出现的机遇和挑战,以科学的战略预见未来、引领未来。

——习近平

企业能否赢得并保持竞争优势,取决于企业能否理解其价值链、企业活动是否符合整个价值系统的要求。

——迈克尔·波特

本章要点

1. 掌握运营战略的分类。
2. 掌握运营战略的制定方法。
3. 掌握生产率的计算方法。
4. 理解并掌握四种基本竞争优势要素。

中国重型汽车集团有限公司（简称中国重汽）是中国重型汽车工业的摇篮，2010年，在"世界比中国大，世界市场也比中国市场大"的指引下，中国重汽选择出海开拓国际市场，开始在国内、国外两个市场同时发展。2023年，中国重汽全年出口销量为13.01万辆，再创历史新高。

由于中国基建的发展，2005—2010年中国市场重型汽车销量持续攀升，中国重汽选择在2010年出海开拓国际市场，主要基于如下考虑。

（1）"世界比中国大，世界市场也比中国市场大"，中国重汽出海是历史的必然趋势，早出比晚出要有优势。

（2）1983年，中国引进斯太尔技术，经过中国市场检验的中国重型汽车产品具有结实耐用、价格低等特点，适合在东南亚、非洲和拉丁美洲等使用工况比较恶劣的地区使用。

（3）中国重汽车辆的动力总成基本都是自产且通用性比较高的，售后生产率也比较高。

（4）传统上东南亚、非洲和拉丁美洲等地区对中国比较友好。

经过十几年的发展，中国重汽出口的重型汽车已经在海外站住了脚跟，在世界商用车市场的话语权逐渐增强。但是，中国重汽在海外的发展也面临着单一产品出口利润逐渐降低、车辆保有量增加导致服务需求增加等问题。

在公平的市场环境中，企业间的竞争不可避免。竞争力反映的是企业在行业内竞争的优势程度，财务、营销和运营都会对企业的竞争力产生影响。企业运营战略是企业为了管理和协调内外部资源以实现企业目标而做的规划，运营战略在提高企业竞争力方面很重要。生产率是企业对投入资源的利用率，是企业竞争力的数字表现，运营管理即管理生产率。

2.1 运营战略规划

2.1.1 企业使命、价值观和愿景

企业首先要解决的就是"我是谁""我要成为谁"和"我会怎么做"的问题，这个问题构成了一个成功企业得以成为一个企业的首要基础和前提。

1. 企业使命

企业使命是企业所承担的社会责任、社会义务和自身发展要求所规定的任务，是企业的哲学定位，界定了企业在社会和经济发展中所担当的角色和所应承担的责任，解决的是"我是谁"的问题。企业使命明确了企业的形象、经营观念和存在意义，是企业确立目标和制定战略的前提。

（1）企业使命是企业存在的目的和前提，是企业在社会生活和经济发展中的角色定位。"我们的事业是什么""我们的顾客是谁""我们能为我们的顾客提供什么"，企业的终极目标不是实现企业利益的最大化，而是为人类社会发展创造价值，在人类社会发展中发挥积极作用。企业的使命既体现了一个企业的社会担当，也体现了企业家的社会担当。企

业的使命决定了企业利益相关者的动机,表达的是利益以外的深层次原因。

(2)企业使命是企业在生产经营活动中的形象定位。

企业通过使命将期望的企业形象展示给顾客——"我们是谁"。例如"我们是一个创新的企业""我们是一个学习型组织""我们是一个愿意承担责任的企业"等。在明确的形象定位指导下,企业可以通过生产经营活动始终如一地展示这一形象。

企业使命回答了一个核心的问题:企业为顾客提供什么样的产品和服务。全球10家著名企业的使命见表2-1。

表 2-1 全球 10 家著名企业的使命

企业	使命
谷歌	整合全球信息,供大众使用,使人人受益
微软	予力全球每一人、每一组织,成就不凡
苹果	通过创新的硬件、软件和服务为用户带来最佳的体验
特斯拉	加速世界向可持续能源的转变
华为	把数字世界带入每个人、每个家庭、每个组织,构建万物互联的智能世界
强生	我们的信条是一组关于如何对客户、员工、社会和股东负责的原则和信念
腾讯	用户为本,科技向善
亚马逊	成为全球最以客户为中心的公司
迪士尼	让世界快乐起来
阿里巴巴	让天下没有难做的生意

2. 企业价值观

从哲学上讲,价值观是"关于对象对主体有用性的一种观念",因此事物的价值不取决于事物本身,而取决于判断人。不同的人可能会对同一件事做出截然相反的价值判断。

企业价值观是企业所信奉与推崇的价值观,是企业成员对是非的判断标准,是企业的精神和持久的原则。

企业价值观是一套不需要外部调整的永恒指导原则和企业发展的内在动力。

例如:华为的企业价值观是"以客户为中心,以奋斗者为本,长期艰苦奋斗,坚持自我批判",腾讯的企业价值观是"正直、进取、协作、创造"。企业价值观是企业对自身经营理念的定位,服从于企业使命。

企业家对企业价值观的塑造起关键作用,但是企业价值观不是某个企业家的自我标榜,企业价值观是企业所有成员所拥有的价值观,是支配员工行为的主要价值观。企业价值观是企业长期积累沉淀的产物,同时也是企业有意识培养的结果。

企业成员对企业的认同实质就是对企业价值观和企业使命的认同。只有当一个企业的新成员认可并开始践行企业价值观时,他才真正开始属于这个企业。他会为企业的进步而骄傲,也不会因为企业遇到的一时挫折而离开。

3. 企业愿景

企业愿景是企业对自身未来存在理由和意义的期许描述,是企业对自身未来的哲学定位——"我们要到哪里去""我们的未来是什么样的""我们的目标是什么"。

企业战略要回答的是向哪里走和怎么走的问题,这个方向从长远看是企业愿景,短期则是企业战略目标。彼得·圣吉博士认为:没有共同愿景的组织往往只会导致员工对上级、对组织被动式遵从,而绝不是对组织真诚奉献。愿景是企业价值观的高度概括和生动体现,是全体员工真正关心的事、真正想做的事,具有强大的感染力和号召力。

对企业愿景的思考是企业家和管理者的首要责任之一。全球10家著名企业的愿景见表2-2。

表2-2　全球10家著名企业的愿景

企业	愿景
谷歌	通过提供信息让全世界受益
微软	计算机进入家庭,放在每一张桌子上,使用微软的软件
苹果	让每人拥有一台计算机
特斯拉	构建可持续发展的未来
华为	把数字世界带入每个人、每个家庭、每个组织,构建万物互联的智能世界
强生	关爱全世界,关注每个人
腾讯	用户为本,科技向善
亚马逊	成为全球最以客户为中心的公司
迪士尼	成为全球的超级娱乐公司
阿里巴巴	追求成为一家活102年的好公司。我们的愿景是让客户相会、工作和生活在阿里巴巴

知行合一

【中信银行上海分行:"中信风格"的诠释者和践行者】

2.1.2　运营战略、运营策略和运营方案

1. 战略与运营战略

战略是从全局角度谋划如何实现全局目标的规划。企业战略是基于企业使命和价值观,为实现企业愿景,根据企业的内外部资源制定的发展规划。企业战略研究的都是企业的整体性、长期性、基本性的问题。一般企业战略分为企业总体发展战略、业务战略和职能战略(图2-1)。

运营战略、营销战略和财务战略是企业三大职能战略。运营战略在企业总体发展战略的框架内,服从和服务于企业总体发展战略,运营部门通过运营活动完成运营目标进而支持完成企业的总体发展战略目标。运营战略是对生产管理过程和管理流程的根本性规划,

通过为运营部门提供目标、方向、标准和实施路径来指导其行为。

运营战略一般分成两大类：一类是结构性战略——包括设施选址、运营能力、纵向集成和流程选择等长期的战略决策问题；另一类是基础性战略——包括劳动力的数量和技能水平、产品的质量问题、生产方案和生产控制，以及企业的组织结构等时间跨度相对较短的决策问题。

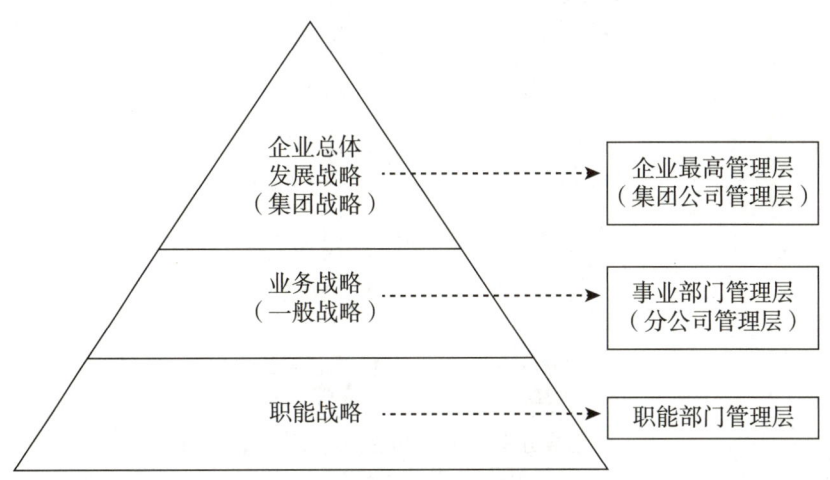

图 2-1　企业战略结构层次模型

按照迈克尔·波特的竞争理论，运营战略分成三种基本类型。

（1）总成本领先战略，即企业通过降低自己的生产和经营成本，以低于竞争对手的产品价格，提高市场占有率，并获得超过同行业平均水平的利润。

（2）差异化战略，是指为使企业的产品、服务和企业形象等与竞争对手有明显的区别，从而获得竞争优势而采取的战略。

（3）目标聚集战略，是指主攻某个特殊的顾客群、某产品线的一个细分区段或某一地区市场的战略。

2. 运营策略和运营方案

运营策略是指为了完成运营战略而采用的技术、路线、方法和措施。运营策略比运营战略更具体，运营策略是对运营战略的细化，对实际运营提供方向、途径等方面的指导。运营战略、运营策略和具体运营的区别与联系可以看作是"向哪个方向走""怎么走"和"走"的问题。例如：要在海外商用车市场实现"为用户提供较高性价比且让用户满意的商用车产品"的差异化运营战略，企业就需要制定"具有吸引力的定价方案""规模化用户的服务策略"等。

运营方案是指为了执行运营策略而制定的具体的行动方案。例如，为执行"具有吸引力的定价方案"，企业可以制定"不高于同类产品且不低于高端二手产品价格的定价方案"。

自企业使命向下至方案层面都存在着等级关系（图 2-2）。

3. 不同的企业运营战略

企业之间通常存在着相似的运营战略，但由于顾客的需要和企业的内部资源存在着巨大的差异,所以没有任何两个企业的运营战略是完全相同的。不同的企业运营战略及其含义见表 2-3。

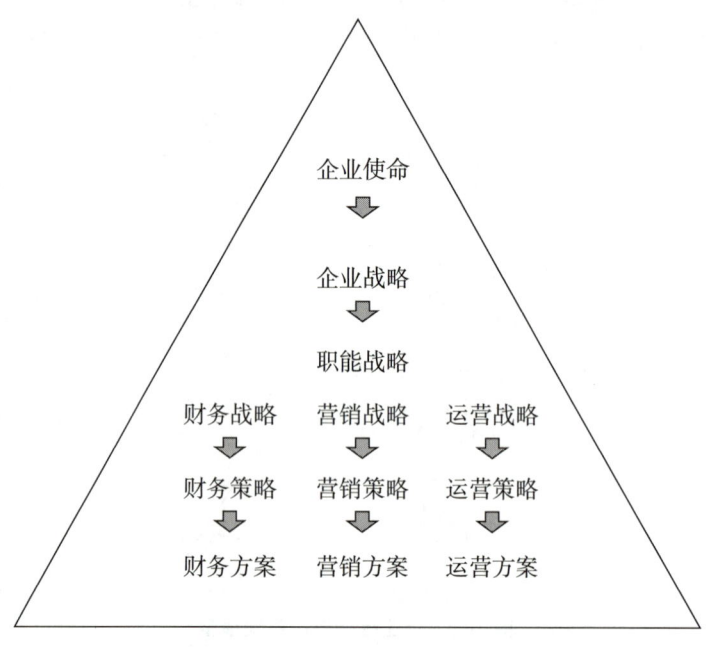

图 2-2　企业使命至方案的等级关系

表 2-3　不同的企业运营战略及其含义

企业运营战略	含义
低成本	向低人工成本地区外包运营业务,可利用那里廉价的劳动力
规模化	用资本密集型的方法获得较高的劳动生产率和较低的单位成本
专业化	将资源集中于专一产品或有限的服务以达到较高的质量
创新	将资源集中于创新以提供新产品或服务
柔性	将资源集中于快速响应和定制化
高质量	以取得比竞争对手更高的产品和服务质量为中心
服务	以服务的各个方面为中心
可持续	将资源集中于环境友好和能源利用效率较高的运营模式

有些企业选择了上述多个运营战略,但是这样选择的最终结果是丧失了战略优势。一个企业在制定运营战略时,要充分考虑企业的外部环境和内部资源,充分把握企业的特殊竞争资源来获取差异化的竞争优势。企业除非资源充足,否则选择多个运营战略时,通常会面临失败的风险。

2.1.3　制定运营战略

有效运营战略的制定是运营战略成功的前提和关键因素。在制定有效的运营战略时,组织管理者需要审视外部环境并考虑企业的内部资源尤其是特殊能力。每个成功的企业在制定运营战略时，战略分析、战略制定和战略选择的态度都是审慎的。

1. 运营战略分析

运营战略分析是制定运营战略的前提，高层管理者在制定运营战略时需要充分审视外部环境、内在资源和特殊能力，以期制定的运营战略能够达到企业内部资源、特殊能力同外部环境的匹配。战略分析一般需借助PEST分析模型、波特五力分析模型和SWOT分析模型。

1）PEST分析模型

PEST分析模型是企业运营战略制定的宏观环境分析方法，宏观环境是影响所有行业和企业的宏观因素，包括政治因素、经济因素、社会因素和科技因素。PEST分析是企业制定运营战略的关键前提之一，能够使企业了解自身所处的外部环境。

第一，政治因素包括政治环境的稳定性、政治形态、政策法规、产业政策等，政治因素分析很重要（尤其在制定涉及国际市场的运营战略时），因为政治因素是区域政府最有可能改变来影响市场规则的因素。

第二，经济因素包括经济发展水平、消费水平、利率状况、股市状态、通货膨胀率等，经济因素分析是对影响企业供应链和价值链的重要因素进行的分析。

第三，社会因素是对人口状况、受教育情况、价值观念、宗教状况等人的因素的分析。社会因素具有历史性和区域性特点，在一定区域内具有相对的稳定性。社会因素是影响供需结构的基础因素。

第四，科技因素是国家对科技的投入情况、行业技术动态、技术转移和商业化情况、知识产权保护状况等，企业在制定运营战略时，必须关注市场上的科技动态，因为科技因素是可以从根本上改变企业生产率的要素。

2）波特五力分析模型

波特五力分析模型是迈克尔·波特提出的用来定义市场或行业吸引力程度的分析模型，是对运营环境中微观环境的分析，用来分析行业内的竞争格局及与关联行业的关系。根据波特的观点，一个行业内的竞争，不仅是行业内的各个企业之间的竞争，还是行业内五种基本力量的竞争。这五种力量呈现的动态分布状态决定着行业的竞争程度，从而决定着该行业的最终获利程度和资源向该行业的流向程度，因此也影响着企业利润。这五种力量分别是：供应商的议价能力、购买者的议价能力、潜在竞争者进入的能力、替代品的替代能力、行业内竞争者现在的竞争能力。这五种基本力量，决定了行业的盈利能力。波特指出，企业制定运营战略的关键是选择适合的行业并且处于行业中最有吸引力的位置。

波特五力分析模型见图2-3。

3）SWOT分析模型

SWOT分析模型被认为是连接企业战略和运营战略的纽带，在经过PEST分析和波特五力分析后，企业需要通过SWOT分析模型综合分析企业所处的外部环境和内部条件，由此得出企业结合自身的内部条件来应对外部环境的运营战略。

第一，分析企业内部的资源条件，明确企业自身的优势和劣势；第二，根据PEST分析模型和波特五力分析模型的结果，明确企业面临的外部环境的机会和威胁；第三，根据企业的内部条件结合外部环境制定出一组运营战略；第四，结合企业使命、愿景、目标和现状，选择一个最适合企业发展的运营战略。

SWOT 分析模型见图 2-4。

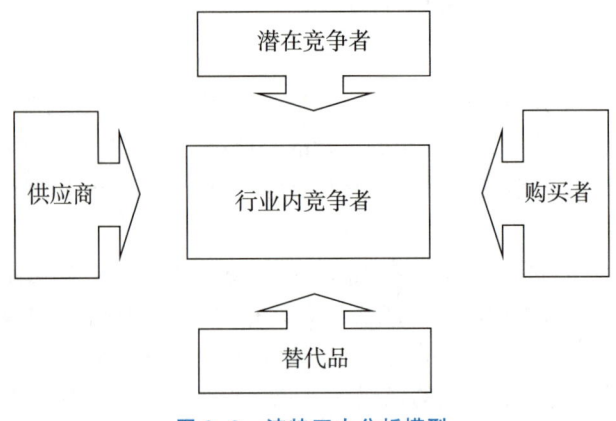

图 2-3　波特五力分析模型

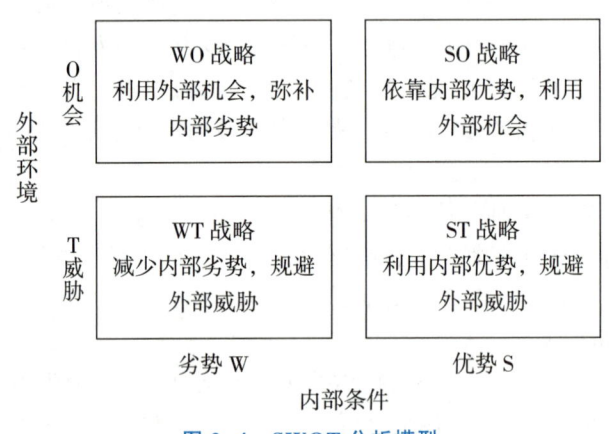

图 2-4　SWOT 分析模型

2. 运营战略制定

为了解决美国在第二次世界大战后只关注大量生产而忽略运营战略的问题，威克汉姆·斯金纳教授在 20 世纪 60 年代末期建议企业开发运营战略，以此作为企业财务战略和营销战略的补充。斯金纳教授进一步明确了制定和执行运营战略的过程模型，在这个模型中，企业受到四个要素的影响：外部环境、企业战略和目标、内部资源以及企业现在的运营状况。因此企业制定运营战略分成四个步骤。

（1）分析企业外部环境和内部资源条件，形成企业战略。① 分析企业外部宏观环境、微观环境及行业的竞争态势；②分析企业内部的资源条件，尤其是企业的特殊能力；③形成企业战略。

（2）根据企业战略和目标、企业现在的运营状况制定运营战略。①根据企业战略确定企业的运营职能；②分析行业经济和技术因素对企业运营活动的约束；③结合企业内部资源条件，尤其是企业的特殊能力，对企业内部的资源和能力进行评估；④结合企业能够协调的外部环境和内部资源条件，在企业战略的指导下形成企业的运营战略。

（3）运营战略实施。①由企业负责运营的高级经理及运营管理部门按照运营战略要求组织实施生产运营过程；②确定运营管理的标准、体系和流程；③对运营管理实施控制工作；④实施具体运营动作。

（4）运营战略的评估和反馈。①根据运营的结果，在企业组织下对运营战略的结果进行评估；②根据运营结果完善企业战略和运营战略。

运营战略的制定是一个持续完善的动态过程，同时受企业战略和基层实际业务经验等因素的影响。企业的高层管理者从全局的角度制定企业战略，企业的任何职能战略都要服从和服务于企业战略。同时企业战略又会受到基层实际业务经验的影响，需适时地做出调整和完善。

具体来说，影响运营战略制定的因素有以下几个。

1）订单资格要素和订单赢得要素

企业要制定一个成功的运营战略，首先要考虑订单资格要素和订单赢得要素。根据特里·希尔对订单资格要素和订单赢得要素的定义，订单资格要素是企业的产品进入市场的门槛，是企业的产品参与市场竞争的最低标准，是企业的产品能够被顾客购买的基本条件；订单赢得要素是企业赢得订单的竞争优势，是使企业的产品优于行业内其他企业的产品从而赢得订单的要素。这些要素可以是成本、质量、速度、定制、服务等。订单资格要素和订单赢得要素都会随着时间而改变，如图2-5所示。当一个订单赢得要素被行业内的大部分企业所拥有时，这个订单赢得要素就要降格为订单资格要素。例如：在商用车行业中，当成本、质量和交货速度等这些曾经的订单赢得要素被大多数企业所拥有而转变为订单资格要素时，定制、汽车金融和服务就成为新的订单赢得要素。

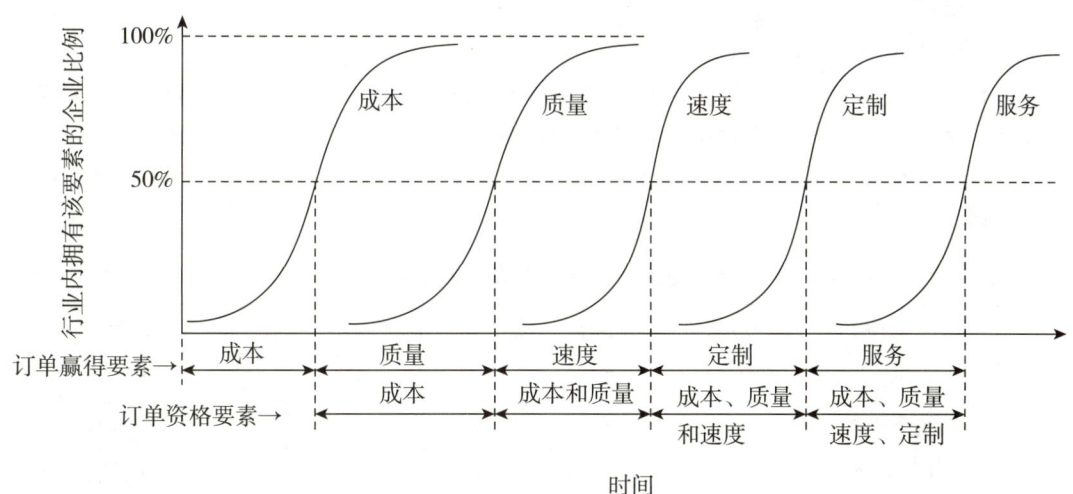

图2-5 订单资格要素和订单赢得要素随时间变化的趋势

2）新的影响因素

在充分考虑订单资格要素和订单赢得要素之后，企业在制定运营战略的过程中，还要考虑一些新的影响因素（见表2-4），例如互联网、国际市场、业务外包、供应链、产品创新、可持续增长、精益生产、产品竞争优势等的影响。

表 2-4　新的影响因素及其含义

影响因素	含义
互联网	互联网在行业中会不会发挥作用，发挥什么作用
国际市场	企业是否打算开拓国际市场，现在企业内部是否具备开拓国际市场的条件
业务外包	业务外包在价值链中所占比例是多少
供应链	供应链的现行管理策略是什么
产品创新	技术资源是否支持产品创新，将有多大可能推出新产品
可持续增长	多高的增长率可以支撑企业实现可持续增长
精益生产	企业是否需要精益生产，精益生产时应该把重点放在哪些方面
产品竞争优势	企业如何将产品与竞争对手的产品区分开

3）决定因素

制定企业运营战略的决定因素是人——企业的各级管理人员，包括高层管理人员、运营管理人员和营销管理人员。

企业的运营战略要服从和服务于企业的目标，同时企业的运营战略要和营销战略匹配。这就要求：一方面，企业的高层管理人员要参与制定企业的运营战略，只有高层管理人员带领各职能部门参与制定运营战略，才能做到各职能战略之间及各职能战略和企业战略之间目标一致、行动一致，而不相互冲突；另一方面，企业的营销管理人员和运营管理人员要配合完成相关的战略制定工作，这样才能保证主要细分市场的顾客需求得到准确的满足。

4）企业战略对运营战略的影响

企业战略为企业发展指明了整体方向，内容范围广，涉及企业的各个方面。运营战略主要涉及运营方面——运营管理和运营管理系统，主要与产品、流程、方法、运营资源、质量、成本、交货时间和调度密切相关。表 2-5 是企业使命、企业战略、运营战略、运营策略和运营方案的比较。

表 2-5　企业使命、企业战略、运营战略、运营策略和运营方案的比较

		管理层级	时间跨度	范围	详细程度	涉及内容
企业层面	企业使命	高	长	宽	低	生存、盈利能力等
	企业战略	较高	长	宽	低	增长率、市场份额等
运营层面	运营战略	中	中到长	宽	低	设施选址、运营能力等
	运营策略	中	中	中	中	价格策略、服务策略等
	运营方案	低	短	窄	高	人员安排、产量调整、库存管理、采购等

只有与企业战略联系起来，运营战略才会真正有效，因此运营战略和企业战略的制定过程是统一的。制定企业战略时要考虑运营资源的优势和劣势，利用运营资源的优势来克服劣势。同时，运营战略要与企业战略和其他职能战略保持一致。

企业战略决定运营战略，企业战略会对运营战略产生很大的影响，同时运营战略和运营资源也会促进或限制企业战略的实现。在商用车领域中很多企业采用的是低成本、规模化生产的企业战略，在这种战略指导下，企业就不能为用户提供多样化的定制产品和服务，相应的运营战略和供应链都会受到限制。同时企业的低成本战略对供应链的压力较大，过分强调低成本也会影响运营战略的可持续发展。相反，有些规模较大的商用车企业提出多样化的产品战略定位，但是由于企业内部不具有定制化的产品设计和生产资源，同时也没有相应的快速响应机制，只能依靠外部供应链来协调解决产品设计、生产、改装和服务。在这种情况下，企业的运营资源限制了企业战略的实现。表2-6可以简单说明企业战略对运营战略的影响。

表 2-6　企业战略对运营战略的影响

企业战略	对运营战略的影响
低价格	对产品变化要求低，但是要求产量大，对产品生产流程、资源利用率要求高，原材料和库存压力低
高质量	产品的设计成本、生产成本、流程设计成本及物流成本较高，对供应链响应速度要求较高
快速响应	对运营系统柔性要求高，需要有较高的储备能力和物流运输能力，库存压力大
创新	产品设计成本和改进投资额高，对运营和供应链流程的改进创新要求高
产品多样化	资源需求多样，产品设计、生产、调度、质量管理、库存管理更加复杂
可持续	影响选址、产品设计、流程设计、外包决策、退货流程和废物管理

3. 运营战略选择

运营战略选择是运营战略制定后的必要步骤。企业的运营战略不可能在所有的维度上都做到最好，因此企业的管理者需要选择将资源集中在哪些方面，放弃哪些方面。任何在战略上出现"骑墙现象"的企业，其发展都是不长久的，这些企业甚至会逐渐丧失原有的资源优势，进而出现"跟跑现象"。企业应该结合外部竞争环境以及内部资源状况，明确运营战略定位和企业竞争的方向，找到能满足顾客需求的差异化竞争优势，以此为依据制定运营策略和运营方案。选择的运营战略不是越宏大越好，也不是其他企业已经实践过且成功了的就好，"适合自己的才是最好的"。

企业在运营战略选择方面通常会有三种情况。

一是选择单一的运营战略，选择单一的运营战略可以集中精力来发展自己的竞争优势。

二是选择多种运营战略，这种企业通常是一个规模较大的集团，采取多种运营战略可以满足不同的顾客需求，集团内任何一个企业出现问题并不会对其他企业造成不利影响。

三是实际上没有选择运营战略，一些企业只是制定了纸面上的运营战略，制定的运营战略既没有考虑企业的使命、愿景和价值观，也没有考虑内外部的环境和资源，只是企业的战略部门和咨询公司头脑风暴的结果。

按照迈克尔·波特的竞争理论，传统运营战略分成三种基本类型：总成本领先战略、差异化战略和目标聚集战略。企业在传统运营战略中多选择总成本领先战略或差异化战略，在此基础上，现在的企业在实践中发展出了以下几种运营战略。

1）时间战略

时间成本是最关键的成本，该运营战略是以减少完成各项运营活动所需要的时间为主线的，这些活动包括新产品的开发、生产和交付等。通过实施该战略，企业可以提高对顾客需求的响应速度，缩短满足顾客需求的时间，提高对顾客的服务水平，取得竞争优势。

时间战略减少了企业完成各项运营活动的时间，单位时间内生产出的产品数量增多，各项生产成本降低，生产率提高，产品创新和交付时间缩短，顾客的满意度提高。

企业可缩短时间的几个方面见表2-7。

表2-7 企业可缩短时间的几个方面

方面	描述
方案时间	对行业变化的反应时间，制定战略、选择战略、方案实施和采用新技术等所需要的时间
设计时间	产品的设计时间，开发新产品或重新设计产品的时间
加工时间	生产产品所需要的时间
转换时间	变换不同的产品所需要的时间
交付时间	订货响应时间
售后时间	包括对交付时间、产品质量等顾客反馈的问题的响应时间

2）质量战略

20世纪70年代，顾客的关注维度是产品质量，近年来，产品质量再次受到重视，企业的质量战略是以保持或改善企业产品的质量为主线的。企业的质量战略再次受到重视的原因有很多，有的企业是为了改变顾客对原有的低价格产品的认知，有的企业是为了赶上竞争对手，有的企业则是为了在低价格的基础上塑造一个新的差异点。质量战略通常会成为其他战略的一部分，例如降低成本、提高生产率等。

3）全球化战略

随着全球化的发展，越来越多的企业开始认识到制定全球化战略的重要性。"守于境内，不如战于境外""在当今的全球市场上，你不必走出国门亲历竞争，竞争会主动找上门来"。企业制定全球化战略首先要面对区域市场差异化的问题，在一个国家或地区行得通的事情，在另外的地区就行不通，在一个地区看似理所当然的事情，在另外的地区就是消费者的禁忌。因此企业在制定全球化战略时切忌有思维固化现象或者"大国主义"思想，以为在中国可以把企业做得很强很大，到国际市场尤其是不发达地区就理所应当能做好。

4）可持续战略

一个有社会责任感的企业注定要关注可持续战略。对可持续战略的关注是一个企业社会责任感的体现。社会和公众越来越认为企业应该以法律法规和利益相关人认可的方式参与到可持续发展中来。因此企业需要制定可持续战略，企业应对此高度重视，并将关注点贯彻到整个企业的运营体系之中。

2.2 生产率

生产率是一个经济学术语，不仅是企业关注的对象，大多数组织包括非营利组织也在关注生产率。

2.2.1 生产率的概念

生产率是指由原材料变成产品的效率，体现的是组织对投入资源的利用效率，通常用来反映产出和投入的关系，生产率是一个相对的概念。生产率的提高是经济增长的根本原因，能够刺激经济的持续增长，并提高人民的生活水平。

生产率为产出和投入之比，即

$$生产率 = \frac{产出}{投入}$$

因为服务部门涉及人的智力活动，且具有高度的可变性，所以它的生产率较制造部门更难以统计。因此，我们在政府部门也看不到服务部门的生产率统计。服务部门的生产率通常是将过程收益作为测量方法统计的。

2.2.2 生产率的计算

生产率按照生产要素投入的种类可以分成三种：单要素生产率、多要素生产率和全要素生产率，即投入一种资源、投入两种及两种以上的资源和投入全部资源（表2-8）。

表2-8 生产率分类

生产率	举例
单要素生产率	产出/劳动、产出/资本、产出/机器
多要素生产率	产出/（劳动+资本）、产出/（劳动+资本+机器）
全要素生产率	产出/全部资源

因为生产率体现的是投入资源的利用效率，所以企业在运营管理中多采用单要素生产率度量法。

2.2.3 影响生产率的因素

影响生产率的因素很多，有企业内部的因素也有企业外部的因素。

1. 内部因素

影响企业生产率的内部因素比外部因素更易变化，也比较容易被企业掌控。按照其可变性我们将企业的内部因素分成基础硬因素和变化软因素。基础硬因素包括厂房和设备、技术、材料和能源等，变化软因素包括员工、组织系统、工作方法和管理方式等。

1）企业的基础硬因素

（1）厂房和设备。厂房和设备的维修保养程度、工作地、设备的平面布置状况、设备的生产能力、厂房和设备的使用年限和投资成本等，都会影响生产率。

（2）技术。技术是影响生产率的一个重要因素。产品的增加、质量的改进、新的工艺流程和工艺方法等，都能通过更高的自动化和信息化技术来获得。

（3）材料和能源。材料和能源是为获得产出而投入的重要资源。降低材料和能源消耗能直接提高生产率。材料选择、材料质量、生产流程控制、废品的利用管理、存货周转率控制、库存管理、以国产材料代替进口材料等，都对成本有影响，从而影响生产率。

2）企业的变化软因素

（1）员工。员工是影响生产率的重要资源和主要因素。厂房、设备、技术都是人类思维和劳动的产物，任何提高生产率的措施都必须依靠员工才能实施。员工的价值观、工作动机，员工的工作方法、技术、个人技巧、知识储备、工作态度和才能，都会影响生产率。

（2）组织系统。为使生产系统正常运转，企业需要一个内部协调、目标一致的组织系统，这个组织系统必须及时对市场信息进行反应，且横向联系密切。许多企业生产率低下的原因是组织系统僵化，它们没有对市场变化进行预测和做出反应，忽视人、技术和外部环境的新发展。僵化的组织系统缺乏横向联系，决策迟缓，因而无法使企业内各个环节高效率地工作。

（3）工作方法。改进工作方法是提高生产率的最有希望的途径。改进工作方法的有关技术，旨在通过改进人的动作、使用的工具、工作场所的布置、材料处理和机器使用方式，而使相同劳动的产出更多。工业工程基础是改进工作方法的主要技术。

（4）管理方式。管理方式影响着组织设计、人事政策、工作设计、工作方案、资本费用和资金来源、成本控制技术等各方面。管理部门负责企业控制下所有资源的使用，因此管理方式对生产率水平有很大影响。

2. 外部因素

在一段时间内，多数企业无法控制影响企业生产率的外部因素。这些外部因素在社会结构和较高的制度层面可以得到控制，由此影响企业的生产和管理行为，进而影响企业的生产率。外部因素包括人、科技水平和宏观管理政策。

（1）人。人是生产活动的中心，劳动者的知识、技能和体力是决定生产率的最基本因素。因此，一个区域的人力资源素质高低，直接决定着生产率水平的高低。区域内人力资源素质的高低本质上是人均受教育程度的体现。因此，实施全面教育，进行不间断的职工教育和培训是提高一个区域生产率水平的根本措施。而这些是单个企业无法做到的。

（2）科技水平。科技水平直接影响企业的生产率。从某种意义上讲，生产率是反映一个区域科技水平的重要指标。发达国家之所以具有比发展中国家高得多的生产率，一个重要的原因是拥有居于世界领先地位的科技水平。

（3）宏观管理政策。宏观管理政策是生产率的重要影响因素，在某种意义上说甚至是起决定性作用的因素。所谓宏观管理政策，是指区域的经济体制、产业政策、技术政策、技术装备政策、技术引进政策以及战略规划等。

2.2.4 提高生产率

提高生产率即用创新技术和方法来提高产品的附加价值，以较少的资源投入生产出较多的产品。

提高生产率的途径通常有三个：
（1）技术效率的提高，如管理效率的提高和生产经验的积累；
（2）技术进步，如采用新机器、新技术；
（3）规模效率的改善，如企业规模的优化。

2.3 赢得竞争优势

竞争优势是企业特有的在市场竞争中超越竞争对手的方式。企业制定和执行运营战略的目的就是通过运营管理来提高企业的竞争力，赢得竞争优势。

不同区域或同一区域不同行业的企业的竞争优势要素区别很大。明确竞争优势要素是企业制定有效的运营战略的关键。

2.3.1 竞争维度

威克汉姆·斯金纳教授和迈克尔·波特教授等人最初定义的运营管理的"四种基本竞争优势要素"为：成本、质量、快速交付和柔性。而服务在20世纪90年代成为企业关注的新的竞争优势要素。

1. 成本

基于成本的竞争意味着企业在质量、功能相同的条件下以低于竞争对手的价格向顾客提供产品。低成本竞争大多是营销战略的需要，而运营战略的作用是通过制定方案，合理、有效地利用资源以支持这种低成本的竞争。企业使用低成本战略的前提是：即使提供比竞品价格低的产品，企业依然能够获得相应的甚至高于行业平均水平的利润。需要注意的是，低成本并不意味着低质量。

为了发展这种竞争优势，运营部门必须削减系统成本，例如人工成本、原材料成本和设备设置成本。采用低成本战略的企业需要仔细研究运营系统来尽量消除库存和浪费。他们需要为员工提供培训，从而最大限度地降低废品率，也需要投入自动化设备来进一步降低人工成本。一般来说，基于成本竞争的企业会尽量利用规模效应来降低成本，他们会提供相对"固定"和"稳定"的产品，只在条件允许的情况下满足少量的定制化需求。

2. 质量

质量是产品能够销售的前提，也是企业能够获得利润的根本性因素。

质量分为两类：设计质量和过程质量。在产品设计中，要根据具体的细分市场需求来确定产品设计质量标准。过分追求超出细分市场需求的产品设计质量标准，固然会使产品超出顾客的预期从而让顾客满意，但是又会使产品成本增加、价格提高进而减少顾客的购买行为。但若产品达不到细分市场需求的产品设计质量标准，企业又会失去顾客，设计本身就会造成资源浪费。企业关于过程质量的目标就是向顾客提供没有缺陷的产品，企业在过程质量管理中可以预防性地解决产品的质量问题。

3. 快速交付

快速交付是对现在企业非常重要的竞争优势要素。各个行业的企业都竞相在最短时间内一次性提供高质量的产品。信息化背景下的消费者群体不想等待，等待会降低消费者的预期，能够满足他们对快速交付需求的企业正在成为行业的领导者。

快速交付可以分为三个维度：快速开发、快速交货和准时交货。快速开发是从企业准确了解到顾客需求到将产品推向市场所需要的时间短，快速交货是指企业从收到订单到完成交货的时间短，准时交货体现的是企业按时交货的能力。

当快速交付成为企业首要的竞争优势要素时，企业运营部门需做的工作就是系统地分析和完善整个运营系统，要删除、组合流程，或增加新的流程，以满足快速交付的需要。

4. 柔性

柔性体现了企业对包括顾客需求和期望在内的环境变化的适应能力。柔性有两个维度：一是企业能够根据顾客特殊的需求完成定制化服务的能力，最高的柔性即依据每个顾客的需求为其量身定做产品的能力，即"大规模定制"能力；二是企业可以快速转换生产工艺流程来生产新产品或不同产品的能力，或快速转换服务流程来提供差异化服务的能力。由于产品的生命周期不断缩短，所以企业在这方面的柔性变得越来越重要。

需要注意的是，柔性竞争优势要素通常和成本与快速交付竞争优势要素冲突，因为柔性生产需要更高的成本和相对较多的时间，并不是所有的企业都适合将柔性作为自己的主要竞争优势要素。一方面，企业需要聚焦市场，将主要资源聚焦在具体的细分市场上，避免战略骑墙导致"大水漫灌"从而造成资源浪费；另一方面，企业在采用柔性竞争优势要素前要有一定的技术、产品、流程、信息、人才等资源的储备，很多初创公司并不适合采用柔性竞争优势要素。同时，柔性生产也会对供应链管理提出更高要求：第一，要求企业充分利用大数据信息，做到对市场的精准洞察，能够制定合适的生产方案；第二，要求企业通过数据精准分析顾客偏好，并将顾客偏好转化、分解成具体的规格、材质和功能，生产出更符合顾客需求的产品；第三，要求企业通过严格的供应链分析和管理减少库存压力，提高投入资源的利用效率。

5. 服务

服务是具有无形特征，却可给人带来某种利益或满足感的可供有偿转让的一种或一系列活动。

在当今的企业环境中，为获取竞争优势，企业开始为顾客提供"增值"服务。在没有大的生产力提升和重大理论突破的前提下，在成本、质量、快速交付和柔性等竞争优势要素日益趋同的情况下，各个企业或主动或被动地选择能给顾客带来增值感觉的服务作为新的竞争优势要素。企业服务具有广泛性、基础性和深刻性特征。企业服务的广泛性表现在企业服务存在于人们社会生活的各个领域和各个方面。企业服务的基础性体现在服务是很多生产活动的前提。企业服务具有深刻性特征是因为服务或间接或直接地影响着企业的品牌效应。服务活动满足了顾客的心理需求，企业对顾客所做出的服务承诺、体现出的服务水平、表现的服务态度等都影响着顾客的购买行为。

6. 下一个竞争优势要素——环保

现在，企业的下一个竞争优势要素是环保，即对环保工艺和环保产品的运用。消费者对环境越来越敏感，更倾向于购买对环境无害的产品，越来越多的企业意识到环保对提高自身利益的深远意义。

2.3.2 运营权衡

运营权衡是运营战略制定和执行的必要过程和步骤。运营权衡即企业要在不同的竞争优势要素（成本、质量、快速交付、柔性、服务等）之间进行权衡。对于企业来说，了解这些竞争优势要素之间的关系并根据其具体竞争优势要素的情况确定优先级非常重要。通过对竞争优势要素的权衡，企业可以优化其运营方式并实现其企业目标。

例如，提供高质量的产品通常需要更高的成本——企业要在原材料、劳动力或设备上投入更多，以确保其产品满足或超出顾客的期望。同样，实现快速交付的操作通常意味着牺牲一些柔性——企业可能必须限制他们提供的产品的数量，或者使用更严格的生产方案，以便快速满足顾客需求。

企业经常在成本和质量两个竞争优势要素之间进行权衡。企业可能必须在使用更便宜的原材料或设备来降低成本和使用更高质量的原材料或设备来提高质量之间进行选择。同样，企业也可能必须在投资自动化设备以提高效率、降低成本和投资熟练劳动力以提高质量之间做出选择。

此外，实现柔性制造通常意味着牺牲一定的速度或可靠性。企业要投入更多的资源或设备才能适应顾客需求或市场的变化，这可能会导致成本增加并可能减缓生产速度。

运营权衡看似是企业在一个相对静止和稳定的状态下所做的竞争优势要素取舍，实际是企业在面对外部环境和内部资源变化的情况下所做的资源分配。运营权衡的关键是明确顾客的需求是什么。为了达到或者超过顾客的预期，企业要解决两个基本问题：一个是顾客需要什么；另一个是哪些竞争优势要素能够满足顾客的需要。

 思维风向

加快形成新质生产力　积极构建未来竞争优势

习近平总书记在主持召开新时代推动东北全面振兴座谈会时强调，"积极培育新能源、新材料、先进制造、电子信息等战略性新兴产业，积极培育未来产业，加快形成新质生产力，增强发展新动能"。加快形成新质生产力对于实现高水平科技自立自强，支撑引领高质量发展，推进中国式现代化具有重要意义。回顾人类社会历史进程，就是社会生产力从低级到高级、从落后到先进的不断发展的过程。面对新一轮科技革命和产业变革，我国应以新质生产力抢占制高点，引领新技术革命发展，抢先培育新兴产业，进而构建强大的竞争优势，率先抓住未来发展机遇。

新质生产力涉及领域新、技术含量高，主要依靠科技创新驱动发展。在信息化、智能化生产条件下，生产力因科技持续突破创新与产业不断升级发展，实现脱胎换骨式的进化，具有颠覆性的新形式和新质态。加快形成新质生产力，有助于加快技术进步速度，提升全要素生产率。新质生产力不仅意味着以科技创新推动产业创新，社会生产效率也将获得更大的提升，体现以产业升级构筑新竞争优势、赢得发展的主动权。

新质生产力特点在"新",优势在"质",落脚在"生产力",以科技创新为引擎,以新产业为主导,以产业升级为方向,以提升核心竞争力为目标。抓创新就是抓发展,谋创新就是谋未来。目前,我国已成为具有重要影响力的科技大国,科技创新对经济社会发展的支撑和引领作用日益增强。与此同时,我国仍然面临着重大科技瓶颈,关键领域核心技术受制于人的格局没有从根本上得到改变,需要坚定不移贯彻新发展理念,走创新驱动发展之路,实现基础研究和高新技术领域的突破,尽快解决"卡脖子"难题,抢占科技发展的制高点,推动我国经济社会发展迈上新台阶。

近年来,新一代信息技术、先进制造技术、新材料技术、新能源技术、生物技术等呈现快速密集突破趋势,人工智能、物联网、大数据等构成的新技术体系正成为推动新一轮产业变革的核心动力引擎。新质生产力形成之后,能够发挥科技创新的增量器作用,培育一大批新兴产业和未来产业,释放驱动高质量发展的新动能,创造出更多更丰富的社会价值,并将为提升我国的全球竞争力提供持久动力,获取未来竞争新优势。

资料来源:http://www.qstheory.cn/qshyjx/2023-12/16/c_1130030748.htm [2025-02-10].

2.3.3 运营方案

1. 从运营战略到运营方案

任何战略本身都无法帮助企业进行变革,进而也无法帮助企业获得更多的市场份额、改进产品、提高顾客满意度或者实现在战略背景下建议的任何内容。明确的运营方案是支撑企业实现运营战略目标的基础途径。从确定运营战略到确定运营方案的过程如图2-6所示。

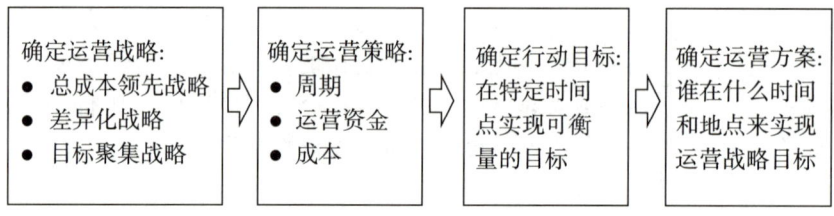

图2-6 从确定运营战略到确定运营方案的过程

2. 运营方案的内容

有效的运营方案通常有一个动态的、有条理的流程,使企业能够专注于正确的问题和行动。这意味着企业管理层必须明确运营方案的四个基本组成部分。

(1)战略目标,是对高层管理者希望在增长、产品、市场、利润等方面实现的目标的简短陈述。

(2)改进目标,是在特定时间范围内设定的具体且可衡量的绩效改进目标,并与特定的战略目标相关联。

(3)行动方案,将目标转化为一组具体的步骤、职责分配方案、时间表和跨职能团队安排,以实现目标。

(4)绩效衡量,评估行动方案、改进目标、战略目标等的定量方法。

如果做得好并协调一致,这四个组成部分允许组织进行战略性思考和管理。应制定与战略目标相一致的改进目标和行动方案，持续衡量流程绩效结果并评估需要进一步改进的地方。

3. 制定运营方案

运营策略是确保项目和活动符合组织目标的工具。一旦制定了运营策略，就需要一个运营方案来实施它。

运营方案的制定有八个步骤。

1）了解运营策略

首先，需要了解运营策略，而不是仅概述可帮助实现这些目标的运营方案。一旦制定了运营策略，就可以将其分解为多个任务以实现目标。

2）设定目标

运营方案将具体实现运营战略的目标。为了确保实现这些目标，运营团队需要设定具体的目标。

3）制定预算方案

制定预算方案可以更合理地为运营方案提供资金，并使管理者了解运营方案内容的可行性，还有助于更合理地分配实施运营方案所需的资源。

4）使用领先指标

通过使用领先指标，管理者可以预测其运营方案的结果。这些结果为运营团队提供了参考信息，并增加了他们取得良好结果的可能性。

5）团队沟通

定期的团队沟通有助于运营方案的制定。在沟通中可以多肯定团队成员有价值的见解或建议，这些沟通有利于团队成员执行运营方案。同时，团队沟通还可以让团队成员随时了解运营方案制定过程中的变化，这有助于他们了解总体运营方案及其应该承担的责任。

6）使用报告工具

为了确保管理者能够随时了解运营方案的执行情况，需要使用报告工具来跟踪进度和进展。通过监控各种项目指标，如果事情偏离轨道，管理者就可以快速做出反应，避免不良后果。

7）保存文档

保存文档即记录运营方案的每一步，以跟踪进度并衡量一段时间内的改进情况。这些文档对未来运营方案的制定也有参考意义。

8）审查和修改

运营方案在制定过程中是灵活的，在执行过程中会遇到各种挑战和变化，因此需要根据实际的变化情况进行审查和修改。当发生变化时，管理者与团队需要进行沟通，以随时了解最新情况。

习 题

一、名词解释

请分别解释：企业使命、企业价值观、企业愿景、时间战略、生产率。

二、选择题

1. 以下哪项不属于企业使命的内容？（　　）
   A. 我们的事业是什么　　　　　　　　B. 我们的顾客是谁
   C. 我们能为我们的顾客提供什么　　　D. 我们要到哪里去

2. 企业使命回答的核心问题是什么？（　　）
   A. 企业对顾客提供什么样的产品和服务　B. 企业成员对组织是非的判断标准
   C. 我们的未来是什么样的　　　　　　　D. 我们的目标是什么

3. 以下哪个是企业发展和重生的密码？（　　）
   A. 企业使命　　B. 企业价值观　　C. 企业愿景　　D. 企业战略

4. 以下不属于企业战略研究的基本问题的是（　　）。
   A. 整体性问题　B. 长期性问题　　C. 基本性问题　D. 业务性问题

5. 一般企业战略不包括（　　）。
   A. 总体发展战略　B. 业务战略　　C. 财务战略　　D. 职能战略

6. 制定企业运营战略的决定因素是（　　）。
   A. 企业外部环境　B. 企业内部资源　C. 企业特殊能力　D. 企业管理者

7. 企业在运营管理中多采用的是（　　）度量法。
   A. 单要素生产率　B. 多要素生产率　C. 全要素生产率

8. 以下哪项不是影响生产率的"硬"因素？（　　）
   A. 厂房和设备　B. 技术　　C. 材料　　D. 管理方式

9. 影响生产率的重要资源和主要因素是（　　）。
   A. 人　　B. 组织和机构　　C. 工作方法　　D. 管理方式

10. 以下哪项不是提高生产率的途径？（　　）
    A. 技术效率提高　B. 技术进步　　C. 规模效率的改善　D. 增加人员

11. （　　）在20世纪90年代成为企业关注的新的竞争优势要素。
    A. 成本　　B. 质量　　C. 柔性　　D. 服务

12. （　　）是产品能够销售的前提，也是企业能够获得利润的根本性因素。
    A. 成本　　B. 质量　　C. 柔性　　D. 服务

13. （　　）是对现在企业非常重要的竞争优势要素。
    A. 成本　　B. 质量　　C. 快速交付　　D. 柔性

14. 以下哪项更能满足顾客不想等待的心理需求，影响顾客的购买行为？（　　）
    A. 成本　　B. 质量　　C. 柔性　　D. 快速交付

15. 出现的新的竞争优势要素是什么？（　　）
    A. 环保　　B. 质量　　C. 成本　　D. 服务

三、简答题

1. 简单回答企业愿景和企业战略的共同点。
2. 按照迈克尔·波特的竞争理论，运营战略的基本类型有哪些？
3. 简单回答SWOT分析的步骤。
4. 简要回答企业制定和执行运营战略的步骤。
5. 制定运营方案的步骤是什么？

四、论述题

1. 简单论述运营战略、运营策略和运营方案的区别与联系。
2. 简单论述订单资格要素和订单赢得要素的关系。
3. 企业的运营战略要服从和服务于企业的目标，同时企业的运营战略要和营销战略匹配起来。企业管理者在制定运营战略时需要怎样做？
4. 简单论述企业战略对运营战略的影响。
5. 请举例说明单要素生产率、多要素生产率和全要素生产率。

五、案例分析题

亚厦装饰是一家建筑装饰企业，经过发展，已经成长为一家以室内外装饰、幕墙设计与施工为主的中国建筑装饰行业的重要企业，并于2010年3月23日成功上市。自创立之初，亚厦装饰就重视在研发方面的投入，仅2010年研发经费就近1.5亿元，并将研发成果运用在装修工艺的升级中，这让亚厦装饰在竞争中始终处于领跑者位置。

1. 困境与机遇

亚厦装饰在发展中面临着诸多困境。

一是国家政策调整带来的发展压力。2023年，住房和城乡建设部发布《住房和城乡建设部关于进一步加强城市房屋室内装饰装修安全管理的通知》，给亚厦装饰带来了发展压力。

二是劳动力成本提升。很多新生代农民工不愿意进入建筑行业，他们觉得这项工作不仅危险性高，而且工作条件也不尽如人意，所以都涌入了工作环境更好的行业，愿意从事建筑行业工作的人不断减少。同时，目前建筑工艺对新生代农民工的技能要求越来越高，因此，劳动力成本加速上涨。

三是传统装修模式带来的质量挑战。传统的装修模式会导致工程质量参差不齐。

四是越来越多的企业加入精装修行业带来的竞争压力。涉足房地产精装修的公共建筑装饰大企业日益增多，但是行业缺乏统一标准，门槛也低，市场竞争越来越激烈。

同时，亚厦装饰在发展中也面临着诸多机遇。

一是居民收入的提高导致居民对生活质量的要求提高。居民收入提高后，居民更加注重生活质量，这使得家庭装饰装修成为新的消费热点。

二是市场结构更平衡。随着我国西部大开发、中部地区崛起等发展战略的实施，在政策的扶持下，建筑装饰行业的市场区域结构变得更加平衡。

红海竞争的本质和途径是价格竞争，从长期发展的角度来看，红海竞争没有赢家。亚厦装饰面临着困境与机遇，寻找蓝海是亚厦装饰保持可持续优势的有效手段。

2. 装配式装修

如果把装修房子看成搭积木的话，那传统装修则要从自己制作每一块积木开始，费时费力，如果技术不好，做出来的积木还歪七扭八，最终房子的质量堪忧。装配式装修则像是直接搭建积木，把全屋的装修材料划分成一个个标准化的模块、单元、组件，提前在工厂中一块一块地组合，最后就可以搭建好一个完整的房子，省时省力，质量还有保证，实现了所见即所得的效果。

传统装修行业通常采用湿法施工，简单地说就是使水泥在液态下进行施工，装配式装修则采用干法施工，能够极大地降低现场污染（包括噪声与灰尘），在提升施工环境质量的同时，还不影响周围人群生活。此外，传统装修行业是重人力的行业，高度依赖装修工人的个人手艺，而且时间周期较长、工艺流程较复杂，装配式装修可以大大降低对装修工人个人手艺的依赖度，将烦琐的现场施工流程移至工厂，通过模块化的设计、工业化生产，实现 100% 工厂预制、现场装配和干法施工，完工后即可入住。装配式装修的四大组成部分为：标准化设计、工业化生产、装配化施工和信息化协同。标准化设计是利用建筑信息模型（Building Information Model，BIM）协同设计，使得建筑设计与装修设计一体化，同时还能验证建筑、设备、管线与装修是否会产生冲突。工业化生产是使产品统一部品化、部品统一型号规格、部品统一设计标准。有了统一的标准，可以实现产品的大规模生产。装配化施工是由经过培训的产业工人进行现场装配。由于需要的产业工人比较少，可以减少大量的人力成本。信息化协同使得各个流程可以互通消息。

2020 年对于亚厦装饰是关键的一年，企业高层经过多次战略会议讨论，最终明确将装配式装修作为未来的主攻方向。为此，亚厦装饰设立研发中心，持续投入超过 10 亿元研究装配式装修。

2020 年 2 月，亚厦装饰提出了模块化设计概念，分为堂、寝、居、味、格、净、悦、务、料、控十大模块，聘请顶级设计师精心设计每个模块，顾客可以通过自由组合搭配成约 300 万种模型，这样就可以满足不同顾客的多样化需求。经过一段时间的摸索后，亚厦装饰将模块化设计的理念融入装配式装修。每个部件都有标准化的接口与独立功能，这样就可以通过标准化接口将不同功能的模块和装修风格模块进行组合，不仅能够满足装修过程中的基本需要，也能够按照顾客的不同需要进行相应的功能调整和风格选择，满足顾客的个性化需求。顾客可以根据需求自由选择功能，选择不同的装修风格，如中式风、北欧风、典雅风等。为了让顾客直观地选择自己喜欢的装修风格模块和功能模块，亚厦装饰运用 BIM 将装修效果以三维模型的方式展示在顾客面前。在顾客做出选择后，BIM 可以形成所有材料和部件的清单，包括价格、品牌、型号等信息，并生成总价款，顾客可以根据预算进行调整，直到满足自己的需求为止。

模块化的设计让亚厦装饰的订单大幅增加，但是不久就出现了新的问题，亚厦装饰再一次感受到了成本上升的压力。因为按订单设计和按订单制造这两种生产方式的定制能力虽然很强，但缺点也非常明显，增加了成本而且也延长了交货期。经过内部的充分讨论，亚厦装饰决定用延迟定制开始的时间来提高标准化的水平。亚厦装饰掌握原材料和通用部件的设计、生产和制造的主动权，所以其决定减少顾客对这三个环节的影响程度，并将生产方式调整为按订单装配，将企业中已有的通用部件组合成不同的模块，再根据订单要求装配。

3. 绿色发展

绿色环保一直是国家非常倡导的发展方向。经过对环境和市场的充分研究，亚厦装饰决定将环保理念融入装配式装修，为顾客打造绿色环保的人居环境。

亚厦装饰在当代·璞誉项目中正式践行个性化装配式装修方式和绿色人居理念。亚厦装饰承诺采用装配式装修方式在两周内完成一套房子的装修，并坚持绿色人居理念，装修过程中无废料、无噪声、无粉尘、无污染并且采用无湿作业方式。

4. 新的征程

在亚厦装饰于绿色发展、装配式装修等方面取得成就的同时，行业竞争对手也不断涌现。

面对挑战，亚厦装饰坚信：如果到了不得不进行改变的时候，那企业的最大问题可能已经不是改变本身了。运营创新永无止境，坚持用户思维才是王道。

问题：

1. 面对内外部环境的变化，亚厦装饰采用的竞争战略是怎样的？亚厦装饰在运营管理层面做了哪些事情使得其竞争战略获得了成功？

2. 亚厦装饰在运营战略创新方面打造的竞争优势要素主要有哪些？亚厦装饰是如何对这些竞争优势要素进行强化和权衡的？

3. 如何对亚厦装饰的各竞争优势要素进行排序？你认为未来亚厦装饰应着力打造哪些竞争优势要素？

【第2章习题答案】

第3章

产品和服务设计

企业未来的竞争，就是细节的竞争。

——布鲁诺·蒂茨

创造性模仿不是人云亦云，而是超越和再创造。

——西奥多·莱维特

本章要点

1. 了解产品和服务设计的战略意义。
2. 能够列举进行产品和服务设计的一些重要原因。
3. 明确产品和服务设计的原则等关键问题。
4. 了解产品和服务设计中法规和道德，以及可持续问题的重要性。
5. 掌握质量功能展开的功效、步骤。
6. 掌握流程分析与选择的主要内容。
7. 明确服务设计与产品设计的区别，以及各自的设计原则、步骤和方法。
8. 了解数字化流程管理和自动化技术。

盒马是阿里巴巴集团的自营生鲜及日用品零售连锁品牌，2016年1月，盒马鲜生首店上海金桥店正式开业。截至2022年3月31日，盒马开设自营盒马鲜生门店273家，主要分布在中国一、二线城市，年度活跃消费者超过2600万人，线上订单销售额占比高达70%。

数字化是盒马运营的核心。盒马通过数字化技术回答"目标顾客是谁；目标顾客的核心业务场景是什么；存在什么痛点问题；如何与顾客建立连接，构建服务"等一系列问题，构建了盒马商业模式的基石。以顾客为中心，盒马实现交易全流程数字化，凭借毫秒级的数据颗粒程度实时了解顾客需求，采取实时决策并及时调整应对方法。

盒马充分利用App和阿里巴巴的淘系数据，深入了解顾客（"人"）在不同消费场景下的需求，洞察目标顾客的偏好和痛点问题。基于顾客的需求，盒马将"货"匹配到"人"，重构产品链路，不断优化商品结构，定制供应链解决方案，打造具有竞争优势的商品力。盒马"App+超市+餐饮+30分钟配送到家"的四合一方式，革新"场"和"人"的连接方式，给消费者带来全新的消费体验。

数字化贯穿盒马供应链的始终。盒马全渠道零售运营下的数字供应链革新如表3-1所示。

表3-1 盒马全渠道零售运营下的数字供应链革新

盒马全渠道零售运营	数字供应链革新
·以顾客为中心，重构人—货—场链路 ·线上线下信息同步，消除渠道差异 ·"仓店一体化"，快速履约 ·"超市+餐饮"，满足个性需求 ·线上线下多渠道触达，增强顾客黏性	·构建数字供应链体系 ·以数据驱动业务系统 ·门店运营数字化 ·供应链业务决策智能化 ·大数据选址 ·智能预测 ·全自动智能补货 ·"全自鲜"降损耗 ·数字化骑手运力调度 ·全流程品质管控 ·智能物流网络 ·全链路损益可视化

资料来源：http：//www.cmcc-dlut.cn/Cases/Detail/5854[2025-03-01]。

企业使命的实施媒介就是它所提供的产品和服务。产品和服务设计好的企业能够比其他企业更好地实现目标。因此，产品和服务的设计具有战略意义。

3.1 产品和服务设计的综合框架

3.1.1 概述

1. 产品和服务设计的内容和阶段

1)内容

产品和服务设计包括很多内容,涉及的内容和与之相关的职能部门见表 3-2。

表 3-2 产品和服务设计涉及的内容和与之相关的职能部门

内容	职能部门
将顾客需求转化为产品和服务要求	营销部门、运营部门
改进现有产品和服务	营销部门、运营部门
开发新产品和新服务	营销部门、运营部门
制定质量目标	营销部门、运营部门
制定成本目标	会计部门、财务部门、运营部门
制造和测试样品	运营部门、营销部门、工程部门
制定规范:把产品和服务规范转变为流程规范	运营部门

产品和服务设计涉及企业的很多职能部门,但是主要涉及的职能部门还是营销部门和运营部门。

2)阶段

产品和服务设计主要分为可行性分析、产品和服务规格确认、工艺规格确认、样品开发、设计审查、市场检验、产品和服务推出以及后续评估八个阶段(表 3-3)。

表 3-3 产品和服务设计的阶段

阶段	阶段描述	涉及的职能部门
可行性分析	①市场分析:需求; ②经济分析:开发成本、生产成本、利润潜力; ③技术分析:运营能力、可得性要求的技术	营销部门、财务部门、会计部门、工程部门、运营部门
产品和服务规格确认	详细说明产品和服务如何满足顾客需求	法律部门、营销部门、运营部门
工艺规格确认	工艺方案的权衡,比较方案间成本、资源可得性、利润和质量方面的差异	会计部门、运营部门
样品开发	试制样品以确认工艺规格方面是否存在问题	生产部门、运营部门
设计审查	进行必要的整改或放弃	营销部门、财务部门、工程部门、运营部门
市场检验	市场检验,确认顾客的接受程度	营销部门
产品和服务推出	推销该产品和服务	营销部门
后续评估	确认产品和服务是否需要改进,对销售做出预测	营销部门

2. 产品和服务设计的原因

1）社会发展原因

随着经济的发展、科学技术的进步，社会生产率进一步提高，人们可支配的收入和时间逐渐增多，消费和储蓄观念逐渐改变，人们对产品和服务的需求也呈现多样性特点，这些都对产品和服务的设计提出新的要求。

2）企业原因

产品和服务的设计对企业的成功具有战略意义。各个企业由于所处的经济环境和竞争环境不同，产品和服务设计的原因也不尽相同，但是总体来说，促进企业对产品和服务进行设计或改进的主要因素依然是市场机会或威胁，市场机会或威胁的产生通常是以下多个因素变化和共同作用的结果。

① 政治方面因素，主要体现在政策和法规方面，例如：新政策、新法规出台等。

② 经济方面因素，主要是经济增长速度变化导致的需求变化，例如：需求降级、经济危机导致担保要求增高等。

③ 社会和人口方面因素，例如：人口流动、老龄化等。

④ 科技方面因素，即科学和技术原因，也包括管理方面的科学。

⑤ 竞争方面因素，即行业或竞争对手出现的新变化，例如：新的产品或营销方法。

⑥ 可得性方面因素，例如：有关原材料、劳动力的新变化。

在诸多因素之中，科技方面尤其是技术方面因素的影响最大：第一，新技术可以直接作用于产品和服务，很多时候一种新技术的出现常常会促使多种新产品或新服务甚至一个新的行业诞生；第二，新技术可以应用于产品生产制造上，新的加工技术可以改变原有的产品和服务设计。

3. 产品和服务设计的关键考量

1）顾客角度

多数顾客基于成本和质量的辩证关系购买产品或服务。按照顾客价值构成论，价值是顾客消费行为的驱动因素。顾客价值又称顾客让渡价值，按照科特勒的描述，顾客让渡价值是顾客总价值和顾客总成本之间的差额，表示为函数的形式即

$$CDV = TCV - TCC = F(X_1, X_2, X_3, \cdots; Y_1, Y_2, Y_3, \cdots)$$
$$TCV = F(X_1, X_2, X_3, \cdots)$$
$$TCC = F(Y_1, Y_2, Y_3, \cdots)$$

其中，CDV（Customer Delivered Value）表示顾客让渡价值；TCV（Total Customer Value）表示顾客总价值；TCC（Total Customer Cost）表示顾客总成本；$X_1, X_2, X_3, \cdots$表示影响顾客总价值的各种变数；$Y_1, Y_2, Y_3, \cdots$表示影响顾客总成本的各种变数。

消费行为常常不是一种理性行为，顾客在不同的时间、不同的地点对于同一件产品或服务的消费行为也不尽相同，当然顾客购买的基础判断逻辑依然是"值不值"，这个"值"就是顾客基于对投入成本和取得质量或效能的辩证判断的结果。

2）企业角度

从企业角度来看，产品和服务的设计则有更多的考量，见表3-4。

表 3-4　考量问题

考量问题	问题描述
必要性	市场份额有多大，市场预期情况怎么样，是长期增长还是短期增长，是快速增长还是稳步增长
自身条件	企业是否具备相应的技术、设备、人员、供应链和运营能力来设计产品和服务；这些产品和服务是否可制造和提供
质量控制	顾客的预期是什么，竞争对手提供了什么质量的产品和服务，以前的产品和服务在哪些方面满足了顾客需求，在哪些方面不能满足顾客需求
经济性	产品和服务责任、法律问题、道德问题、可持续发展问题、成本构成及利润问题

3.1.2　产品和服务设计的影响因素

1. 构思

产品和服务设计的构思来源于多种渠道，但其基础信息来源于顾客。顾客信息可以通过调研来获得。供应链、分销商、服务商及其研发人员、销售人员、服务人员也都是构思的重要信息来源，这些信息都可以通过访谈、鼓励其提供意见等来获得。

产品和服务设计构思的重要来源之一是竞争对手的产品或服务。通过对其产品、服务及运营等方面的对标，企业可以得到许多现成的构思。几乎所有的企业都购买过竞争对手的产品和服务，通过对产品和服务仔细观察来得到竞品的信息并改进自己的产品和服务。甚至有一些企业通过"策反"竞争对手主要的技术人员来实现这个目的。

2. 社会发展因素

1）法规和道德影响

产品和服务设计中的法规和道德问题是指法规和道德所限制或积极反对的，在产品和服务设计中发生或没有预防就会发生的，且不利于顾客或者在顾客使用的过程中会危害到顾客的设计问题。这类问题通常分成两类：一是主动违背现有法规，对顾客和社会采取"积极的"主动欺骗行为；二是明知设计可能会对顾客产生危害而采取消极被动的回避行为，没有去规避可能产生的危害。

无论是主动违背还是被动回避，都可能会对顾客或社会产生实质伤害。对顾客或社会造成了伤害的企业也会从三个方面对企业自身造成反向伤害：一是顾客对企业造成的伤害的诉讼会使企业保险及法律费用增加；二是顾客诉讼成功后或企业与顾客和解后会产生巨额费用；三是无论诉讼结果如何，都会对企业声誉产生负面影响，这造成的损失不可估量。

因此，企业无论是否愿意都要承担起相应的产品和服务责任。承担产品和服务责任意味着企业要对由设计或加工的缺陷对顾客造成的伤害或损失负责。第一，企业要设计、制造和提供对顾客没有危害或潜在危害的产品和服务；第二，当无法排除产品和服务的危害时，企业需要制定安全防护措施以降低危害；第三，企业要向顾客告知产品和服务潜在的危害。

在正常的市场环境中正常运营的企业明知故犯或主动欺骗的可能性不大。但企业在产品和服务设计中常常有被动回避的行为，这是企业的管理者和设计人员都要面临的道德问题。所以企业管理者和设计人员在进行产品和服务设计时应该遵守以下指导原则：

① 产品和服务设计要与企业目标一致；

② 产品和服务设计要达到顾客的期望价值；

③ 产品和服务设计要把安全与健康作为主要的考虑因素，不仅仅是顾客的安全和健康，还包括制造人员、配送人员、销售人员、接待人员以及可能接触到产品和服务的所有人的安全和健康。

2）可持续发展影响

资源的稀缺性是经济学研究的前提。负责任的经济学家和社会学家总是考虑当地球上有限的资源与能源消耗殆尽后人类何去何从的问题。因此，产品和服务设计中的可持续性成为了当今全球性热点问题。

产品和服务设计的可持续性体现在产品和服务的全生命周期中，此处主要是指产品设计的可持续性。

第一，产品影响评价，即评价产品在设计、生产、运输、仓储、使用及末端使用过程中对环境造成的影响。产品影响评价一方面要关注人类在生产过程中从自然界获取资源时所产生的影响，包括从自然界获取的生产资料及对这些生产资料的消耗，也包括在生产、运输、仓储和使用过程中对资源和能源的节省；另一方面要关注人类在生产过程及终止产品过程中对环境的输出所产生的影响，即人类在生产活动中向自然界输出的废弃物、对环境造成的污染及人类对这些影响的应对措施。

第二，产品生命周期末端对产品的处理，这些产品包括生活中的消费品，也包括生产这些消费品的设备，这项工作体现了一家企业甚至一个国家的科技水平、生产制造水平和道德水平。发达国家过去经常把废弃的电子设备运输到第三世界国家的掩埋场。电子设备垃圾无论是掩埋、焚烧还是丢弃到公海中都会产生对环境有危害的气体、灰烬或废水。

企业应对从旧设备上拆下来能够继续使用的零部件进行回收利用，对不能使用的产品进行再循环利用。基于节约成本和减少对环境不利影响的考虑，设计人员需要从三个方面来考虑：①通过价值分析减少原材料的消耗；②对仍然有用的零部件进行回收利用；③对不能使用的产品进行再循环利用。总结来说，即减量化、再利用和再循环（表 3-5）。

表 3-5　3R：减量化、再利用和再循环

概念	描述	原因分析	新概念/新技术
减量化	减量化是指检查零部件或材料的功能，降低成本或通过改进提高其价值	实现成本的节约和产品设计的可持续	—
再利用	再利用（再制造）是指将旧产品中的某些零部件拆卸下来，在新产品中再使用	节约成本	可拆卸设计
再循环	再循环是指将材料回收利用	节约成本、爱护环境、环境法规的要求	再循环设计

为了实现产品和服务设计的可持续性，可以从以下四个方面考虑。

（1）设计定义。

产品和服务设计是实现产品和服务可持续的关键步骤。

首先，设计者可以根据顾客反馈的需求信息，设计出让顾客满意的产品和服务，也可以根据顾客对行业内现有产品和服务的消极反馈，修改或设计出让顾客更满意的产品和服务。

其次，现在很多企业对多功能产品过分推崇，产生这种现象的原因是企业没有准确了解顾客的真实需求。企业企图通过让顾客在产品使用功能上"做选择题"来弥补其在顾客需求了解方面的欠缺，这是企业在产品设计上的"投机"行为，这种行为本身是一种浪费资源的行为。因此设计者需要重新审视顾客的需求和现有产品的功能，优化产品功能以期与顾客需求匹配。

最后，如何实现产品和服务生命周期与顾客在服务或产品功能上增加的期望值的匹配也是设计者在产品和服务设计阶段需要考虑的因素之一。产品和服务生命周期过短，短时间内更替次数频繁是对企业资源和社会资源的极大浪费。此外，顾客因为产品生命周期过长、部分功能不能满足需求而将产品闲置也是对资源的浪费。

（2）材料绿色化。

材料绿色化一方面指在产品和服务设计中采用天然材料或绿色环保材料，另一方面指在产品和服务的设计中，在保证强度和使用功能的前提下减少对材料的使用或浪费。另外，材料绿色化也包括材料的再利用或再循环。

循环经济要求对产品和服务进行零废弃设计。在进行产品设计时，就要从整个产品生命周期角度审视产品设计、生产、使用及末端处理全过程，充分考虑材料分解和再利用的可能性；考虑通过采用新工艺或新方法对材料进行回收和利用，从而避免产生废弃物或者降低产生废弃物的程度。因此设计者在进行产品设计时就要从两个方面进行考虑：一方面要考虑原材料和零部件回收和利用的可能性；另一方面要考虑简化产品的拆装流程，增加拆装的便利性，使旧产品的零部件能够更快投入新产品的再利用和再循环中去。

（3）能源节约。

能源节约在产品设计中主要体现在产品制造、运输和使用三个部分。一是设计产品时要考虑在产品制造过程中如何提高能效、减少工序、降低能耗、提高能源利用效率；二是设计时要针对产品运输过程通过产品的组合、拆装及包装设计降低运输成本；三是设计时要考虑如何使顾客在使用过程中节约能源。

（4）减少对环境的污染。

这要求企业：第一，要尽量使用可分解和可被再利用的材料；第二，在制造过程中要采用新工艺来减少对环境的污染；第三，在顾客使用产品前要对顾客进行安全更换和回收方面的培训。

3. 新的影响要素

1）人体工程学

产品和服务设计要以人为中心。在满足顾客需求的同时又不能危害到顾客的人身及财产安全，因此要将产品和服务责任作为设计的首要因素，安全则是产品和服务责任的基础要素。例如，车辆被动安全装置为政府、汽车制造商与顾客所共同关注。

在产品和服务的设计中，越来越多的企业将人体工程学要素作为新的竞争优势要素。例如，汽车制造商纷纷在驾驶空间、座椅材质、规格和角度上进行新的设计。人体工程学键盘、分体键盘、垂直鼠标也逐渐成为潮流。

设计者常常会在产品和服务设计中增加一些新的要素或新的特性。在一些行业中，这些新要素和新特性逐渐成为新的竞争优势。在某种程度上，这种现象可以视为在"同质化"水平下的"以量取胜"，即顾客花费同样的资金可以购买更多的要素和特性。但这样的设计也可能会造成"功能过剩"，增加顾客操作时的时间成本，从而容易引起顾客的不满。这种通过增加功能来提升竞争优势的设计思路在计算机、手机等电子产品的设计中表现尤为突出。

在产品设计中增加符合人体工程学的要素固然会满足部分顾客的需要，从而成为产品新的竞争优势，但有时这些新增加的要素也会因为不符合不同地域、不同使用场景的需求而变为竞争劣势。例如，中国某车企在2010年将在中国市场有竞争优势的装配空气座椅的牵引车出口到南美洲用于石油运输和成品油配送。在中国，牵引车上采用的空气座椅能够降低驾驶员的疲劳感，但由于路况及驾驶员驾驶习惯差异较大，南美洲的驾驶员反馈这种座椅让其在驾驶车辆时感觉像在"坐船"，增加了操控车辆的难度和疲劳感。中国车企迅速响应，将空气座椅改回"传统"的弹簧减震座椅。这个案例也涉及下文要讨论的全球性产品和服务的设计问题。

2）全球化趋势

没有一个产品和服务品类能够满足所有细分市场顾客的需求。全球化背景下，中国企业面对的不仅是中国市场的激烈竞争，还有更大的世界市场的竞争。

为了满足不同区域不同细分市场的需求，企业的产品和服务的设计人员需要了解各细分市场与顾客，了解方式有以下几种。

第一，母国的母公司派出设计人员去不同区域了解市场与顾客，然后设计出产品和服务，再到市场接受检验。由于文化、语言存在差异，这些母国派出的设计人员不一定能够完全了解顾客的真实需求。

第二，委托当地咨询机构对市场及顾客进行调研。但咨询机构可能对母公司缺乏了解，咨询机构调研人员的专业性也可能不足，因此顾客的真正需求未必能够被准确反馈给母公司。

第三，企业在当地建立研发中心，由当地研发团队进行调研。由于缺乏准确的全球战略等，多数中国企业仍然在第一种和第二种了解方式徘徊，他们在海外建立的研发中心更多是基于国内市场营销竞争话术的需要。中国是世界上为数不多的统一体市场，在中国巨大的市场中得出的经验使多数中国企业的管理者对世界市场要么畏首畏尾，要么不屑一顾。

全球化运营可以充分利用全球资源，全球化设计可以提高产品和服务的适应性。

信息化技术为全球性产品和服务设计提供了基础，但全球性产品和服务设计的根本前提是企业要有全球运营战略及与之相适应的全球化组织、架构和流程设置。没有这些前提，全球性产品和服务设计也只能沦为"全球化戏剧"中的"临时演员"。

4. 产品和服务相关因素

1）产品和服务生命周期

多数情况下，产品和服务在其有效的生命周期内，将经历投入期、成长期、成熟期和衰退期（图3-1）。不同阶段的需求不同，因此企业在不同阶段需采取不同的战略和应对措施。企业要在不同阶段将企业的运营资源和市场需求匹配起来，因此需求预测对于每一阶段运营战略的制定都非常关键，而现金流是保证企业内外部资源能够有序流动起来的重要因素。

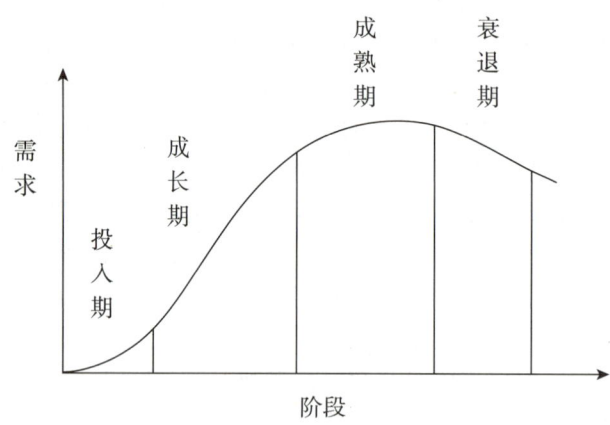

图 3-1　产品和服务生命周期

在产品和服务投入市场的初期，即投入期，企业面临着两方面的压力：顾客对新产品与新服务的犹疑态度，竞争对手对于新产品与新服务出现后的快速应对。企业需要在竞争对手制造的竞争局势下解决顾客对新产品与新服务的信任问题，及时调整产品和服务的适应性以满足顾客的需要并快速导入市场，同时确定导入市场的产品和服务数量。

随着时间推移，产品和服务的适应性设计不断改进，市场需求不断稳定增长，产品和服务的功能逐渐成熟，成本降低。在成长期，企业要求运营部门和营销部门对市场需求的预测更加准确，以期达到市场需求增长与企业能力增长相匹配的状态。

进入成熟期的产品和服务更加稳定，但市场需求停止增长，市场份额达到最大，企业的生产率最高，成本不断降低。在这个阶段，多数企业要停止对原有产品和服务进行设计变更，转而考虑是否设计新的替代产品和服务来延长企业产品和服务的生命周期。企业在这个阶段的决定影响着企业的长期发展。

在产品和服务的衰退期，企业面临着重要的抉择——产品和服务全部彻底退出市场，还是分阶段退出市场来为新产品或新服务导入市场创造机会。在衰退期，企业运营上的竞争优势是巨大的——现成的生产设备、稳定的供应链和分销渠道及熟练的工人。在这个时期，企业的成本需要降低，不再需要投入额外的资源。但如果企业不在这个阶段做出抉择，则意味着这些此时的竞争优势资源在未来的某一时刻有可能成为沉重的"历史负担"。

多数产品都有生命周期，服务也同样有生命周期。服务的生命周期与产品的生命周期类似。旧的服务形式常常伴随着新技术或新产品的出现而消失，同样，新的服务形式也会伴随着新技术和新产品的出现而产生。

产品生命周期管理是用于管理从产品和服务的定义、设计、研发、生产或提供、再设计直到末端处理的全流程系统管理方法。产品生命周期管理包含产品和服务从定义到消亡的所有方面，包括流程、信息和员工等一切要素。

产品和服务生命周期管理软件是用来解决不同部门之间关于产品和服务定义认知失序、不准确等问题的软件，其能自动化管理与产品和服务有关的数据，并将数据与其他业务流程整合。产品和服务生命周期管理软件是企业运营管理过程中重要的工具,其目标是通过对产品和服务数据的精确管理来减少浪费、提高效率。

产品和服务生命周期各个阶段的特征和应对措施见表 3-6。

表 3-6 产品和服务生命周期各个阶段的特征和应对措施

阶段	特征	应对措施
投入期	潜在顾客对新产品与新服务存在犹疑态度;竞争对手对新产品和新服务快速应对	市场调研,产品和服务测试,产品和服务推广,加快导入
成长期	市场需求增加,产品功能稳定,成本降低	准确的需求预测,扩大生产规模
成熟期	市场需求停止增长,市场份额最大,模仿者大量出现	设计抉择,即决定是否设计新的替代产品和服务
衰退期	产品和服务功能衰退,有待更新	退出市场抉择

2)标准化要求

标准化程度是影响产品、服务和流程设计的一个重要指标。标准化是指对同一个产品、服务或流程实行整体统一的标准。标准化是规模化生产背景下提高效率的重要管理手段。同一项目下的标准化产品是大批量生产的,我们现在生活中使用的大部分消费品都是标准化产品。标准化服务意味着每一位顾客接受本质一样的服务。我们生活中的大部分自助服务都是标准化服务。

产品和服务设计中关于标准化程度的考量,即在产品和服务设计中思考生产(或提供)、运输、使用中哪些环节可以实现标准化和在多大程度上实现标准化。

标准化依然是现代生产制造的主流,越来越多服务业企业也将标准化引入服务管理中。标准化的优点主要是在分工基础上提高生产效率,使成本降低,这些成本包括产品设计、生产、维修、仓储成本,也包括人员培训成本,以及上述各个环节的时间成本。同时,标准化也使采购及供应链管理更加常规化。标准化的缺点主要体现在标准化降低了产品和服务的多样性程度。标准化是在分工协作基础上通过操作固化的形式提高生产效率的,固化是标准化过程中一个重要的步骤。固化是将最有效率的操作固定,使单位时间内的产出增加,效率提高也意味着成本降低,成功的标准化也会使产品和服务质量得到保证。同时,若企业将一些不成熟或效率不高的操作固化,则意味着多种强制性因素很难修改。标准化具体的优缺点见表 3-7。

表 3-7 标准化具体的优缺点

优缺点	具体描述
优点	库存和制造等过程中需要处理的零件更少; 减少培训成本和时间; 更加日常的采购、搬运和检验程序; 可用库存满足订单; 长期生产和自动化的机会; 对更少零部件的需求证明了在完善设计和改进质量控制程序方面增加支出是合理的
缺点	设计可能会被冻结,留下太多缺陷; 设计变更的高成本增加了改进的阻力; 品种减少导致对顾客的吸引力下降

因此，设计者在进行设计时，必须结合企业可以协调的内外部资源来考虑标准化问题。

3）大规模定制要求

标准化的优点是以较低的成本生产出大量标准化产品，但这些产品的多样性程度较低。定制化可以提供满足不同顾客不同时期需求的多样化产品，但这些产品的生产成本（包括时间、资金等）较高。企业从标准化到定制化的转换意味着在技术、工艺、设备、流程、人员数量和技能上的投入增加。这种定制化要求的新资源投入与标准化的成本优势相冲突。标准化与定制化的优缺点见表3-8。

表 3-8 标准化与定制化的优缺点

形式	优点	缺点
标准化	成本低 交货时间短 产品质量稳定 适合大规模生产	产品单一
定制化	产品多样 产品质量高 快速响应	成本高 交货时间长

大规模定制缓解了企业在从标准化到定制化的转变过程中资源投入过多的问题。大规模定制和标准化、定制化的关系如图3-2所示。

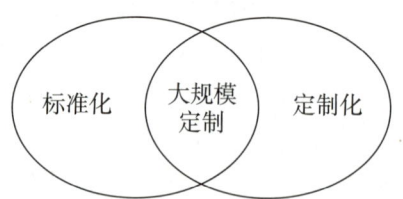

图 3-2 大规模定制和标准化、定制化的关系

大规模定制是在标准化大规模生产的基础上，融入对顾客多样性需求的快速响应机制。大规模定制实施的路径有很多。

（1）延迟差异化。

延迟差异化是指生产产品时将对顾客多样性需求响应的部分延后完成。延迟差异化的基本思想是：制造商先只生产通用化的零部件，个性化、差异化的生产尽可能延迟到顾客端点生产，从而缩短提前期、减少库存，增强应对个性化需求的灵活性。

延迟差异化的优点主要体现在：降低了库存及物流等成本；增加了产品的类型/型号；提升了快速响应速度；缩短了交货时间。一些生产制造类企业通过采用延迟差异化策略甚至在增加了属地就业岗位的同时促进了属地经济的增长。这些企业为了降低物流及人工成本，在当地采购大量的零部件，雇用当地员工完成产品的最后工序。

实施延迟差异化的前提主要有以下几个。

第一，工艺重构，即对生产工艺流程步骤进行调整，将个性化、差异化的生产工序向后推迟。

第二，通用化，尽可能采用通用的工艺及零部件。

第三，模块化，将一个完整的产品分解为一些便于组装的模块，或将原本零散的零部件组合为一系列组件。

第四，标准化，即用一个标准产品代替一个系列产品，让顾客做简单的选择题。

延迟差异化的缺点是对供应链的管理要求更高。

（2）模块化设计。

模块化设计是标准化的另一种形式，指通过模块的选择和组合组成不同的产品，以满足市场的不同需求的设计方法。模块化设计的优缺点见表3-9。

表3-9 模块化设计的优缺点

优点	更易拆装、更换、诊断和维修； 采购、库存管理常规化； 人员培训成本更低
缺点	设计成本更高，在产品设计阶段就要综合考虑多个方面； 产品种类减少，以组件为单位组合的产品比以零部件为单位组合的产品种类要少； 维修成本高，以组件的形式更换备件费用更高

4）可靠性要求

可靠性可以直接影响企业的声誉。可靠性是指产品和服务可以在规定时间、规定条件内完成规定功能。规定时间是指产品和服务能够正常执行功能的时间，随着时间增长，出现故障的概率增加，产品和服务的可靠性降低。规定条件是指产品和服务执行功能时的环境条件，同一产品和服务在不同环境条件下的可靠性表现也不一样。规定功能是指产品和服务必须具备的使用功能及相关的功能评判指标。

可靠性包含耐久性、可维护性和设计可靠性三个要素。

（1）耐久性，是指零部件或材料在规定时间、规定条件内不损坏或者规定功能不受影响的能力。从某一个角度上讲，任何产品和服务都具有使用时限，不可能一直没有任何故障。

（2）可维护性，即产品和服务在受到自身或外部环境的影响发生故障后，能够快速得到维护，排除故障继续运转。产品和服务的可维护性与产品和服务设计的可靠性有关，同时也与企业的备件储备、服务管理能力、服务团队素质和服务网络分布有关。

（3）设计可靠性，由于人机操作的复杂性，人为原因造成故障的情况时时存在。一般情况下，产品越容易操作，发生人为失误的可能性就越小。所以在产品和服务设计时就要把易操作性考虑进去。同时，由人为原因造成故障和安全事故的现象一直存在，所以在产品和服务设计时要有相应的预防设计。

可以通过很多方法来提高产品和服务的可靠性（表3-10）。

表3-10 提高可靠性的具体方法

具体方法	改善零部件设计； 提高生产和装配技术； 改进检测方法和技术； 利用备用零部件； 改善防护维修程序； 提高顾客、生产人员、服务人员的受教育程度； 改善系统设计

提高可靠性的"初心"是通过提高可靠性获得更高的收益,这就要考虑提高可靠性的潜在收益和成本的关系。多数情况下,提高可靠性的成本是逐渐增加的,在初期,收益增长较快,之后会出现相反的趋势,最优的可靠性水平会出现在二者增量相等的那一刻。

5) 稳健设计

稳健设计是一种以保持产品和服务的稳定性为目标的质量控制工程方法。稳健设计是通过调整和控制设计变量及其容差等可控因素和不可控因素,在产品和服务的实际值与设计值发生偏差时仍能保证质量的一种工程方法,也就是说稳健设计追求的是从设计端保证产品和服务的最终稳定性。这种质量稳定一方面表现为产品和服务在制造、提供、运输、仓储及顾客使用过程中可以经受自身及外在环境因素的干扰而保持性能稳定,另一方面表现为产品和服务整体的质量稳定性。稳健设计追求产品和服务质量的整体稳定而不是单个零部件的"优秀"。

稳健设计包括产品和服务设计与工艺设计两个方面。稳健设计是在日本学者田口玄一提出的三次设计法的基础上发展而来的。三次设计法,即系统设计、参数设计和容差设计,其中参数设计是设计核心。传统设计一般先追求目标值,然后通过筛选零部件来降低质量上的波动,这样做的逻辑是"所有优秀的部分将组成一个优秀的整体"。田口玄一追求的是产品的稳定性。

稳健设计不仅可以提升产品和服务质量,而且会因为追求质量而使成本降低。田口玄一引入了质量损失函数工具,这个工具可以让设计人员从技术和经济两个维度分析产品和服务设计、生产、使用和报废的整个过程,使产品和服务在整个生命周期内达到社会损失最小。质量损失函数见图3-3。

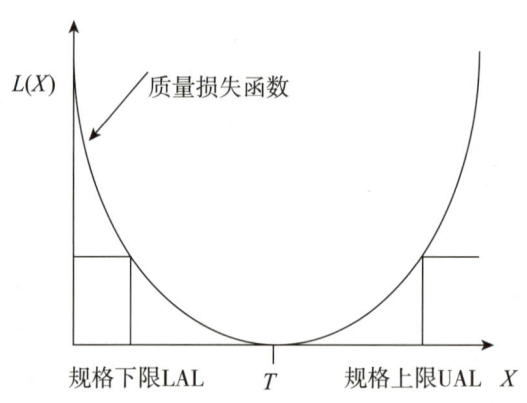

图3-3 质量损失函数

图3-3中,L为质量损失,X为质量特性值,T为质量特性标准(最让顾客满意的质量参照物)。质量损失函数为

$$L = K(X - T)^2$$

式中,K为成本系数,是一个常数,通常与"机能界限"有关。

通常情况下,顾客会在质量特性的某个点(T)上达到最满意,也意味着在此点其质量损失(L)最小,但顾客对质量的接受程度是一个区间,越靠近T,顾客越满意,这个区间就是规格下限LAL和规格上限UAL之间的区间。

田口玄一将产品的质量定义为：产品出厂后避免对社会造成损失的特性，可用"质量损失"来对产品质量进行定量描述。质量损失是指产品出厂后"给社会带来的损失"，包括直接损失（如空气污染、噪声污染等）和间接损失（如顾客对产品的不满意以及由此导致的市场损失、销售损失等）。

6）设计变化程度

设计变化程度取决于市场需求变化程度和竞品对市场需求变化的响应程度，设计变化主要体现在：①对企业现有产品和服务的功能性改进；②对企业现有产品和服务的系列宽度拓展；③对行业内竞争对手产品和服务的模仿；④设计新产品和新服务。

设计变化程度对企业和市场的影响见表3-11。

表3-11 设计变化程度对企业和市场的影响

设计变化程度	变化较小	变化较大
对企业影响	生产较快 利润可能较低	转换较慢 成本增加较多 利润可能较高
对市场影响	市场较容易接受	市场可能较容易接受，也可能较难接受

设计人员要仔细评估每个设计变化带来的利弊，在考虑市场需求的基础上进行选择。

3.1.3 产品设计时为可制造而进行的设计

1. 并行工程

并行工程的概念是由美国国家防御分析研究所在1988年提出的。在产品的设计阶段，企业就将与从产品定义到报废整个过程相关的人员召集起来，"集中""并行"地处理产品及相关的流程，以达到缩短研究周期、降低成本、提高质量的目的。并行工程强调的是从产品设计端就对所有资源进行协调，从而消除各部门之间的"隔墙"现象，达到资源高效利用的目的。

并行工程的特征主要体现在以下两点。

一是并行交叉。并行工程的一个特征是产品设计与工艺设计、流程设计、技术准备、物资采购、生产等活动交叉。一方面是部件设计交叉，即将产品分成部件或组件，使各部件的设计并行交叉，另一方面是对单个部件的产品设计、工艺设计、流程设计、技术准备、物资采购、生产等也尽可能并行交叉。同时也需要注意，工程的各项活动不能违背产品开发逻辑，如果为了并行而并行则会造成资源浪费。

二是尽早开始工作。因为并行工程是通过各项活动并行交叉而实现的，从串行到并行，所以要扬弃传统设计生产中的一些观念，很多活动在信息不完备的情况下就开始进行。并行工程强调企业内部的人要面向整个产品或整个流程，要对产品或流程的整体的、最终的结果负责，因此，设计人员在设计时就要考虑这种设计的工艺性、可制造性、可生产性、可维修性等，实行并行工程的团队的其他成员也要考虑其他流程。

并行工程的优势和难点见表3-12。

表 3-12 并行工程的优势和难点

优势	难点
制造部门能够明确企业的生产能力； 能够为关键的设计或采购环节带来较充足的准备时间和机会； 能够较早考虑设计中特殊设计的可行性； 减少部门隔阂，将重点放在解决问题而不是解决矛盾上	部门之间长期存在的隔阂不会马上消除，"人聚在一起就能解决所有问题"的想法是不切实际的； 充分的沟通和灵活性是发挥并行工程作用的基础，但做到这一点具有难度

为了发挥并行工程的优势，解决并行工程的难点，企业要设立由高层管理人员和各部门经理组成的项目管理委员会，居中协调。

2. 计算机辅助设计

计算机辅助设计（Computer-aided Design，CAD）是利用计算机及程序来辅助设计人员进行设计的技术。计算机辅助设计功能强大，可以广泛应用于建筑工程、机械制造、平面印刷等各个领域。

计算机辅助设计功能提高了设计生产率，缩短了修改错误的时间，提高了准确率。同时企业可以利用计算机辅助设计功能建立庞大的数据库，为制造部门提供包括产品规格、材料等在内的信息，数据库的建立也降低了设计人员在设计时的检索成本及对设计人员的培训成本。计算机辅助设计功能也可以帮助设计人员对已提出的设计进行工程分析及成本分析，从而选出最优方案。

3. 生产的要求

设计人员要结合企业生产能力进行设计，以期达到设计与生产能力的匹配。设计人员在考虑企业生产能力时需注意：一方面要对企业现有的生产能力做出正确的评估；另一方面也要对企业未来的生产能力做出预测，在设计与生产能力发生冲突时，设计人员要结合市场需求做出改变生产能力的建议以供高层管理者参考。对将来市场需求的预测在设计与生产能力匹配过程中的影响较大，需求预测提供了将来市场需求的时间、数量等信息。

制造和装配的难易程度对成本、质量和生产率都有很大的影响，因此设计产品时还要考虑可制造性设计（Design For Manufacturability，DFM）和可装配设计（Design For Assembly，DFA）两个概念。

可制造性设计是在设计产品时就组建一个由设计人员、工艺工程师、研发人员、营销人员、财务经理、供应商及其他利益相关者组成的可制造性设计团队，将整个生产制造系统在共同目标的指引下融合起来进行整体优化，从而简化工艺流程，选择高通过率工艺、标准元器件，降低工具及工具复杂程度，以期达到缩短工作时间、降低成本、提高产品可制造性的目的。可制造性设计的意义见表 3-13。

表 3-13 可制造性设计的意义

意义	降低成本、缩短制造时间和交货时间、提高产品竞争力； 有利于生产过程标准化、自动化，提高生产率； 增强企业之间及企业内部各部门之间的沟通，简化技术转化为产品的流程； 是新产品开发与测试的基础

可装配设计是在设计产品时考虑安装的方便性。可装配设计通常由两个要素组成：一是减少装配时的部件，部件越少，装配时花费的时间就越少；二是简化装配动作，部件安装的流程越复杂，装配花费的时间就越多，如果这些部件便于移动、定位和安装，那么装配花费的时间就越少。日立公司为可装配设计实行了"一个零件一个动作"的装配评价法，这个评价法是第一个装配评价法。

4. 共用零件的使用

企业通常会向顾客提供多种产品，这些产品常常具有很强的相似性。一个零件可以同时应用于多个产品会对企业的成本和收益产生积极影响。共用零件在企业提供的主要产品上使用产生的积极影响甚至会涉及企业声誉。使用共用零件的好处见表3-14。

表3-14　使用共用零件的好处

好处	节省了设计时间； 缩短了生产时间； 提高了产品可靠性； 降低了采购成本； 降低了仓储成本； 降低了人员培训成本； 降低了售后服务成本； 提高了售后服务能力

3.2　质量功能展开与价值分析

3.2.1　质量功能展开

1. 质量功能展开概述

1）质量功能展开的概念

质量功能展开（Quality Functional Deployment，QFD）是一种将顾客的需求语言转化为整个产品与服务开发流程的技术语言的结构性方法。质量功能展开涉及三个方面的要素。

第一，"倾听和理解顾客的声音"是质量功能展开的前提和基础，要听得懂、听得准，既要能听到顾客明确表述的需求信息，又要能挖掘出顾客没有用语言表述出来的需求。

第二，将顾客需求语言转化为技术语言、技术措施，在了解顾客的需求后，要将这些需求转化为产品和服务的技术指标。

第三，将顾客的需求信息转变为整个流程的整体目标而不是一个或几个部门的局部目标，从产品和服务设计开始就让设计、生产准备、采购、制造等各个部门的人员都参与进来，让每个流程、每个节点都明晰自己在对顾客需要响应过程中的作用和贡献。

相对于传统的事中或事后质量控制，质量功能展开强调事前质量控制和全流程质量控制。设计质量是产品和服务质量的基石，质量功能展开在设计阶段就将整个产品和服务生命周期过程中可能涉及的要素引入进来，在设计时就开始检验内在质量。传统生产质量控制和质量功能展开的差异见图3-4。

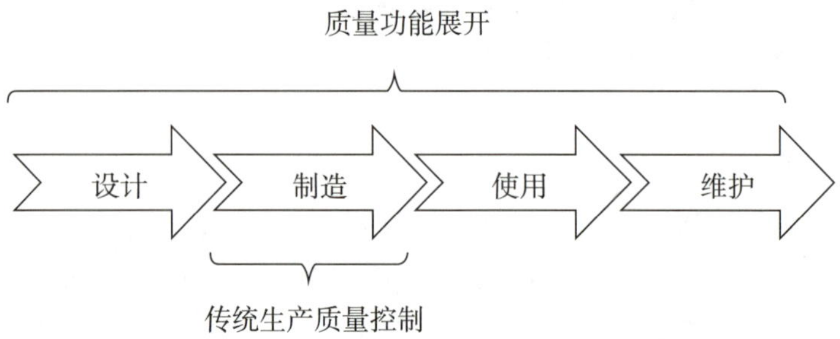

图3-4 传统生产质量控制和质量功能展开的差异

2）质量功能展开的起源

质量功能展开起源于日本，由赤尾洋二和水野滋作为一项质量管理系统提出，提出的目的是在倾听顾客声音的基础上设计和生产出符合顾客需求、让顾客满意的产品和服务。质量功能展开最终演变成了全面质量控制（Total Quality Control，TQC）和全面质量管理（Total Quality Management，TQM）。

第二次世界大战后，日本出现了多位质量管理大师，他们提出的质量管理理论和工具都将关注重点从事中质量管理（生产过程质量管理）、事后质量管理（产品检验）向事前质量管理（设计质量管理）和全流程质量管理转换。由于这些质量管理大师具备数学、工学等理论基础工具，所以他们能够充分利用各种工具将愿望变成现实。

3）质量功能展开的工具

质量功能展开架构下的工具有以下几种。

（1）亲和图（Affinity Diagram）。针对混乱的问题，充分收集各方面的信息，汇总、归纳、整理后，从相对复杂的现象中抓住问题实质，明确问题，以统一认识，找到解决方案的图示法。亲和图可以帮助企业在质量功能展开中发现那些深层次的顾客需求。

（2）关系图（Relationship Diagram），又称关联图，是分析事物之间因果关系的图表。通过关系图分析事物的目的与途径、原因与结果，可以抓住主要矛盾和核心问题。关系图在质量功能展开中可以呈现沉默顾客需求、有限需求和产生质量流程问题的根本原因。

（3）树图（Treemap），也称系统图，因为画图形式类似于树枝而得名，是系统寻找实现目标的途径或手段的一种方法，通过逐渐深入要达到目标的途径的方式来实现。树图主要用以发现在亲和图和关系图中遗漏的深层次顾客需求、优先需求、沉默需求，以及发现产品或服务流程问题产生的原因。

（4）矩阵图（Matrix diagram）。矩阵图是以矩阵的形式分析因素间相互关系及其强弱的一种图形工具。矩阵图可以表示各个技术指标间的关系、优先项等。

（5）流程决策程序图（Process Decision Program Diagram），是在产品、服务或流程设计阶段，提前预测可能会发生的不理想状态或结果，从而在设计时就开发出一系列措施和方法，从而最大可能地实现理想目标的一种图形工具。流程决策程序图在质量管理中主要在问题计划程序阶段和修改计划程序阶段发挥作用。流程决策程序图主要用于分析可能会造成新产品、服务或流程失败的潜在因素。

（6）层级分析法（Analytic Hierarchy Process）是将复杂的问题分解成不同层面，在不同层面通过量化分解找到问题的脉络，在综合评估后找到问题的解决方案的方法。企业进行质量功能展开时需要通过层级分析法实现对一系列顾客需求的优先级排序，并选出能够满足这些顾客需求的设计和方案。

（7）蓝图（Blueprint）来源于工程图，是经过一系列描图等程序后形成的复制品。蓝图用以描绘对未来的期望、设想或计划。在质量功能展开中，蓝图用来对产品与服务的整个流程进行分析和描绘。

（8）质量屋（House Of Quality）是质量功能展开的核心工具，下文详述。

2. 质量功能展开的优缺点和功效

质量功能展开是一个系统性的决策工具，质量功能展开架构保证了企业能够在设计阶段、生产准备阶段及加工制造阶段积极响应顾客需求。质量功能展开在三个阶段的转化见图3-5。

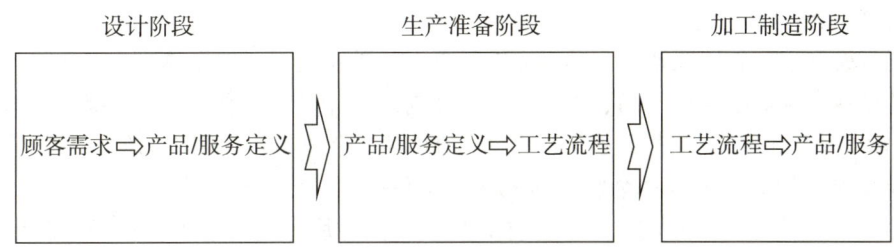

图3-5 质量功能展开在三个阶段的转化

质量功能展开的实施有两个前提：一是顾客的需求得到准确反馈，准确的顾客需求是质量功能展开得以实施的根本前提；二是质量功能展开被正确运用。在上述两个前提之下，质量功能展开在整个产品和服务生命周期中得以：①完整理解顾客需求，做到产品和服务功能与顾客需求的完整匹配，不会设计、制造出让顾客反感的冗余功能；②将产品和服务工艺或工艺流程修改程度降至最低；③减少顾客使用过程中的维护费用和其他成本；④促进零部件使用寿命延长和零部件的再利用、再循环。质量功能展开的优点和缺点见表3-15。

表3-15 质量功能展开的优点和缺点

优点	质量功能展开能够深入挖掘顾客需求，为顾客创造最大价值的"积极的"质量； 质量功能展开关注从产品和服务设计到售后服务、零部件再循环等各个环节，不仅关注技术性能，还全程关注顾客需求； 质量功能展开架构下，节点之间对目标的关注视野从局部目标转向顾客需求和企业整体战略优势，从全局视野形成集体对资源优先次序的考量； 减少了设计时间、设计成本、制造成本、仓储成本及维护成本； 提高了产品质量和顾客满意度
缺点	如果对顾客需求获知不准确，则基于市场需求的分析结果对企业来说是灾难性的； 信息时代顾客需求变换快，企业依靠质量功能展开完全响应迅速变化的市场需求比较困难

企业所进行的质量功能展开，是在倾听顾客声音的基础上，从产品生命周期的全局及全局下每个局部都对顾客需求做出"积极的"响应。整个企业只有一个目标——满足顾客的需求，想的也只有一件事——如何满足顾客的需求。要满足顾客需求，企业需要在外部竞争的条件下进行全局协调。整个企业的主要矛盾从部门之间的"内部竞争"转向了积极为顾客服务，在此基础上全员从主要矛盾中确认哪些才是矛盾的主要方面。因此，质量功能展开的功效明显。

第一，有利于更好地理解和掌握顾客需求。尽管顾客需求是通过市场调研获得的，但是在质量功能展开框架内各种工具得到充分使用的情况下，对顾客需求的调研就不再是简单的一问一答式访谈。因为质量功能展开具有简单清晰的逻辑架构，所以企业在市场调研准备过程中就已经有更加明晰的输出逻辑和框架，沟通效率更高，对顾客需求的理解也更有深度。

第二，有利于选择最优方案。企业有了共同的目标，基于共同目标，对任何局部的价值判断不再局限于局部本身，而是上升至全局角度，并把顾客对产品或服务的评价作为最终的考核标准，因此企业更容易选出最优方案。

第三，有利于打破组织架构中部门之间的隔阂，激发员工的工作热情。在共同目标的引领下，团队成员共同参与到产品、服务的全生命周期设计之中，有利于消除部门间的"本位主义"，激发员工的工作热情。为了实现共同的目标，企业需要有明确的使命、愿景和清晰积极的价值观，同时也要有一个坚强的领导集体和一心一意且执行力强的团队。

第四，有利于开发更好的产品和服务，提高产品和服务的可靠性，更好地满足顾客需求。质量功能展开降低了生产成本，缩短了产品设计、生产/提供和维护的时间，提高了产品和服务的质量，提高了生产率，更好地满足了顾客需求。

3. 质量功能展开的步骤

典型的质量功能展开的步骤和各步骤常用的工具见表3-16。[①]

表3-16 典型的质量功能展开的步骤和各步骤常用的工具

步骤	工具
1. 发现顾客需求 2. 形成产品概念或产品定义 3. 对产品概念或产品定义进行评价	产品规划矩阵图
4. 选择最佳概念或定义 5. 将系统概念分割成次级系统结构 6. 将顾客高级需求分配给次级系统结构 7. 将次级系统需求转化为低级需求或产品需求和属性	概念选择矩阵图、零部件展开矩阵图
8.（选择关键零部件）将产品/零部件属性转化为生产操作流程 9. 确定生产操作流程	—

上述步骤可以分成四个阶段：产品规划、产品设计、流程规划和过程控制（生产计划）（图3-6）。

---

① 因产品和服务本质相同，故下文有些地方不再刻意进行区分，以产品代之，使行文更加简洁。

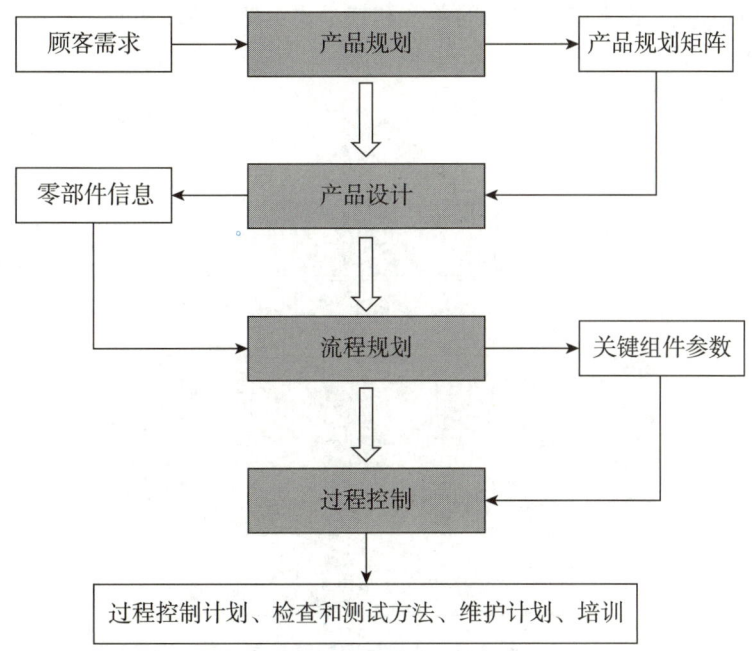

图 3-6　质量功能展开的四个阶段

1）产品规划
（1）确定顾客需求。
（2）将顾客需求转化为设计规范或产品控制特性，并将其转化为产品规划矩阵。
（3）评估竞争状况并确定需求的优先顺序。
2）产品设计
（1）产生设计想法或概念。
（2）将产品规划阶段的输出转化为定义零部件特性的各个零部件详细信息。
（3）识别产品风险。
（4）定义产品规格。
3）流程规划
（1）定义产品开发流程并确定关键组件参数。
（2）建立关键过程控制方法。
（3）创建制造工艺流程图并记录工艺参数（或目标值）。
4）过程控制
（1）定义每个组件/操作的生产要求。
（2）建立检查和测试方法。
（3）定义绩效指标以监控生产过程。

4. 质量屋

1）质量屋的概念
质量屋是实施质量功能展开的图示工具，因其形状酷似房屋形状而得名。
质量屋的构成要素主要是：顾客需求、市场竞争力分析、产品技术要求、顾客需求与技术要求之间的关系、技术要求之间的关系和技术成本评价六个方面。

质量屋的构成要素分别对应图 3-7 中各部分。

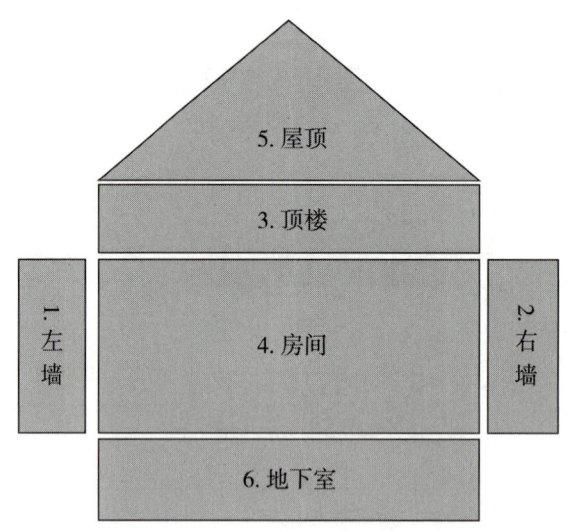

图 3-7　质量屋的构成要素

（1）左墙：列矩阵，对应顾客需求，包括顾客需求信息及优先程度。

（2）右墙：竞争力表现矩阵，又称产品可行性评估矩阵，对应市场竞争力分析，主要用来分析设计的产品对市场需求的满足程度，同时将竞品作为参考对象，对拟开发产品进行市场竞争力评估。

（3）顶楼：行矩阵，对应产品技术要求，即企业对市场需求响应的产品技术要求。

（4）房间：方形关系矩阵，对应顾客需求与技术要求之间的关系，表示各项技术要求分别对各项顾客需求的影响程度。

（5）屋顶：三角形矩阵，对应技术要求之间的关系，主要呈现技术要求之间互相影响程度。

（6）地下室：行矩阵，对应技术成本评价，这部分通常有三项内容——一是技术要求的重要程度；二是技术竞争力分析；三是定义技术要求的目标值。

2）建造质量屋的步骤

建造质量屋通常按照以下步骤进行（图 3-8 中各序号指代各步骤顺序）：

① 调研顾客需求；

② 确认顾客需求的优先程度；

③ 从顾客需求角度进行市场竞争力分析；

④ 定义产品技术要求；

⑤ 确认产品技术要求满意度方向；

⑥ 填写顾客需求与技术要求之间的关系矩阵；

⑦ 确认技术要求之间的关系矩阵；

⑧ 确认技术要求的重要程度；

⑨ 进行技术竞争力分析；

⑩ 定义技术要求的目标值。

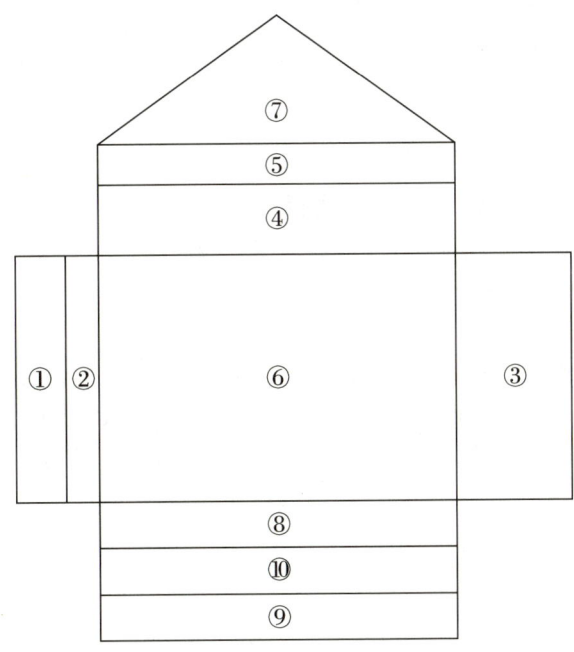

图 3-8 建造质量屋的步骤

各步骤的具体内容如下。

（1）调研顾客需求——顾客需要的是什么。

调研顾客需求是搭建质量屋的基础。市场调研需要营销团队和调研人员共同完成。作为质量屋的开端和基础，市场调研输出的信息要全面而准确。在市场调研中，只有很少的顾客能够准确阐述需求信息，大多数顾客或潜在顾客反馈的信息是碎片化的。因此需要对这些信息进行汇总、归纳和分类整理。有很多潜在顾客并不清楚他们的需求到底是什么，市场调研人员要能够"听出来"他们潜在的需求信息。顾客需求要转化为技术要求的"内容"，即"将怎么做"。

（2）确认顾客需求的优先程度——顾客需求有多重要。

确认顾客需求的优先程度也称为权衡顾客需求，目的是确认各需求的相对重要性。不同顾客对产品的技术要求不同，即使是同一顾客对同一产品各项功能表现的关注程度也不尽相同，因此需要在需求列表旁以赋分的形式对各项顾客需求的优先程度进行确认（1～5分），越重要赋分越高。

（3）从顾客需求角度进行市场竞争力分析——现有或设计的产品与竞品相比如何。

从顾客需求角度进行市场竞争力分析有时称为市场评价，有些质量屋将这一步作为建造过程的最后一步来完成，即将市场评价作为质量屋的输出结果。

从顾客需求角度进行市场竞争力分析是市场竞争力评估，即在明确顾客需求和确认各项顾客需求的优先程度之后将计划产品与竞品进行比较，确认所设计产品的竞争优势。通过对比分析得出现有产品已经实现了哪些功能，所设计产品还可以在哪些方面进行提升。采取赋分的形式，比较项目为顾客需求项，参考产品是典型竞品。

（4）定义产品技术要求——产品的哪些技术要求是相关的。

前三个步骤分别明确了顾客需求，对需求优先程度进行了确认，对现有产品、所设计产品及竞品在满足顾客需求程度方面也进行了评价。基于以上条件，第四步要输出能够提升顾客满意度的技术要求。

（5）确认产品技术要求满意度方向——评价需要改进提升的技术要求。

不是所有的技术要求都与顾客需求是正相关的关系，设计人员需要确认技术要求与顾客需求的相关程度及提升方向，一般用三个符号来展现：

① 向上箭头↑，必须增加或增强才能提升顾客满意度；

② 向下箭头↓，必须消除或减少才能提升顾客满意度；

③ 圆圈⊕，不需要改变。

（6）填写顾客需求与技术要求之间的关系矩阵。

产品技术要求是从顾客需求转换而来的，技术要求和顾客需求有不同程度的关系，一般按照紧密程度分为非常密切、密切、一般、较弱、微弱、没关系，分别用数字表示关系的密切程度：

① 非常密切 =9；

② 密切 =7；

③ 一般 =5；

④ 较弱 =3；

⑤ 微弱 =1；

⑥ 没关系 =0（或空着）。

（7）确认技术要求之间的关系矩阵——产品技术要求之间如何关联。

技术要求关系矩阵是质量屋屋顶的三角形区域，体现了各个技术要求之间的相互关系，通常它们之间有三种关系，具体关系与符号表达见表 3-17。

表 3-17　具体关系与符号表达

关系	影响	符号表达
积极关系	相互支持	+
消极关系	相互阻碍	−
中性关系	相互没有影响	⊙

（8）确认技术要求的重要程度——每个技术要求有多重要。

确定技术要求的重要程度即评估每个技术要求对顾客需求的满足程度，是技术要求在质量屋中的量化过程，是在前几步的基础上将技术要求之间关系值与顾客需求优先程度值相乘所得。

（9）进行技术竞争力分析。

技术竞争力分析即从产品技术要求角度对现有产品、竞品和所设计产品进行比较，对每个产品的技术要求分别赋分，最后得出技术竞争力指数。

（10）定义技术要求的目标值。

这是建造质量屋的最后一步，即对产品技术要求的目标值进行定义。

3.2.2 价值分析

价值分析（Value Analysis，VA）也称价值工程（Value Engineering，VE），是指对产品进行功能分析，以期通过最低成本实现产品的必要功能。价值分析中的价值是一个特殊命名的概念，是指功能价值。功能价值系数的理论公式为

$$V = \frac{F}{C}$$

式中，F，function，功能重要性系数；C，cost，成本系数；V，value，功能价值系数。

价值分析以产品的功能分析为核心，其目标是在满足功能或属性需求的前提下，使用最少的资源来实现必要功能，既不是实现全部功能，也不是实现过分拔高的功能。实现必要功能的最佳状态是"恰好"满足顾客的需求。在价值分析中，要提高产品的功能价值，可以通过提高产品的功能和降低成本来实现。提高产品功能价值的途径如表3–18所示。

表 3–18　提高产品功能价值的途径

功能	成本	功能价值
功能提高↑	成本不变→	价值提高↑
功能提高↑	成本降低↓	价值提高↑
功能大幅提高↑	成本略有提高↑	价值提高↑
功能略有降低↓	成本大幅降低↓	价值提高↑
功能不变→	成本降低↓	价值提高↑

价值分析的重要意义在于能够使企业从产品设计端就开始从"全局"及必要性角度考虑产品对顾客需求的满足程度，避免成本浪费。价值分析的前提是明确顾客需求。卡诺模型解决的就是顾客满意度和产品功能之间的关系问题。

1. 卡诺模型概述

顾客满意度取决于顾客使用产品后的感知价值。顾客感知价值与顾客在使用产品的过程中或过程后的感知质量和使用前顾客预期的匹配程度有关。当顾客感知质量超过顾客预期时，顾客感知价值就高，顾客满意度也高，超过部分越多则顾客满意度越高。当顾客感知质量低于顾客预期时，顾客感知价值就低，顾客会失望甚至抱怨，顾客满意度就低，实际的感知质量与预期之间的距离越大，顾客的满意度就越低。各要素的关系见表3–19。

表 3–19　各要素的关系

三项要素的关系	顾客感知价值	顾客满意度
顾客感知质量 – 顾客预期 = 顾客感知价值	≥ 0	↑
	< 0	↓

卡诺模型的满意度二维模式是从赫茨伯格的双因素理论发展而来的。一般情况下，满意度理论认为满意度是一维的，即某个产品提供的功能越多，顾客就越满意；当功能

不足时,顾客就不满意,所以企业要通过不断增加产品的功能来提升顾客的满意度。赫茨伯格的双因素理论则认为:满意与不满意并非共存于单一的连续体中,而是分开的,即激励因素和保健因素(维持因素)是分开的。赫茨伯格双因素理论中激励因素和保健因素的区别见表3-20。

表3-20 赫茨伯格双因素理论中激励因素和保健因素的区别

因素	因素名称	与工作的关系	满足的影响	不满足的影响
满意因素	激励因素	与工作内容相关	给人以激励、调动积极性	不会引起强烈不满
不满意因素	保健因素	与工作内容无关	消除不满情绪、维持原有的工作效率	引起强烈不满

某种程度上,保健因素是激励因素的基础。改善保健因素,即不满意因素的目标是消除不满意,因此在改善保健因素到一定程度以后,无论再如何改善都不会让员工感觉到满意。激励因素即满意因素,即使企业不给予满足,员工也不会不满意。

卡诺模型发现,并非所有因素对顾客满意度的影响都是一维的,有的因素影响是积极的,有的没有影响,甚至个别因素的存在会使得顾客满意度大幅降低。

2. 卡诺模型的需求分析

在赫茨伯格双因素理论的基础上,卡诺模型将顾客需求分为五种类型:基本型需求、期望型需求、魅力型需求、无差异型需求和反向型需求,见图3-9。

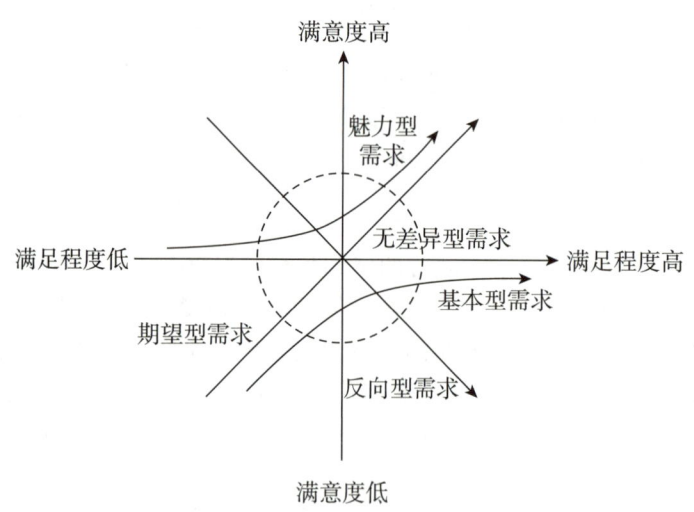

图3-9 卡诺模型的顾客需求类型

1)基本型需求

基本型需求,是对企业提供的产品在功能性方面的最低要求,即从顾客角度认为企业提供的产品一定要有、"必须要有"的功能和属性。当产品的功能或属性不能满足顾客的基本型需求时,顾客就会失望、不满意,但是当产品的功能或属性能够充分满足顾客的基本型需求时,顾客也不会表现得多么满意,他们会认为这是理所当然的,至多表现出满意或者说没有表现出不满意。顾客认为这些功能或属性能够满足其基本型需求是正常的,无法满足才是不正常的。从顾客角度看,能够满足基本型需求的产品功能或属性是使产品成为产品的最基本的东西,做好了是本分,做不好是不应该的。

顾客的基本型需求与赫茨伯格的双因素理论中保健因素的作用类似:不是让顾客多么满意,而是让顾客不要不满意。从顾客角度来说,这些需求是必须被满足的;从企业角度来看,满足这些需求的产品功能或属性是企业进入市场的技术门槛,满足不了这些需求是进入不了市场的。

2)期望型需求

期望型需求,即顾客期望的、能够相对准确阐述的需求。对顾客期望型需求的满足程度与顾客满意度正相关。期望型需求得到满足,顾客的满意度就会提高。企业所提供的产品功能或属性超出顾客的期望越多,则顾客的满意度越高。在满足期望型需求方面,企业所提供产品的市场评价"立竿见影",做得好,顾客满意度提高;做得不好,顾客马上就表现出不满,市场评价的消极效果也会马上出现。

顾客的基本型需求是基础需求,也是前提型需求,没有这些需求顾客不会购买产品;期望型需求是成长型需求,是顾客希望得到的功能和属性,是顾客需求的痒处和痛点,对顾客期望型需求的满足能够体现出企业的竞争能力。

3)魅力型需求

魅力型需求,是那些不被顾客过分期望,但当企业提供的产品满足了这些需求,即使在功能上依然有不完善的方面,也会让顾客产生兴奋的感觉,满意度急剧上升的需求。当魅力型需求没有得到满足时,顾客不会产生明显不满情绪。

4)无差异型需求

没有影响的需求,无论企业提供的产品是否满足顾客的无差异型需求,顾客都不会感觉到满意或者不满意。

5)反向型需求

反向型需求,是与顾客满意度呈负相关关系的需求。这些需求会导致当企业提供某些功能或属性以后顾客的满意度下降,企业提供的类似功能或属性越多,顾客满意度下降越多。前文提及的中国某车企在南美洲提供的牵引车的空气座椅功能遭遇到的就是类似的需求。

随着时间推移,顾客的魅力型需求会逐渐变成期望型需求,期望型需求会逐渐变成基本型需求,如图3-10所示。

产品的设计人员要根据顾客需求的转变调整产品功能,维持和提升顾客的满意度,即在关注基本型需求的基础上把精力放在不断演变的期望型需求和魅力型需求上,满足这两部分需求能够增强企业竞争力和提高顾客的忠诚度。

 知行合一

【吉林市气象局:让雾凇冬季常在,需攻克不少难关】

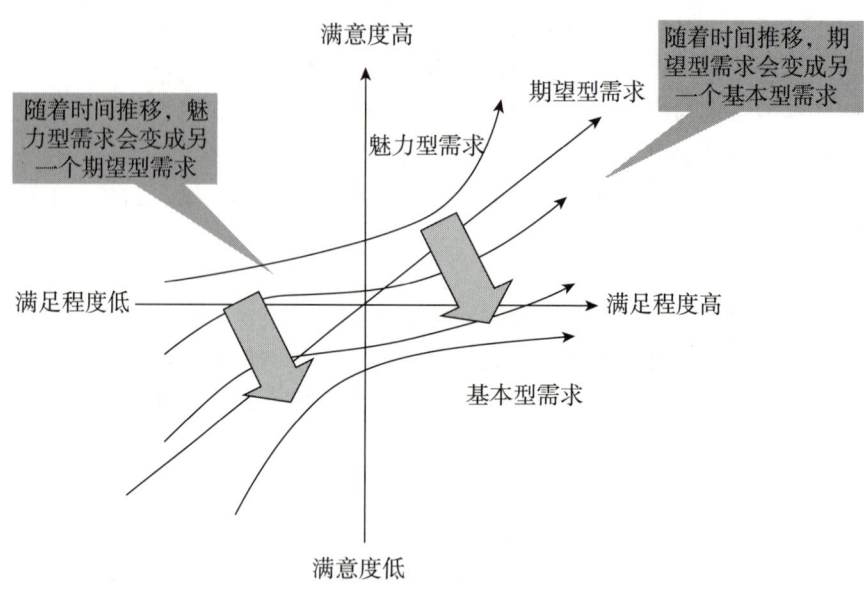

图 3-10　卡诺模型顾客需求类型随时间变化的趋势

3. 卡诺模型的使用

卡诺模型通过标准化问卷调研，对产品的功能或属性进行分类，解决功能或属性的归属问题，从而满足不同需求，提升顾客的满意度。使用卡诺模型的步骤通常如下。

1）识别功能或属性：从顾客角度对产品功能或属性进行分类确认

从顾客角度对产品功能或属性进行分类确认是市场调研的前提，即市场调研人员联合市场营销人员及产品设计人员从顾客角度对影响顾客满意度的产品功能或属性进行分类并确认。

2）设计问卷

每个功能或属性都由正向和负向两个维度组成：提供和不提供该功能或属性时的顾客满意度。因为顾客满意度通常都有一个变化的过程，所以在问卷设计中一般将满意度分成 5 级：非常满意、满意、一般、不满意和非常不满意。在问卷的文案设计中可以用灵活的语言，例如非常喜欢、理应如此、无所谓、勉强接受和接受不了（很不喜欢）等更容易被人们理解的语言。由于人们对形容词的理解有主观性，有些时候可以增加一个说明，例如：

① 非常喜欢：让你感到满意、开心、惊喜；
② 理应如此：你觉得是应该的、必备的功能和属性；
③ 无所谓：无所谓喜不喜欢，都可以接受；
④ 勉强接受：你不喜欢，最好是没有，有的话也可以勉强凑合；
⑤ 接受不了：让你感到不开心甚至沮丧，无法接受。

3）现场调研

企业的市场营销人员、市场调研人员最好参与现场调研。在收集数据后要注意数据清洗，清洗掉无效数据。

4）整理分类

对每个功能或属性，根据正向问题和负向问题填写 KANO 评价结果分类对照表（表 3-21）。

表 3-21　KANO 评价结果分类对照表

		负向问题（如果产品不具备某功能或属性，您的评价是什么）				
	量表	非常喜欢	理应如此	无所谓	勉强接受	接受不了
正向问题（如果产品具备某功能或属性，您的评价是什么）	非常喜欢	—	A	A	A	O
	理应如此	R	I	I	I	M
	无所谓	R	I	I	I	M
	勉强接受	R	I	I	I	M
	接受不了	R	R	R	R	—

A：魅力型　　　　　　　O：期望型
M：基本型　　　　　　　I：无差异型
R：反向型
Q：可疑结果（通常不会出现，除非问题本身有问题或用户理解错误）

KANO 评价结果分类对照表体现的是具体的人在特定的时间和空间内对功能或属性的满意度，人在不同的时间和空间内的情绪差异会对满意度产生影响。

5）量化输出

（1）功能或属性判断。

填写单项功能或属性量化表格。对每项功能或属性的满意度占比情况进行统计，根据统计结果填写量化表格。例如：社交软件的"语音"功能量化表格（表 3-22）。

表 3-22　社交软件的"语音"功能量化表格

社交软件的"语音"功能		不提供此功能				
		非常喜欢	理应如此	无所谓	勉强接受	接受不了
提供此功能	非常喜欢	9.4%	5.0%	11.5%	20.1%	28.8%
	理应如此	0.7%	5.8%	2.9%	1.4%	2.9%
	无所谓	0.0%	0.0%	9.4%	0.0%	0.0%
	勉强接受	0.0%	0.0%	0.7%	1.4%	0.0%
	接受不了	0.0%	0.0%	0.0%	0.0%	0.0%

A：魅力型 36.6%　　　　O：期望型 28.8%
M：基本型 2.9%　　　　I：无差异型 21.6%
R：反向型 0.7%　　　　Q：可疑结果 9.4%

（2）Better-Worse 系数计算。

Better-Worse 系数可用于多个功能或属性的优先级排序。Better-Worse 系数表示某个功能或属性增加后满意和消除后不满意的程度。

增加后的满意系数（Better 系数）：Better/SI=（TA+TO）/（TA+TO+TM+TI）；

消除后的不满意系数（Worse 系数）：Worse/DSI=-（TO+TM）/（TA+TO+TM+TI）。

式中，TA 代表魅力型需求占比，其他类推。

结合赫茨伯格的双因素理论（激励因素和保健因素）来理解 Better 系数和 Worse 系数更容易一些。

Better 系数可以理解为功能或属性增加后的满意系数，类似于赫茨伯格双因素理论中的激励因素。Better 系数为正，代表如果企业提供该功能或属性，顾客的满意度会提升，数值越接近 1，表示该功能或属性对顾客满意度影响越大。

Worse 系数可以理解为消除或不提供某种功能或属性后的不满意系数，类似于赫茨伯格双因素理论中的保健因素。Worse 系数为负，数值越接近 –1，表示消除该功能或属性对顾客的影响越大。

Better 或 Worse 系数绝对值越高，即绝对值越接近 1 的功能或属性优先级越高。

（3）功能或属性分布图（四分位图）。

根据 Better-Worse 系数计算数据，将每个功能或属性的系数散点图分成四个象限，即四分位图（图 3-11）。

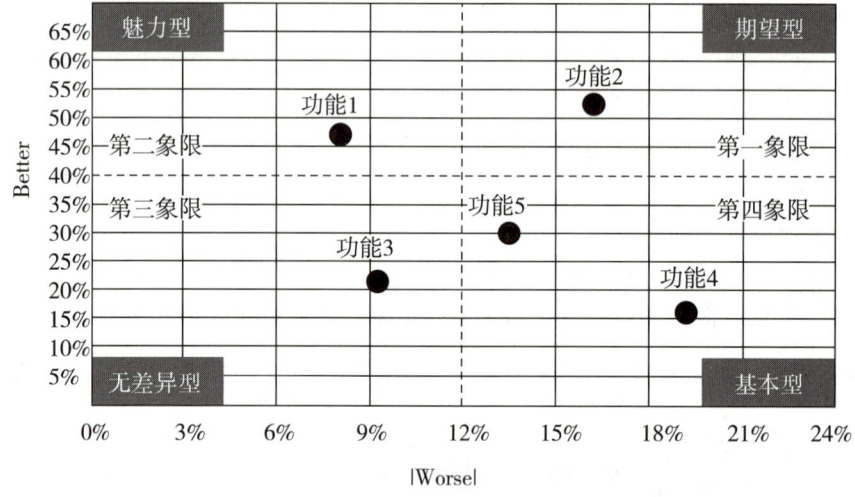

图 3-11　四分位图：Better-Worse 系数分析

第一象限：Better 系数和 Worse 系数的绝对值均高。这一象限代表期望型功能或属性，提供该功能或属性越充分，顾客满意度就越高；不提供或提供不充分，顾客满意度就低。这是使产品具有竞争力的功能或属性。

第二象限：Better 系数的绝对值高，Worse 系数的绝对值低，表示提供这一象限的功能或属性会让顾客满意，不提供也不会让顾客满意度降低，这是产品的魅力型功能或属性。企业提供这一象限的功能或属性会因为超过顾客的预期而使顾客的忠诚度大幅提升。

第三象限：Better 系数和 Worse 系数的绝对值均低，表示在这一象限的功能或属性对顾客的满意度没有什么影响，无论是否提供这一功能或属性，顾客的满意度都不会有什么改变，因此称为无差异型功能或属性。

第四象限：Better 系数的绝对值低，Worse 系数的绝对值高，表示该功能或属性是基本型功能或属性，即提供此功能或属性不会让顾客满意度上升，但不提供这一功能或属性则会让顾客很不满意。这是企业必须提供的功能或属性。

卡诺模型启示我们，在产品设计时要首先明确产品的功能或属性，在同类功能或属性之间，优先考虑 Better 系数的绝对值高、Worse 系数的绝对值低的功能或属性。一般情况下，功能或属性的优先顺序为：基本型功能或属性 > 期望型功能或属性 > 魅力型功能或属性 > 无差异型功能或属性。

基本型功能或属性：在基本型功能或属性满足顾客基本需求以后，就没有必要再投入太多的资源提高相应产品的这一功能或属性。

期望型功能或属性：可以引入成本 – 收益分析法，保持那些收益超过成本的功能或属性。

魅力型功能或属性：设计者要充分重视产品的魅力型功能或属性，因为魅力型功能或属性的每一次展现都会让顾客的满意度得到提升，顾客忠诚度也会相应提升。因为顾客不能明确提出产品的魅力型功能或属性，所以设计者要进行充分的市场研究。

设计者要时刻关注功能或属性的演化，随着时间的推移，魅力型需求会向期望型需求转化，期望型需求会向基本型需求转化。在设计产品时，设计者要"居安思危"，适时调整设计以适应这些功能或属性的变化。

【增城区：马拉松如何跑出城市特色】

3.3　流程分析与选择

3.3.1　流程分析

流程是一组将输入转化为输出的相互关联或相互作用的活动（图 3-12）。流程按功能通常分为业务流程和管理流程，本章讨论的主要是业务流程。

业务流程通常指与顾客直接接触的能够产生增值作用的流程；管理流程通常指并不与顾客直接接触，但是能通过降低成本、提高质量、控制风险、提高响应速度和工作效率达到提升顾客满意度进而提高企业市场竞争力、增加企业利润的流程。业务流程和管理流程的区别见表 3-23。

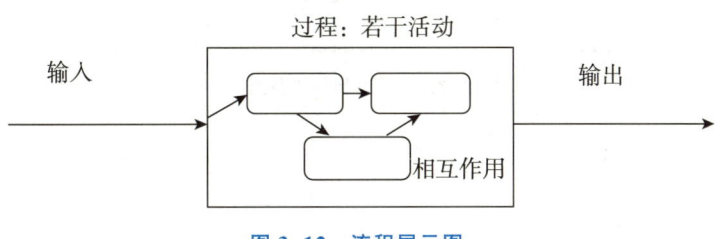

图 3-12　流程展示图

表 3-23　业务流程和管理流程的区别

流程	流程方向	目标
业务流程	对外	提高流程效率、增值
管理流程	对内	提高管理效率、实现总体业绩

无论是业务流程还是管理流程，都是基于企业目标存在和实施的。

1. 流程分析面临的主要问题

流程分析首先要解决的问题是确定分析目标，我们需要确认流程是用来解决问题的（业务流程），还是用来改进流程以适应未来发展的（管理流程）。

流程分析关注的问题见表 3-24。

表 3-24　流程分析关注的问题

· 流程单位时间内能够生产多少产品
· 生产单个产品需要多少时间
· 哪些改进可以提升生产能力
· 流程的成本是多少

2. 流程图

流程图又称框图，是按照时间顺序或步骤的先后顺序，用标准的符号和必要的说明来展示算法的流程模型。流程图也称输入 – 输出图，能够直观地展现工作实施过程的具体步骤。流程图的符号和说明见表 3-25。举例来说，面包制作的流程图见图 3-13。

表 3-25　流程图的符号和说明

符号	说明
□	活动：流程中有助于使原材料向产品方向变换的行动
▽	库存 / 缓冲：等待区域或者缓冲库存
◇	决策点：引导其后流程的不同路径
→	流程对象（物料 / 顾客）流向

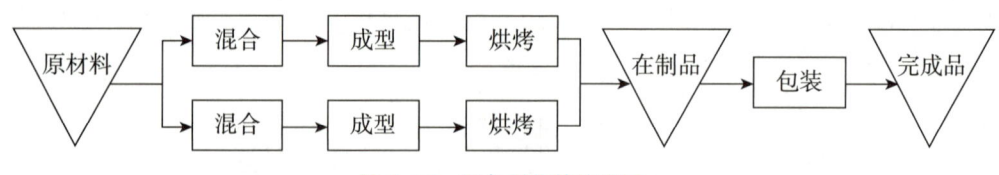

图 3-13　面包制作的流程图

3. 流程分析——外部视角

1）基本度量指标

流程分析有三个基本的度量指标：单位时间产出率、流程时间和库存。

（1）单位时间产出率（Flow Rate）：单位时间通过流程的流程对象数量。
（2）流程时间（Flow Time）：单位流程对象通过流程所需要的时间。
（3）库存（Inventory）：给定时刻流程中流程对象的数量。
三个基本度量指标的相关关系如下式所示。

$$库存（I）= 单位时间产出率（R）\times 流程时间（T）$$

三个基本度量指标（I、R、T）不需要全部测量，得到其中任何两个指标，则第三个指标就可以通过法则计算得出。

在单位时间产出率不变时，降低库存 = 缩短流程时间。

基本指标示例见表3-26。

表3-26 基本指标示例

	某高校外语学院	自行车制造企业
流程对象	学生	自行车
单位时间产出率	每年500名毕业生	每天2000辆自行车
流程时间	4年	10天
库存	2000名在校生	20000辆自行车

2）外部视角下的流程分析

流程的分类方法有很多，其中一种按照输出方向将流程分成面向库存的生产流程、面向订单的生产流程和混合式生产流程，见表3-27。

表3-27 流程的分类

流程	输出方向	输出物	时间控制	柔性要求	对终端顾客响应速度
面向库存的生产流程	库存	成品或半成品	稳定	低	一般
面向订单的生产流程	终端	成品	不稳定	高	及时
混合式生产流程	终端	成品	不稳定①	高	及时

上述流程在时间控制方面出现了稳定和不稳定两种状态，与之相对应的流程分析方法也有两种：一是稳定状态下的流程分析方法——利特尔法则（Little's Law）；二是不确定环境下的流程分析方法——变动性分析。

（1）稳定状态下的流程分析方法——利特尔法则。

① 利特尔法则简介。

利特尔法则，又称排队法则，是基于等候理论，于1961年被约翰·利特尔教授证明的定理。

利特尔法则不是一个经验法则，应用利特尔法则有两个基本前提：

a. 稳定：系统流程长期稳定；

b. 非占先式：不允许有插队换场状况的发生。

---

① 但比"面向订单的生产流程"更稳定。

上文提到的三个基本度量指标，实际就是利特尔法则的一种展现形式。在一个稳定的系统中，系统中的平均产品或顾客人数（L）等于长期平均有效抵达率（λ）与产品或顾客在这个系统中的平均等待时间（W）的乘积。

$$L = \lambda W$$

利特尔法则的评注见表 3-28。

表 3-28　利特尔法则的评注

- 不是一个经验法则
- 适用于稳定的系统
- 基于两个变量的平均数，没有考虑到产品和顾客随机抵达的问题
- 适用于整个系统，也适用于子系统

② 利特尔法则应用。

库存周转率（Inventory Turnover Rate）是流程分析和评价中最重要的指标之一，指企业在一定时间内所销售产品的直接销售成本与平均库存价值之比，也可以定义为销售数量与平均库存数量之比，库存周转率表现的是在一定的时间内库存流转的速度。

$$\text{库存周转率} = \frac{\text{COGS}}{\text{Inventory}} = \frac{\text{直接销售成本}}{\text{平均库存价值}}$$

式中，COGS 即 cost of goods sold，为直接销售成本，指销售产品产生的直接成本，并不是指销售金额或企业利润。

企业提升库存周转率可以加快企业资金周转速度，提升企业的资金利用率，同时，库存周转率也是企业变现能力的重要体现。

四家消费电子零售商 1987—2000 年库存周转率和毛利率之间的权衡曲线见图 3-14。

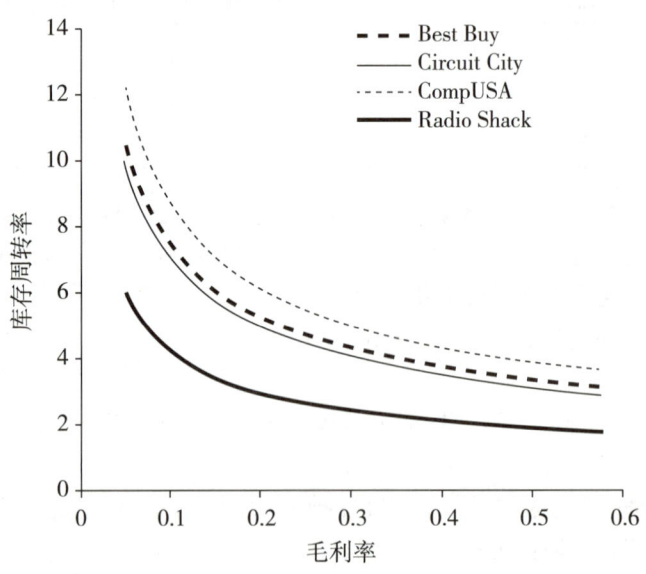

图 3-14　四家消费电子零售商 1987—2000 年库存周转率和毛利率之间的权衡曲线

（2）不确定环境下的流程分析方法——变动性分析。

大多数面向订单的生产流程面临的都是不确定环境，实际生产和服务过程常因为变动

性导致的等待而与理想中的过程差距较大。例如，尽管医院有相应的排队和叫号系统，但是由于可能出现每个病人看诊时间不同或者病人错过叫号等情况，实际的排队情况与理想的排队情况常有较大的差异。

变动性是导致等待的根本原因。

变动性在任何流程中都不可避免，流程的变动性受到资源、活动时间等多方面因素的影响。流程的变动性原因见图 3-15。

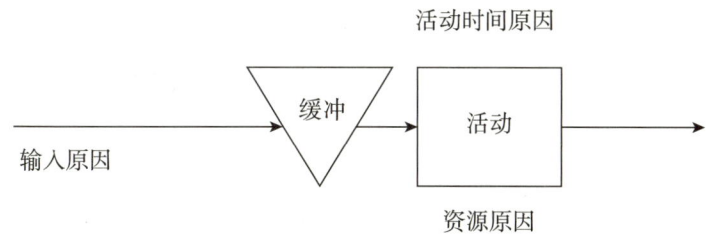

图 3-15　流程的变动性原因

流程的变动性也将影响产品的交付时间和质量、团队活动的内部组织、人员的工作量等。流程变动性产生的原因具体如下所示。

① 资源：流程实际操作过程中出现的问题导致例行常规程序比平时花费更长的时间；个人能力不同导致产品交付时间与质量不同；设备故障和维修导致生产停工；现场操作人员操作不熟悉或临时离岗导致生产线出现阻塞；等等。

② 活动时间：客户端请求复杂程度会影响产品开发和响应时间；不同的设备及工具需要不同的安装程序和使用时间；不同的产品缺陷需要不同的技术及时间来处理；等等。

③ 输入：输入资源到达的随机性不可避免；临时调度指令导致资源不能及时到达；不同类型的产品需要不同的资源；等等。

④ 其他因素：多数服务要求会出现在一些特殊的时间段，例如，打印机的维修通常会出现在工作时间；团队成员的缺席或离岗可能会导致某个工序成为"瓶颈"；延迟收到的信息会导致产品提供的延迟；等等。

人作为流程中最重要的因素，无论是作为流程对象（顾客）还是作为资源参与者，都会增加流程的变动性。

等待时间通常是面向订单的生产流程最大的影响因素。例如，从长春到北京的航班，航行时间只占了总行程时间的 50%，其余的时间都在等待。约翰·金曼将等待时间和其影响要素联系起来得出了金曼方程：

$$E(W)=VUT$$

式中，$E(W)$ 指期望等待时间；V 指变化率，即到达和服务时间变化率（流量变化率和流程变化率）的组合；U 指工作站或生产线的资源利用率；T 指工作站或生产线的平均处理时间。

金曼方程指出，在简单的排队系统中，队伍的期望等待时间取决于变化率、资源利用率及平均处理时间（图 3-16）。

变动性效应：

① 当资源利用率接近 1 时，工作负载的小幅增加会导致平均处理时间呈指数增长；

② 假设资源利用率相同，变化率越大，平均处理时间就越长。

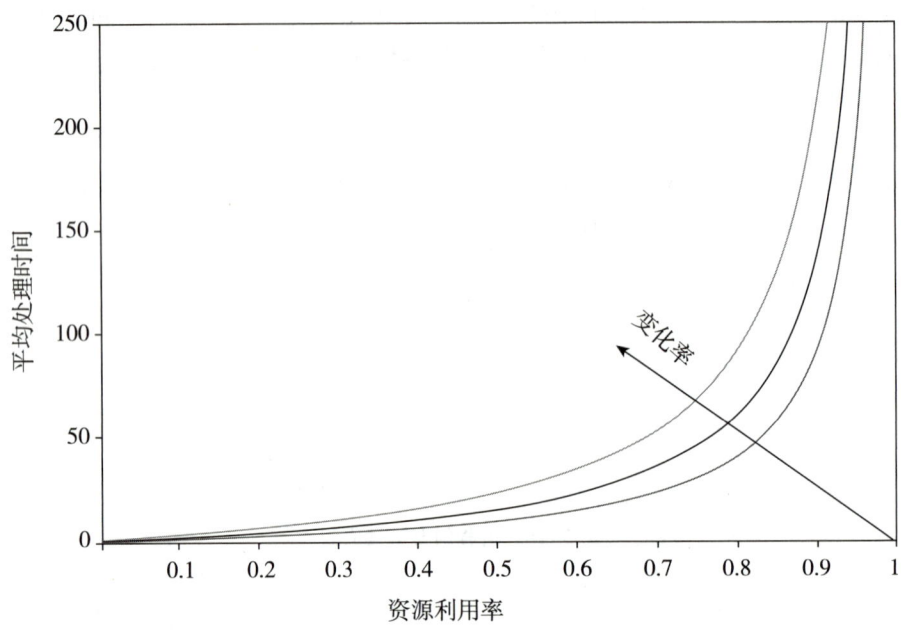

图 3-16 金曼方程

也就是说：

① 资源利用率越高，变化率对作业完成时间的影响就越大；

② 在软件开发和信息技术服务等行业中，人是主要资源，这也导致资源利用率由于人为原因而出现返工的概率较大，因此在这种行业中，降低资源利用率显得更为重要；

③ 平均处理时间越长，等待的时间就越长，队列也越长，将流程分解为需要更短时间完成的更小的部分可以减少总体处理时间，开发多项小型生产任务产生的变动性比开发一项大型生产任务要小。

为了降低变动性和平均等待时间，可以采取以下措施。

① 降低请求到达率，例如改进用户文档、提供更好的基于网络的支持、使用户界面更直观、提供培训。

② 减少服务时间，例如加强技术人员培训、实施流程自动化。

③ 通过分析非常长期的服务过程中出现的问题并消除其产生的原因，引入促进服务的优先级划分和执行的策略，降低流程的变动性。

④ 流程越顺畅（停止、重新启动和瓶颈越少），处理时间就越短，等待时间和队伍长度就越短，因此应消除流程中的瓶颈和尽量减少流程中的阻碍因素。

4. 流程分析——内部视角

流程分析的内部视角主要是解决流程生产率问题。流程内部分析的衡量指标示例见表 3-29。

影响流程生产率的要素有很多：处理时间、能力、瓶颈、流程能力、单位时间产出率、利用率、流程时间（生产周期）、库存等。

（1）处理时间，也可以称为操作时间，指流程操作人员在流程操作过程中的时间。处理时间通常由准备时间和运营时间组成，受流程设置的合理性、人员操作熟练程度等因素的影响。

表 3-29　流程内部分析的衡量指标示例

1. 处理时间 = 准备时间 + 运营时间
2. 流程时间 = 单位流程对象通过流程所需要的时间
3. 流程速度 = 增值时间 / 流程时间
4. 节拍 = 完成两个单位流程对象的平均时间间隔
5. 产出效率 = 1/ 节拍
6. 效率 = 实际产出 / 标准产出
7. 生产率 = 产出 / 投入
8. 利用率 = 实际使用资源 / 可使用资源

（2）能力，主要是流程操作人员在单位时间内处理流程对象的数量。能力一方面受到流程的影响，另一方面也受到人的因素的影响。

$$能力 = \frac{流程操作工作人员处理流程对象的数量}{处理时间}$$

（3）瓶颈，流程中能力最低的工序。流程瓶颈不仅会限制其他工序能力的发挥，而且最终会限制整个流程的产出。流程瓶颈工序的产能最终会是整个流程能力的"天花板"，受瓶颈"卡脖子"的影响，流程会产生巨大的资源浪费。瓶颈会在流程中"漂移"，当流程中某个瓶颈工序的能力得到提升改善后，流程的其他工序可能会成为新的瓶颈。

（4）流程能力，一个流程在单位时间内能够输出的最大量。在实际运营中，流程能够输出的最大量受到流程瓶颈工序的制约，也就是说，无论企业进行怎样的投入，企业流程最终输出的产品的最大量都是流程瓶颈工序的最大输出量。

（5）单位时间产出率，单位时间通过流程的流程对象数量，可以看作流程对需求的满足能力。

$$单位时间产出率 = \text{Min}\{需求率，流程能力\}$$

（6）利用率，实际使用资源与可使用资源的比值，其实质是资源实际利用状况和资源可利用状况的比值。利用率评估了流程资源实际使用情况，整个流程的利用率受到瓶颈工序产出率的影响。

（7）流程时间，在某种程度上，流程设计、分析和改善都是基于时间，或者可以说是基于如何使流程能够在尽可能短的时间内将输入转化成输出。流程时间从顾客角度考虑主要有两个维度：一是时间的长短，二是时间的稳定性。影响流程时间的因素也有很多，例如能力、瓶颈等。

（8）库存，指给定时刻流程中流程对象的数量，库存受流程时间和单位时间产出率的影响，在单位时间产出率一定的情况下，缩短流程时间即会使库存下降。

内部视角的流程分析实质上是流程生产率评估，主要分析如何充分利用时间、人员、设备、原材料和流程等资源，以期达到提高流程生产率、满足顾客需求、提升顾客满意度的目的。

3.3.2 流程选择

流程选择是企业决定采用什么样的组织方式将输入转化为输出,即企业决定选择什么样的流程制造产品和提供服务。

流程是企业的"血管"和"神经",流程管理是企业管理的关键。流程选择对企业能力规划、工作系统设计和设备设施布置都有重要影响,在进行产品或服务的规划和设计时,就要考虑流程选择因素。同时,流程选择又受到新技术和顾客需求新变化的影响。市场预测、产品设计和技术变化影响企业的能力规划和流程选择。企业的能力规划和流程选择相互影响,通常来说,二者是一致的。当二者一致时企业发展迅速,当二者不一致的大多数时候,企业发展会遇到瓶颈。企业流程选择影响整个企业实现其使命的能力,并对外影响企业的供应链。

流程选择和能力规划在企业管理中的地位见图3-17。

图3-17 流程选择和能力规划在企业管理中的地位

1. 流程选择的影响因素

企业最终选择的流程是可以将企业的组织战略、运营战略贯彻下来的。企业组织战略最终要通过流程实施,以获得企业期许的竞争优势。选择怎样的流程取决于企业的战略和资源状况,资源状况因素主要包括以下两个方面。

一是资源密集度。流程是企业资源集聚的工具,也是企业的资源集聚能力的表现。资源集聚能力的外在表现之一就是资源密集度,资源密集度体现了企业对包括人力、技术、设备等资源的资源组合方式。

二是系统柔性。系统柔性是流程的重要影响因素,系统柔性在产品设计、生产数量、技术等因素引起系统变化的程度方面会对流程产生重要影响。例如,如果选择产量大、标准化程度高的产品,就不能用定制的小批量生产流程。

上述两个方面是从企业资源角度决定流程选择的要素。流程选择不是要选择看起来"高大上"的流程——"适合自己的才是最好的",选择的流程要与企业自身的资源"门当户对"。

同时,流程选择是受到需求驱动的,从需求角度要考虑两个对立统一的因素。

(1)数量要求:期望的产量是多少。
(2)柔性要求:流程需要具备的柔性程度怎么样。

数量与柔性通常是相互对立的两个要素，二者呈负相关关系，通常一个要素水平高，另一个要素水平就低。

总之，对流程形式的权衡主要围绕三个问题展开：

（1）我有什么（企业的资源状况、战略）；

（2）我的顾客需要什么（顾客需求——数量要求、柔性要求）；

（3）我用什么样的流程来满足需求（流程选择）。

2. 流程类型

流程的分类形式有很多，从所提供"产品"的形式上看，可以分成服务流程和生产制造流程。

1) 服务流程

（1）服务可以根据顾客需求特点，主要是顾客参与程度的不同，分成通用型服务和专用型服务。

通用型服务：针对一般的、日常的社会需求所提供的服务。服务流程比较规范，服务系统有明确的前台、后台之分，顾客只在前台服务中介入，后台则与顾客没有直接关系，后台类似于制造业的生产系统。通用型服务的服务流程可以通过引入自动化程度高的设备和先进技术来扩大规模、提高生产率。

专用型服务：针对顾客的特殊需求或一次性需求所提供的服务。服务流程有较多的顾客介入，前台和后台很难区分，服务性更加鲜明，也难以使用统一的服务流程规范，其效益如何提高必须从规模以外的其他地方去考虑。例如响应时间、高素质人员的高质量服务等。

（2）服务也可以按照系统的特性，主要是设备设施与人的比例关系，分成技术密集型服务和人员密集型服务。

技术密集型服务：服务流程中相对需要比较多的设备设施投入。要求注重合理的设备设施投资决策，加强技术管理，控制服务交货进度与准确性。

人员密集型服务：服务流程中设备设施的投入相对比较少，人为因素影响比较大。要求注重员工的聘用、培训和激励，工作方式的改进，设施选址和布置等问题。

服务分类见图 3-18。

		按顾客需求特点分	
		通用型服务 ←——————→ 专用型服务	
按系统特性分	技术密集型服务	航空、运输、金融、旅游、邮电、通信、广播、电视	医院、汽车修理、技术服务
	人员密集型服务	零售、批发、教育、餐饮	咨询、建筑设计、法律、会计

图 3-18 服务分类

2）生产制造流程

生产制造流程是普遍意义上的流程，是企业组织资源制造产品的基本流程。主要流程类型有：项目、小批量专业化生产、批量生产、生产线、连续生产和大规模定制。

（1）项目，也称专案，是指在一定的时间内为完成某特定的在结果上不具有重复性的目标而进行的非常规性工作。项目对人力资源和设备的技术要求通常都很高。项目可以是简单的，也可以是复杂的。例如，建设一个火电站、中国探月工程等都属于项目。

项目的特点有以下几个。

① 有时限：明确的开始和结束时间。

② 目标特殊：目标具有临时性特点。

③ 结果特殊：结果通常不重复。

④ 技术要求高：对设备和人力资源的要求高。

（2）小批量专业化生产，也常被称为单件定制化生产，是定制生产流程。生产规模较小，产品的需求多样且差异较大，在数量上需求较少时一般采取这种方式。小批量专业化生产在生产时间上多是间歇性的，每项工序的加工要求都不同。小批量专业化生产要求有技术熟练工人和高柔性的设备。

（3）批量生产，应用于产品需求适中、产量中等规模的情况，是半标准化的生产流程。批量生产仍然是间歇性生产，但是对设备的柔性程度和工人的技术熟练程度都没有小批量专业化生产要求得高。

（4）生产线，应用于产品标准化程度比较高的情况。生产线上的每个工序都是重复性的工作。标准化的生产线意味着对设备的柔性要求和工人的技术要求都不高，但停工对生产线的打击是巨大的。例如，计算机、玩具等的生产线。

（5）连续生产，应用于数量要求巨大、需求要求标准化的生产情况，是无差异的原料转化或深加工过程。像生产线一样，连续生产按照预先确定的步骤进行，其流程是连续的而不是离散的。生产效率和产量极高，但是高刚性的特点使任何一点变动都意味着巨大的成本投入，停工损失巨大。例如能源生产和加工等。

（6）大规模定制，采用先进的制造技术和管理方法，把产品的定制化生产全部或部分地转化为批量生产，以大批量的生产方式生产出个性化的产品。

各流程类型的区别见图 3-19。

上述基本流程类型广泛存在于服务领域和生产制造领域。最理想的状态是流程完全匹配产品或服务需求，若两者不匹配，一方面会造成资源浪费，另一方面也可能使流程不能满足需求，从而使企业在竞争中处于劣势。

3. 流程生命周期

流程同产品和服务一样具有生命周期。产品-流程矩阵（Product-process Matrix）指出，"只有产品的生命周期同流程的生命周期保持一致，它们才能成功"，反之亦然。产品-流程矩阵由海斯和威尔莱特首次提出，从两个维度对产品的流程结构和产品结构进行了分析（图 3-20）。

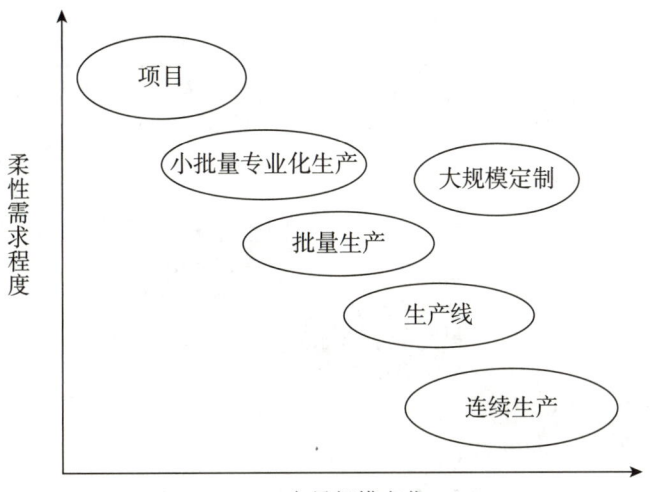

图 3-19　各流程类型的区别

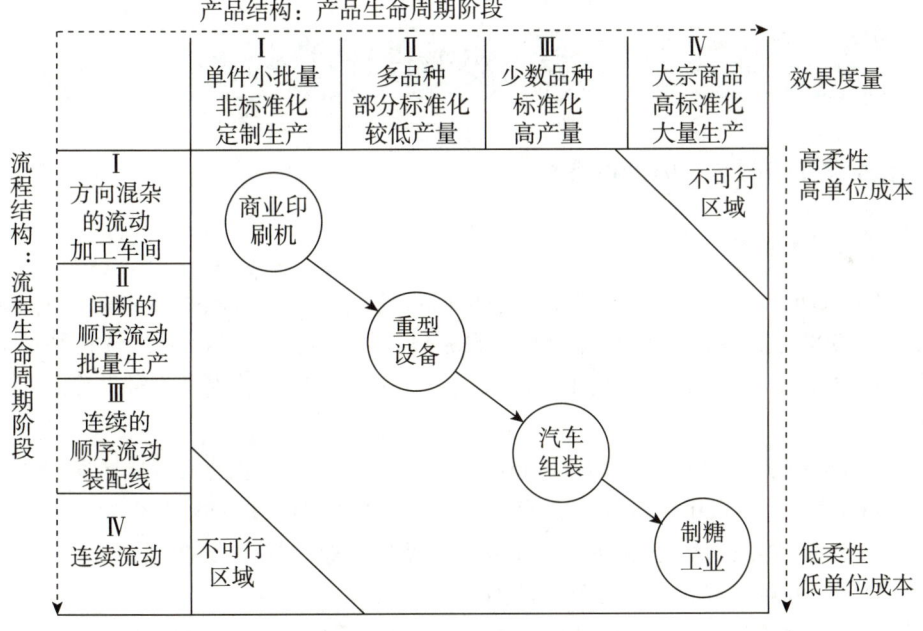

图 3-20　产品－流程矩阵

图 3-20 中，产品－流程矩阵横轴表示产品结构和产品生命周期的变化趋势，纵轴表示流程结构和流程生命周期的变化趋势。产品－流程矩阵表明：

① 流程也有生命周期；

② 流程生命周期随着产品生命周期发展；

③ 随着产量的增加和产品结构变窄（水平方向），专用设备与标准物流（垂直方向）变得经济可行。

图 3-21 相对简单地展示了这些变化趋势。

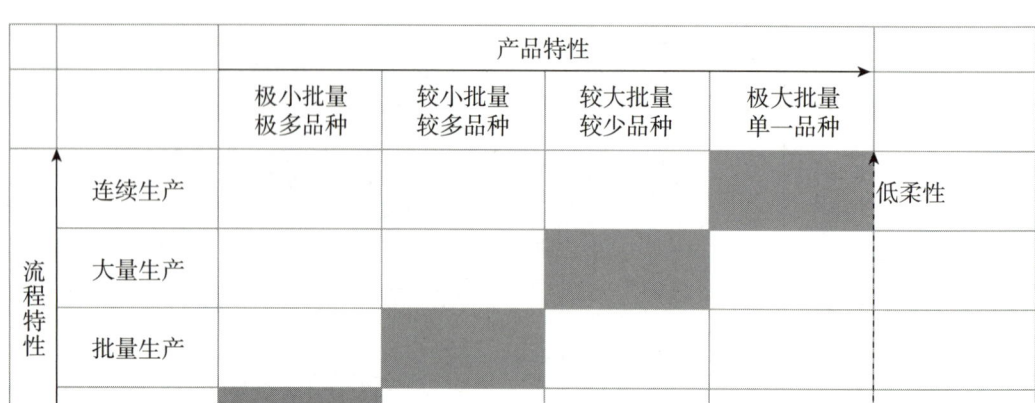

图 3-21　简化的产品 – 流程矩阵

3.4　服务设计

3.4.1　服务设计的概念、历史和要素

1. 服务设计的概念

相对于产品设计，服务设计的概念出现得比较晚。1982 年，服务设计概念由肖斯塔克首次提出。2008 年，国际设计联合会对"服务设计"的定义是：服务设计是从顾客角度来设置服务功能和形式。相对于提供产品，提供服务是指向顾客提供一种动作，是为顾客去做事。

企业可以向顾客提供纯产品（Pure Product），但是很少有企业可以向顾客提供纯服务（Pure Service）。大多数服务都要有一定物质基础，所以即使是服务型企业，大多数时候提供的也是产品/物品与服务组合的服务包。产品型企业在提供产品的同时，大多也增加了服务的成分，并以差异化的服务作为新的竞争要素。

企业在服务设计时就需要对服务包进行同步开发，服务包的开发对象包括：
① 在提供服务包过程中需要的实物资源；
② 与服务相伴的实物——产品；
③ 服务的必要特征和额外特征。

2. 服务设计的历史

自 1982 年服务设计的概念被首次提出，关于服务设计的研究发展迅速，主要经历了概念提出（1982—1999 年）、初步发展（2000—2009 年）和日渐成熟（2010 年至今）三个阶段（表 3-30）。

表 3-30　关于服务设计的研究发展阶段

发展阶段	年份	标志事件
概念提出（1982—1999年）	1982—1984	肖斯塔克 1982 年在论文《如何设计服务》中首次提出服务设计概念，1984 年在《设计传递的服务》中首次引入服务蓝图（Service Blueprint），并设计服务可视线和服务证据等研究工具
	1986	诺曼提出"以用户为中心的设计"
	1991	服务设计正式作为学科在设计领域提出
	1991	IDEO 公司成立
	1993—1994	安格斯·詹金森创造了"人物原型"Persona（服务原型）工具
	1998	客户旅程地图（Customer Journey Map，CJM）诞生
	20 世纪末	产品服务系统（Product Service System，PSS）开始流行
初步发展（2000—2009年）	21 世纪初	"服务设计"概念明确，很多服务设计公司成立
	2005	英国设计委员会发布"双钻模型"
	2005	奥斯陆建筑与设计学院开设"服务设计"学科
	2008	国际设计联合会对"服务设计"给出了新的定义
日渐成熟（2010年至今）	2010	《服务设计思维：基本知识—方法与工具—案例》一书首次提出服务设计 5 项基本原则
	2015	服务蓝图的方法进行了更新
	2017	《服务设计实践》更新了服务设计基本原则

3. 服务设计的要素

服务设计是对整个系统的设计，包括四个方面的要素：利益相关者、接触点、服务和流程。

服务设计具有系统性设计和全链设计的特点。服务设计的系统性设计理念强化了"利益相关者"这一概念，全链设计理念则表现为在服务系统大的框架下的接触点设计。

（1）利益相关者：是指服务系统中所有参与者，包括服务内容的创造者、提供者和顾客。服务设计要从整体上综合考虑所有的利益相关者，在进行服务设计时就要思考如何让所有的参与者积极高效地完成整个服务流程。按照与服务系统的关联程度及贡献度，利益相关者可以分为核心利益相关者、直接利益相关者和间接利益相关者。

（2）接触点：服务系统中利益相关者之间以及利益相关者与服务之间接触的地方。在设计上，接触点可以是有形的，也可以是无形的。有形的接触点即物理接触点，是实体。无形的接触点多数是数字形式的，有些资料将无形接触点拓展到了情感接触点等形式。

（3）服务：服务是服务系统和服务设计最基本的要素。服务的利益相关者和接触点都是围绕着服务展开的。

（4）流程：服务设计的流程是由各个接触点组成的动态过程，企业在进行服务设计时就要综合考虑顾客需求，权衡流程的重点、节奏、资源分布等。相对于产品制造流程，服务流程一直处于动态平衡状态。

3.4.2 服务设计纵览

和企业的大多数"行为"一样,服务设计的出发点是企业的服务战略,企业的服务战略决定了服务性质、服务重点和目标市场,服务设计纵览图见图3-22。

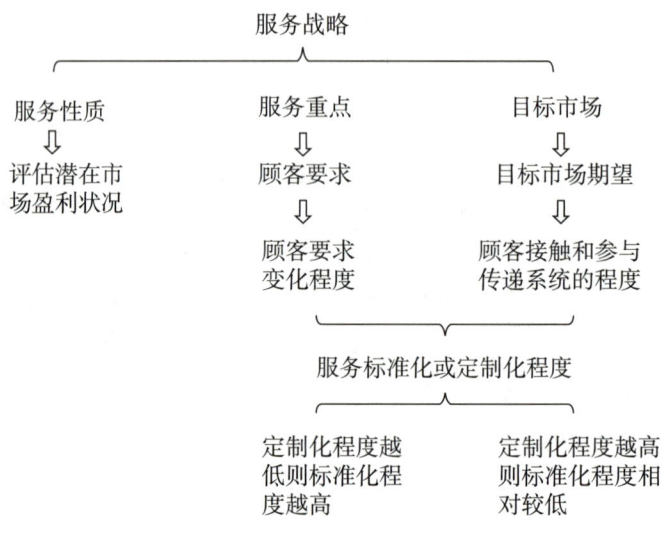

图3-22 服务设计纵览图

标准化程度最高的服务设计与产品设计极其相似。顾客接触和参与传递系统的程度越高,销售的机会越多。

3.4.3 服务设计与产品设计的区别

多数情况下,提供产品和提供服务并没有明显的界限。2004年,阿诺德·图克创造了产品服务连续体(Product Service Continuum),描述了从纯产品到纯服务的五种形式(图3-23)。

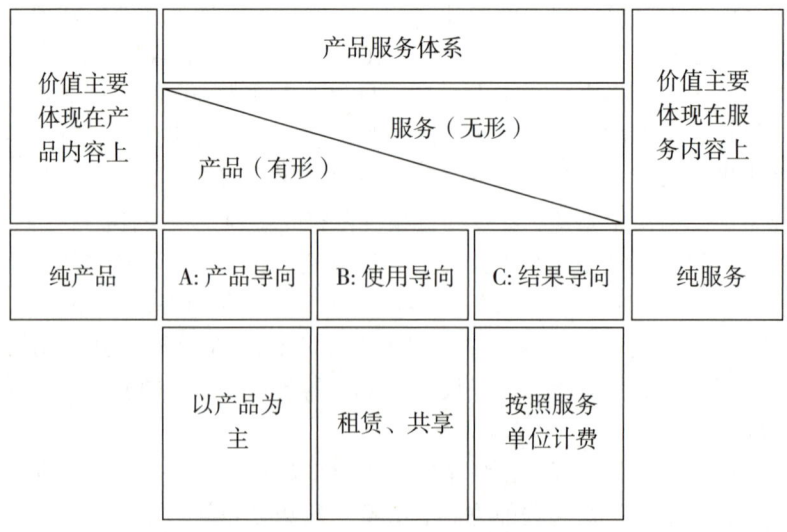

图3-23 产品服务连续体

从图 3-23 中我们可以看出，除纯产品和纯服务之外，其他三种形式（产品导向、使用导向和结果导向）是介于产品和服务之间的，既有产品又有服务，称之为"服务包"或许更恰当一些。

相对于产品，服务具有无形性、异质性、生产与消费同步性和易逝性特点，所以在进行服务设计时也要考虑这些特点的影响（表 3-31）。

表 3-31　服务设计时需要考虑的问题

服务特点	服务设计时需要考虑的问题
无形性	"人只相信自己的眼睛"，服务是无形的、不可触摸的，所以在服务设计中要做出补偿无形性的设计，例如：提高服务逻辑清晰度、营造服务中的愉快气氛等
异质性	各类服务与顾客的接触程度不同，需要对不同类型的服务进行分析，根据分析制定不同的策略，例如技术开发、自动化服务、个性化服务、顾客互动服务等策略
生产与消费同步性	服务的生产与消费同步，在发现和改正错误上存在困难，因此在服务设计时要关注流程设计、员工技能培训及顾客关系等； 服务没有库存，降低了柔性，所以服务的设计、提供和员工素质显得尤为重要； 因为生产和消费同步，所以选址的便利性相应的作用就突显出来
易逝性	服务的易逝性和服务需求的多变性造成了服务资源的等候和闲置

在服务设计中，服务需求无疑是最重要的变量。通常情况下，服务设计会从两个维度来考虑：一是企业角度，即成本和效率；二是顾客角度，即顾客参与程度。设计者对服务的设计大多建立在对成本和效率的控制上。在实际提供服务的过程中，顾客参与程度将会使服务的需求变量和服务质量发生变化。在服务设计中，设计者同样不愿意去应对过多的不确定性，所以设计者会"不由自主"地去降低可能导致服务质量和服务需求变量发生变化的顾客参与程度。在很多时候，设计者也会通过控制企业员工的灵活性去应对不同的顾客参与程度，但是员工的灵活性本身就是一把"双刃剑"，因为不同的员工在处理同一件事情时的办法和效果是不同的，即使是同一名员工，受到时间等因素的影响，对待同一名顾客的态度也可能不同。

设计者需要综合考虑成本、效率水平与顾客参与程度之间的关系。

（1）标准化的服务流程尽管可以降低成本，但却会降低顾客参与程度，也减少了服务的多样性。

（2）为了提高效率，减少或简化服务的选择更易让顾客感到失望。与生产产品相比，提供服务的过程更像是企业和顾客共同生产的过程，在某种程度上，从顾客的角度看，"决策权"是掌握在顾客手中的。

（3）如果为了降低成本，将服务交给临时工或者不具备服务技能的"陌生人"，顾客就会因为"不受重视"而失去"宽容"。

设计者在服务设计时就要考虑到，提供服务一定要摒弃"我都是为了你们好"的传统顾客价值观念，而是要转到顾客感知价值角度，要站在顾客角度，让顾客感觉到"你都是为了我们好"。有很多企业"顽固"地认为在不改变服务设计的前提下，可以通过"洗脑"改变顾客的认知。他们忽视了顾客的"理性"——顾客只相信他们的眼睛（过去看到的和现在看到的）。顾客购买的不是服务，是基于过去的经验对未来的期望。顾客希望在他们与企业交流的过程中能够通过服务实现某种程度的顾客价值。顾客价值本质就是顾客感知价值，是顾客对于与企业交流过程和结果的主观判断，即比较和权衡顾客感知利得和顾客感知利失。

因此，顾客感知价值也可以用如下公式表示。

顾客感知价值＝整体顾客利益－整体顾客成本＝顾客感知利得－顾客感知利失

式中，整体顾客利益是顾客从某一特定的供应物中，在经济、功能及心理上所期望获得的一组利益的感知货币价值，包括产品利益、服务利益、人员利益和形象利益；整体顾客成本是顾客在评价、获得、使用和处理该供应物时发生的一组感知成本支出，包括货币成本、时间成本、精力成本和心理成本。

顾客感知价值的决定因素见图3-24。

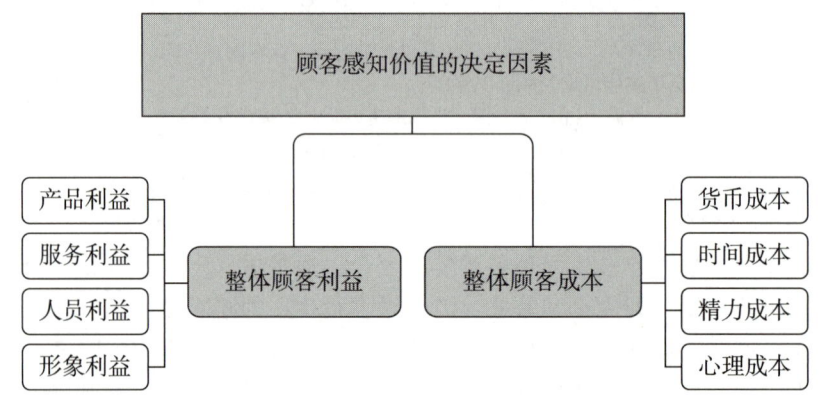

图3-24 顾客感知价值的决定因素

在实际服务交流中，货币成本所占的份额并不是全部，在某些时刻甚至不处在决策的关键位置。人们只相信自己的眼睛，在购买权衡的过程中所耗费的时间成本、精力成本、心理成本很多时候会影响顾客对于成本的判断。

3.4.4 服务设计原则、步骤和方法

1. 服务设计原则

2010年，《服务设计思维：基本知识—方法与工具—案例》一书首次提出了服务设计的5项基本原则：以顾客为中心、协同创新、有序性、有形性、整体性。

（1）以顾客为中心，即以顾客的视角去体验、感受服务设计。与产品设计不同，服务设计更关注顾客感知价值。相对于产品设计，服务设计也关注所有的利益相关者，但关注的中心和焦点永远只有一个——顾客。

（2）协同创新，所有利益相关者，包括服务内容的创造者、提供者、顾客等都被考虑到服务系统的全流程中去完成服务交付。服务设计者要分析、权衡利益相关者在服务系统中的参与程度，充分调动各方的参与积极性，从多角度去开发。服务设计不是一个单一的、片面性的工作，其涉及服务的时间性——怎样实现从分析洞察需求、设计服务到提供

服务的全过程；也涉及服务的空间性——怎样从多角度、全方位去了解顾客需求、设计服务特性。

（3）有序性，大多数服务流程都是分成多个服务阶段和接触点的，提供服务和制造产品一样，也是由一系列相互影响的工序或行为在一定时间内组成的动态过程。服务流程的有序性保证了服务质量，使服务系统能够相对掌握服务的节奏，提供服务的节奏和生产节奏类似，可以影响生产率和顾客感知价值。服务设计要考虑服务的每个阶段，控制节奏，把服务流程中的每个接触点都连接起来。

（4）有形性，大多数服务是无形的，即没有提供服务的时候，顾客是感受不到的。"顾客只相信自己的眼睛"，所以想让无形的服务能够让顾客体验到，需要将无形的服务通过一定形式有形化——可以通过数字化技术展示服务的逻辑，也可以通过企业员工的专业性让顾客感受到服务质量。还有很多服务是在后台操作实现的，顾客无法看到服务的"生产"过程，这样的服务要想有形化，可以通过可视化的手段让顾客看到后台操作，或让顾客参与其中。

（5）整体性，服务设计的服务系统是一个整体系统，而不是某一个点或某几个点的交互。服务设计要从全局对服务系统进行思考。顾客接受服务时感受到的满意或不满意情绪，通常是服务系统一系列环节造成的结果。服务设计要考虑到所有的环节，尤其是可能的瓶颈环节，同时也要考虑到所有的利益相关者。

2017年，《服务设计实践》一书将服务设计的原则更新为以下6项。

① 以人为中心；
② 协作的；
③ 迭代的；
④ 有序的；
⑤ 真实的；
⑥ 整体的。

2. 服务设计步骤

在设计领域通常有两个设计模型：Design Thinking 模型和英国设计委员会的"双钻模型"。

① Design Thinking 模型的5个步骤：发现—定义—概念—原型—测试。
② 双钻模型的4个步骤：发现—定义—建立—产出。

两个模型的共同之处在于起始点都是发现和定义，首先是确保方向正确，即"做正确的事情"；其次是确保途径准确，即"把事情做正确"。

下面具体介绍双钻模型。

双钻模型是由英国设计委员会首先提出的，2016年，丹·奈斯勒进行了改进，具体内容见图3-25。

双钻模型的核心是"把思考问题本身的对错以及解决方案最终是否能回归原点视为整个设计过程的重点来看待"，也可以理解为"问题本身及解决方案是否能回归原点"。

双钻模型分成两个大阶段四个小阶段，各个阶段的特点和内容等见表3-32。

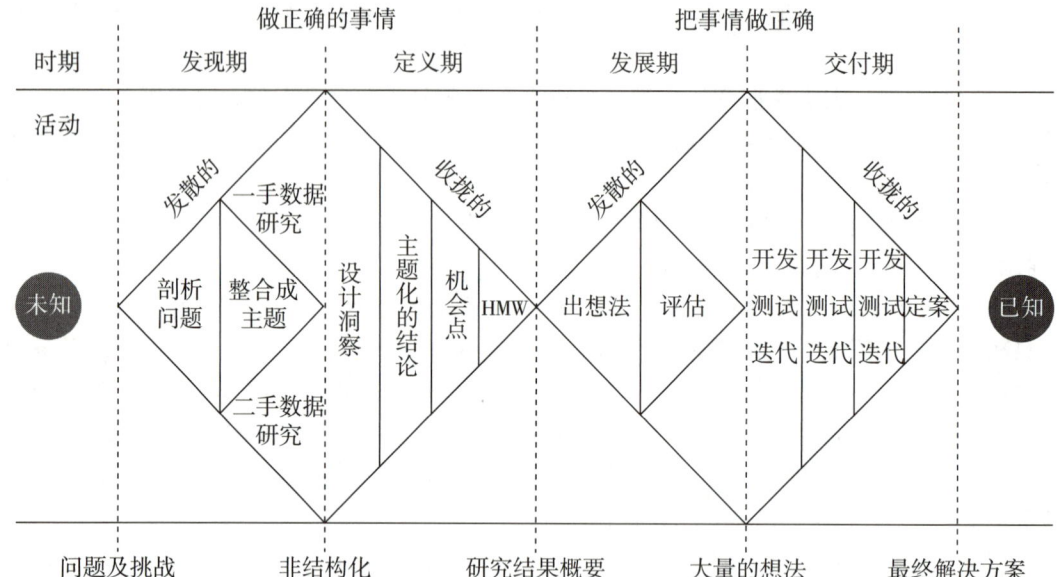

图 3-25　双钻模型

注：图中"HMW"指的是"How might we..."用以推进结论的产生，以更进一步的洞察来确定设计的主题、目标、机会点和策略，指导下一步的设计行动方向。

表 3-32　双钻模型各个阶段的特点和内容

大阶段	特点	小阶段	内容	思考方式
第一阶段	做正确的事情	发现期	剖析问题	发散
		定义期	聚焦领域	收拢
第二阶段	把事情做正确	发展期	潜在问题	再发散
		交付期	实施方案	再收拢

（1）发现期。探索和研究问题的本质原因，其主要步骤有：质疑需求—罗列研究对象—选择研究方向—展开研究。

（2）定义期。对发现期得到的原始研究数据进行分析梳理，定义设计目标，其主要步骤有：总结研究原始数据—聚类分析—设计洞察—重新定义设计需求。

（3）发展期。发展期是创意发散、提出设计概念的过程，其中包括对概念的不断打磨与完善，其主要步骤有：创意发散—概念评估—设计方案。

（4）交付期。交付期为最终的方案产出阶段，其主要步骤有：开发原型—测试分析—方案迭代。

3. 服务设计方法

服务设计方法较多，一般分为理论研究方法和设计方法。双钻模型的四个小阶段分别有不同的设计方法，例如服务走查、体验地图、问题卡片、协同设计、工作坊、服务蓝图、利益相关者地图和服务原型等。

服务蓝图是服务设计的一种常见方法，是用来描述和分析服务流程的方法，通常服务流程是分散的，服务通常是由分散的活动和分散的人来完成的。过多分散的活动和分散的人容易让顾客失去关注焦点，即看不到完整的服务，同时也担心自己的服务不被服务系统"看到"。服务蓝图在某种程度上让无形的服务得到有形的展示，服务蓝图可以让顾客相对清晰地"看到自己的服务"。同时，服务蓝图也可以让服务系统内部的人员能够明晰系统的目标及自己所扮演的角色。

服务蓝图包括一项有形展示、四种行为过程和三条分界线。

1）一项有形展示

有形展示的目的是实现"无形服务有形化"。有形展示是服务系统中的重要环节，顾客的购买服务行为通常分成三个阶段：预判、体验、评价。顾客通过感官从有形物品上获得的感知将成为顾客体验和评价的标准，进而形成对服务质量的评价。顾客购买服务的过程就是一个标准验证的过程。

2）四种行为过程

（1）顾客行为：顾客行为是服务蓝图的核心。顾客行为是对顾客从进入服务系统开始直到离开服务系统的所有行为的描述，顾客行为是其他行为得以开展的前提和基础。

（2）前台服务行为：前台服务行为是指顾客可以看到的服务行为（包括与顾客进行面对面交流的员工行为）。

（3）后台服务行为：后台服务行为是指通常情况下顾客看不到的、为前台进行支持的、在后台进行的行为。现在为了能够使"无形服务有形化"，部分餐馆开始将后台服务行为可视化，让顾客能够实时"看到"服务的整个过程。

（4）系统支持行为：系统支持行为是服务的基础，包括支持员工和系统提供服务的任何交互行为。

3）三条分界线

（1）交互线：顾客行为和前台服务行为之间是交互线。跨越这条线的地方代表顾客和企业之间发生直接交互的地方。

（2）可视线：前台服务行为和后台服务行为之间是可视线。顾客可以看到线上方发生的操作，而线下方的操作则不可见。

（3）内部交互线：内部交互线将后台服务行为与系统支持行为分开。这条线代表顾客支持结束的地方，意味着与顾客没有直接互动的员工在此进行操作。

服务蓝图示例见图3-26。

绘制服务蓝图的基本步骤如下所示。

（1）提出顾客场景——由于此蓝图更多地关注顾客，所以首先需要弄清楚希望探索的顾客场景。它可能是一个新流程，也可能是一个现有流程。在对话中包含实际顾客也是有益的，因此顾客场景应尽可能准确。

（2）映射顾客体验——在确定顾客场景后，按时间顺序规划顾客将采取的行动，本质上是"客户旅程地图"，包括顾客在评估、购买或使用计划绘制的服务时所采取的选择、交互行为、操作和步骤。这些操作在服务蓝图中按时间顺序组织。

（3）建立在顾客行为之上——在形成完整的顾客体验映射后，将其他类别（前台和后台服务行为、系统支持行为、有形展示等）添加到服务蓝图中，即明确在顾客采取的每项行动中，员工会做什么？哪些支持行为发挥作用？

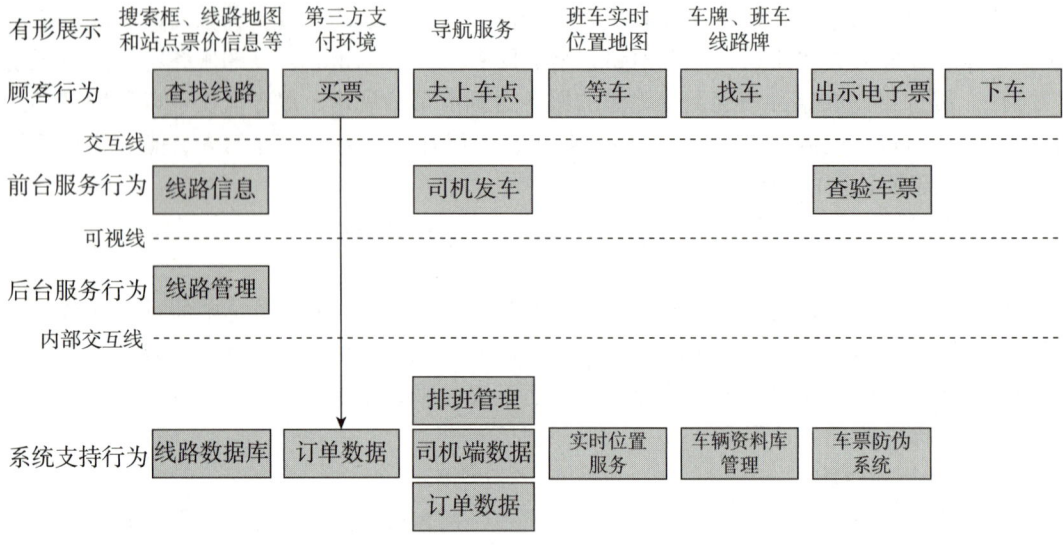

图 3-26 服务蓝图示例

（4）明确责任和行动范围——使用不同分隔线（例如：交互线、可视线、内部交互线）将每个类别放在各自的通道上。

（5）澄清跨职能关系——在明确好责任和行动范围后，通过添加箭头为服务蓝图添加另一个类别的详细信息。虽然已经按时间顺序在每个通道中设置了步骤，但还可以通过箭头显示不同类别的关系。

3.4.5　良好服务设计系统的特征与服务设计面临的挑战

1. 良好服务设计系统的特征

良好服务设计系统的特征很多，可以分别从企业角度和顾客角度来看。

1）企业角度

（1）服务设计系统与企业战略和使命一致。例如，如果企业在竞争战略上将服务响应速度作为竞争要素，那么服务设计系统的每个要素都要关注速度。

（2）服务设计系统具有稳定性和可持续性，能够满足不同顾客的需求，能够应对需求短缺或激增的情况。

（3）服务设计系统具有较好的效益，能够有效控制无效成本。

2）顾客角度

（1）服务设计系统对顾客是友好的，标志是清晰的，过程中涉及的步骤符合逻辑。

（2）服务设计系统对顾客是有价值的，这些价值能够让顾客清晰地看见。

（3）服务设计系统前后台是有序衔接的，并能与顾客进行有效交流。

2. 服务设计面临的挑战

如何应对顾客服务需求的变化性是服务设计面临的最大挑战。顾客服务需求的变化性不仅体现在具体要求变化的广泛性上，也体现在需求变化的时间性上。通常情况下，顾客服务需求的变化性主要体现在以下方面。

（1）顾客到达的变化性：服务业中的顾客基本不会像产品流水线那样均匀分布，"有序到达"，顾客总是按照自己的行程表安排上门时间，企业很难准确预测顾客何时能够到达。

（2）顾客要求的变化性：服务业中服务的对象是具体的顾客，顾客对服务要求的变化范围很大，不同的顾客要求不同，同一名顾客在不同的时间、地点对服务的要求也会不同，甚至同一名顾客在同一个地点、相对"稳定"的时间对不同的服务提供者的表现也会不同——对于熟悉的人相对"宽容"，对于陌生人则相对"苛刻"。

（3）顾客能力的变化性：顾客的需求展现能力存在差异，因为不同顾客的知识储备和消费动机不同，理解能力和表达能力方面也存在差异，所以即使是同一个相似的服务需求，通过不同的顾客展现出来的差异有时也会很大。

（4）顾客参与程度的变化性：不同顾客对时间成本、精力成本的理解不同，因此参与服务的程度也不同。一些顾客在没有明确指示信息的情况下也会积极参与到服务中，但大多数顾客在没有明确指示信息的情况下会选择停止在这方面的努力。

（5）顾客主观偏好的变化性：顾客对价值的判断是主观行为。服务水平高低、优劣取决于顾客的眼睛。

顾客服务需求的变化性是一把"双刃剑"。顾客视服务为其自身和服务提供者共同创造的结果，而且"决策权"在顾客方面。顾客最接受不了的不是服务的标准化程度的高低，而是标准化让顾客失去了"决策权"。很多时候，让顾客满意度高的服务，在旁观者看来并不是一个完善的服务。顾客对服务价值判断的主观性体现在顾客期望的变化性在服务中的体现程度，或者可以说，顾客的任性（变化性）被接纳的程度是顾客对服务质量的评价标准。

3.5 技术选择——数字化流程管理和自动化

企业与企业之间的竞争激烈程度取决于企业之间竞争要素的相似程度：相似程度越高，企业竞争就越激烈。

技术是最基础的竞争要素。技术是为了满足人们的需要或需求，被科学理论研究发现，用以创造新事物或改变事物现状的方法、技能和手段。

技术涉及的要素有：知识、材料、设备等。技术创新是指对产品（含新产品开发或改进产品）、服务和流程在发现和创造途径上的突破和改变，即在产品、服务、流程的开发和应用中从来没有实现过的技术。例如数字化技术、生物技术、纳米技术、3D打印技术、机器人技术等。

信息技术、流程技术、工艺技术等对企业的成本、产品质量、生产率、竞争力都有重要影响。

信息技术和流程技术是通过电子计算机及其他现代通信手段实现对信息的获取、加工、发送等功能的技术。数字化技术在信息技术中处于基础地位，数字化技术即将信息转换成数字格式的过程。流程技术是指企业对业务流程进行管理、优化及自动化的方法、技术和手段。流程技术不仅涉及内部的业务和管理流程，也涉及外部的供应链管理流程。

工艺技术是面向从原材料到包装的产品生产全过程的加工制造方法，工艺技术的提升会给企业带来巨大的收益，可以提高产品质量、降低生产成本、提高生产率和增强竞争优势。

3.5.1 数字化流程管理

1. 数字化流程管理的定义

数字化流程管理就是将整个企业的人员、设备、信息和流程等资源通过数字化技术汇集在一起，形成对顾客需求迅速响应的数字化组织。数字化流程管理是数字化背景下的业务流程管理。

1）数字化和数字化转型

数字化是指使用 0 和 1 两位数字编码来表达和传输一切信息的一种综合性技术，即将电话、电报、数据、图像等各种信息都变成数字信号，在同一种综合业务中进行传输，再通过接收器使其复原，而质量不会受到任何损害。数字化新技术主要包括大数据、云计算、物联网、区块链、人工智能五大技术。大数据技术为数字资源，云计算技术为数字设备，物联网技术为数字传输，区块链技术为数字信息，人工智能技术为数字智能，五大数字化新技术是一个整体。

数字化转型是将数字化技术集成到企业各个方面的过程，这一过程可以导致企业运营方式和为顾客提供价值的方式发生根本性变化。数字化转型是建立在数字化转换、数字化升级的基础上，又进一步触及企业核心业务，以新建一种商业模式为目标的高层次转型。数字化升级强调的是"流程的数字化"，是运用数字化技术改造商业模式、产生新的收益的价值创造机会。数字化转型的相关技术有以下几个。

（1）云平台：提供计算、网络和存储能力。

（2）移动化：在现代移动通信技术、移动互联网技术构成的综合通信平台基础上，通过应用、服务及网络三个层面，实现管理和服务的移动化、电子化和网络化，向社会提供高效优质、规范透明、适时可得、电子互动的全方位管理与服务。

（3）物联网：通过对智能感知、识别技术与普适计算、泛在网络的融合应用，实现智能化识别和管理。

（4）人工智能：通过计算机实现智能化。

（5）网络分析：依据网络拓扑关系（结点与弧段拓扑、弧段的连通性），通过考察网络元素的空间及属性数据，以数学理论模型为基础，对网络的性能特征进行多方面分析。

（6）互联网安全：使网络系统的硬件、软件及其系统中的数据受到保护。

（7）云计算：通过网络以按需、易扩展的方式获得所需的服务。

（8）软件定义互联基础架构（SDCI）：增强数据中心虚拟化的收益，提高资源灵活性和利用率。

2）业务流程管理

业务流程管理（Business Process Management，BPM）是指对端到端业务流程进行建模、分析和优化，以实现战略业务目标的行为过程。业务流程（也叫作经营流程）是为了实现一定的经营目的而执行的一系列逻辑相关的活动的集合，业务流程的输出是满足市场需求的产品或服务。根据功能、管理范围、影响时间范围、理论依据、信息系统支持等的不同，企业的业务流程管理一般分为生产流程层、运作层、计划层和战略层四个层次（表3-33）。

表3-33 企业业务流程管理的四个层次

层次	功能	管理范围	影响时间范围	理论依据	信息系统支持
生产流程层	设备和工艺的实时控制	具体设备	很短	流程控制理论	现场总线、数据采集和监控系统
运作层	执行流程管理	车间	较短	调整和优化理论	制造执行系统、车间调度系统等
计划层	资源能力计划和预算	部门	较长	统计和随机模型、优化理论	企业资源计划
战略层	战略调整、流程设计和资源类型确定	整个企业	长	经济模型、决策模型	知识管理系统、决策支持系统

一个典型的业务流程包括下面六大要素。

（1）输入资源：前期输入的资源是流程运作不可或缺的组成部分，在流程运作中这些资源可以被有序、有效地消耗、利用、转化，并最终对流程输出产生影响。常见的流程输入资源有：资料、物料、订单、设备、说明、计划、资金、政令等。

（2）流程活动：一条流程会包含一项或多项流程活动，这是满足顾客需求所必须进行的相关活动，这些活动对于流程输出是核心的、关键的、不可缺失的、有增值效果的。

（3）相互作用：流程中的活动可能由不同的职能部门实现，活动有串行或并行的关系，活动输入和输出上下衔接，这些相互作用构成了流程的结构。

（4）输出结果：流程输出结果可能是有形或无形资产，同一个流程中可能有几种不同的输出结果，对应着不同的顾客需求，设计的流程要以主要顾客的关键需求为主，这样流程才能达到期望的效果。

（5）流程顾客：流程顾客是流程输出结果的最终消费者，这些顾客可以是外部市场顾客，也可以是组织内部顾客。在设计流程时一定要明确流程的顾客是谁，仔细把握顾客需求，这样设计出的流程才有意义。

（6）创造价值：流程的输出承载着流程的价值，这个价值需要由顾客进行判断，看输出与顾客需求是否吻合。

业务流程管理的目的是增值，也就是说业务流程的每一个循环都有必要比前一个循环更好。这种增值不单是赚到更多的钱，还可能是效率的提升、成本的降低、质量的提高、员工满意度的提高、顾客满意度的提高等。

业务流程管理的生命周期有五个阶段：设计、建模、执行、监控和优化（图3-27）。

（1）设计：流程优化的第一步是分析现行的流程。仔细考虑哪些可行或存在哪些问题（效率低下或瓶颈），以及它们与其他任务或流程的关系。

（2）建模：寻找改进流程的方法并设计理想的实现情况。使用此流程模型探索新方法如何在各种潜在场景和变量下工作。

（3）执行：完成对流程的建模后，即可执行，实施更改。需注意务必记录更改的内容及其原因。

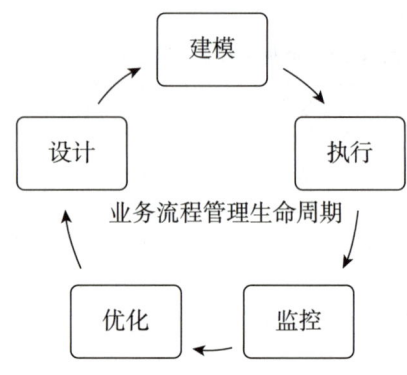

图 3-27　业务流程管理生命周期

（4）监控：新流程实施后，需要对其进行监控，检查它是否有所改进——效率是否提高？成本有没有下降？产品交付速度是否加快？

（5）优化：将业务流程管理方法应用于流程后，需要继续对其进行优化。改进流程可能需要时间，应定期寻找新的改进方法。如果新流程运作良好，不妨考虑能否用其管理其他流程。

2. 数字化技术在业务流程管理中的应用阶段

数字化技术在业务流程管理中的应用阶段可以分成：问题识别、设计和建模、流程管理、任务执行、过程监控和流程优化（图 3-28）。

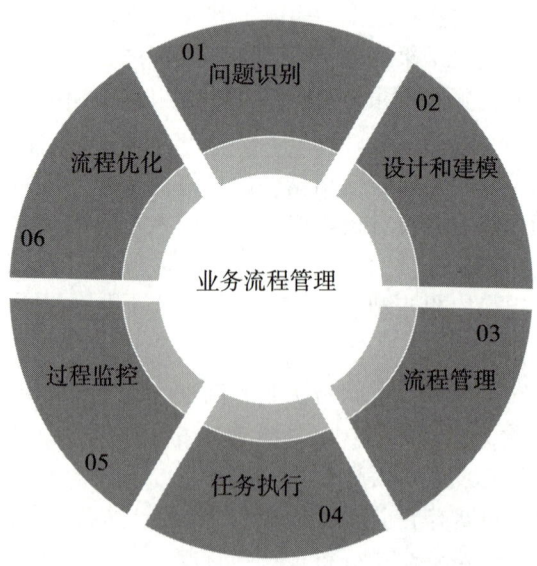

图 3-28　数字化技术在业务流程管理中的应用阶段

（1）问题识别：确定有哪些业务流程，流程的范围、分类/分级，同时涉及对组织架构、岗位/角色、业务活动、数据/信息、连接关系、IT系统等的识别，这个过程属于业务架构设计的范畴，APQC、eTOM、SCOR、BIAN等，都是可以用来进行流程识别的参考架构。

（2）设计和建模：设计是对流程过程、业务规则、触发事件、决策/控制点、数据创建/使用以及流程作业者的交接等进行具体设计，而建模则是使用工具将流程可视化。可视化的手段可以是泳道图，也可以是符合BPMN（业务流程建模标注）规范的软件工具。从20世纪90年代后期开始，企业无论是为了流程可视化，还是为了面向软件开发、无缝衔接业务建模和软件代码生成（或者套装软件的配置生成），都促成了各种软件工具的研发。

（3）流程管理：工作流软件就是流程管理的基本实现方式，在复杂的企业应用环境下，需要以企业服务总线（Enterprise Service Bus，ESB）等方式实现多个IT系统之间的服务协调和互操作。

（4）任务执行：企业的企业资源计划、客户关系管理、核心业务系统以及各个相关业务系统，在流程管理平台的统领驾驭下，执行流程作业；当前，新一代业务流程管理软件供应商Celonis提出的"执行管理系统"（EMS）概念，就是架设在企业资源计划、客户关系管理等概念之上的。

（5）过程监控：前述流程建模完成后，需要对流程模型进行管理，建立流程仓库。在实际运营中，无论是在智能流程管理平台里，根据预设流程来正向监控分析流程质量的业务活动监控，还是从业务系统的系统日志数据反向还原生成实际流程的"流程挖掘"，都可以控制并改进流程。

（6）流程优化：流程建模、流程集成、智能流程管理、流程挖掘、流程自动机器人等，都是跟企业业务流程相关的数字化应用领域，或者说软件种类，市场上这些软件的供应商也正在相互渗透，例如做流程自动机器人的供应商也进入了智能流程管理和流程挖掘领域，而传统的企业资源计划、客户关系管理等业务执行软件供应商，例如SAP、Salesforce等也在主动进入流程自动机器人、流程集成、流程挖掘等领域。Gartner提出了"数字化运营一体化（DigitalOps）"的概念，将这些企业流程管理的数字化领域全部打包起来，再加上企业资源计划等业务执行软件，是集大成者的概念。

3. 数字化流程管理的好处

1）实现数字化转型和创新

要实现数字化转型和创新，业务流程优化是关键。即使拥有最漂亮的网站，如果顾客点击网站时，从订单管理到交付的流程不佳，顾客也会流失。因此，数字化流程管理是改善顾客体验和实现数字化转型的关键部分。没有它，就无法赢得、服务或留住顾客。

由于组织的效率取决于其流程和人员，因此两者都发展才能支持数字化业务。传统流程需要从标准化转向临时性，从而使顾客能够进行全渠道交互。要提供基于管理的服务，组织需要通过管理流程来协调其复杂的操作。

2）创建更复杂、更有趣的流程

借助数字化流程管理，组织可以创建更加复杂和有趣的流程。数字化流程管理附带的集成功能使来自所有渠道的数据能够无缝流动，并提供成功所需的信息和洞见。

3）在整个组织中进行协作

如今，开发人员面临着技术孤岛困境，这使得跨渠道提供一致的顾客体验变得越来越紧迫。开发人员通常不得不将业务逻辑硬编码到每个渠道中，这会造成与顾客脱节和不利于改善顾客体验的结果。借助数字化流程管理，开发人员可以在所有顾客接触点创建易于使用的界面，同时将其直接连接到企业范围的流程。

数字化流程管理还可以使信息技术团队和业务团队高效协作。通过使用通用的流程语言，信息技术团队和业务团队可以共同记录、策划和共享流程，然后自动执行这些流程，从而确保业务团队与信息技术团队的目标和流程保持一致，从而使组织变得更加敏捷、灵活。

4）降低运营成本

尽管这不是主要目标，但许多实施数字化流程管理的组织一直在不断降低运营成本。数字化流程管理的优势在于，降低成本与改善顾客体验齐头并进。降低运营成本通常也可以为顾客带来更好的体验。

5）将员工从烦琐的工作中解放出来，以提高创新能力

数字化流程管理可以将员工从烦琐的工作中解放出来，使员工更加关注创新性的任务，不必将时间花在重复性工作上。例如，员工现在不再需要花时间吸引顾客，所以更有时间考虑改进方法。

6）为原有系统增加层次敏捷性

数字化流程管理为组织提供了更好地进行业务流程管理所需的敏捷性和洞见。它能够管理整个企业中的数据流，从而更轻松地确定需要改进的领域并做出快速、敏捷的改变。数字化转型的一个主要障碍就是必须取代传统技术的恐惧和痛苦。但是，数字化流程管理平台可以将原有系统以流程为中心的应用层进行包装，从而增强员工能力并提高敏捷性，因此能够改善顾客体验。

 思维风向

加快数字中国建设，助力中国式现代化

建设数字中国是数字时代推进中国式现代化的重要引擎，是构筑国家竞争新优势的有力支撑。从党的二十大，到2022年12月召开的中央经济工作会议，再到2023年全国两会，发展数字经济和建设数字中国被反复提及。在新时代新征程中，我们要立足数字中国建设整体框架，把握好"夯实基础、赋能全局、强化能力、优化环境"的战略路径，加快数字中国建设助力中国式现代化。

数字中国建设为我国经济建设、政治建设、文化建设、社会建设、生态文明建设提供信息化技术和信息资源支撑，以信息化驱动现代化，推动经济社会高质量发展，成为数字时代推进中国式现代化的重要引擎。

数字技术与经济建设的融合夯实数字中国建设的物质基础。既推动数字产业集群化发展，打造世界级数字经济产业集群，又推动数字技术和实体经济深度融合，赋能传统产业转型升级，鼓励制造业实施数字化转型行动、工业互联网创新战略以及智能制造工程，不断释放数字技术对经济发展的放大、叠加、倍增作用。这是数字中国建设的必然要求。

数字技术与政治建设的融合优化数字中国建设的上层建筑。推动政务服务线上线下标准统一、服务同质，构建全时在线、渠道多元、全国通办的一体化政务服务现代化体系；以数字技术服务党政机构职能转变、制度创新、流程优化，将数字化理念思维和技能素养融入政务服务全过程。这是数字中国建设的基本保障。

数字技术与文化建设的融合强化数字中国建设的文化自信。深入实施国家文化数字化战略，推动中华优秀传统文化与数字技术融合创新发展；丰富网络文化产业内容和形式，加快发展新型文化企业、文化业态、文化消费模式，打造自信繁荣的数字文化。这是数字中国建设的价值引领。

数字技术与社会建设的融合彰显数字中国建设的发展理念。深化"互联网+社会服务"，利用数字技术提升社会公共服务水平，推进数字社会治理精准化；打造智慧便民生活圈、新型数字消费业态、面向未来的智能化沉浸式服务体验，构建智慧便捷的数字社会。这是数字中国建设的关键内容。

数字技术与生态文明建设的融合是数字中国建设的重要遵循。推动生态环境智慧治理，优化升级生态环境网络监测体系，构建智慧化管理应用体系；深化数字化绿色化协同转型发展，利用技术创新和发展方式转变，建设绿色智慧的数字生态文明。这体现了数字中国建设与美丽中国建设的有机统一。

资料来源：http://www.qstheory.cn/2023-08/15/c_1129804091.htm [2025-02-10].

3.5.2 自动化

1. 自动化的概念及优缺点

在过程设计阶段，是否采用自动化技术是企业要考虑的一个关键问题。

自动化是指在没有人参与或者较少人参与的情况下，机器、系统和流程按照人预先设置的指令完成生产目标的过程。企业在面对自动化要素时，通常面临两个需要权衡决策的问题：企业是否采用自动化技术和在多大程度上采用自动化技术。一个新的竞争要素的加入能否促进企业整体竞争优势提高，新增加的竞争要素和企业资源的匹配程度是关键，通常有以下四种状况：

① 在企业不改变其他因素的前提下，新竞争要素与企业完美结合；
② 企业通过小的改动，使新竞争要素与企业结合；
③ 企业通过大的改动，使新竞争要素与企业结合；
④ 企业经过彻底的改变去迎合新竞争要素。

自动化是数字化引领下的一个潮流。自动化的应用领域越来越广，不仅应用在生产制造领域，也成为服务领域一个重要的发展方向。在服务领域，自动化服务尽管没有像在生产制造领域应用得那么普遍，但也正在变得越来越重要。例如超市的自助结算、快递行业的自动分拣、自动售货机等。

拓展阅读

最大的技能错配可能出现在已经开始采用自动化和人工智能技术的职能部门（图3-29）。

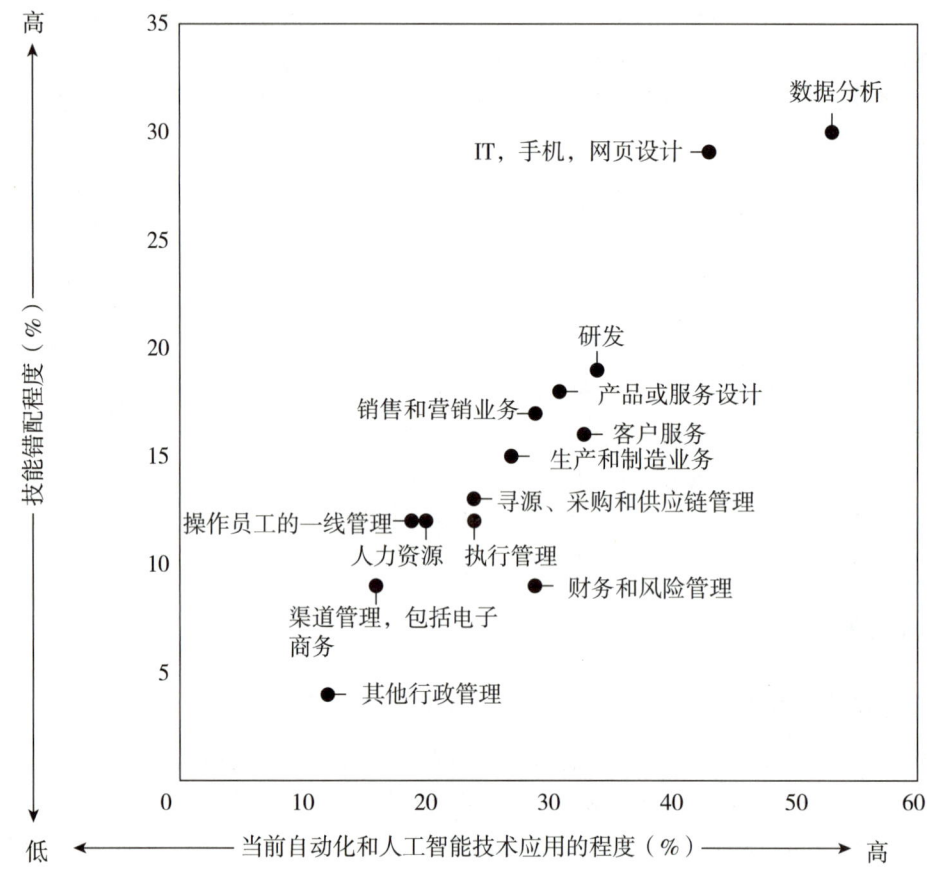

图 3-29 技能错配

本图基于 2018 年 3 月对加拿大、法国、意大利、西班牙、英国和美国 3031 位商界领袖的调查结果绘制。调查问题是"当您思考自动化和人工智能技术将如何改变您的劳动力技能需求时,您认为未来 3 年哪些职能的技能错配程度将最大?(最多选择 3 个)"和"迄今为止,贵组织的哪些职能部门采用了自动化和人工智能技术?(选择所有适用的)"

资料来源:麦肯锡全球研究院。

自动化概念就是参照人工概念定义的,所以自动化的主要优点也是相对于人工而言的,主要有以下几个。

(1)提高了产品质量,自动化采用的是标准化的生产方式,由于机器不会发生因疲劳导致产品合格率下降的问题,所以自动化消除了人为错误及偏差,从而提高了产品的精度和可靠性。

(2)提高了生产率,自动化生产线可以每天工作 24 小时,缩短了产品交付时间,提高了生产率。

(3)降低了成本,相对于企业的高层管理者和投资者而言,自动化最大的优势是降低了成本。第一,由于生产率提高,生产成本降低;第二,自动化也降低了人工成本,因为机器没有人的各项需求。

但自动化的缺点也十分明显。

（1）自动化技术价格昂贵，实施自动化的成本很高，如果没有相应的产出规模，实施自动化的结果对于企业来说也是灾难性的。

（2）自动化缺乏柔性，工艺过程如果实施了自动化，则没有充分的理由就不能更改，更改的成本是巨大的，同时机器也没有人对事物的判断和应对能力。

（3）尽管自动化解决了劳动力短缺问题，但社会对实施自动化后工人失业的关注程度也在逐渐增加。

企业需要考虑的自动化问题见表3-34。

表3-34 企业需要考虑的自动化问题

1. 自动化是否与企业使命、企业战略和企业资源相匹配；
2. 影响企业实施自动化的因素是什么——市场份额、成本、智力、柔性还是劳资关系；
3. 在多大程度上实施自动化，哪些方面的自动化是必要的，哪些方面没有必要，哪些方面如果实施了自动化会造成资源浪费；
4. 自动化是否会影响运营系统的效率，是否会降低运营系统的灵活性；
5. 自动化的项目是否合理；
6. 自动化的风险是什么

企业高层决策时需要结合企业实际与市场实际考虑是否一定要实施自动化和在多大程度上实施自动化，决策结果一定要和企业使命、企业战略和企业资源相匹配。

2. 自动化的类型

自动化通常有三种类型：固定自动化、可编程自动化和柔性自动化（图3-30）。

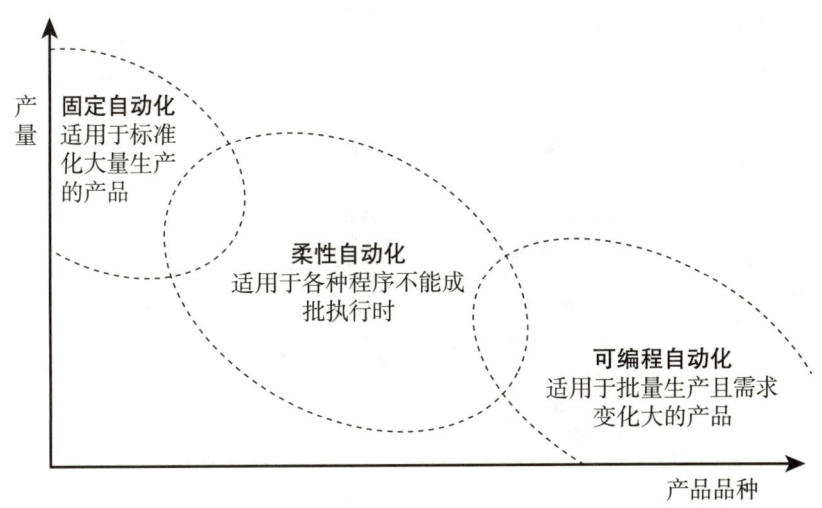

图3-30 自动化的三种类型

（1）固定自动化是所有自动化类型中刚性最强的，是按照预先设定的制造流程来生产相对单一的产品的自动化生产系统。固定自动化系统重复生产相同类型的产品，其制造工艺顺序是按照生产设备的特点固定下来的，一旦流程、工序固定下来就很难改变，即使在产品生命周期末期也很难改变。固定自动化系统投资巨大，因此也需要在初期进行大批量生产来分担成本。

（2）可编程自动化与固定自动化相反，通过由计算机程序控制的价值较高的生产设备来完成小批量生产。生产顺序由计算机存储的程序控制，如果需要更换产品类别，则需要重新编程和更换工具。通常，可编程自动化的机器围绕计算机进行分组，例如，数控机床可以由单台计算机控制单台机器，也可以由单台计算机控制多台机器，前者称为计算机数控机床，后者称为直接数控机床。可编程自动化适用于批量生产且需求变化大的产品。

（3）柔性自动化是由可编程自动化发展而来的，是可编程自动化的延伸。柔性自动化的手动转换程序较少，且生产停机时间几乎为零，所以柔性自动化具备更高的生产率。从本质上讲，柔性自动化允许生产不同类型的产品且无须复杂的重新编程过程，因此生产可以自由地在任何任务之间切换，最大限度地减少停机时间。

自动化三种类型的特点及优缺点见表3–35。

表 3–35 自动化三种类型的特点及优缺点

类型	特点	优点	缺点	应用
固定自动化	刚性最强	·生产率最高 ·生产成本最低 ·质量稳定 ·自动化维护成本低	·初始投资巨大 ·产品类型单一 ·每一种新产品生产都意味着新的投入 ·柔性弱	汽车生产线
可编程自动化	柔性最强	·灵活更改产品设计 ·更容易编程 ·批量生产	·设备价格高 ·每个生产周期生产的产品较少 ·更改产品/功能耗时 ·生产转换需要一段非生产时间	数控机床、工业机器人
柔性自动化	介于固定自动化和可编程自动化之间	·产品灵活性：无须将相同产品分批 ·按顺序生产不同类型的产品，无须进行复杂的转换 ·产品转换快速且自动发生，生产的新变化不会浪费时间 ·批次之间无须额外时间重新配置生产设备 ·适用于批量生产 ·允许按需生产	·单位成本较高 ·定制机械/自动化成本高	智能机器人

3. 计算机集成制造

计算机集成制造是自动化在广度和深度上的拓展。计算机集成制造系统（Computer Integrated Manufacturing System，CIMS）是基于信息技术自动化和自动化制造，通过计算机技术把分散的自动化单元组织起来响应市场小批量、多变化的需求，最终实现企业效益的智能化及集成化的制造系统。智能化体现了自动化的深度，集成化则体现了自动化的广度。计算机集成制造是企业站在战略高度对自身进行的管理。

现在计算机集成制造已经发展成了现代集成制造,对应的有现代集成制造系统。现代集成制造一方面体现了信息技术的计算机化、信息化和智能化,另一方面也体现了"集成"要素的三个方面:信息集成、过程集成和企业间集成。现代集成制造不仅体现了物的集中,也体现了人的要素的集中:既有生产系统和技术系统的集中,也有人的思想和理念的集中。整个企业的资源流、信息流、思想流实现了有序交流和联系。

现代集成制造是站在战略高度思考的,是对企业战略思想的运用,因此即使在短期内不能完全实现企业的经济利益,从长期和社会的角度来看,也能带来综合效益。

第一,提高了生产率,从根本上为企业带来了经济效益。

第二,生产率的提升增强了企业对市场的应变能力和竞争力。

第三,提高了企业和企业员工的整体素质水平。

第四,节省了资源,降低了成本,为企业也为社会做出贡献。

第五,为国家优化产业结构、发展新产业、提高在国际市场上的竞争力做出贡献。

现代集成制造的技术构成如下。

(1)先进制造技术。先进制造技术是在对传统技术各方面成果进行消化、吸收、整理的基础上,能够运用到从产品设计到售后直至回收的全过程,且能够在实现高效、节能和优质生产的同时取得良好的经济和社会效果的生产制造技术。

(2)敏捷制造。通过创新流程、工具和人员培训,能快速响应市场变化和顾客需求,并能同时控制成本和质量的制造技术。

(3)虚拟制造。虚拟制造通过运用计算机、信息和仿真技术对现实中的生产过程各要素进行全方位的仿真模拟,能发现生产和制造过程中可能出现的问题,并做好提前预防措施,从而降低产品设计和生产中的返工率,达到缩短产品研发周期、降低生产成本和增强企业竞争力的目的。

(4)并行工程。并行工程是指,产品的开发设计人员在产品设计阶段就思考产品的整个生命周期中(从定义到再循环)所有要素及要素之间的相互关系的系统方法。

4. 部分最新的自动化技术

部分最新的自动化技术见表3-36。

表3-36 部分最新的自动化技术

- 协作机器人
- 在自动化领域不断崛起的人工智能
- 软件:无代码和低代码应用平台
- 机器人流程自动化
- 认知智能,例如聊天机器人、电子邮件营销等
- 自动化卓越中心
- 物联网
- 语义软件自动化系统
- 卓越中心
- 团队业务流程自动化
- 企业服务管理
- 自然语言处理

【微众银行:"微众企业 + 数字化金融服务"】

习　题

一、名词解释

请分别解释：产品和服务设计中的道德问题、标准化、延迟差异化、模块化设计、可靠性、稳健设计、质量功能展开、价值分析、流程、库存周转率、流程选择、服务设计、数字化流程管理、业务流程、自动化。

二、选择题

1. 以下哪项活动不属于产品和服务设计的可行性分析？（　　）
   A. 市场分析　　　B. 经济分析　　　C. 技术分析　　　D. 工艺权衡

2. 从企业角度来看，以下哪个因素对产品和服务设计方面影响最大？（　　）
   A. 政治方面　　　B. 经济方面　　　C. 社会和人口方面　　　D. 科技方面

3. 从企业角度来看，以下哪项因素不是产品和服务设计中需要考虑的关键问题？（　　）
   A. 必要性　　　B. 自身条件　　　C. 质量控制　　　D. 顾客总成本

4. 以下企业产品和服务设计构思的主要来源中的哪项因素可能会涉及企业的道德问题？（　　）
   A. 顾客
   B. 研发人员和销售人员
   C. 竞争对手的产品和服务
   D. 理论和技术研究

5. 以下哪项不是企业在产品和服务设计中遵守的指导原则？（　　）
   A. 设计与企业目标一致
   B. 达到顾客的期望价值
   C. 满足企业的最高利润要求
   D. 把安全与健康作为主要的考虑因素

6. 在产品设计的再循环中应遵循 3R 理论，其中（　　）从源头上实现了成本的节约和产品设计的可持续性。
   A. 减量化　　　B. 再利用　　　C. 再循环　　　D. 再设计

7. 以下哪项不属于"材料绿色化"的内容？（　　）
   A. 使用环保材料
   B. 减少对材料的使用和浪费
   C. 使材料能够再利用
   D. 增加用户的使用功能

8. 以下不属于人体工程学产品的是（　　）。
   A. 背背佳　　　B. 躺舒宝　　　C. 分体键盘　　　D. 垂直鼠标

9. "市场需求停止增长，市场份额最大，模仿者大量出现"是产品生命周期中哪个时期的特征？（　　）

A. 投入期　　　　B. 成长期　　　　C. 成熟期　　　　D. 衰退期

10. 以下属于标准化优点的是（　　）。
A. 库存和制造等过程中需要处理的零件更少
B. 设计可能会被冻结，留下太多缺陷
C. 设计变更的高成本增加了改进的阻力
D. 品种减少导致对顾客吸引力下降

11. 以下不属于定制化优点的是（　　）。
A. 产品质量稳定　　B. 产品多样　　C. 产品质量高　　D. 快速响应

12. 可靠性不包含（　　）要素。
A. 耐久性　　　B. 可维护性　　　C. 设计可靠性　　　D. 差异性

13. 稳健设计是在（　　）提出的三次设计法的基础上发展而来的。
A. 石川馨　　　B. 田口玄一　　　C. 大野耐一　　　D. 新乡重夫

14. 质量损失函数工具可以让设计人员从（　　）和经济两个维度分析产品设计、生产、使用和报废的整个过程，使产品在整个生命周期内达到社会损失最小。
A. 技术　　　B. 工艺　　　C. 质量　　　D. 营销

15. （　　）强调的是从产品设计端就对所有资源进行协调，从而消除各部门之间的"隔墙"现象，达到资源高效利用的目的。
A. 并行工程　　B. 计算机辅助设计　　C. 生产的要求　　D. 共用零件的使用

16. 以下不属于可制造性设计意义的是（　　）。
A. 降低成本、缩短制造时间和交货时间、提高产品竞争力
B. 有利于生产过程标准化、自动化，提高生产率
C. 增强企业之间及企业内部各部门之间的沟通，简化技术转化为产品的流程
D. 是新产品开发与测试的基础
E. 有利于更好地理解顾客需求

17. 下列不属于质量功能展开架构下的质量管理工具的是（　　）。
A. 亲和图　　　B. 树图　　　C. SWOT分析工具　　　D. 质量屋

18. 以下不属于质量功能展开优点的是（　　）。
A. 深入挖掘顾客需求，为顾客创造最大价值的"积极的"质量
B. 关注从产品和服务设计到售后服务、零部件再循环等各个环节，不仅关注技术性能，还全程关注顾客需求
C. 减少了设计时间、设计成本、制造成本、仓储成本及维护成本
D. 信息时代顾客需求变换快，企业依靠质量功能展开完全响应迅速变化的市场需求比较困难

19. 以下不属于质量屋要素的是（　　）。
A. 顾客需求　　　B. 营销方案　　　C. 产品技术要求　　　D. 市场竞争力分析

20. 卡诺模型中，哪个需求是从顾客角度认为企业提供的产品一定要有、"必须要有"的功能和属性？（　　）
A. 基本型需求　　　B. 期望型需求　　　C. 魅力型需求　　　D. 无差异型需求
E. 反向型需求

21. 在卡诺模型中，当企业提供的产品或服务满足（　　）时，即使在功能上依然有不完善的方面，也会让顾客产生兴奋感觉，满意度急剧上升。
   A. 基本型需求　　　B. 期望型需求　　　C. 魅力型需求　　　D. 无差异型需求
   E. 反向型需求

22. 在卡诺模型中，哪个需求与顾客满意度呈负相关关系？（　　）
   A. 基本型需求　　　B. 期望型需求　　　C. 魅力型需求　　　D. 无差异型需求
   E. 反向型需求

23. 流程按功能通常分为（　　）。
   A. 业务流程和管理流程　　　　　　　B. 业务流程和质量流程
   C. 财务流程和运营流程　　　　　　　D. 管理流程和质量流程

24. 以下哪项不是流程分析的基本度量指标？（　　）
   A. 单位时间产出率　B. 流程时间　　C. 库存　　　　D. 流程对象

25. 以下哪项不是按照输出方向进行的流程分类？（　　）
   A. 面向库存的生产流程　　　　　　　B. 面向订单的生产流程
   C. 混合式生产流程　　　　　　　　　D. 单一式生产流程

26. 流程的变动性是导致等待的根本原因，导致流程变动的因素不包括（　　）。
   A. 输入　　　　　B. 资源　　　　C. 管理方式　　D. 活动时间
   E. 路径

27. 以下哪项不是流程形式权衡的主要问题？（　　）
   A. 我有什么（企业的资源、战略情况）
   B. 我的竞争对手有什么（企业的资源、战略情况）
   C. 我的顾客需要什么（顾客需求——数量要求、柔性要求）
   D. 我用什么样的流程来满足需求（流程选择）

28. 服务设计是对整个系统的设计，但不包括哪项要素？（　　）
   A. 利益相关者　　　B. 接触点　　　C. 服务　　　　D. 流程
   E 产品

29. 服务蓝图不包括（　　）。
   A. 一项有形展示　　B. 两个服务对象　　C. 三条分界线　　D. 四种行为过程

30. 自动化的类型不包括（　　）。
   A. 固定自动化　　　B. 灵活自动化　　　C. 可编程自动化　　D. 柔性自动化

三、简答题

1. 产品和服务设计的八个阶段是什么？
2. 通常情况下，产品和服务设计中的法规和道德问题有哪两种类型？
3. 为实现产品和服务设计的可持续性，需要考虑哪些方面的要素？
4. 在产品和服务的设计中怎样节约能源？
5. 为满足不同区域不同细分市场的需求，设计人员应满足怎样的要求？
6. 实施延迟差异化的前提有哪些？
7. 设计变化主要体现在哪些方面？
8. 并行工程的优点有哪些？

9. 使用共用零件的好处有哪些？
10. 质量功能展开的功效有哪些？
11. 质量功能展开的步骤有哪些？
12. 使用卡诺模型的步骤有哪些？
13. 使用利特尔法则的基本前提是什么？
14. 服务设计原则有哪些？
15. 相对于产品，服务的特性有哪些？
16. 采取哪些措施可以应对流程的变动，降低等待时间？
17. 影响流程生产率的要素有哪些？
18. 双钻模型的核心是什么？
19. 业务流程管理的生命周期有几个阶段？
20. 生产制造流程的主要类型有哪些？

四、论述题

1. 从企业角度分析，为什么技术对产品和服务设计的影响最大？
2. 简单论述企业的道德问题可能会在哪些方面对企业产生影响？
3. 产品设计中的可持续性怎样体现在产品的全生命周期中？
4. "在产品设计中增加符合人体工程学的因素固然会满足部分顾客的需要，从而成为产品新的竞争优势，但有时这些新增加的因素也会因为不符合不同地域、不同使用场景的需求而变为竞争劣势。"请结合实际生活举出相应的例子。
5. 简单论述产品生命周期管理在各个阶段的特征和应对措施。
6. 简单论述质量功能展开三个方面的要素。
7. 简单论述质量功能展开和传统生产质量控制的差异。
8. 论述顾客满意度与顾客预期和顾客感知质量的关系。
9. 简单论述双钻模型各个阶段的特点和内容。
10. 简单论述自动化的优缺点。

五、案例分析题

超市空间设计中的小秘密

2021年5月初的一天，与两个月前相比，今晚A超市显得格外的热闹，A超市的灯也在万家灯火通明之际，成为比较亮眼的"星"，而这一切，超市宋经理都看在眼里，看着这日渐好起来的生意以及不断上升的营业额和盈利额，宋经理露出了欣慰的笑容，不禁拉开了回忆的闸门，时间拉回到两个月前……

1. 背景简介

A超市是一家小型超市，坐落在青岛市一所大学内，消费群体主要是在校学生和教职员工等青年人和中年人，很少涉及儿童、老人等其他消费群体。营业面积约150平方米，主要包括购物区、收银区、熟食区、用餐区和杂物区五大部分，商品种类繁多。

学校里除了A超市，还有两个生活超市在营业，相比另外两个超市，A超市空间较小，卖场区域较拥挤，但是销售便当等别的生活超市不提供的熟食、热食，并且A超市提供加热服务，也可以堂食，这也是A超市的独特优势所在；A超市所处的位置比较偏，周围男生宿舍居多，这也决定了它的消费群体中男生居多，平均身高会较高，涉及的消费品种类也会有所重点。

2. 虚怀若谷

宋经理来到超市工作两个多月以来，发现 A 超市的业绩一直提不上去，很是焦急，在思考超市留不住顾客的原因之余，他和店员开始了校园探访的行动，想以此方式了解顾客认为超市有哪些令人不满意的地方。经过几天的调查，宋经理发现，反映上来的问题比较多的有：货架最底层过于低，找最底层商品时很费劲，加上底部灯光暗、视野不清晰，经常拿错；选购时往往处于盲目寻找状态，超市没有划分区域；超市颜色比较单调，缺乏设计感；用餐区比较乱，让人没有食欲。

问题是知道了，但是宋经理一时也不知道该从何处下手解决这些问题，恰巧这一幕被刚来的兼职生小张收入眼帘，小张是学校里工业工程专业的学生，对改善、优化相关方法有所学习。向宋经理询问一番后，小张决定和宋经理一起给超市换"新衣"，两人拿着测量工具就来到了货架区。

两人对货架高度、货架深度、冰柜以及收银台等空间尺寸进行一一测量，结果见表 3-37，小张对着测量数据说道："我们店的主通道宽度不到 1 m，显然货架的尺寸不符合人因工程的参考尺寸，货架的高度和深度超出了适合范围，加上来我们店的男性顾客偏多，平均身高相对较高，他们取底层货物的时候真的会不方便。"宋经理点头示意。

表 3-37 A 超市部分空间尺寸测量对比表

空间位置	实测尺寸 /cm	人因工程参考尺寸 /cm	说明
货架	高度：200 深度：50	根据通道的宽度和人体尺寸确定	具体根据人体尺寸数据计算出合适的空间尺度
奶冰柜	180	180	
冷饮冰柜	180	180	
收银台	100	100	

"反馈中还提到，货架有些区域灯光太暗，看不清商品信息，可是我并没有觉得，有没有比较专业的方法判断一下呢，小张？"宋经理提出疑问，于是小张向系里实验室递交了报告，拿着照度值测量仪对超市进行了照度值的测量，结果见表 3-38。

表 3-38 A 超市部分区域照度值测量情况

测量地点	距离地面高度	实测值 /lx	参考值 /lx
超市入口	地面上	160	150
收银台	距离地面 100 cm	280	300
低温奶冰柜前副通道	地面上	120	150
冷饮冰柜前主通道拐角处	地面上	125	150
熟食区展台	距离地面 120 cm	155	150
用餐区	地面上	160	150
休闲食品前主通道	地面上	150	200

"果然有照度值不够的地方，不得不佩服专业的力量啊！"宋经理露出了满意的笑容。

"谢谢经理给我学以致用的机会,再看我们超市,确实没有做指示牌进行功能分区,放眼望去全是白色的货架",小张补充道,"并且咱们的商品标签底色也是白色的,我补货的时候想要查看一下信息,也不能快速识别。""那我们怎么改呢,要换成什么颜色比较好呢?"宋经理问道。于是在小张的带领下,A超市开启了改造之路。

3. 华丽蜕变

3.1 货架改造一小步,顾客舒适一大步

小张根据 GB/T 10000—2023 标准对货架高度和深度进行了调整。

至于货架的底层,宋经理提出了需求:"能不能让大多数顾客都能以弯腰的姿势取到货?"小张答:"您说得很正确,根据人体垂直拿取高度,最底层离地面高度为 400 mm 较为合适,这样既可以方便顾客拿取商品,又可以避免顾客蹲下挑选商品造成通道拥挤的问题。"

改善后的货架见图 3-31。

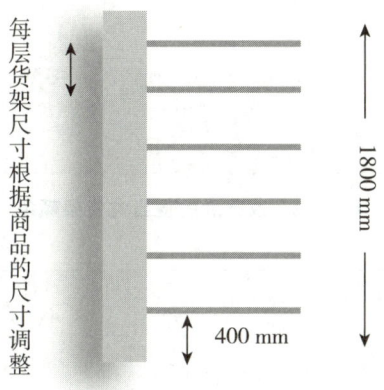

图 3-31 改善后的货架

3.2 照明工具用得好,亮度氛围全都有

"既然有地方照度值不够,那我们是不是更换亮点的灯管就行了?"宋经理问道。

"不光要考虑照度值,还要避免眩光,太亮和太暗都不是一件好事呢,我们目前采用的是 T8 分体式日光灯管,不如换成超亮 T8 一体化精品款,它可以实现对接串联,没有暗区,照明全覆盖,还保护眼睛不频闪,至于货架底部,我们是不是可以安装一些小暗灯,弥补顶部吊灯的死角?"大家最后达成一致意见。

另外,为了明显区分就餐区和销售区,给就餐区营造温馨的氛围,小张在就餐区用了暖黄光的吊灯,宋经理和同事都说温暖又明亮,层次感立马有了。

3.3 色彩搭配有妙招,亮眼协调还好找

照明解决了,接下来就是色彩了。

宋经理问:"既然商品衬色有问题,我们不妨更换一下货架的颜色,把所有的货架都改成黑色?"

"黑色会不会过于压抑,给人一种沉重的感觉?对比起其他超市,提供熟食是我们的一个特色,不妨就把便当盒(红色)的货架改成绿色或灰色,比较醒目,奶制品区域所处位置也比较突出,它的包装大多属于白色系,可以采用米黄色或者浅蓝色的货架,另外把商品价格标签改成黄底黑字会更清晰一点，促销打折时还可以采用购物点形式。"

宋经理看了小张的简易示意图（如图3-32、图3-33、图3-34所示）后表示赞同。

"那其他货架怎么办呢？"宋经理追问道。

"我们可以为每个区域安排不同颜色的货架，零食区用橙色，日化品区用蓝色，糖果区用黄色，您觉得如何？"小张解释道。

"这样不错，一方面可以起到引导顾客的作用，另一方面让超市有小调皮的感觉，还可以缓解视觉疲劳。"

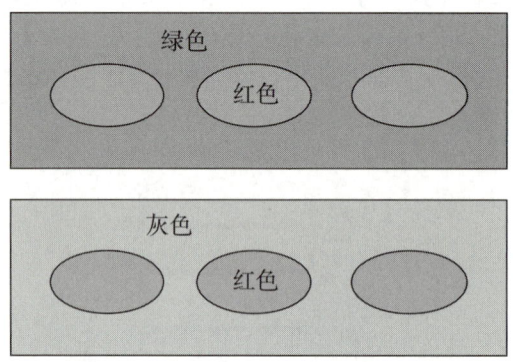

图3-32　改善后的便当盒货架颜色

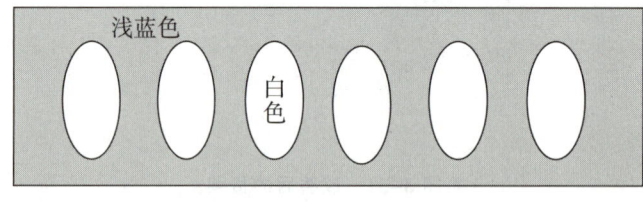

图3-33　改善后的奶制品货架颜色

图3-34　改善后的商品价格标签

"其实我们店还可以注重一下节日气氛的营造,马上到妇女节了,我们是不是可以采用一些粉色的元素点缀一下店内,让女生们感觉到被关爱,也可以提醒男生们,别忘了和重要的人说声节日快乐。"小张说完大家纷纷表示同意,只见妇女节当天店内货架上系满了粉红色的蝴蝶结丝带,不少女同学闻讯而来。

4. 尾声

经历了接近两个月的改造,A超市以崭新的姿态进入大家的视野,顾客以肉眼可见的数量增加,回头客也多了,现在从同学们嘴里听到的都是"超市空间设计得很合理""让人觉得不是急匆匆买东西的感觉,更多的是享受选购的过程""终于不再因为最底层东西不好找而放弃挑选了""赶时间的时候可以一下子找到想买的商品在哪个方位""很喜欢在超市里堂食,灯光给人一种在外约会的感觉"等评价。这些好评也是给予小张和宋经理这段时间的辛苦的最好慰藉了。虽然A超市在空间上不占优势,但是它却凭借人性化的空间尺度、色彩设计、照明环境一揽顾客芳心,找到了自己的定位。

问题:

1. 对于超市来说,除了商品的品质和丰富度,还有什么内容会影响自身的业绩、顾客的回头率以及满意度?

2. 你认为超市的货架尺寸、照明环境、色彩对比、目视化管理会不会影响超市顾客的购买体验?

3. 你认为应如何以人为本地设计超市的货架尺寸、照明环境、色彩对比?

【第3章习题答案】

第4章

设施选址与布置优化

我们必须适应新形势，谋划区域协调发展新思路。

——习近平

效率是"以正确的方式做事"，而效能则是"做正确的事"。

——彼得·德鲁克

本章要点

1. 理解设施选址的基本概念及选址决策对企业的重要意义。
2. 掌握选址决策和设施布置的影响因素。
3. 掌握选址与布置决策的定量分析法。
4. 明确设施布置的几种典型形式和优缺点。
5. 掌握装配线平衡的基本概念及方法。

第4章 设施选址与布置优化

2017年，中国电子信息产业集团（简称中电集团）的发展如日中天，高层领导决意扩大战略布局。中电集团到广西进行了考察，对投资广西很有信心，并表示愿意加强与广西的合作，谋求更大发展。随后，中电集团开始与北海市政府相关领导进行深入接触。通过数月的磋商与调研，一份中国电子北部湾信息港项目框架协议最终形成。

位于广西南部的北海市，是中国重要的海上贸易港口。然而，就电子信息行业来说，北海市则远远落后于桂林市，而中电集团信息港之所以选择落户北海市进行发展，一方面是因为桂林市作为国际旅游城市，与产业发展不兼容，另一方面是因为看中了北海市广阔平坦的大片工业用地和优越的资源条件。中电集团明白，现在对北海市的投资，正是抓住了建设中国—东盟自贸区的机遇，是支持西部大开发的重大战略决策，而自身则承担着在北海市这个电子信息产业并不发达的城市布局该产业这一开天辟地的重任。不过，广西壮族自治区人民政府和北海市人民政府诚意满满，为即将落户的中国电子北部湾信息港提供了大量的优惠和补贴政策：数亿元的政府补贴资金，数千亩的规划用地……虽然北海市的电子信息产业已经经过了几年的发展，但是行业经验和行业专业人才与桂林市相比起来仍有很大的差距，不过区位优势和政策优势让中国电子北海产业园发展有限公司董事长谢庆华充满信心："就算是块再硬的骨头，我们也能给它啃下来！"

起初产业园的招商工作还算顺利，虽然中国电子北部湾信息港刚刚起步，但是各类政府补贴协议和优惠方案已经逐步敲定，北海市中最先了解到信息港发展的一些电子信息科技企业也已经纷纷落户。不过，这些企业规模和影响力都很小，对于偌大的产业园来说，这几十家企业还远远不够，这离谢庆华的初期目标还相距甚远。谢庆华决定主动出击，他的招商方式是先从中电集团内部"下手"，凭借着集团的影响力以及北海市人民政府诱人的优惠政策，谢庆华在深圳市的企业中不断地走访介绍，也不断地吸引着集团内部越来越多的企业的目光。于是，在2018年的年末，一个由各个企业考察人员组成的考察团在谢庆华的带领下由深圳市奔赴北海市，为北海市的电子信息产业发展翻开了崭新的一页。

资料来源：http://www.cmcc-dlut.cn/Cases/Detail/7162[2025-02-01].

4.1 设施选址决策

4.1.1 设施选址的基本概念和选址决策对企业的重要意义

设施选址就是确定新建工厂或服务设施的地理位置，以实现对供应、制造、仓储和配送环节的综合布局优化。

这不仅影响着设施建设的投入和进展，同时也在很大程度上决定了提供的产品和服务的成本，进一步对企业的生产管理行为以及经济收益产生影响。尤其是服务设施的位置，它直接影响着营业额的大小。除了少数的矿产和原木采伐企业，必须选择在矿产或森林所在地进行开采，其他大部分企业也面临着各种不同的选址问题。在全球化背景下，企业的选址问题不再局限于特定的地域或者国家，而是从整个世界的角度去思考。此外，这个议题也超越了过去的独立建设的决策范畴，把合作伙伴（例如零部件供应商）也包含在选址决策的影响因素之内。

选址决策与企业的总体战略密切相关。选址决策对企业的重要意义体现在以下几点。

首先，这是一个长期的责任范畴，一旦出现问题，解决起来相当困难。

其次，选址决策常常会对投资需求、经营费用、市场机遇产生重大影响。如果地址不当，可能会引发诸如运输费用过高、人力资源短缺、竞争态势恶化、原材料供应短缺等问题。在服务行业中，不理想的选址可能会引发顾客流失或增加企业经营费用。因此，选址对竞争优势将会产生重要影响。

最后，在进行选址决策时，企业的供应链在战略上具有重要意义。

4.1.2 选址决策的影响因素

影响选址决策的因素有很多，但一般只有一个或几个最重要的因素对某项选址决策起决定性作用。

在制造业领域，通常会考虑到的关键因素有：能源的可获取性、水资源的便利性以及原材料的相邻性。例如，核反应堆需要大量的水来冷却，而生产钢铁和铝材的重型工业企业，则需要大量的电力支持等。同时，运输成本也是一个值得关注的重要因素。

而在服务业领域，潜在的决定因素主要是市场，包括交通的便捷度、竞争对手的地理位置以及其与市场的距离。例如，汽车租赁公司通常会选择在人流量大的机场、火车站以及人口密集的市中心附近设立。

选址决策的影响因素总体上由经济因素、政治因素、社会因素和自然因素四个方面构成。其中经济因素是最基本的，下文将单独进行详细说明。

1. 经济因素

1）运输条件与费用

一个企业的所有生产经营活动都与运输息息相关。在制造过程中，从原材料、制造设备到燃料的输入，再到最后的产品及其废弃物的处理，以及各个部分的配合制造，都会涉及大批物资的搬运。员工出入公司，同样需要便利的交通。利用便利的运输方式，我们可以确保生产物资和员工能够按时抵达所需的位置，这对于生产过程的顺畅进行起到了保证作用。

在众多的运输方式中，水路和铁路运输的装载质量较大，费用相对较低。虽然公路运输的装载质量较小，费用也相对较高，但它却是最具弹性的，并且能够实现"门到门"的运输。虽然空运的装载质量较小，费用也较高，但其速度却是最快的。因此，选择交通十分便利的区域进行工业化建设是相当合适的。在考虑运输条件时，我们还需要关注产品的特性，例如，那些制造较为沉重产品的工厂，应该考虑在火车站或者港口附近进行建设；而那些制造出口产品的工厂，则应该选择在靠近港口的位置进行建设。

在企业的生产经营过程中，有大量的物料进出。有的企业物料输入量较大，有的企业物料输出量较大，而有的企业物料输入量和输出量都很大。因此，运输条件与费用是一个选址决策的重要影响因素，在选址时，企业要考虑选择靠近原材料供应地更好，还是靠近消费市场更好。

选择靠近原材料供应地投建工厂时，通常原材料的成本占据了生产总成本的大部分。企业期望的是高质量的原材料和合理的价格。如果符合以下条件，那么选址投建工厂时应该考虑靠近原材料供应地。

① 原材料笨重而价格便宜的企业，如砖瓦厂、水泥厂、玻璃厂、钢铁厂和木材加工厂等。

② 原材料容易变质的企业，如水果厂、蔬菜罐头厂等。

③ 原材料笨重并且产品是由从原材料中抽取的一部分提炼而成的企业，如金属选矿厂和制糖厂等。

④ 原材料运输不便的企业，如屠宰厂等。

选址地点接近消费市场的主要目的是节约产品的运输费用并提升服务的响应速度。在做选址决策时，使单位产品的生产成本和运输费用最低，也是选址的目的所在。一般来说，符合以下情况的企业（或组织）选址时应考虑接近消费市场。

① 产品运输不便，如家具厂、预制板厂等。

② 产品容易变质或发生形态变化，如制冰厂、食品厂等。

③ 大多数服务业企业（或组织），如餐馆、商店、消防队、医院等。

2）劳动力资源的可得性与人工成本

对于那些依赖劳动力的企业来说，人工成本在总生产成本中占据了相当大的份额。如果在劳动力资源充足且工资较低的地方建立工厂，那么人工成本将会大幅度减少。许多先进的企业都会优先考虑在经济相对滞后的国家或区域投建分厂，其中一个重要的理由便是降低人工成本。随着现代科学技术的发展，仅依赖体力工作的劳动者逐渐失去市场需求，而具备高级技能的专业人才则变得愈发抢手。对于需要大量专业人才的企业，人工成本同样占据了总生产成本的很大比例，而且员工的知识水平和技术能力，又直接影响产品质量和生产效率，因而劳动力资源的可得性与人工成本就成了选址的重要条件。在人口稠密的大都市，企业能够轻松地获取优质的劳动力，因此，选择在城市或者郊区设立工厂，能够更有效地应对劳动力短缺的问题。

3）能源的可得性与费用

若缺乏足够的燃料（例如煤炭、石油、天然气）以及动力（例如电力），企业将无法正常运作。需要大量能源的企业，例如冶金厂、铝冶炼厂和火力发电厂，应当选择在接近燃料供应区或者动力来源的地方设立工厂。

4）厂址条件与费用

厂址的地势、使用状况和地质条件，都会对投入成本产生影响。毫无疑问，与在山区建设相比，在平原上进行的工厂建设更为简单，成本也会更低。如果选择在地震区域进行工厂建设，那么所有的构造和生产设备必须满足抗震标准。与此相似，如果选择在容易出现滑坡或者地表塌陷的位置进行工厂建设，那么必须增设预防性的措施，而这些措施会导致额外的投入成本。另外，决定在无人耕种的土地还是优质农田上开工，其所需的投入成本也有显著的不同。

地价是对投资产生重大影响的关键因素。城区的地价较高，而郊区的地价相对较低，农村的地价则更为低廉。

工厂选址还需要考虑到企业间协同工作的便利程度。企业需聚集在一起以求发展，孤立无援的企业很难存活下去。由于存在专业化分工，企业不可避免地会与周围其他企业建立紧密的协作关系。企业聚集地往往能吸引众多企业入驻，然而其地价却相对较高。因此，选址时要全面权衡各种因素。

2. 其他因素

其他因素包括政治因素、社会因素和自然因素。

1）政治因素

政治因素涵盖了政治环境的稳定性、法律体系的完善性、税务负担的公正性等。特别是在海外设厂时，政治因素是必须考虑的。

稳定的政治局面是发展经济的前提条件。如果所在国家或地区的社会局势混乱不堪，甚至是处于战争状态，那么在此种情况下建设工厂将会面临极大的风险。

有些国家或地区虽然具备适宜建立工厂的自然环境条件，但是法律法规变动频繁且无法保证投资者利益，所以也并不建议选择这些地方建设工厂。我们要了解当地的相关法律法规，特别是关于环保的规定，以确保不会把可能造成污染的工厂建在法律法规不允许的地方。

此外，如若税务制度过于苛刻或者税务负担过高，导致企业的财务压力过大，也同样不适合设立工厂。相反，一些国家和地区为吸引外资，实行优惠的地价政策，同时维护外来投资者的合法权利，并采取减免税收等有利政策，这就构建了一个有利于投资发展的良好环境。

2）社会因素

在进行投资建厂时，需要考虑的社会因素包括当地的风俗和文化，居民的教育水平、宗教信仰和生活条件等。

不同国家和地区、不同民族的风俗和文化差异显著，企业必须确保其产品能够满足所在地的需求。例如，某些在本国受欢迎的产品或者时尚风格，可能并不被其他国家所接受；反之亦然，一些国外热销的产品或潮流趋势在中国市场未必能获得同样的欢迎度，富康汽车就是个典型例子。

在教育水平较高的地区建立工厂，不仅有助于吸纳当地具备优秀教育背景的员工，也有助于吸引更多的外部杰出人才，这对企业的成长起着关键作用。

投资建厂时要考虑当地居民的宗教信仰。如果企业的业务类型与当地宗教信仰产生了冲突，那么原料供应和商品销售方面会受到影响，招聘人员也会面临挑战，同时还可能遭遇无端的干扰。

建厂地区的生活条件很大程度上决定了人工成本。人们的衣食住行反映了人们的生活水平，在生活条件优越的地方设立工厂，员工的生活费用较高，人均工资水平也会较高，这会使得产品的制造成本增加。若在生活条件较差的地方设立工厂，员工的生活费用较低，企业消耗的人工成本也就相对较低。如果产品的科技含量不高，对劳动力的知识和技能要求也不高，选择这种节约人工成本的建厂策略也是可行的。

3）自然因素

自然因素主要包括气候特征和水资源状况。

气候特征将直接影响员工的健康状况和工作效率。全美制造商协会的调查数据显示，最适宜工作的气温为15℃至22℃。气温的高低会影响厂房和办公楼的设计布局，使用空调虽然可以实现对气温的局部控制，但同时也增加了能源消耗和费用支出。一些产业对环境的需求相当苛刻，例如纺织工厂和乐器工厂。就全球闻名的纺织产区英国曼彻斯特而言，适宜的气候是其成长壮大的关键因素；美国好莱坞电影制作工厂的发展壮大，也是由于这个地方一年四季都温暖且干燥，有利于户外拍摄活动的开展。

耗水量巨大的企业，应该选择在水资源丰富的地区建厂。例如造纸厂、发电厂、钢铁厂、化纤厂等。全球普遍面临着水资源紧缺的问题，我国北方水资源短缺，这对工业生产和人民生活都造成了很大影响。耗水量大的企业也会造成较大的水质破坏，选址时要同时考虑当地的环境保护规定，配备相应的废水净化设施，不过这会带来额外的资金投入。有些企业，如啤酒厂，对水质的要求较高，选址不仅要靠近水源，还需要关注其水质状况。

4.1.3　服务业与制造业选址关注点的不同

服务业与制造业选址的关注点有显著差异。服务业选址通常不过多考虑与原材料的邻近程度及加工要求，更关注如何方便顾客，例如银行和超市的选址，然而这种观念并不适用于呼叫中心、目录式销售和在线服务类企业。制造业企业的选址决策过程主要围绕着降低成本展开，因此会特别注意劳动力、能源及原材料的价格变动情况，同时也会评估运输费用的影响。服务业的选址决策焦点在于增加营收，因此更加重视一些人口统计学的数据，例如年龄分布、收入水平、教育背景、人口区域规划、竞争环境、交通的便利性和方式、与消费者的接触程度以及停车设施等。

服务业的选址应尽量处于其服务领域的核心地带。例如快餐店、加油站、干洗店以及超市等都应如此。假设他们的产品或服务和竞争者有相似之处，那么他们就必须借助交通的便利性等其他条件吸引顾客。因此，他们的营业网点往往会设置在人口稠密或人口流量大的地方。竞争环境和交通的便利程度也是银行、酒店、购物中心、汽车修配站等选址时必须要考虑的重要因素。同样地，理发店、美容店、诊所、药店等总是针对一定区域内的顾客而设立。

某些特殊的服务提供商，可能会更关心那些受企业或顾客属性影响的独特要素，周边存在竞争者也不足为虑。然而，零售企业往往愿意靠近其他零售企业以获得更多的客源和便利条件（未必都是竞争对手）。例如，汽车经销商紧密相连，餐馆和零售店经常位于繁华的商业区之中或在其附近位置，从而在这种条件下获取较大人口流量。当相似的行业聚集在一起时，通常称为行业集群。

为方便患者，医疗服务机构大多位于医院附近，公共交通的便利性也是其经常考虑的因素之一。

对于零售企业来说，便捷的交通或停车设施至关重要。因此街边小店有时比市中心的商铺更能吸引顾客，因为它们停车方便并靠近居民区。

很多零售企业有多个店址。在这种情况下，企业就必须考虑以下问题。

① 如何在选址过程中帮助市场份额、销售收入以及利润实现最大化？应该把提升现有设施水平、扩充新店址、关闭某些店或调整某些店的布局等方面一并考虑。

② 在可以选择的措施中，哪些措施能够为企业带来实际利益？

③ 为了最大化市场份额、销售收入和利润，同时防止对其他零售企业造成负面影响，应该选择哪个地点作为新店址？

④ 如果附近存在竞争者，将会对自身的市场份额、销售收入和利润产生何种影响？

对在线零售企业而言，一个发展趋势是把仓库建在目标市场附近，以便快速配送。这对在线服装零售企业尤其重要。

表 4-1 简要地比较了服务业选址与制造业选址的区别。

表 4-1 服务业选址与制造业选址的区别

服务业：更关注营收	制造业：更关注成本
人口统计数据	运输模式/费用
人口区域规划	能源的可得性/费用
竞争性	劳动力的成本/可得性/技能
交通的便利性/方式	建筑/租赁成本
与消费者的接触程度/停车设施	原材料的可得性/成本

 思维风向

深入实施区域协调发展战略，深入推进西部大开发、东北全面振兴、中部地区崛起、东部率先发展，支持特殊类型地区加快发展，在发展中促进相对平衡。"十四五"时期做好区域协调发展工作，我们将坚持以习近平新时代中国特色社会主义思想为指导，全面贯彻党的十九大和十九届二中、三中、四中、五中全会精神，立足新发展阶段，贯彻新发展理念，构建新发展格局，尊重客观规律、发挥比较优势，按照宜工则工、宜商则商、宜农则农、宜粮则粮、宜山则山、宜水则水的要求，深入实施区域协调发展战略，健全更加有效的区域协调发展新机制，推动我国区域发展更加协调、更有效率、更高质量。

资料来源：https://www.ndrc.gov.cn/fggz/fzzlgh/gjfzgh/202112/t20211225_1309709.html[2025-02-01]。

 知行合一

【中国华能：深化资源共享，推动产业互融，东北央地协作成效显现】

4.2 设施布置决策

4.2.1 影响因素

设施布置的影响因素有很多，以下是一些常见的影响因素。

1）功能需求

设施布置的首要目标是满足使用者的功能需求。不同的设施可能面对着不同的功能需求，例如，办公室需要提供工作空间和办公设备，餐厅需要提供用餐区域和厨房设备等。

因此，设施布置需要根据具体的功能需求进行规划和设计。

2）空间限制

设施布置还需要考虑到空间限制因素。有时候，可用空间可能有限，需要合理利用空间来满足功能需求。例如，在小型办公室中，可能需要采用合理的空间分配方式和嵌入式设备来最大化利用空间。

3）人流和流程

设施布置还需要考虑到人流和流程因素。例如，在商场中，需要考虑到顾客的流动路径和购物流程，以便提供便利和舒适的购物环境；在生产车间中，需要考虑到生产线的布置和工人的工作流程，以提高生产效率。

4）安全和可持续性

设施布置还需要考虑到安全和可持续性因素。例如，在工厂中，需要考虑到安全通道、紧急出口和防火设施等，以确保员工的安全；在建筑物中，需要考虑到节能和环保的问题，以减少能源消耗和环境影响。

5）技术和创新

设施布置还需要考虑到技术和创新因素。随着科技的不断发展，新的设施布置技术和创新的设计理念不断涌现。例如，智能设备、无线通信和虚拟现实等技术可以为设施布置带来新的可能性和改进方法。

6）人员需求

设施布置还需要考虑到使用设施的人员的需求。不同人员可能有不同的需求和偏好，例如，年轻人可能更喜欢开放式的工作环境，而老年人可能更喜欢安静和私密的空间。因此设施布置时，企业需要根据不同人员的需求来提供适合的环境。

7）文化和价值观

设施布置还需要考虑到文化和价值观因素。不同的文化和价值观可能对设施布置有不同的要求和偏好。例如，一些文化注重个人隐私，因此需要提供私密的工作空间；而另一些文化注重团队合作和开放交流，因此需要提供开放式的工作环境。

8）可访问性

设施布置还需要考虑到可访问性因素。例如，公共场所或办公楼需要提供无障碍设施，以方便行动不便的人士使用。这包括无障碍通道、轮椅坡道、扶手和盲道等。

9）成本和效益

设施布置还需要考虑到成本和效益因素。不同的设施布置方案可能有不同的成本和效益，企业需要进行成本效益分析，综合考虑投资成本、运营成本和预期效益，以选择最合适的设施布置方案。

10）可变性和灵活性

设施布置还需要考虑到可变性和灵活性因素。随着业务需求的变化，设施布置可能需要进行调整和改变。因此，企业需要考虑到设施布置的可变性和灵活性，以便在需要时进行调整以适应变化。

这些因素都会对设施布置产生影响，因此企业在进行设施布置时需要全面考虑各种因素，并根据具体情况进行决策和调整。

4.2.2 几种典型的布置形式

布置形式的三种基本类型为产品原则布置、工艺原则布置和固定位置布置。其中，产品原则布置最适合重复加工，工艺原则布置适合非重复加工，而当大型项目需要布置时则多采用固定位置布置形式。本节将讨论每种布置形式的独特性、优点与缺点，以及由此三种布置形式所组成的混合布置形式。

1. 重复加工：产品原则布置

产品原则布置的目的是让数量众多的产品或者顾客能够平稳快速地通过系统。标准化程度很高的产品或者服务都会使用这样的布置形式，因为这种布置形式要求高度标准化和连续加工运营，需要将工作分解为一系列标准化作业并通过专用人力及设备来实现。这种运营系统需要完成的工作量较大，因此投入大量资金用于设备和工作设计是有价值的。也由于这种运营系统只涉及一个或者几个极其类似的加工对象，所以根据产品或者服务的技术加工需求来设计整体布置是切实可行的。例如，如果在制造过程中有部分工序需要依次进行切割、抛光和喷漆等，则可按照这一顺序来布置对应的设备。因为每个加工对象都按相同的加工顺序进行加工，所以可以采用固定路线的物料运输设备，例如工作地间输送物料的传送带等。其排列结果构成了产品或服务流水线，如图 4-1 所示。在制造业中，这类线路称为生产线或者装配线，这取决于所涉活动的种类。而服务业虽然也存在使用流水线的情况，但在某些场合下流水线并不适用。图 4-2 对一个典型自助餐服务线做了说明，在服务业中这种安排并没有很多实例，因为服务业中的大多处理要求变化多端以至于不能标准化，离开了高标准化还会丧失重复加工所带来的诸多益处。然而，如果使用了流水线的布置形式，有些情况可能需要折中处理，例如，虽然所有的车都会接受清洗服务，但这并不意味着每辆车都需要同等水平的清洗程度——那些很脏的车辆有可能不能被完全清洗干净，而那些不太脏的车辆也必须经过同一套流程，这会导致大量浪费清洁剂、水和擦拭时间。

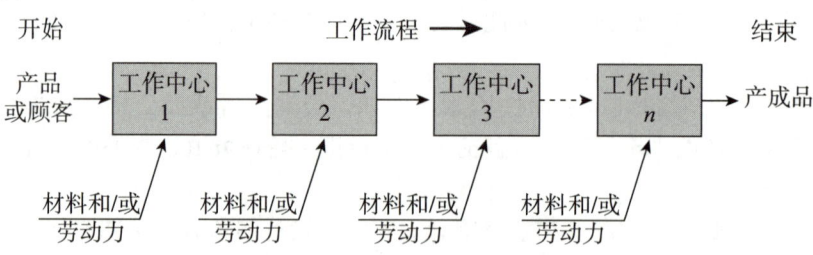

图 4-1 产品或服务流水线

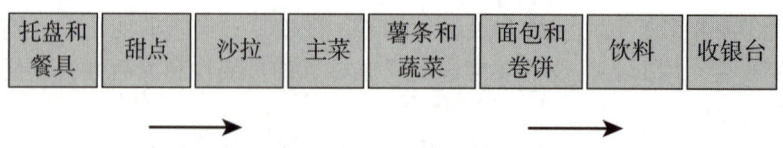

图 4-2 自助餐服务线

产品原则布置形式使人力与设备都能被充分地利用起来，这样就可以抵销昂贵的设备费用。由于工作地间加工对象运动速度较快，一般情况下，产品原则布置形式与其他布置形式相比在制品数量较少。但是，也正因为工作地相互之间紧密连在一起，所以有时一台设备出故障或一些工人缺席就会导致整个生产线停工。这就需要一个相应的维修程序。

预防性维修——定期对陈旧或故障较多的部件进行检查和替换，将降低运转过程中出现问题的概率。当然，预防性维修不可能彻底排除故障，因此企业管理部门要想保证维修速度就得采取措施，既要维持一定数量的备用件库存，又要有专业的维修人员让设备快速恢复正常工作。由于设备的专用性强，发生问题时较难判断和处理，所以备用件库存量相对较大，企业在此方面的成本将是不低的。

重复加工时可以通过机器节拍来控制生产节奏，例如汽车清洗；还可以通过工人的节拍来调控生产节奏，例如麦当劳和汉堡王这样的快餐店；生产节奏甚至会受到顾客节拍的控制，例如自助餐。

1）产品原则布置的主要优点

① 产量大。

② 产量大从而降低了单位费用——非常高的专用设备费用被众多加工对象共同承担。

③ 劳动专门化减少了培训费用和时间，同时使监督跨度加大。

④ 单位物料运输成本低——由于每个加工对象按同一加工顺序进行加工，所以大大简化了物料运输流程。

⑤ 工人及设备利用率较高。

⑥ 系统初步设计时就确定了工艺路线和进度安排，系统运转后不必过多考虑这些问题。

⑦ 会计、采购和库存控制是相当程序化的。

2）产品原则布置的主要缺点

① 由于工作分配过于细致，所以工作内容枯燥乏味，工人几乎没有进步的空间，这可能会引发员工的情绪困扰。

② 技术水平低的工人可能对设备维护或输出质量不感兴趣。

③ 系统对于产量的改变和产品工艺、设计的改变适应性较差。

④ 单个设备出现故障或者工人缺席率过高，都会给整个生产系统带来很大影响。

⑤ 预防性维修、快速维修的能力以及备用件库存不可或缺。

⑥ 与个人产量相关的激励策略是不可行的，因为这会引发工人产量的不均衡，进而给系统内工作流的平稳运行带来不良后果。

 拓展阅读

直线形生产线看起来十分干净和美观，但是其也有一定缺点，相较而言，U形生产线（图4-3）在某些方面很有优势。直线形生产线的缺点主要体现在不利于工人和车辆频繁移动，而U形生产线结构更为紧凑，通常它的长度只有直线形生产线的一半左右。由于U形生产线上的所有工人都处于同一区域，所以有利于加强工人间的沟通与协同。也因为工人既可以在附近作业，也可以在对面作业，所以工作分派弹性较大。同时，若原材料和产成品的配送点处于临近区域，则U形生产线可以大大减少生产过程的运输量。

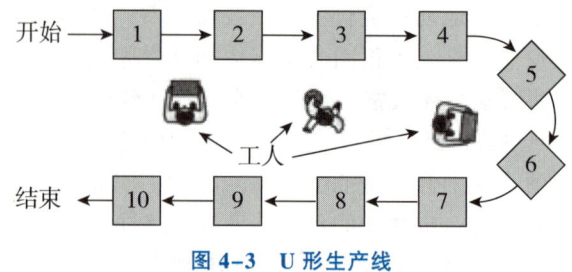

图 4-3 U 形生产线

毫无疑问，U 形生产线并不适用于所有情况，以下几种情形则不能采取 U 形生产线：在高度自动化的生产线上，协作工作和沟通较少；原材料和产成品的配送点设在大楼的不同方向；由于噪声或空气污染，必须将几个操作区分离。

2. 非重复加工：工艺原则布置

工艺原则布置用于加工多品种产品或提供多品种服务。加工或提供多品种产品或服务时需要经常对设备进行调整，容易导致工作流不连续，称为间歇加工。工艺原则布置的特征是按工艺类别设置生产单位或其他职能组。制造业中采用工艺原则布置形式的实例之一就是机工车间，它设有清洗、研磨和钻削的专门部门，根据特定的工作流程，物品会被分批次送入相应的部门。产品的差异可能会对工艺要求和处理步骤产生显著的影响。为了满足多元化的工艺要求，达到加工目标，我们必须使用灵活的材料搬运工具，如叉车和货箱卡车等。多用途设备的应用，确保了运营系统有为达到一系列工艺要求而必须具备的柔性。工艺原则布置与产品原则布置的比较见图 4-4。

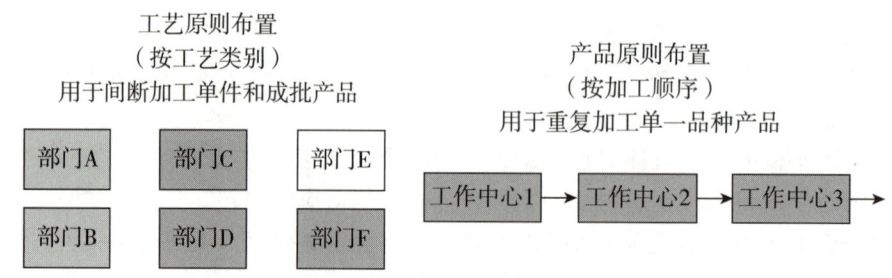

图 4-4 工艺原则布置与产品原则布置的比较

工艺原则布置是服务业中普遍存在的布置形式，例如医院、高等院校、银行、汽车修配店、机场以及图书馆等，具体来说，医院有内科、外科、妇产科、儿科、口腔科、急诊科等；高等院校也会根据需要设立专门研究某个特定领域的学院或者系列，如工商管理学院、工程学院、自然科学学院或者数学学院等。

1）工艺原则布置的主要优点

① 系统能够适应多样化工艺要求；

② 单个设备发生故障或某一名工人缺席对系统影响较小；

③ 通用设备通常不像采用产品原则布置形式时所用专用设备那样价格昂贵，且维护更方便、维护成本也更低；

④ 个人激励制度可以实行。

2）工艺原则布置的主要缺点

① 生产制造系统若采取批量加工的方式，则在制品库存量将非常大；

② 必须做好工艺路线的选择和进度的安排；

③ 设备利用率不高；

④ 物料运输缓慢且效率低下，其单位运输费用高于产品原则布置形式下的；

⑤ 工作的复杂化往往会缩小监督跨度，使得监督费用高于产品原则布置形式下的；

⑥ 对每一种产品或每一位顾客都需要特别注意（如工艺路线的选择、进度的安排、设备的准备等），产量低，单位生产成本高；

⑦ 相较于产品原则布置，会计、库存管理和采购的复杂性更高。

3. 大型项目：固定位置布置

在采用固定位置布置形式时，加工对象处于固定状态，按需要四处移动工人、材料和设备，这与上述两种布置形式形成鲜明对比。这种布置形式由加工对象自有特性决定——加工对象的质量、体积等特有因素使其难以移动甚至无法移动。固定位置布置多用于大型建筑设施的建设项目或船舶、飞机、火箭等大型运载工具的生产制造。在这些情况下，重点应该是控制材料和设备的运送时间以免阻塞现场，以及必须移动到现场附近。以城市密集地带的建设工地为例，这些建设工地很显然存在着存储空间不充足的情况。鉴于大规模工程的实施涉及众多的任务与技术挑战，企业必须投入大量精力去做协同工作，并且管理的范围有时会相当有限。由此可见，这种布置形式的管理负担要比前两种大得多。物料搬运不一定是一个必需要素，例如计算机化库存系统的设计项目就完全没有有形产品的参与。

固定位置布置形式在农场生产、消防工程、道路修建、房地产开发和石油开采等场景得到广泛运用。这些应用场景的关键在于工人、材料和设备要到达"产品"所在的位置。

4. 混合布置

前文所述的三种基本布置形式都处于理论层面，实际情况并没有那么绝对。在实际工作中常可发现由这三种布置形式所组成的混合布置形式。例如，超市的布局基本采用工艺原则布置形式，但是他们多采用固定路线输送物料；医院基本采取工艺原则布置形式，而病人住院治疗时却往往采取固定位置布置形式。产品原则布置下生产的缺陷零部件，可能要进行线外返工并涉及特定的加工问题。

工艺原则布置和产品原则布置代表着从小批量生产到连续生产的两端。相对于产品原则布置而言，工艺原则布置更加适合更广范围内的系列产品制造和服务供给，更容易满足顾客的产品定制要求。然而，通常情况下，工艺原则布置下的执行效率较低，因此其单位生产成本也相对较高。一些采用工艺原则布置形式的企业正在实施一些优化方案，以使生产系统能够具有产品原则布置形式的部分优势。理想的生产系统应该具有柔性、高效率和低单位生产成本等特性。单元布置、成组技术和柔性制造系统都为此做出了努力。

1）单元布置

所谓单元布置就是把工作地进行分组，每一组都叫作一个单元的布置类型。组的划分与一系列类似零件所需的操作有关。类似零件又称为零件族，其工艺要求类似。采用单元布置形式时，通常由一组机器完成一套（族）类似零件的必要工艺流程，所以所有零件都是按同样的路线进行的，不过可能会发生一些比较小的变化（例如省去一道工艺）。相比较而言，工艺原则布置有很多零件的路线，几乎不需要区分零件族。

单元布置能够让企业在尽量少浪费的情况下，实现多种产品制造。单元布置为工作流提供了一个流畅、最小运输及最小延迟的环境。单元布置具有以下优点：在制品较少，对空间需求较少，提前期较短，生产率与质量得到改善，柔性增强等。

图4-5对工艺原则布置和单元布置两种布置形式进行了比较。为理解单元布置的优点，请查看工艺原则布置方案下某一订单按箭线移动的情况——订单在从左端发送后按照箭线的走向入库备料（仓库），该物料按照箭线所构成的轨迹经过该生产系统后再被接收并送达顾客手中。而在单元布置方案中，订单按照一条简单路径经过了生产系统。

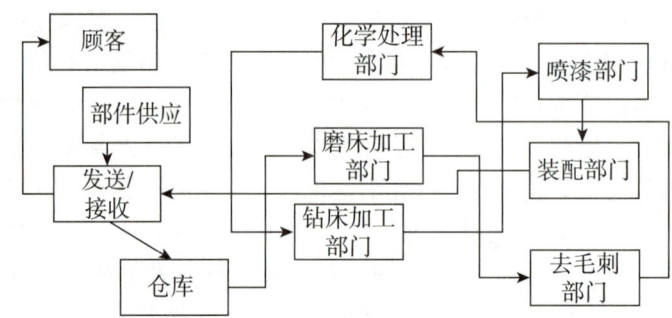

a. 订单在工艺原则布置方案下进行加工的示例

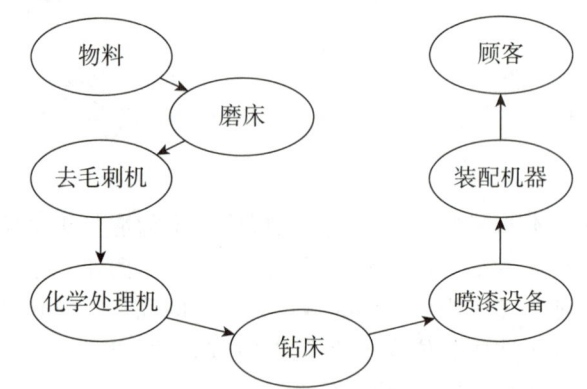

b. 同样的订单在单元布置方案下进行加工的示例

图 4-5　工艺原则布置与单元布置的比较

某些技术的应用可以帮助企业实现单元布置，例如，单分钟换模技术可以使企业快速地更换设备或工艺来生产另一种相似的产品。这样，一个制造单元就可以在不需要更换设备的情况下生产一类产品，增加了生产批量，使企业能够更快地响应顾客需求的变动。

单元布置形式下的设备通常比工艺原则布置形式下的尺寸小，因此，其能够快速地配置到不同位置的单元中。

表4-2列举了单元布置与工艺原则布置相比具有的优点。

表 4-2　单元布置与工艺原则布置相比具有的优点

方面	工艺原则布置	单元布置
部门之间移动次数	很多	很少
移动距离	较长	较短
移动路线	变化多	固定
加工等待时间	较长	较短
加工时间	较长	较短
在制品数量	较多	较少
管理难度	较大	较小
排程复杂性	较复杂	较简单
设备利用率	较低	较高

采用单元布置形式时，企业所面临的最主要挑战是设备和布置方面的，还涵盖了人员和管理方面的因素。设备和布置方面主要涉及设计和费用问题。购买新的设备或者对现有设备进行改装往往会需要较多费用，采用单元布置形式也有可能导致生产中断，从而带来巨大的经济损失。必须将由于制造实施单元而产生的费用与由于采用单元布置形式而可能降低的费用进行对比。此外，采用单元布置形式还需要对工人进行培训，并调整他们的岗位责任。每一个单元的任何一名工人都必须能胜任其所处单元的所有工作。另外，由于单元更倾向于自我管理，这就意味着员工们需以团队形式高效协作，而管理人员无须过多干预。

2）成组技术

只有把零件按照类似的工艺特征进行分组，才能够确保生产单元高效生产，这一成组工艺称为成组技术。实施成组技术需要识别设计或工艺特征类似的零件，划分零件族。设计特征包括尺寸、形状及功能；工艺特征包括需要操作的类型及顺序。设计特征与工艺特征很多时候是相关的，但也不尽然，所以设计族和工艺族也许是不同的。图 4-6 是具有相似工艺特征而设计特征不同的一组零件。

图 4-6　具有相似工艺特征而设计特征不同的一组零件

在识别出类似零件之后，可以将零件按族划分，并建立方便数据库检索和协助设计与制造工作的系统。例如，设计人员可以利用这一系统判断已有零件是否存在与待设计零件类似或者相同的情况。有时只要对已有零件进行一次改造，就可以显著提高设计效率。同样，当安排生产新的零件时，可以把它们同已有零件族的某个零件进行比较，从而减轻很多特定工艺细节所带来的负担。

采用成组技术与单元布置形式时，企业需要系统地分析零件来识别零件族，零件族的识别往往是主要的任务。要搞好零件分组，就必须分析大量的数据，而这些却是耗时耗力的任务。完成这一任务可采用的主要方法包括目测法、设计及生产资料审查法、生产流程分析法。

目测法在三种方法中是最不准确，但成本最低，也是最简便可行的一种。

设计及生产资料审查法比较准确，但是耗时也比较长，这可能是目前使用最多的一种分析方法。

生产流程分析法是在制造而不是设计的层面上，在对加工顺序和工艺路线的分析中发现相似性。在此，加工顺序和工艺路线都被认为已经确定，实际上，已有流程也许远非最佳。

零件分组会带来一些成本。因而管理者必须对由工艺原则布置转向成组技术所带来的利益与零件分组所需要的费用和时间进行权衡。

3）柔性制造系统

柔性制造系统是在成组技术的基础上，以多台（种）机床或数组柔性制造单元为核心，通过自动化物流系统联结，统一由主控计算机和相关软件进行控制和管理，组成多品种变批量和混流方式生产的自动化制造系统。

柔性制造系统是自动化程度更高的生产单元。

4.2.3　服务业的设施布置

与制造业类似，服务业的设施布置形式也可概括为产品原则布置、工艺原则布置和固定位置布置。在固定位置布置的情况下（如设备维修、屋顶修理、景观布置、家庭装饰等），服务业企业一般需要将物料、劳动力和设备搬运到顾客的住所或办公室。由于顾客需求和商业活动多样，服务业中采用工艺原则布置形式是特别常见的，例如医院、商场、汽车4S店、银行、高校等均采用工艺原则布置形式。但是像洗车服务等过程是串行进行的服务业企业，其全部顾客或业务按相同次序进行，则需要采用产品原则布置形式。

然而，在某种程度上，服务业与制造业在设施布置要求上存在差异。服务业需要考虑顾客对服务系统的接触程度与服务的个性化程度。

对于那些接触程度、个性化程度较高的服务，例如医疗保健和个人护理，企业最好将其设计为小批量生产。在此类环境中，企业将使用劳动密集型的服务方式以及柔性化设备。

像相框制作、裁缝等个性化程度较高而接触程度相对较低的服务，为方便工人使用，可以采用单元布置形式。

像便利超市、加油站等接触程度较高而个性化程度低的服务，可采用自助式服务形式。

在接触程度及个性化程度都相对较低的情况下，要将关键服务及重要顾客从一般服务及一般顾客中剥离出来，使重要顾客能更加轻松高效地享受个性化服务。

对于网络提供、在线银行、自助取款等标准化程度较高的服务，可采用完全自助式服务形式。

让我们来看一些典型的布置形式。

1. 零售店布置

一般制造业的设施布置追求的是成本最小化等目标。但是，对于商场、超市等零售店来说，设计者必须考虑到顾客的交通便利性以及如何通过优化布置形式来提升销售额与顾客满意度等。

对零售店来说，设施布置目标是尽可能提高每平方米的净利润。苹果公司成功地利用了每一寸空间，取得了巨大的成功。图4-7展示的是苹果零售店的布置。苹果零售店的产品布置非常有序，按照功能和类别进行了分类和排列，这种布置形式让顾客可以很容易地找到自己需要的产品，同时也便于店员进行产品管理和销售。例如，iPhone、iPad等高需求量产品布置在入门及中心区域，而iMac、AirPods及其他产品配件则布置在两侧区域。苹果零售店非常注重产品体验，展示台和陈列架的设计简洁而精致，旨在突出产品本身的特点，避免过多的装饰干扰顾客的视线，在这里，顾客可以清晰地看到产品的外观和特点，也可以亲自操作，感受苹果各种产品的功能，这有助于提升顾客的购买意愿。

图4-7 苹果零售店的布置

2. 餐馆布置

餐馆的布置主要是为了满足顾客的需求，应注重提供舒适的用餐环境、方便的交通条件、舒适的洗手间等。同时，餐馆布置应该尽可能提高效率，例如提供便捷的点餐和结账系统、快速的厨房制作流程等。餐馆布置示例如图4-8所示。

例如，作为全球快餐连锁企业，肯德基的餐厅通常有明亮且舒适的用餐环境，桌椅均符合人体工程学原理，以确保顾客在用餐时感到惬意。此外，餐厅内还配备了众多类型的座位供顾客选择。肯德基的厨房是保证食品安全和品质的重要设施，厨房内通常有现代化的设备，如烤箱、烤架和油炸锅等。肯德基的洗手间通常都是干净、卫生的，洗手间内设有坐便器、洗手池和烘干器等设备，以方便顾客使用。肯德基通常会在餐厅内设置休息区，供顾客休息和等待，这些区域通常都有舒适的座椅和桌子，让顾客能够放松身心。总结起来，肯德基的设施布置旨在提供舒适、安全和卫生的用餐环境，以吸引顾客前来用餐。

图 4-8 餐馆布置示例

3. 医院布置

医院的布置旨在提供舒适、安全、卫生和高效的医疗环境，以满足患者的需求，应该综合考虑患者的需求、医院的功能、建筑材料和预算等因素。医院布置主要包括以下几个方面。

（1）病房：病房是医院中最重要的区域之一。它们通常设有床铺、衣柜、桌子和椅子等设备，以提供舒适的居住环境。病房还应该设有足够的空间，以容纳各种医疗设备。

（2）手术室：手术室是医院中最关键的区域之一。它们通常设有手术台、手术椅、手术镜等设备，以提供安全、卫生和高效的手术环境。

（3）诊室：诊室是医院中用于诊断和治疗疾病的区域。它们通常设有诊断床、检查台和其他医疗设备，以提供专业的医疗服务。

（4）公共区域：公共区域是医院中用于休息和等待的区域。它们通常设有座椅、咖啡桌等设施，以提供舒适的空间，如图 4-9 所示。

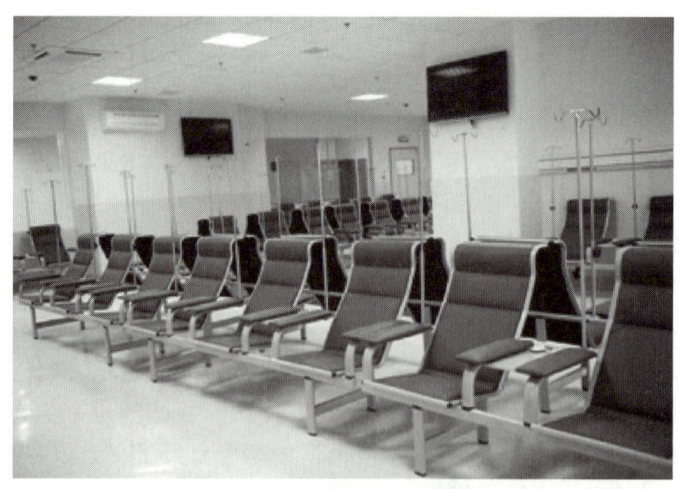

图 4-9 医院公共区域布置

4.3 仓库布置

仓库布置比较特殊,故此处单独说明。订货频率是仓库布置中一个需要考虑的因素,订货频率较高的货物应该摆放在仓库的门口附近,而订货频率较低的货物应该存放在仓库后方。如果两类货物经常同时被购买,那么我们把这两类货物放在一起,就能够降低存取这些货物的成本和时间消耗。另外还有一些需要考虑的因素,例如通道的数量和宽度、储藏区的高度,以及是否需要定期核对储藏的货物等。

通常企业都设有各种形式的仓库以存放各类货物。在制造产品或者提供服务的流程中,货物需要频繁进出,这需要大量的劳动力投入。若仓储布局不当,同样会对生产开销产生负面影响。由于货物需在各个位置间流动,所以仓库布置也有多种选择。

假设一家电器商店的仓库需要保存 7 类家用电器。这个仓库只有一个出入口,所有进入或离开的产品都需要通过这条唯一的通道(图 4–10)。如果我们知道了每一件产品的存储信息,例如表 4–3 中显示的数据,那么怎样安排这些产品的存储位置可以使得总搬运量最小呢?

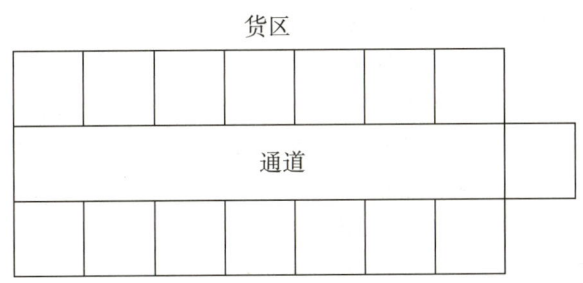

图 4–10　仓库平面示意图

表 4–3　存储信息

存储产品	运输频次 / 每周	所需货区面积	存储产品	运输频次 / 每周	所需货区面积
1. 电烤箱	280	1	5. 电视	800	4
2. 空调	160	2	6. 收音机	150	1
3. 微波炉	360	1	7. 其他	100	2
4. 音响	375	3			

这其实是仓库布置中的典型问题。显然,解决这一难题的关键在于找到使总搬运量达到最小的布置方案。该目标函数适用于一般设施布置问题。事实上,与单元布置相比,这类仓库布置情形更为简单,因为所有搬运均在出入口与货区间进行,没有各货区间的搬运问题。

我们可以将布置方案划分为两种主要类别。

第一种:在所有产品的所需货区面积相等的前提下,只需要将运输频次最高的产品放在离出口最近的地方,其余类推,就能实现最低的总搬运量。

第二种:当各类产品的所需货区面积有差异时,我们必须先确定每一种产品的运输频次与其所需货区面积的比例,然后将这个比例最大的产品放置于接近门口的位置,接着按照此规律继续摆放其他产品。在这个例子里,各类产品的这一比例由高至低的排序如下:3(360)、1(280)、5(200)、6(150)、4(125)、2(80)、7(50)。通过这样的方式可以做出布置方案,参考图 4-11。

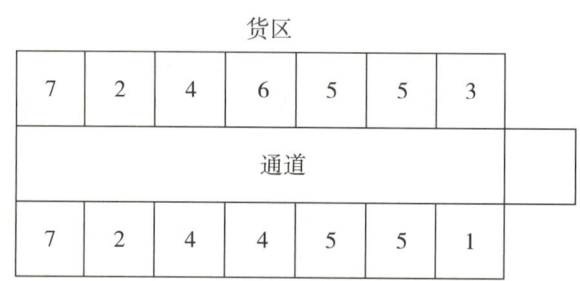

图 4-11　布置好的仓库平面示意图

上述方法对于以总搬运量最低为目标的仓库布置来说简便且有效。然而,实际情况中,仓库布置可能有多种目标。

例如,对于某些货物来说,其需求可能会随着季节而变化,所以我们可以在春节期间将电视机和音响放置在离出口更近的地方,但在春季、夏季则需要将空调置于此地。

此外,储存空间的使用模式也影响着仓库的布置,同样大小的场地,高架立体式仓库能存放更多的货物。搬运工具、库存记录方式等因素也会对布置方式产生影响。新型科技的应用也能增加寻找到高效解决方案的可能,例如通过计算机仓储信息管理系统,员工能够快速找到每件物品的确切存放地点,并且还能找到一条汇集众多物品的最佳取货路径;自动化分拣运输线可以让工作人员在一个区域里完成任务,无须走遍全场。

总体而言,基于不同的目标、使用的技术及仓储设施自身的特性,存在许多类型的仓库布置方法。

4.4　选址与布置决策的定量分析法

4.4.1　量本利分析法

利用量本利分析法可对不同选址方案进行评估。任何选址方案均存在着某种固定成本与变动成本。

假设不论厂址选择在什么地方,它们的产品价格都一样,那么收入曲线也是一样的。对于制造业而言,厂址的选择并不会影响它的销售量。但对于服务业而言,如零售商店,不同选址方案的销售量是不一样的。如图 4-12 所示,选址 1 和选址 2 的销售量分别为 V_1 和 V_2,根据图中信息,有可能发生这种情况——尽管选址 2 总成本高于选址 1 总成本,但是因为选址 2 销售额较高,所以选址 2 利润更高($P_2 > P_1$)。

量本利分析法还可应用于多种选址方案的比较研究,只是所引用的成本曲线与收入曲线未必如同本例一样为直线。

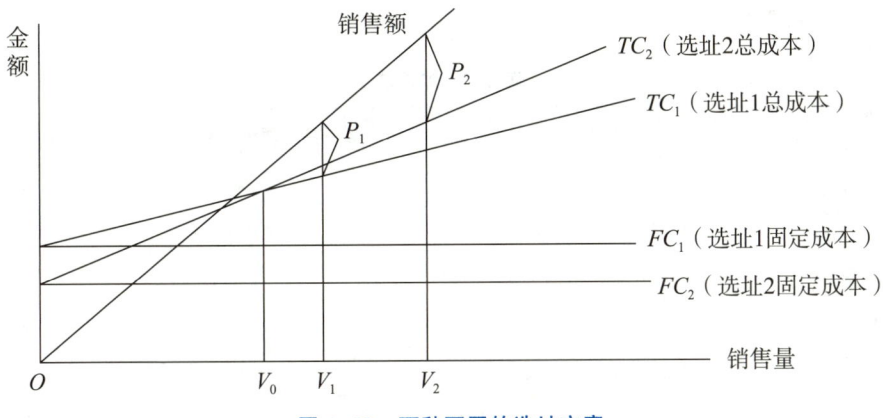

图 4-12 两种不同的选址方案

4.4.2 评分法

量本利分析法仅考量了经济因素。前文已经说过，选址涉及很多因素，其中有一些是看不见摸不着的，很难定量。对不同选址方案的综合比较选择属于多目标或者多准则选址决策问题。由于不同的目标对选址决策的重要程度不同，所以要对不同的目标分配不同的权重。权重是通过对不同选址因素赋予不同的最高分数反映出来的。表 4-4 举例说明了评分法。有三个候选厂址：A、B 和 C，其经济因素是相当的。现根据七个不易定量的选址因素，对其进一步对比分析。表 4-4 第 2 列"最高分数"显示了这七个选址因素在选址方面的重要性，由专家评分估算得到。对比这些数据可发现厂址 C 各项得分均未超过厂址 B，且厂址 B 和厂址 A 均存在优于对方的因素。故厂址 C 可不加考虑。厂址 B 总分 900，厂址 A 总分 840，因此，可优先考虑厂址 B。

表 4-4 评分法

选址因素	最高分数	候选厂址		
		A	B	C
未来燃料可得性	300	200	250	220
水源供应充足程度	100	80	90	80
劳动力供应情况	250	220	200	200
生活条件	150	120	120	100
运输的便利性	200	160	160	140
环境相关法律法规	50	30	40	30
税收稳定性	50	30	40	30
共计	1100	840	900	800

4.4.3 加权法

加权法与评分法类似。在加权法中，每个选址因素的重要性用权重来表示，这样专家打分时就会觉得容易一些(见表4-5)。

表 4-5 加权法

选址因素	权重	候选厂址		
		A	B	C
交通条件	0.25	70	100	80
土地状况	0.1	80	70	100
停车场地可得性	0.2	70	60	60
公众态度	0.25	90	80	90
扩展潜力	0.2	90	80	80

在多目标选址决策问题中,如果存在多种备选方案(厂址),则可采用如下的方法进行决策。

(1)淘汰法。如果多种备选方案中有一些方案的每项指标值(点数)都不优于某一方案的相应指标值,那么就可以淘汰这些备选方案。

(2)设定最低指标值。对某些评价指标设置最低值,任何方案的相应指标值若低于这个最低值,则被淘汰。此法常用于入学考试——某一门课程分数低于某一分数线时就不被录取。选择厂址时某些要素也不可太差,如水源等,没有达到某一最低标准就无法设厂。

(3)加权和法。各方案的各指标得分与各指标权重相乘后求和并取加权最大值。

4.4.4 物料周转分析法

物料周转分析法,即运输量-运输距离分析法。

基本步骤如下所示。

(1)设定坐标系,指出各个候选地址。

(2)衡量候选地址到关联方的运输距离,可以用直线距离(d)衡量。

(3)统计一定时期候选地址与关联方之间物料的运输量(Q)。

(4)应用公式,计算各个候选地址的物料周转量(L)。

$$L = \sum_{i=0}^{n} d_i Q_i$$

(5)比较物料周转量(L),选择物料周转量(L)最小的方案。

[例 4-1] 某企业计划新建工厂生产某种产品,厂址的备选方案有 P、Q 两地。测定厂址 P、Q 与目的地 B、C、D、E 的地理坐标如图 4-13 所示,其中,新建厂址到各目的地——B、C、D、E 的运输量(Q)分别为 600、800、500 和 200(单位:吨)。

解:选址在 P 地的物料周转量如下。

$$L_P = \sum_{i=0}^{n} d_i Q_i = (1+4) \times 600 + (3+3) \times 800 + (2+4) \times 500 + (3+2) \times 200$$

$$= 11800 \text{(吨·千米)}$$

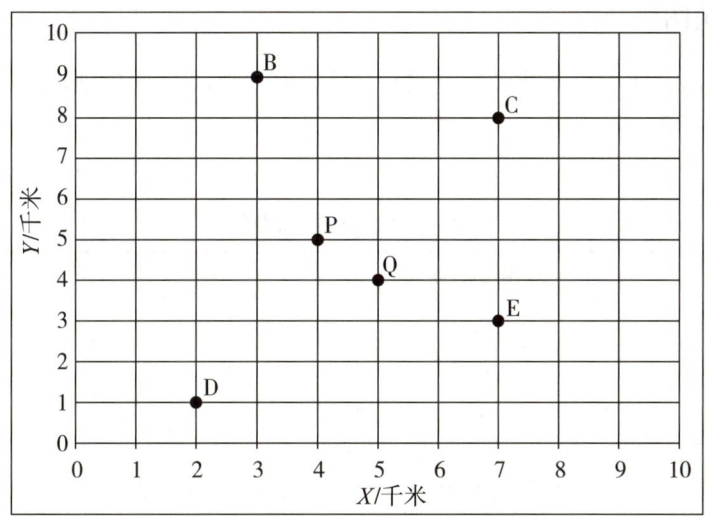

图 4-13 厂址与各目的地的地理坐标

选址在 Q 地的物料周转量如下。

$$L_Q = \sum_{i=0}^{n} d_i Q_i = (2+5) \times 600 + (2+4) \times 800 + (3+3) \times 500 + (2+1) \times 200$$
$$= 12600 （吨·千米）$$

由此可见,厂址选择 P 地较佳。

另外,坐标系中若未给定新厂厂址的备选方案,也可利用重心法近似计算出新建工厂的最佳地理坐标,分以下两种情况。

(1) 当新建工厂与关联方之间物料的运输量相同时,其重心坐标计算公式为:

$$X_0 = \frac{\sum_{i=1}^{n} X_i}{n}$$

$$Y_0 = \frac{\sum_{i=1}^{n} Y_i}{n}$$

式中,X_i 和 Y_i 分别为目的地 i 在地理坐标 X 轴和 Y 轴上的位置,n 为目的地的数量。

(2) 当新建工厂与关联方之间物料的运输量不同时(常有情况),其重心坐标计算公式为:

$$X_0 = \frac{\sum_{i=1}^{n} Q_i X_i}{\sum_{i=1}^{n} Q_i}$$

$$Y_0 = \frac{\sum_{i=1}^{n} Q_i Y_i}{\sum_{i=1}^{n} Q_i}$$

式中,X_i 和 Y_i 分别为目的地 i 在地理坐标 X 轴和 Y 轴上的位置,n 为目的地的数量,Q_i 为新建工厂与各目的地之间的运输量。

4.4.5 作业相关图法

作业相关图法是由穆德提出的,它是根据企业各个部门之间的活动关系密切程度布置其相互位置的。

首先,将关系密切程度划分为 A、E、I、O、U、X 六个等级,如表 4-6 所示。

表 4-6 关系密切程度分类

代号	关系密切程度	代号	关系密切程度
A	绝对重要	O	一般
E	特别重要	U	不重要
I	重要	X	不予考虑

其次,列出关系密切程度不同的原因(见表 4-7)。使用这两种资料,将待布置的部门一一确定出相互关系,根据关系密切程度,按密切程度高的部门相邻布置的原则,安排出最合理的布置方案。

表 4-7 关系密切程度不同的原因

代号	关系密切程度不同的原因	代号	关系密切程度不同的原因
1	使用共同的原始记录	6	工作流程连续
2	共用人员	7	做类似的工作
3	共用场地	8	共用设备
4	人员接触频繁	9	其他
5	文件交换频繁		

[例 4-2] 一家快餐店计划布置其生产与服务设施。该快餐店由 6 个部门组成,并在一个 2×3 的区域内进行布置。已知这 6 个部门间的关系密切程度如图 4-14 所示,请依此进行合理布置。

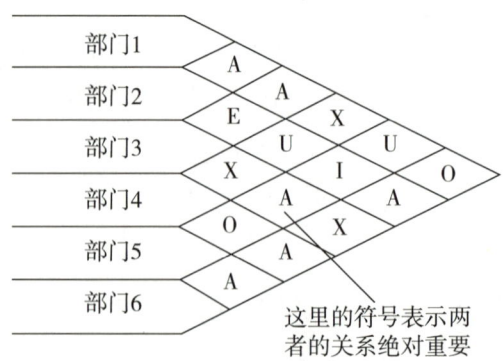

图 4-14 各部门间的关系密切程度

第一步,列出关系密切程度分类表(只考虑 A 和 X),如表 4-8 所示。

表 4-8 关系密切程度分类表

A	X	A	X	A	X
1-2	1-4	2-6	3-4	4-6	—
1-3	3-6	3-5	—	5-6	—

第二步，在关系密切程度分类表的基础上编制主联系簇。原则是从"A"关系出现最多的部门开始，如例 4-2 中的部门 6 出现了 3 次，因此首先确定部门 6，然后将与部门 6 的关系密切程度为 A 的部门一一联系在一起，如图 4-15 所示。

第三步，考虑其他有"A"关系出现的部门，如能加在主联系簇上就尽量加上去，不能则画出分离的子联系簇。例 4-2 中，所有的部门都能加到主联系簇上，如图 4-16 所示。

图 4-15 主联系簇（1） 　　图 4-16 主联系簇（2）

第四步，画出"X"关系联系簇，如图 4-17 所示。
第五步，根据联系簇和可供使用的区域，用实验法安置所有部门，最后结果如图 4-18 所示。

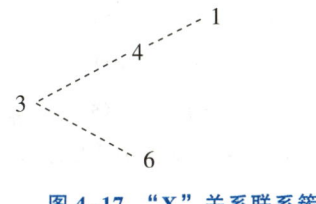

图 4-17 "X"关系联系簇　　图 4-18 最后结果

4.4.6 从-至表法（对称矩阵图）

从-至表法是一种常用的生产与服务设施布置方法。利用从-至表法，企业可以分别列出不同部门或设备之间的相对位置，并以对角线要素为基准，计算出工作点间的相对间距，进而求出整个单位或生产单元内物料总运量最少的布置方案。此方法更适合多品种、小批量的生产条件。它的基本程序如下。

（1）对典型零件进行筛选，拟定典型零件的工艺路线并确定其使用的设备。
（2）拟定设备布置初始方案并对设备间移动距离进行统计。
（3）确定各零件在设备之间的月平均移动次数及单位距离运输成本。
（4）用实验法确定最满意的布置方案。

[例 4-3] 一个金属加工车间有六台设备，已知其生产的零件品种及加工路线，并据此给出表 4-9 所示的零件在设备之间的月平均移动次数矩阵，表 4-10 给出了单位距离运输成本矩阵。请结合这些数据来确定该车间的最优布置方案。

表 4-9　零件在设备之间的月平均移动次数矩阵

	锯床	磨床	冲床	钻床	车床	插床
锯床		217	418	61	42	180
磨床	216		52	190	61	10
冲床	400	114		95	16	68
钻床	16	421	62		41	68
车床	126	71	100	315		50
插床	42	95	83	114	390	

表 4-10　单位距离运输成本矩阵　　　　　　　　　　　　　　　　单位：元

	锯床	磨床	冲床	钻床	车床	插床
锯床		0.15	0.15	0.16	0.15	0.16
磨床	0.18		0.16	0.15	0.15	0.15
冲床	0.15	0.15		0.15	0.15	0.16
钻床	0.18	0.15	0.15		0.15	0.16
车床	0.15	0.17	0.16	0.20		0.15
插床	0.15	0.15	0.16	0.15	0.15	

将月平均移动次数矩阵与单位距离运输成本矩阵相同位置的数据相乘，得到从一台设备到另一台设备的单位距离每月运输成本，如表 4-11 所示。然后，再将关于对角线对称的成本元素相加，得到两台设备间的单位距离每月总运输成本，如表 4-12 所示。

表 4-11　单位距离每月运输成本　　　　　　　　　　　　　　　　单位：元

	锯床	磨床	冲床	钻床	车床	插床
锯床		32.6	62.7	9.8	6.3	28.8
磨床	38.9		8.3	28.5	9.2	1.5
冲床	60.0	17.1		14.3	2.4	10.9
钻床	2.9	63.2	9.3		6.2	10.9
车床	18.9	12.1	16.0	63.0		7.5
插床	6.3	14.3	13.3	17.1	58.5	

表 4-12　单位距离每月总运输成本　　　　　　　　　　　　　　　单位：元

	锯床	磨床	冲床	钻床	车床	插床
锯床		71.5 ③	122.7 ①	12.7	25.2	35.1
磨床			25.4	91.7 ②	21.3	15.8

（单位：元）续表

	锯床	磨床	冲床	钻床	车床	插床
冲床				23.6	18.4	24.2
钻床					69.2④	28.0
车床						66.0⑤
插床						

接着，定义关系密切程度。它是以单位距离每月总运输成本大小为判定标准的。根据单位距离每月总运输成本，按由大到小的顺序对其进行排序，便得出设备间的关系密切程度。在例 4-3 中，按表 4-13 所示①、②、③、④、⑤顺序排列，应使锯床临近冲床、磨床临近钻床、锯床临近磨床、钻床临近车床，车床临近插床。最终布置方案见图 4-19。

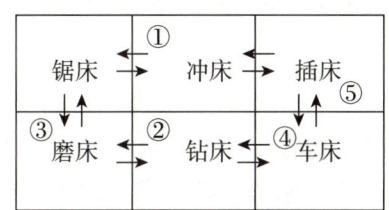

图 4-19　最终布置方案

从-至表法还可以推广到物料运量图法。物料运量图法就是根据生产过程的物料流向和生产单元间的运输量来布置企业各部门或设备间相对位置的一种方法，具体步骤如下。

（1）依据原料、在制品生产时的流动方向，对各部门或设备间的相对位置进行初步布置，并绘制初步的物料运量图。

（2）统计各生产单元间的物料运量并编制物料运量表，如表 4-13 所示。

（3）根据运量大小布置，物料运量较大的布置于邻近地点，同时综合考虑其他因素，对物料运量图加以改进与调整。

最终结果如图 4-20 所示。由于生产单元 01 与生产单元 02、生产单元 02 与生产单元 03、生产单元 03 与生产单元 04 之间的物料运量较大，所以应相邻布置。

表 4-13　物料运量表　　　　　　　　　　　　　　　　　　　　　　单位：吨

	01	02	03	04	05	总计
01		7	2	1	4	14
02			6	2		8
03		4		5	1	10
04			6		2	8
05				2		2
总计	0	11	14	10	7	

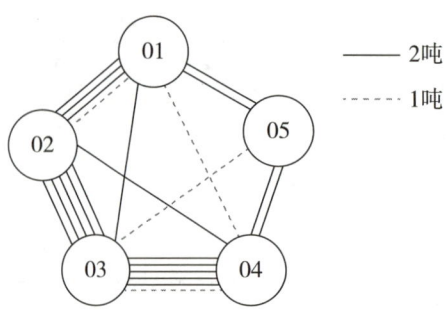

图 4-20 物料运量图

4.5 装配线平衡

4.5.1 装配线平衡的概念

装配线平衡又称工序同期化，可以表述为：对于某装配线（在某种意义上也是流水线、生产线），在给定装配线的节拍后，求出使装配线所需工序的工作地数量和工人数量最少的配置方案。也可以表述为：对具体产品在给定工作地数量和工人数量的情况下寻求使装配线节拍达到最小值的配置方案。两种表述方式均要求每个工作地的单件作业时间等于装配线的节拍或者与节拍成整数倍关系。

产品原则布置旨在将工人或者设备布置在运行所需的次序上，这一次序称为装配线。装配线有长有短，短则只有少量作业，长则作业很多。汽车装配线是长装配线的典范。福特公司野马车的装配线（从开始到完工）总长度约为 14.5 千米。

产品原则布置的许多优点都源于它能把工作分解为一系列基本作业，这些作业是由技术不高的工人或专用设备快速、机械地完成的（例如，"装配零件 C 和零件 D"）。完成这些基本作业所需要的时间从数秒到 15 分钟或者更多不等。由于时间太短，所以对每一位工人只分派一个作业是不实际的。这一方面是因为多数工人不久就会因为工作范围的有限性感到厌倦，而另一方面则是因为就算为了完成非常简单的产品或者服务，这种分派方式下仍然要有一支浩浩荡荡的工人队伍。相反，可以将作业分成可控制的"作业包"，分配给各个工作地，每一个工作地由一两位工人进行操作。

确定如何在工作地间分配工作的过程即装配线平衡过程。装配线平衡以分配到各个工作地的作业时间近似相等为目的。这样可以使装配线闲置时间最短，使工人及设备利用率得到提高。当每个工作地作业时间不同时，闲置时间也随之产生，有的工作地产量高于其他工作地，那些"快"的工作地往往需要等待处理，或者被迫空闲，以避免大批待处理对象积聚到"慢"的工作地。就较快速工作地上工人与设备没有被有效利用和较慢速工作地上工人需要不间断作业可能会造成情绪问题而言，失衡的装配线并不是一个理想的选择。

在充分平衡的装配线中，各种活动同时进行，这样可以使工人与设备得到最大限度的利用，所以工作流非常畅通。要实现装配线充分平衡，首要问题是设置作业时间相同的作业包。这是因为：第一，因为某些活动对于设备有不同需求或者是不兼容的，将它们分配到同一作业包中并不可行（例如喷砂清理和上漆）；第二，由于基本作业时间不同，不能用作业分组来解决；第三，规定的技术顺序还会阻碍某些作业组合。考虑 3 个相连的动作，作业时间分别为 2 分钟、4 分钟和 2 分钟，如图 4-21 所示。将第一次和第三次作业分配给一个工作地时，该工作地作业所需时间恰好与第二次作业所需时间相等，这样看来像是很完善了。但是，将第一次和第三次作业当作作业包可能并不可行。在汽车自动清洗一例中，去污与烘干这两项作业其实是不能放到一个工作地的，因为这两项作业中间还有冲洗作业（图 4-21）。

图 4-21　3 个相连动作的先后顺序图

实施装配线平衡涉及将作业指派给工作地的问题。尽管一个工作地可有若干名工人，但是往往每个工作地只由一名工人执行全部任务。为了方便起见，本书的全部实例及问题所涉及的每一个工作地都仅有一名工人。管理者可以决定用 1～5 个工作地来做 5 项作业。使用一个工作地时，全部作业均在该工作地进行；在使用五个工作地的情况下，每一个工作地都布置了一项作业；在使用 2 个、3 个或 4 个工作地的情况下，管理者会在部分工作地分配若干项作业。

管理者怎样确定使用多少工作地？决定性因素为节拍。节拍就是每个工作地都完成被指派的作业，直至作业能够向下执行的最大时间限制。节拍决定着装配线在一段时间内的产量。例如，节拍为 2 分钟，装配线就会每隔 2 分钟生产出一个产品。

4.5.2　节拍计算

假设装配线需要完成的任务是生产某种产品，那么这个任务可以分解为 5 个基本作业，5 个基本作业所需时间及各基本作业之间的顺序关系如图 4-22 所示。

→ 0.1分钟 → 0.7分钟 → 1.0分钟 → 0.5分钟 → 0.2分钟 →

图 4-22　5 个基本作业所需时间及各基本作业之间的顺序关系

基本作业所需时间决定了节拍的可能范围。最小的节拍可能等于最长的基本作业所需时间（1.0 分钟），最大的节拍可能等于每个基本作业所需时间之和（0.1+0.7+1.0+0.5+0.2=2.5 分钟）。若是利用 5 个工作地，该节拍即可能是最小的节拍。如果所有的作业都是在一个工作地上完成的，这时节拍就等于可能的最大节拍。最小节拍和最大节拍是很重要的，因为它决定着装配线的可能生产能力范围。我们有下面的公式：

$$产出率 = \frac{OT}{CT}$$

式中，OT 是装配线的运转时间；CT 是装配线的节拍。

4.5.3　装配线平衡的方法

假设一条装配线每日运转时间为 8 小时（480 分钟），节拍为 1 分钟，那么每日总产量就是：480÷1=480 个单位。

当节拍为 2.5 分钟时,其每日总产量为:480÷2.5=192 个单位。

作为一般法则,预期产出率决定了装配线的节拍。也就是如果预期产出率一定,则可以算出节拍。若节拍不在最小与最大的边界之内,那么就必须修改预期产出率。计算节拍的公式为

$$CT = \frac{OT}{D}$$

式中,D 是预期产出率。

例如,设定预期产出率为每天 480 个单位,利用上式计算得到的节拍是:480÷480=1 分钟。

我们可以应用下述公式来计算工作地数量的理论最小值:

$$N_{\min} = \frac{\sum t}{CT}$$

式中,$N_{\min}$ 是工作地数量的理论最小值;$\sum t$ 是单位产品所需总作业时间。

假设单位产品所需总作业时间为 2.5 分钟,节拍为 1 分钟。那么为实现这一目标所需的最少工作地数量为

$$N_{\min}=2.5÷1=2.5(个)$$

因为 2.5 个工作地并不现实,所以必须对结果取整,设定为 3 个工作地。因此,实际利用的工作地数量将大于或等于 3,这取决于把作业分解成作业包的成功程度。

一种解决装配线平衡问题极其有效的工具是作业先后顺序图。图 4-23 是一个简化的作业先后顺序图,展示了执行该系列任务所需的作业次序。作业先后顺序图所代表的次序是从左到右的,即起始作业在左而最后的作业在右。图 4-23 中,根据次序要求,作业 b 开始的唯一要求就是作业 a 已完成。然而,必须在作业 b 和作业 c 都完成之后才能开始作业 d。注意,这里的作业指的就是分解后的基本作业。

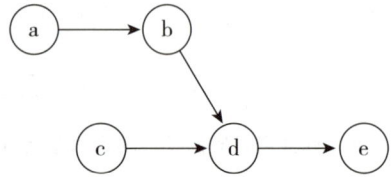

图 4-23　一个简化的作业先后顺序图

现在来看看装配线平衡问题,它关系到怎样将作业安排到各个工作地的问题。一般情况下,没有一种方法能确保作业分配总是最好的。管理者通常更多地采用启发式方法来使得作业分配更加合理,有时甚至可以使其达到最佳状态。当前,用于解决装配线平衡问题的启发式方法有很多,在此介绍其中的两种。

(1)先分配后续作业数最多的作业。

(2)先分配位置权数最大的作业。一项作业的位置权数,等于这项作业与其全部后续作业的所需时间之和。

[例 4-4]　对象专业化的设计:装配线平衡问题。

设定每天有效工作时间为 8 小时(480 分钟),预期产出率为每天生产 600 件产品,每件产品需要经历 5 道工序:a～e,合计用时 2.1 分钟(图 4-24)。

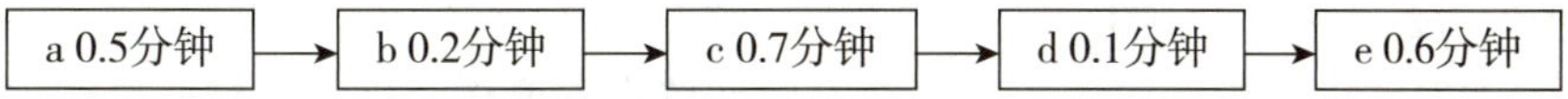

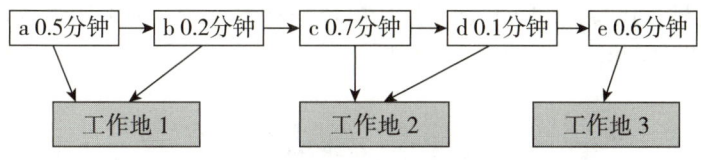

图 4-24 作业先后顺序图（1）

解：由题意可知
$$CT=480\div 600=0.8（分钟）$$
一个特定的对象从进入系统到离开共 2.1 分钟，假设有 X 个工作地，则
$$X\times 0.8=2.1（分钟）$$
$$X=2.1\div 0.8=2.625\approx 3（个）$$
可得图 4-25。

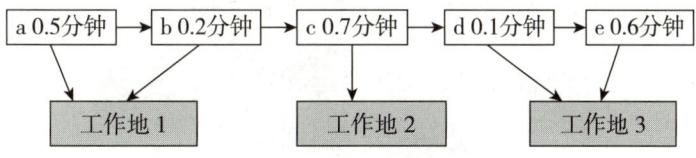

图 4-25 作业先后顺序图（2）

$$装配线效率=(0.7+0.8+0.6)\div(0.8+0.8+0.8)=87.5\%$$

$$时间损失系数(\varepsilon_L)=\frac{N_{min}\times CT-\sum_{i=1}^{N_{min}}T_{ei}}{N_{min}\times CT}\times 100\%=(3\times 0.8-2.1)\div(3\times 0.8)\times 100\%=12.5\%$$

式中，T_{ei} 为第 i 个工作地的作业时间。

$$平滑系数(SI)=\sqrt{\sum_{i=1}^{N_{min}}(T_{emax}-T_{ei})^2}=\sqrt{(0.8-0.7)^2+(0.8-0.8)^2+(0.8-0.6)^2}\approx 0.22$$

式中，T_{emax} 为各工作地作业时间的最大值。

请思考：这个结果有改进的余地吗？图 4-26 为改进后的作业先后顺序图。

图 4-26 改进后的作业先后顺序图

改进后的实际节拍为 0.7 分钟。
算法小结如下。
第一步：计算节拍。
$$节拍=装配线的运转时间\div 预期产出率$$
第二步：计算工作地数量的理论最小值。
$$工作地数量的理论最小值=单位产品所需总作业时间\div 节拍$$

第三步：分配作业。原则是：

① 我们需要在作业先后顺序图上，从左向右依次选取作业进行分配，紧前作业未完成的工序是不能被分配的；

② 尽量让每个工作地的作业时间接近节拍，直到无法再增加为止。

[例 4-5] 假设原作业先后顺序图为图 4-27。存在瓶颈时可以采用并行方式。

图 4-27　原作业先后顺序图

若要求的业务量为 480 件 /8 小时，则节拍为 1 分钟，不可行。取节拍为 2 分钟，则工作地数量的理论最小值 $=5\div 2\approx 3$ 个，若节拍减少到 1 分钟，则工作地数量的理论最小值增加到 5 个，见图 4-28。

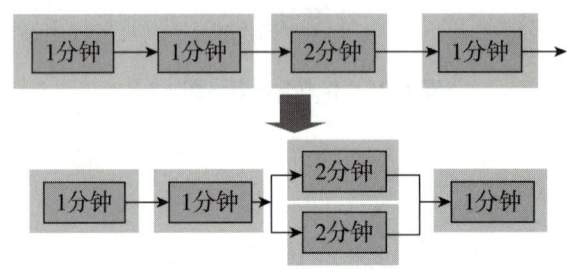

图 4-28　调整后的作业先后顺序图

请思考：以图 4-29 为例，装配线中有多个瓶颈怎么办？

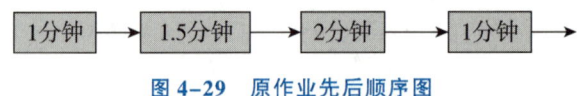

图 4-29　原作业先后顺序图

若要求的业务量为 480 件 /8 小时，则节拍为 1 分钟，那么第 2 项、第 3 项作业是生产瓶颈。工作地数量的理论最小值 $=5.5\div 1\approx 6$ 个，见图 4-30。

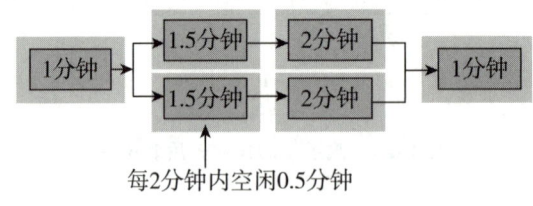

图 4-30　调整后的作业先后顺序图

进一步优化可得图 4-31。

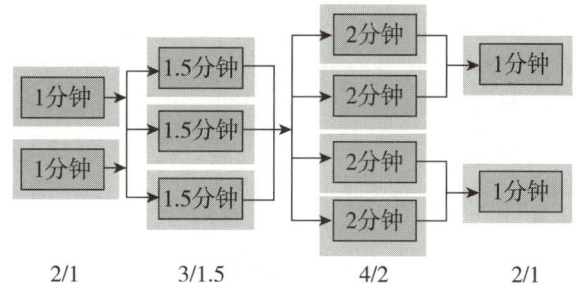

2/1　　　　　3/1.5　　　　　4/2　　　　2/1

图 4-31　进一步优化后的作业先后顺序图

此时：

$$\frac{\text{作业1的工作地数量}}{\text{作业1所需时间}}=\frac{\text{作业2的工作地数量}}{\text{作业2所需时间}}=\frac{\text{作业3的工作地数量}}{\text{作业3所需时间}}=\frac{\text{作业4的工作地数量}}{\text{作业4所需时间}}$$

4.6　办公室布置

相较于生产制造系统，办公室在布置方面拥有许多显著的不同之处。

生产制造系统的主要任务是处理实体物品，而办公室则主要负责处理信息和接待组织内外的访客。办公室工作效率的高低通常取决于员工的工作效率，而生产制造系统工作效率的高低和设备效率之间存在着很大程度的联系。

在办公室布置的过程中，同一类型的工作任务可以选择的办公室布置方式很多。从图 4-32 中可以看出，组织结构、各部门的配置方式、部门间的相互关系和相对位置对办公室布置有着较为显著的影响。

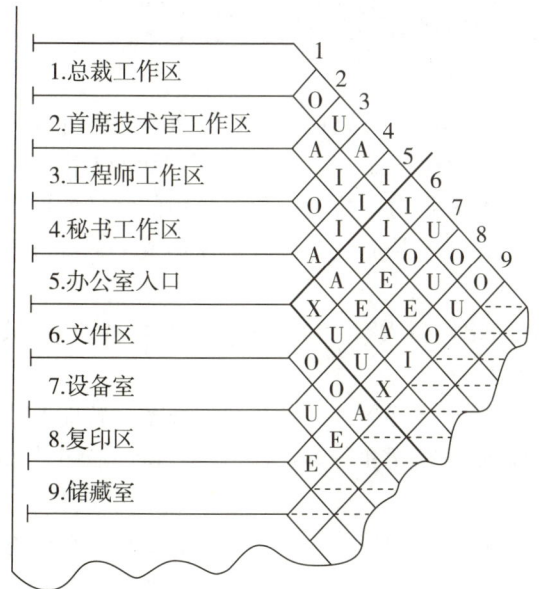

图 4-32　办公室布置邻近程度

好的办公室布置应有如下几个特征。

① 应有宁静的办公空间。

② 应有良好的采光、照明条件。

③ 需要展示出平等的同事关系。

④ 应最大化地利用办公空间，合理安排员工座位。

⑤ 应力求整洁、清洁。

随着电子通信技术的发展，传统的文件传输方式利用率不断降低，办公室布置方式正在不断改变。负责文件传递的办公职员越来越少。同时，为了保证开放性，原有的办公墙大多被低层挡板所替代，以便于员工之间的交流。

服务规划中的标牌、符号和装饰品等在办公室布置中的应用可能比在服务业中更为重要。例如办公桌的尺寸、朝向等都能表示员工的重要性或者身份。

企业中心管理部门办公室的设计与策划，一般都体现着企业所要对外传达的形象。例如，坐落在斯德哥尔摩市郊的北欧航空公司行政办公综合楼，是由两层玻璃外墙组成的结构，反映了公司开放、乐于交流的管理理念。

苹果公司在加利福尼亚州库比蒂诺市的新总部，由于其飞碟式的设计，经常被称为"宇宙飞船"。关注环保的设计和建筑方法，包括使用循环水冲洗厕所；巨大的太阳能电池板阵列，用于满足建筑物的大部分能源需求；旧址上许多建筑材料被回收成新材料并用于建造新建筑，这些都反映了苹果公司关注产品的环境友好性和创新引领性。

进入20世纪90年代后，特别是在信息技术飞速发展的今天，更新的办公形式——"远程办公"，也在对传统办公室布置方式产生根本性影响。所谓"远程办公"就是运用信息技术把身处不同场所的员工联系起来共同办公。比如人可以在家办公、在出差地点办公或者在乘坐飞机和火车时办公。

4.7 现代设施布置的数字化应用

现代设施布置越来越注重数字化应用，其不仅可以提高布置的效率，还可以提升工作或服务环境的氛围感和舒适度。以下是一些现代设施布置中常见的数字化应用。

（1）大数据分析（图4-33）：大数据分析通过收集和分析设施中的大量数据，可以了解设施的使用情况和效果，并进行优化和改进，从而提升设施的使用效率、可持续性和用户体验。

（2）自动化机器人（图4-34）：自动化机器人可以在设施中执行各种任务，如清洁、运输、维护等，减轻人力负担，提高工作效率。

（3）智能照明系统（图4-35）：通过使用传感器和自动化控制技术，智能照明系统可以根据环境光线和人员活动情况自动调节照明亮度和色温，以提供舒适的照明效果并节约能源。

（4）智能交通管理系统（图4-36）：通过利用传感器、摄像头和数据分析技术，智能交通管理系统可以实时监测交通流量和道路状况，并提供实时导航和交通优化建议。

图 4-33　大数据分析

图 4-34　自动化机器人

图 4-35　智能照明系统

图 4-36　智能交通管理系统

（5）电子看板（图 4-37）：电子看板可以用于展示餐厅的政策、促销活动、营业时间等，让顾客在用餐过程中获取相关信息。

图 4-37　电子看板

（6）智能点餐系统（图 4-38）：一些餐厅提供智能点餐系统，顾客可以通过电子设备实现点餐、支付等，提高了服务效率。

图 4-38　智能点餐系统

（7）智能导游助手（图4-39）：一些旅游景点提供智能导游助手，通过手持设备实现景点讲解、地图导航等功能，提高了游客体验。

图4-39　智能导游助手

习　题

一、名词解释

请分别解释：设施选址、生产单元、物料周转分析法、装配线平衡、节拍。

二、选择题

1.＿＿＿＿布置最适合重复加工，＿＿＿＿布置适合间歇加工，而当项目需要布置时则采用＿＿＿＿布置。（　　）

A. 工艺原则、产品原则、固定位置　　B. 固定位置、产品原则、工艺原则

C. 产品原则、工艺原则、固定位置　　D. 固定位置、工艺原则、产品原则

2. 属于产品原则布置的主要优点的是（　　）。

A. 单个设备发生故障对系统影响较小　　B. 工人及设备利用率较高

C. 系统能够适应多样化工艺要求　　D. 个人激励制度可以实行

3. 不属于产品原则布置的主要缺点的是（　　）。

A. 由于工作分配过于细致，工作内容枯燥乏味

B. 系统对于产量的改变和产品或工艺设计的改变适应性较差

C. 快速维修的能力以及备用件库存不可或缺

D. 对每一种产品或每一位顾客都需要特别注意，产量低又会导致单位成本高

4. 属于工艺原则布置的主要优点的是（　　）。

A. 产量高　　B. 单个设备发生故障对系统影响小

C. 单位物料运输成本低　　D. 会计、采购和库存控制是相当程序化的

5. 不属于工艺原则布置的主要缺点的是（　　）。

A. 设备利用率不高

B. 物料运输缓慢且效率低下

C. 技术水平低的工人可能对维护设备或输出质量不感兴趣

D.制造系统若采取批量加工的方式,则在制品库存量将非常大

6.与工艺原则布置相比较,属于单元布置特点的是（　　）。
A.在制品数量较多　　　　　　　B.设备利用率较高
C.管理难度较大　　　　　　　　D.加工时间较长

7.以下哪项不是仓库布置的通常考虑因素（　　）。
A.订货频率　　　　　　　　　　B.通道的数量和宽度
C.商品价格　　　　　　　　　　D.储藏区的高度

8.在选址与布置决策的定量分析过程中,从－至表法更适合（　　）的生产条件。
A.多品种、小批量　　　　　　　B.多品种、大批量
C.少品种、小批量　　　　　　　D.少品种、大批量

9.对于一个专业化设计的装配线,直接影响装配线效率的因素是（　　）。
A.节拍的大小　　　　　　　　　B.工作地数量的多少
C.各工作地作业时间与节拍的接近程度　D.每个工作地的作业时间之和

10.不属于好的办公室布置应有特征的是（　　）
A.有一个宁静的办公空间　　　　B.有良好的采光、照明条件
C.展示出等级分明的同事关系　　D.最大化地利用办公空间

三、简答题

1.选址决策对企业有什么重要意义?
2.选址决策的影响因素有哪些?
3.设施布置的影响因素有哪些?
4.选址与布置决策的定量分析法有哪些?
5.进行办公室布置时要考虑哪些因素?

四、论述题

1.服务业与制造业选址有什么区别?
2.面对不同的货物需求和存储区域大小,应当如何进行仓库布置?
3.服务业与制造业在布置要求上存在哪些差异?

五、计算题

1.一家处理危险品垃圾的公司希望降低其将垃圾从五个中转站运到处理中心所产生的运输费用。中转站的位置坐标和日装运量如表4-14所示。试用重心法为处理中心选址。

表4-14　中转站的位置坐标和日装运量

位置坐标(x, y)	日装运量/吨
(10, 5)	26
(4, 1)	9
(4, 7)	25
(2, 6)	30
(8, 7)	40

2. 已知某部件的制造工序及各工序的作业时间如图 4-40 所示。管理者希望每 480 分钟生产 400 件产品。求工作地数量的理论最小值,并将各工序分配到工作地,然后计算该分配方案的装配线效率(各工序时间单位为分钟)。

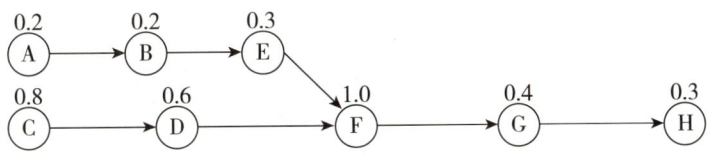

图 4-40　某部件的制造工序及各工序的作业时间

六、案例分析题

踏进大连富士冰山公司的生产车间,一眼便可以看到各车间都在有条不紊地工作着,各机械设备在井然有序地运转着。每个人脸上都洋溢着笑意,车间里充满了干劲。大连富士冰山公司在实施了二期车间布置整改方案之后,大幅度提高了生产效率,降低了制造费用,促进了公司经营效益的提高。同时生产能力的提高,也使得生产能够更好地适应市场灵活多变的需求,促进了市场销售量的增加,有效提升了公司的市场竞争力。

1. 公司概况

大连富士冰山公司是由日本富士电机与大连冰山集团共同出资组建的中外合资企业。公司是中国第一家大规模制造和销售自动售货机的专业厂商,成立伊始便导入日本国内自动售货机第一品牌"富士"自动售货机先进的设计理念与管理模式,引进先进专业生产设备,确保产品处于可控的良好状态。

公司成立之初,产品并没有被市场和消费者认可,在 2010 年上海世界博览会之前始终处于培育市场的生存期状态,虽然艰辛,但公司始终坚持"客户第一、品质至上"的经营理念,努力打造中国行业第一品牌。在 2010 年以后,伴随着中国经济的发展,自动售货机逐渐被市场和消费者所认可,公司到了发展成长期。2023 年,公司在国内的市场占有率超过了 70%。其产品发展先后经历了传统的商品销售阶段、平面广告载体阶段、多媒体应用阶段,目前已进入了全面移动互联的智能化阶段,市场客户采用阶段由单一经营商大规模采用发展到经营商、饮料商并用,甚至白酒厂家的大批量采用阶段。

公司先后完成了一二期投资,年产量达到 10 万台。产品遍布国内各地。

2. 生产什么——自动售货机产品介绍

自动售货机是能根据投入的钱币自动付货的机器。自动售货机是商业自动化的常用设备,它不受时间的限制,能节省人力、方便交易,是一种全新的商业零售设备,又被称为 24 小时营业的微型超市,主要分为四种:饮料自动售货机、食品自动售货机、乳品自动售货机、综合自动售货机。

作为国内领先的自动售货机制造商,大连富士冰山公司可以生产多种型号的自动售货机,同时为不同的客户提供定制化的服务。其车间主要由钣金加工区、焊接区、喷涂区、本体组装区等组成,其中本体组装区作为最关键的生产过程,对其他过程有拉动作用,直接反应和决定整个车间的生产能力高低。

大连富士冰山公司车间的生产类型由重型单件生产向重型小批量生产不断转型。自动售货机的组成零部件一部分是外购的现成原材料,另一部分是加工零部件,例如货道、侧板、加热制冷库等,因为加工具有相似性,所以适合采用单元布置方式。其具有重型加工企业的特性,主要有以下几个。

(1)加工零部件多。自动售货机除了货道、侧板、加热制冷库等主要的组成部分,还有很多其他零部件,其产品构造比较复杂。

(2)生产单元离散。由于自动售货机型号繁多,以及企业多品种、多批次的生产要求,各生产单元之间流畅性不强,每个生产单元内部也会根据不同零部件进行不同的工序加工。

(3)产品生产周期长。产品与技术的特性,决定了产品从相关零部件加工到装配再到总装配、喷漆等,整个生产周期很长,对物流流程以及现场布置也有很高的要求。

3. 一期车间布置问题分析

1)车间布置概况

大连富士冰山公司自动售货机的物流过程是将从供应商处采购而来的零部件原材料运送到原材料库暂存,当各个车间有生产需要时,再运输至车间生产现场。在生产过程中,被加工的零部件会不断由一个车间区域搬运到另一个车间区域继续加工,或进入暂存区等待;由货道组装区出品半成品、成品,半成品运送到本体组装区继续装配,成品检验后将运输到成品库储存或出库销售。

一期车间布置图如图4-41所示。

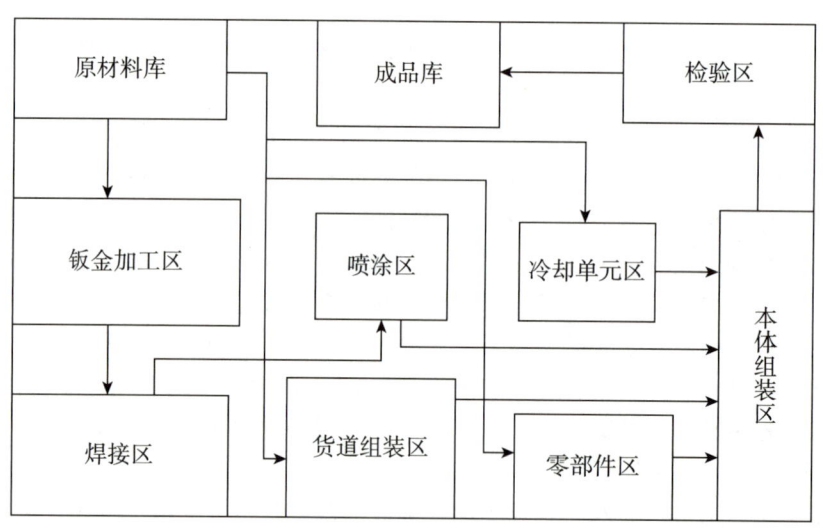

图4-41 一期车间布置图

2)一期车间存在的问题

随着产品需求和订单数量的增加,各车间需要更加紧密和迅速的衔接,在生产面积有限的情况下,如何提高生产效率和增加库存场地面积成为必须解决的课题。

从总体上来看,现在车间位置规划不合理。没有按照生产工艺流程的要求布置,导致物流不顺畅,物料运输过程中交叉、回流现象严重,路线上存在着重复、迂回的问题。

现在的生产过程中,有十分严重的产品加工等待现象,导致产品生产周期变长,生产流程不顺畅,而且零部件区的设施布局采取了工艺原则布置形式,物流交叉搬运现象严重。

因此，我们在现场可以看见很多的半成品放置在过道或门口，造成拥挤、堵塞的混乱现象，使得搬运物料非常不方便，而且还存在安全问题，对生产效率产生极大的阻碍作用。库存场地的问题不光出在面积上，物料的放置也缺乏合理规划。

4. 二期车间布置整改方案

1）改进目标

（1）消除作业浪费现象，提高作业效率。

（2）在完成第一项的前提下，重新设定工序和生产布置方式，确保工序平衡。

（3）根据节拍合理安排生产计划，消减半成品积压，减少库存场地面积占用。

在这个总体目标的指导下，团队也确定了布置整改的具体措施。

（1）以工时管理为核心，对工时现状进行了解分析。

（2）进行作业和动作分析，重点消除作业浪费现象，提高作业效率。

（3）工序分析，制定合理的工艺路线，调整生产布置，力争达到工序平衡。

（4）制订合理的作业计划，最大限度削减半成品数量，减少占地面积和占用资金。

（5）同步加强对作业者和管理者的培训，提高作业水平和管理水平。

2）改进方法

公司对车间中的原始数据进行整理、计算和分析，针对车间目前所存在的问题，运用系统布置设计法对车间的物流与相互关系进行分析，确定了车间的生产单元位置相关图和面积相关图，最终得到了车间布置方案。

制定二期车间布置整改方案主要是为了达到更多的生产量。想要着手车间布置，首先要了解自动售货机生产的主要流程，产品的生产工艺流程图如图4-42所示。

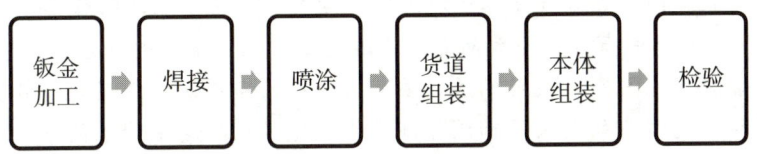

图 4-42 生产工艺流程图

为了满足生产需求，公司为二期车间的占地面积规划出约25000平方米，主要用于生产和装配自动售货机。在分区考量时，将车间共分为10个作业区域，并根据公司多品种、多频次、少批量的生产方式，以及扩展后的销量计划和产品的生产工艺流程图，确定了各个作业区域所需要的面积。原材料库的面积为2500平方米，钣金加工区、焊接区、喷涂区的面积都是4500平方米，货道组装区和零部件区的面积为1500平方米，成品库和本体组装区的面积为2000平方米，冷却单元区的面积为1000平方米，检验区为800平方米。在物流搬运方面，根据公司的生产计划，每年生产25000台左右的自动售货机产品，每天生产100台左右，每月生产2500台左右，车间每月的当量物流量按照单件质量乘每月的生产量来计算。而标准自动售货机的单件成品质量大约为350千克，搬运成品出车间时，所使用的运输工具应满足机体体积大、质量大的需求。根据实际情况，车间的运输工具分为两种：一种是用于车间内部各个作业单位之间的物流搬运工具，即电瓶叉车，该叉车的标准尺寸为2000毫米×900毫米×1900毫米；另一种是搬运体积较大的机身、半成品以及成品所用的大型卡车，尺寸是8000毫米×3000毫米×2500毫米。因此为了方便运输工作，在对车间进行布置时，应留出3.5米左右的通道。

已经解决了作业单位之间的物流关系，剩下的就是解决非物流关系并且确定物流因素和其他非物流因素的影响程度差异了。因为只有综合考虑这两种关系，才能对各种影响因素进行综合考虑和判断，得到满意的结果。通过长时间的摸索，公司得出：自动售货机车间物流因素的影响程度和其他非物流因素的影响程度差不多，所以在运用系统布置设计法布置时选取的加权值可以设定为1∶1。

作业单位之间的非物流关系是指物流路线连接的作业单位之间的密切程度。

当物流状况对企业的生产有着重要的影响时，物流分析是设施布置的重要依据。但是设施布置时还要考虑非物流因素的影响。

M部长总结出非物流因素主要有八个方面：工艺流程的连续性、生产服务、物料搬运、管理的便利性、安全及污染、共用设备和辅助动力源、振动、人员关系。

根据以上八个方面，M部长进行了对车间各作业单位之间非物流关系的影响因素和相应强度等级的具体分析：公司生产车间共有10个作业单位，按照两两关系对进行匹配则共有90个作业单位对，按照系统布置设计法中物流强度等级的分配原则，根据公司车间近几年生产情况，结合空间场地、物料移动以及组装过程，确定了各作业单位对。

最终，M部长团队给出了二期车间布置方案的最终示意图（图4-43）。

5. 二期车间效果评价

M部长和他的团队取得了领导层广泛的赞许和认可，M部长认为，他们能成功主要是因为对车间设施布置的各种方法进行了甄别和选择，使用了系统布置设计法。因为系统布置设计技术的特点切合公司的现实情况，能够扬长避短，有效解决一期车间的布置问题，所以改进后的二期车间布置方案基本上解决了一期车间遗留下来的问题。

（1）解决了一期车间布置不当的问题。通过对车间生产组织进行分析，包括工艺流程、设备需求等，获得了系统布置设计的原始要素。最终的布置基本上实现了物流活动的均衡分布，减少了运输过程中的交叉、回流等现象，避免了区域通道堵塞的状况。使得车间生产运作更加顺畅，有效缩短了产品生产周期，给公司带来了巨大的经济效益。

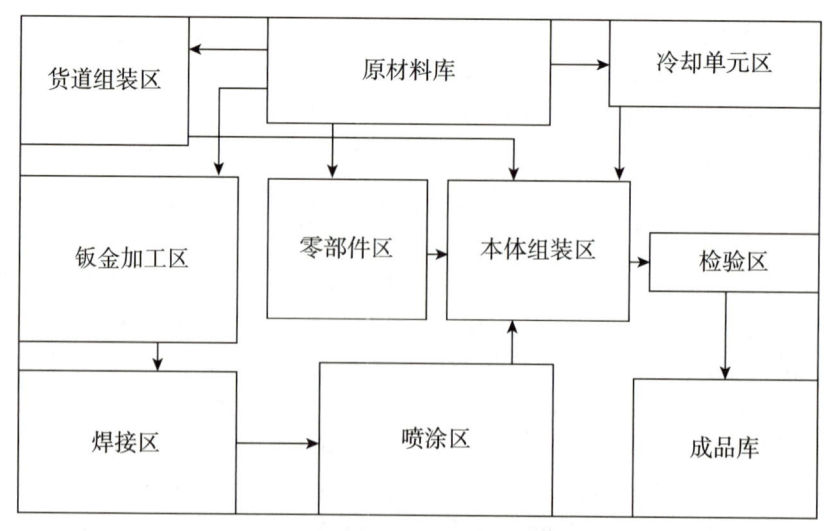

图4-43 二期车间布置方案的最终示意图

（2）解决了物料不合理放置的问题。科学布置后，各个区域的设施面积都有相应的扩张，解决了前期面积不够，导致辅助材料、工具、螺丝、屑料等随意乱放的问题。同时有效地对各种物料进行了分类，保证了车间的整洁，大大降低了车间的不安全因素。

资料来源：http://www.cmcc-dlut.cn/Cases/Detail/3013[2025-02-01].

问题：

对于M部长分析的一期车间存在的问题，你能否归纳出这些问题对企业产生了怎样的影响？

【第4章习题答案】

第5章

工作设计

　　始终坚持质量第一、效益优先，大力增强质量意识，视质量为生命，以高质量为追求。

——习近平

　　如何才能卓有成效：时间管理，聚焦贡献，发挥长处，要事优先，有效决策。

——彼得·德鲁克

本章要点

1. 理解工作设计的影响因素及工作设计中的行为理论。
2. 掌握生产时间消耗结构和单件工时定额的时间构成。
3. 掌握工作测量的几种常用方法及其优缺点。
4. 明确工作环境研究与设计的意义。
5. 掌握影响生产过程的工作环境因素及其原因。

格力电器是中国空调行业的领军企业,曾面临传统制造企业普遍存在的矛盾:规模扩张与产品质量的矛盾、员工高流动率与技能培养的矛盾。2012 年,董明珠接任董事长后,提出"让世界爱上中国造",将工作设计从"效率至上"模式转向"人 - 机 - 环境系统协同"模式(图 5-1)。

"效率至上"模式		"人 – 机 – 环境系统协同"模式	
人机矛盾突出	生产线员工每日重复高强度劳动,工伤率高	"机器代人",减轻劳动强度	投入 120 亿元研发智能装备,将重复性工序自动化;员工从"操作工"转型为"设备监护员",单班作业时间缩短 40%
环境压力加剧	为完成产量目标,员工需在高温车间连续作业,离职率超高	人文关怀重塑工作价值	推行"一人一房"计划:累计为 4.2 万名员工提供免费公寓;建立"工匠工作室":技术员工可自主申报工艺改进项目,优秀案例纳入"格力技能树"知识库
质量隐患潜伏	员工疲劳导致某批次空调冷凝管漏装,引发 3.2 万台产品召回事件	环境系统赋能质量文化	搭建"T9 质量管理平台":一线员工可实时扫码,上报隐患,系统自动触发改进流程;设立"质量否决权":任何员工发现批次性缺陷均可叫停生产线,打破"唯指标论"

图 5-1 模式创新

5.1 工作设计概述

众所周知,人力资源被企业视为宝贵的资源。但是,当深入研究企业的实际状况时,我们会发现许多企业并没有充分考虑过员工工作的设计问题,也没有真正探索出充分发挥人力资源潜能的方法。特别是当大量的"90 后""00 后"新一代员工涌入职场时,传统的人力资源管理方式受到了严峻考验。若管理者忽视工作设计的重要性,或是岗位设计、薪资体系设置不恰当,又或是使员工的工作安排过于单一乏味,那么他们就难以让员工做出符合企业目标的工作行为,人才流失也就不是什么稀罕事了。所以,在当前的商业环境下,科学地进行工作设计已成为企业的一项关键任务。而工作设计作为人力资源管理的核心部分,也是所有生产与运作管理人员需要掌握的重要管理技能。

5.1.1 工作设计的影响因素

生产管理的目标之一,就是在满足市场需求的前提下提高生产系统的生产率。经济发展的基础是生产率的提高,作为一种评估手段,生产率能够将制造过程的成果(输出)和所需的资源做出对比,以此来评估制造过程的整体运作效能。

为了提高生产率,企业需要尽量增加生产系统的产出,并降低它所耗费的资源。可能的组合方案如下所示。

(1)在资源消耗量保持不变或有所降低的前提下,提升产出。

(2)在产出保持不变或有所提升的情况下,降低资源消耗量。
(3)资源消耗量稍有上升,但产出却有显著提升。
(4)产出稍有下降,但资源消耗量却有明显下降。

为了掌握提高生产率的关键点,必须了解影响生产率的因素。就企业内部环境而言,生产率主要受技术和操作者行为两大因素的影响。

所谓技术因素,主要是指一个企业在制造产品或者提供服务时所必须具备的生产技术以及生产设备的技术水平,例如,新设备、新工艺、新材料等的使用能够极大地提高生产率。因为技术因素同生产设备等密切相关,故有人称之为"硬因素"。因为操作者行为因素容易发生变化,所以有人称之为"软因素"。新技术必须经过人的劳动方能付诸实践。随着社会的发展,人们的精神文化需求日益增长,并且成为主要的生产率驱动力。

为了实现提高生产率这一目标,企业在使用先进设备的同时,也要考虑到使用与管理这些设备的与人相关的因素,即操作者行为因素。在当前人类能够把握的生产技术水平下,无论哪一种设备的使用与维护都与操作者密不可分。除了生产设备的使用和维护技能,操作者的心理活动、情绪等因素也会对生产率产生重要影响。图 5-2 给出了影响操作者生产率的主要因素及其相互关系。

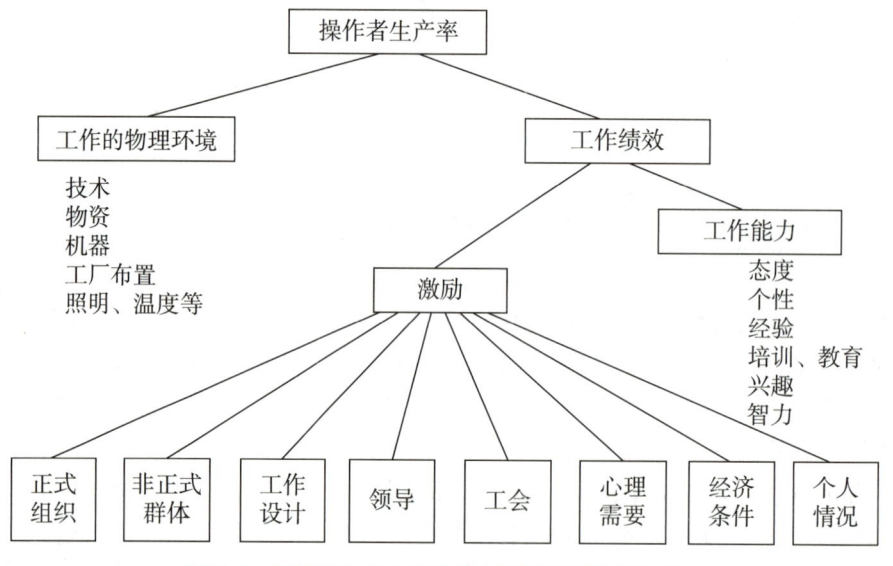

图 5-2　影响操作者生产率的主要因素及其相互关系

传统生产与运作管理模式下,企业考虑操作者行为因素如何影响生产率时通常只关注技术方面,很少关注操作者的社会需要。随着经济和社会的不断发展,在基本生存问题得到解决后,人们对自身的心理需求日益关注。单调的流水线作业逐渐被操作者所厌烦,精确设计后的操作动作也不能给企业带来预期的高效率。研究表明,人们如果长时间地进行一项简单工作就会失去工作激情,要想维持操作者的工作激情,就要不断地改变工作内容以增加对其的吸引力。

工作设计与工作测量学说通过不断发展,逐步应用于生产与运作管理系统之中,该理论认为设计生产系统时应兼顾技术与社会两方面因素,力求给操作者提供理想的工作场所。

5.1.2 工作设计中的行为理论

行为理论中最重要的一项研究内容就是对人们工作动机的研究，该理论对工作设计同样具有直接借鉴意义。人的工作动机是多方面的：经济需要、社会需要和特殊的个人需要（觉得自己很重要，成就了自我价值）等。人们的工作动机极大地影响着人们的工作方式，也极大地影响着人们的工作结果，所以我们在工作设计中一定要考虑人们的这些精神因素。

随着"00后"逐渐步入职场，"90后"已成为中流砥柱，许多企业不仅通过传统的薪资层面来吸引或者保留人才，还特别关注工作设计问题。"00后"和"90后"具有较鲜明的特点：学习能力强，教育背景好；思想束缚较小，创造力较强；大多数人的经济压力较小，在遇到困难时也较为乐观；对于新鲜事物比较容易接受；但也存在着耐力不足，承压能力不强，遭遇挫折易钻牛角尖的缺点。企业管理者一定要特别重视对"00后"和"90后"的工作设计。由于工作设计问题直接关系到一个生产系统的产出，所以企业在进行工作设计时，有必要思考一些解决问题的策略，下面介绍三种可以考虑的策略。

1. 工作扩大化

工作扩大化是一种工作流程的横向拓展，即通过增加员工的工作任务类型，让大家能完成一个完整的任务（比如生产一种产品或者提供一种服务）中的大多数程序。通过这种方式，他们能够看到自己的工作对于顾客来说意味着什么，从而可以增强工作积极性。更进一步来说，假如顾客对此种产品或者此项服务非常满意并且给予好评的话，也能让这位员工体会到一种成功的快乐与满足感。工作扩大化一般要求员工具有较高的知识和技术水平，这对于提高员工钻研业务的热情，让他们从工作中得到某种精神满足，也是大有裨益的。

2. 职务轮换

职务轮换指允许员工定期轮换所从事的工作，这一方式能够为员工提供丰富和多样的工作内容。在各类工作的枯燥程度各异的情况下，采用此类周期性的更替策略是十分有益的。采用此策略需要员工掌握多样化的技术，员工可以通过在职培训来获得这些技术。由此，工作任务分配更加灵活，如派出员工接替缺勤员工；关键部分的人力资源得到增加；等等。同时，由于工作岗位的交换，员工可以体验不同岗位，这就更容易让员工了解别人的不容易并相互体谅，可以提升整个生产系统的效率。

许多企业采用了职务轮换策略，但每个企业的具体实施方式与实施内容是多种多样的。

3. 工作丰富化

1959年，弗雷德里克·赫茨伯格及其助手的一项著名的研究成果表明，内在工作因素（例如成就感、责任感和工作本身等）是员工潜在的满足因素，而外在工作因素（例如监督、工资和工作条件等）是员工潜在的不满足因素。赫茨伯格注意到满足感与不满足感并不是对立面，它们是两个范畴。按照这一原则，外在工作因素的改善，例如提高工资，也许会减少不满足感，但是不会带来满足感。根据赫茨伯格的理论，能够让员工得到满足感的只有内在工作因素。赫茨伯格把工作的满足感和激励相联系，并提出改善内在工作因素以丰富员工的工作，这样既能增加员工的满足感又能提高生产率。

工作丰富化意味着工作在纵向上的扩展，也就是让员工更多地承担责任，更多地参与到决策与管理中来。例如，对于在生产第一线工作的员工来说，可让他来负责安排几台设备的运转，对产品的检查，以及确定什么时候进行设备保养。当员工要自行安排多台设备运转，自行制订保养计划和所需资源规划时，其责任心就大大增强了。

图5-3是哈克曼和奥德海姆关于工作丰富化的理论框架和实施模式。这个模型起始于右侧的"工作丰富化成果"，然后追溯到关键心理状态、核心工作范围及定义概念。

根据这一理论框架，员工的工作丰富化成果主要由以下心理状态所决定。

（1）对工作意义的感受。

（2）对工作责任的感受。

（3）对工作实际结果的感受。

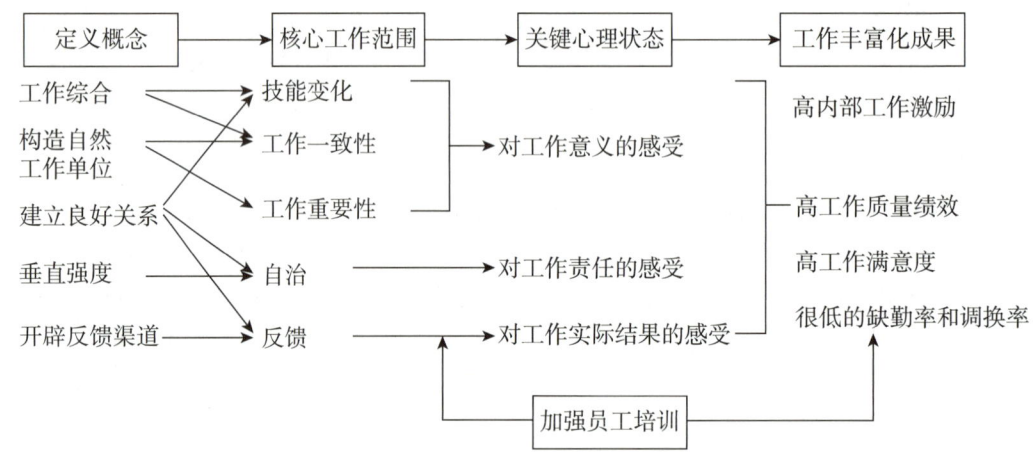

图5-3 哈克曼和奥德海姆关于工作丰富化的理论框架和实施模式

以上三种策略的实施有时是通过团队来完成的，团队成员之间可以更好地沟通，从而取得更好的工作成绩。

5.2 工作测量

工作测量也称时间研究，是各种工作时间测定的总称，指为了以时间为尺度，对生产系统进行评价、设计和应用，把作业分解为适当的要素，测定要素的时间，并进行适当运算，以找到最节省时间的操作方法的研究方法。

1. 生产时间消耗结构

（1）定义：生产时间消耗结构又称工时消耗分类，是指对工人在一个工作班内从事生产及各项活动的工时消耗的划分。

（2）目的：了解工时消耗的结构；发现工时浪费，查明浪费的原因，采取有效措施以减少浪费；为制定合理的单件工时定额提供依据。

（3）分类：生产时间消耗结构见图5-4。

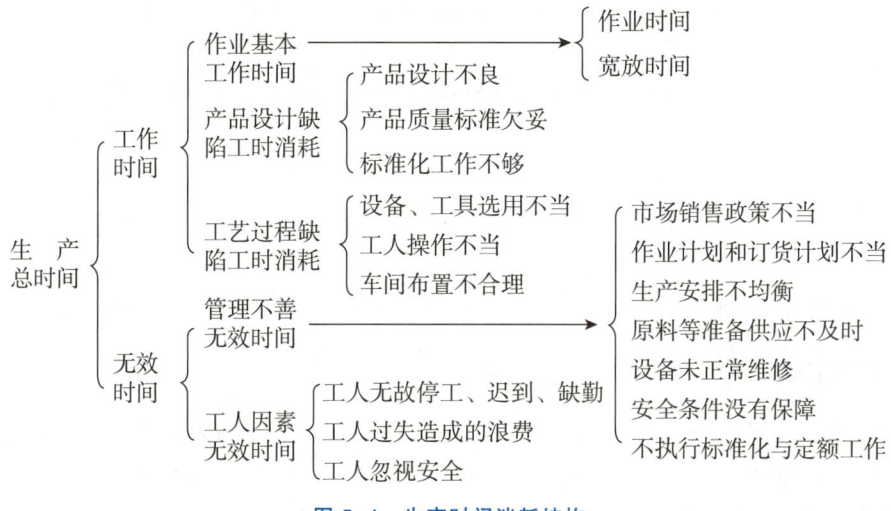

图 5-4　生产时间消耗结构

2. 作业基本工作时间

作业基本工作时间也称定额时间，指在产品设计正确、工艺完善的条件下，作业所用的时间（见图 5-5）。

（1）作业时间——工人的正常有效工作时间。

（2）宽放时间——工人在工作过程中，因布置工作地、休息与生理需要、准备与结束所消耗的时间。

$$宽放时间系数 = 宽放时间 / 作业时间$$

宽放时间的长短，直接关系到作业者每天工作量的大小和定额水平。一般宽放时间也可分为以下四类：作业宽放时间、个人宽放时间、疲劳宽放时间、管理宽放时间。

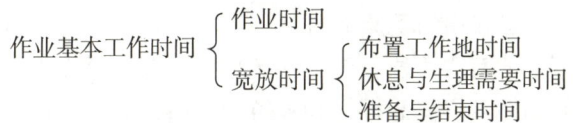

图 5-5　作业基本工作时间

3. 无效时间

无效时间是由管理不善或者工人控制范围内的原因，而造成的人力、设备的无用闲置的时间。

无效时间造成的浪费是十分惊人的，在生产过程中，那些无效时间带来的浪费包括以下几个方面。

（1）生产过剩造成的浪费：整机产品中部分零件过度生产或因担心产生废品而有意下料过多，导致产品的零件不配套，原材料积压，从而浪费了加工工时。

（2）停工等待造成的浪费：由生产作业计划的不合理安排、工序之间的衔接不畅，或者设备发生突发事故等造成的浪费。

（3）运输过程造成的浪费：在产品生产过程中，若因车间布置不当而出现迂回搬运的情况，则会造成运输过程中的资源浪费。

（4）加工过程造成的浪费：若在加工过程中出现切削用量不当的情况，则会导致时间的浪费。

（5）存储过程造成的浪费：若存储过程存在缺陷，则会导致流程烦琐，从而影响企业的业务运行效率。

（6）操作动作造成的浪费：若工人的操作方法不够科学，则会导致时间的浪费。

（7）产品缺陷造成的浪费：若制造过程中有废品产生，则会导致单件平均生产周期延长。

（8）人才利用率过低造成的浪费：若人才的知识和技能未得到充分利用，也会导致浪费。

5.2.1 工时定额

工时定额，又称标准工作时间，是在标准工作条件下，操作人员完成单位特定工作所需的时间。这里的标准工作条件是指，在合理安排的工作场所和工作环境下，由经过培训的操作人员，按照标准的工作方法，通过正常的努力完成工作任务。可见，工时定额的制定应当以对方法的研究和标准工作方法的制定为前提。

工时定额的制定是企业管理的一项基础工作，其作用如下。

（1）确定所需从事工作的人员数量的基础。

（2）生产计划管理和生产控制的重要依据。任何一个生产计划在制订过程中，都要先把产品产量换算成所需要的资源量，再与可用资源量对比来确定计划的可行性，这一步叫负荷平衡。不论是产量转换还是可用资源量确定，均应采用工时定额作为准则，使生产计划科学可行。另外，控制生产进度、计量生产成果，均根据生产计划进行，从而也是以工时定额为依据的。

（3）控制成本和费用的重要依据。在广大企业特别是服务业企业中，人工成本占整体成本的很大比例。减少人工成本就要减少工时消耗，工时定额就是决定工时消耗大小的基础，因此它又是控制成本、费用的重要依据。

（4）提高劳动生产率的有力手段。劳动生产率的提高，意味着生产单位产品或者提供某种服务所用劳动时间缩短。而要想缩短和节省劳动时间就必须制定工时定额，据实计量劳动时间，发现偏差时采取措施加以改善。没有标准就很难分出好坏。

（5）拟订计件工资、奖金等标准。在实行计件工资的条件下，工时定额（有时折算为小时、日工作量或产量）是计算计件工资单价的重要依据，在实行奖金制度的条件下，工时定额是核定标准工作量（或产量）、计算超额工作量（或产量）、考核业绩、计算奖金和进行奖惩的主要依据。

单件工时定额（劳动定额）的时间构成如下。

（1）大批量生产条件下：准备与结束时间是可以忽略的。

单件工时定额＝作业时间＋布置工作地时间＋休息与生理需要时间

（2）成批生产条件下：准备与结束时间是不可以忽略的。

单件工时定额＝作业时间＋布置工作地时间＋休息与生理需要时间＋准备与结束时间÷每批产品的数量

（3）单件生产条件下：准备与结束时间是不可以忽略的。

单件工时定额＝作业时间＋布置工作地时间＋休息与生理需要时间＋准备与结束时间

[**例 5-1**] 某作业的单件作业时间为 30 分钟,经调查发现布置工作地时间及休息与生理需要时间共占单件作业时间的 10%,准备与结束时间为 30 分钟,成批生产条件下加工批量为每次 100 件,试分别求出三种不同情况下的单件工时定额。

解:(1)大批量生产条件下:
$$单件工时定额 = 30 \times (1+10\%) = 33(分钟)$$
(2)成批生产条件下:
$$单件工时定额 = 30 \times (1+10\%) + 30 \div 100 = 33.3(分钟)$$
(3)单件生产条件下:
$$单件工时定额 = 30 \times (1+10\%) + 30 = 63(分钟)$$

通过工作测量法可获得科学、合理的工时定额。工作测量法通常分为测时法、预定时间标准法及工作抽样法等,现具体讲解测时法和工作抽样法。

5.2.2 测时法

测时法,又称直接时间研究法,是用秒表和一些其他计时工具,来测量完成一件作业所需要的实际时间的方法,其基本步骤如下所示。

(1)选定观察对象。被观察的操作者应是普通熟练工人。切忌选择非熟练或是十分熟练的工人,原因在于非熟练工人无法有效执行标准的作业流程;而十分熟练的工人动作又过于灵巧。观察若建立在非正常作业速度的基础上,是难以被多数人接受的。所选操作者也要同观察者协作,在心理上、操作上尽可能免受观察因素干扰。

(2)将作业中各作业要素进行分类,并制定测时记录表。

(3)记录作业的观察时间,剔除不正常的数据,然后计算出各个作业要素的平均值。设 t_{ij} 是作业要素 i 第 j 次的观察时间,那么作业要素 i 平均观察时间的计算公式为

$$平均观察时间 = \frac{1}{n}\sum_{j=1}^{n} t_{ij}$$

(4)计算作业的观察时间。作业的观察时间等于作业中各作业要素的平均观察时间的总和。如表 5-1 所示,为了解某车床加工某种零件的作业时间,按照测时法的基本要求,将该作业过程分解为 5 个作业要素进行观察,然后求出每个作业要素的平均观察时间。

表 5-1 某车床加工某种零件的各作业要素的平均观察时间

作业要素	平均观察时间 / 秒
置零件于卡盘并压紧	13.2
开车与进刀	3.0
车削	27.0
关车与退刀	12.0
卸下零件	12.8
作业的观察时间	68.0

(5)对效率进行评定,计算正常作业时间。评定又称评比,是指时间研究人员将他们观察到的操作者速度与他们理想中的速度(正常速度)进行比较。

例如，如果时间研究人员认为工人正以115%的速度进行作业——相比正常速度（100%）快15%，那么他们需要将作业的观察时间数值调整为

$$正常作业时间 = 68 \times (1+0.15) = 78.2（秒）$$

如果时间研究人员认为工人正以90%的速度进行作业——相比正常速度（100%）慢10%，那么正常作业时间应该为

$$正常作业时间 = 68 \times (1-0.1) = 61.2（秒）$$

（6）考虑宽放时间系数，确定工时定额。例如，通过调查研究发现，个人生理需要时间占正常作业时间的4%；疲劳时间占正常作业时间的5%；不可避免的耽搁时间占正常作业时间的3%，则总的宽放时间系数为12%（4%+5%+3%），假设正常作业时间为78.2秒，则工时定额为

$$工时定额 = 78.2 \times (1+0.12) = 87.584（秒）$$

5.2.3 工作抽样法

工作抽样法也是工作测量法中广泛应用的一种方法。工作抽样法也称间接时间研究法，其特点是采用了间断性观察的方法，这种方法不使用秒表直接观察操作者的工作时间，而是进行大量的随机观察；通过对操作者的工作和空闲状态进行确认，按照"工作"与"空闲"的类别记录出现的数量，而不是事件持续的时间；通过分析样本计算百分比来估算操作者的实际工作时间与空闲时间之比。

此法的基本原则是不在乎特定动作所花的时间，而只估算出人或机器的某一行为所占时间的比例。例如加工产品、提供服务、处理事务、等候指示、等候检修或空闲等，都可以看作是某种"行为"，占用了一段时间。根据大量的观察结果，可以估算出这些行为所占用的时间。

它的基本假定是：观察到样本的某一行为所占时间的比例通常就是这一行为的实际比例。给定置信度，样本数会对估计精度产生影响。

观察得到的数据除用于工作测量以外，还可用于估算人员或设备利用率，确定已在其他作业研究方法中论述过的宽放时间，确定工作内容，进行成本估算等。

1. 工作抽样法的应用步骤

（1）设计观察方式。观察方式多种多样，一般情况下，选用哪种观察方式取决于将工作划分为不同行为的详略程度和划分方式。

（2）决定观察的时间长度。工作抽样法所选择的观察时间长度一定是有代表性的，也就是说这段时间里每一种行为应出现几次。例如，某种行为每周仅出现1次，则把观察时间长度定为1天是没有意义的，可能需要定为数月。

（3）确定初始样本数。一般情况下，研究人员都要先初步估算出被观察行为所占时间的百分比，设置期望的估算精度，以此为基础确定初始样本数。在获得观察数据之后，再进一步思考是否增加样本数的问题。

由于工作抽样法是以随机抽样理论为指导的方法，所以其准确程度与观察次数成正比。观察次数较少则观察误差较大，观察结果没有实际价值；但是观察次数过多也会消耗不必要的人力与时间。

设 $\bar{p}$ 是观察到的某件行为的发生率；n 是观察次数；m 是该行为真实发生次数，那么：

$$\bar{p} = \frac{m}{n}$$

标准偏差为

$$\sigma = \sqrt{\frac{\bar{p}(1-\bar{p})}{n}}$$

计算中使用到的典型的 σ 值如表 5-2 所示。

表 5–2 期望的置信度与 σ 值

期望的置信度	σ 值	期望的置信度	σ 值
90%	1.65	98%	2.33
95%	1.96	99%	2.38
95.5%	2.00	—	—

按照随机抽样理论把观测结果置信度设为 95%，也就是认为工作抽样法所处理的对象是接近正态分布的。那么在置信度为 95% 的情况下抽样范围几乎为 $\pm 2\sigma$。

定义抽样的绝对精度为 ε，且有

$$\varepsilon = 2\sigma = 2\sqrt{\frac{\bar{p}(1-\bar{p})}{n}}$$

定义抽样的相对精度为 θ，且有

$$\theta = \frac{\varepsilon}{\bar{p}} = 2\sqrt{\frac{(1-\bar{p})}{n\bar{p}}}$$

所以，在抽样开始前指定抽样精度即可决定对应的观察次数。

$$n = \frac{4\bar{p}(1-\bar{p})}{\varepsilon^2} \quad \text{或} \quad n = \frac{4(1-\bar{p})}{\theta^2 \bar{p}}$$

（4）选择随机的观察时间。观察者到观察现场获取数据的时间应该在所选择的时间长度内随机确定，以防止数据失真。如果被观察对象已经知道观察者将会在每天下午三点前来观察，那么他们可能会故意在这一时间调整自己的行为方式，因此获得的数据就不能代表被观察对象的实际工作方式。

（5）观察和获取数据。对被观察对象进行观察，并用某种方法进行记录。

（6）检查是否需要更多的样本数。

（7）数据计算、分析与结论。

2. 工作抽样法的优缺点

工作抽样法的几个主要优点如下所述。

（1）观察者无须接受特殊训练（其他方法都必须接受）。

（2）由于不需要使用计时器，所以观察者能够同步观察多种行为。

（3）在工作周期较长的情况下，由于所需的观察时间并不长，所以这是一种非常经济实惠的研究方式。

（4）相较于其他的测定方式，被观察对象更偏爱工作抽样法。

工作抽样法的缺点是必须观察大量样本,并且必须确保足够的估计精度。另外,针对重复性工作来说,它是不经济的。

[**例 5-2**] 某种活动占用规定工作时间的比例为 25% 左右,要求对实际百分比做出相当精确的评估,这个评估的相对精度为 10%,那么请问大概要观察多少次?

解:设 $\bar{p}$ =25%,$\theta=\dfrac{\varepsilon}{\bar{p}}$ =10%,则观察次数为

$$n=\dfrac{4(1-\bar{p})}{\theta^2\bar{p}}=\dfrac{4\times(1-0.25)}{0.1^2\times 0.25}=1200（次）$$

[**例 5-3**] 对某个操作者的作业观察时间共计 100 小时,观察次数共计 1000 次。在这段时间内观察到"工作"的状态有 800 次,其余状态均为"空闲"。在此期间,生产的数量达到了 500 件,考虑到效率评定系数为 0.8825,设定宽放时间系数为 15%,那么如何确定单件工时定额?

解:(1)计算实际工作时间。

实际工作时间 = 总工作时间 ×("工作"状态次数 ÷ 总观察次数)= 100 ×(800 ÷ 1000)= 80(小时)

(2)计算正常作业时间。

正常作业时间 = 实际工作时间 × 效率评定系数 = 80 × 0.8825 = 70.6(小时)

(3)计算单件作业时间。

单件作业时间 = 正常作业时间 ÷ 总件数 = 70.6 × 60 ÷ 500 = 8.472(分钟)

(4)计算单件工时定额。

单件工时定额 = 单件作业时间 ×(1 + 宽放时间系数)= 8.472 ×(1+0.15)= 9.7428(分钟)

 思维风向

高质量发展是全面建设社会主义现代化国家的首要任务。必须完整、准确、全面贯彻新发展理念,始终以创新、协调、绿色、开放、共享的内在统一来把握发展、衡量发展、推动发展;必须更好统筹质的有效提升和量的合理增长,始终坚持质量第一、效益优先,大力增强质量意识,视质量为生命,以高质量为追求;必须坚定不移深化改革开放、深入转变发展方式,以效率变革、动力变革促进质量变革,加快形成可持续的高质量发展体制机制;必须以满足人民日益增长的美好生活需要为出发点和落脚点,把发展成果不断转化为生活品质,不断增强人民群众的获得感、幸福感、安全感。

资料来源:https://www.gov.cn/xinwen/2023-03/05/content_5744877.htm[2025-03-05].

 知行合一

【中核集团:以高质量对标促进企业价值创造能力提升】

5.3 人－机工程

5.3.1 工作环境研究与设计

在生产过程中，人与机器、环境之间的相互作用关系是一种复杂而广泛的关系，这种关系随着几次产业革命的发生而变得更加复杂和多样化。在当今时代，无论是为了提高工作效率，还是为了确保系统的安全和正常运行，企业都必须妥善处理人与机器、环境之间的关系。

工人要想完成生产任务，就必须操作和控制机器，这就需要工人以使用人类感官系统来获得机器显示系统上的运行状态信息为前提，再依据人类判断来命令机器的控制系统。当机器受其控制系统影响时，就会做出反应，再将运行状态信息反映到显示系统。这就是人－机系统工作时产生的交互作用。但是也应该看到，机器与人之间要靠工作环境来进行交互，而工作环境有可能妨碍人－机接触——使人出错，或者将错误的影响作用于机器，从而导致机器控制系统失效。所以，对人和机器之间关系的研究不能忽视工作环境的作用，通常说的人－机系统其实还包括工作环境因素。

人－机工程的核心在于探索人－机系统的内在交互作用，以便让机器和工作环境能够更好地满足人类的生理与心理特点，进一步达到让人们在制造流程中保障自身安全、保持身体健康、感受舒适且能提升生产效率的目的。

人－机系统的三大要素构成了人－机工程的核心。其中，就"人"而言，人－机工程是以感官神经系统以及人体构造与测量学为基础，研究人接受信息、做出判断、做出反应这一过程中的机理、素质和极限能力，并对人的肌体特征、运动生物力学特性等进行研究，是人因工程的专门分支；就"机"而言，人－机工程则主要是结合人类的特点来讨论机器的显示、控制、空间布置和工作地设计等方面的一些特殊问题。上述两个领域的研究牵涉广泛的医学、生理学和心理学等方面，属于工业工程中较为深入的知识领域，因此在此不做过多介绍，本书只对人－机系统中工作环境因素进行简要的概述。

工作环境因素主要涵盖气候状况、照明状况、色彩状况和噪声状况四个方面。

5.3.2 气候状况

工作环境的气候状况主要由以下几个要素决定，即空气温度、空气流通速度和空气污染。

1. 空气温度对人的劳动的影响

人体自身就是一个热源，需要向外部散发热量。当人体产生的热量与散发到外部的热量相等时，就能实现热平衡。在这种情况下，人体的体温大约为36.5℃，这时人会感觉比较舒适；当人体产生的热量超过了所散发的热量时，人就会觉得热，反之就觉得凉。人体每时每刻都会产生并散发热量，研究表明，在正常的休息或者静止状态下，男性大约每小时产生293焦耳的热量。然而，当进行劳动或者剧烈运动时，他们所产生的热量可能会达到正常值的20倍。合适的温度条件，是人达到良好工作状态的先决条件。工作环境内温度过高，会导致人瞌睡和疲劳，进而导致工作状态下降和差错增多。如果工作环境内温度过低，可能导致人无法集中精力，所以要设定一个恰当的温度。而对冷和热的主观感受不只取决于温度条件,还与人的体质、年龄、性别、水土适应情况、工作难度以及着装等有一定关系。所以所谓最佳温度并非某个定值,它是指一定范围内的温度。根据美国的统计数据,最适宜脑力劳动的温度范围为 15.5～18.3℃,最适宜轻度体力劳动的温度范围为 12.7～18.3℃,而最适宜重度体力劳动的温度范围则为 10～16.9℃。

在我国,一般企业的温度控制在冬季供暖期间是比较困难的。冬季供暖的温度以距地板 1.5 米、距墙 1 米处的干泡温度为准,表 5-3 给出了我国各种用途建筑物内的最佳温度范围标准。

表 5-3　我国各种用途建筑物内的最佳温度范围标准

地点	最佳温度范围
学校教室	18.3～21.1℃
医院病房	21.1～22.2℃
剧院、电影院	18.3～20℃
食堂	18.3℃
工厂车间	12.8～18.3℃
住宅	18.3℃

2. 空气流通速度对人的劳动的影响

研究表明,工作环境中的空气流通速度对工作效率有显著影响,在相同温度下,人们在空气新鲜(空气流通速度较快)的工作环境中工作的效率比在空气浑浊(空气流通速度较慢)的工作环境中提高了约 10%。

3. 空气污染对人的劳动的影响

工作环境中存在两个空气污染源。

第一个是人类活动,伴随着劳动强度的增加,人们呼吸过程产生的二氧化碳也会增加,不同劳动强度下成年男子的二氧化碳呼出量可参照表 5-4。

表 5-4　不同劳动强度下成年男子的二氧化碳呼出量

能量代谢强度	劳动强度	二氧化碳呼出量 (立方米/小时)	计算用量 (立方米/小时)
0	睡觉	0.011	0.011
0～1	极轻度劳动	0.012～0.023	0.022
1～2	轻度劳动	0.023～0.033	0.028
2～4	中度劳动	0.033～0.053	0.046
4～7	重度劳动	0.053～0.084	0.069

产品加工、运输和储存等过程中所产生的粉尘、烟雾等,均会对人体造成不同程度的刺激和损害,这是第二个空气污染源。

这些污染可能对生产效率造成负面影响,甚至会威胁到生产安全。

5.3.3 照明状况

在工作环境中，视觉的作用至关重要。人接受的感觉信息约有 80% 来自视觉。眼睛作为视觉器官，其功能及效率的发挥，在很大程度上取决于眼睛所处的照明环境。

1. 照明对工作人员的影响

人类视觉功能能否得到充分运用，很大程度上取决于周边环境的照明水平，包括对比度等。所谓对比度，就是被观察物体与背景之间的亮度差。根据统计分析结果，当照明条件得到优化时，工作中的错误率和事故率显著降低，同时也能有效促进效率的提升。在国外的一项研究中，眼睛疲劳程度的度量指标之一是眨眼次数，该指标用于评估不同照度情况下的眼睛疲劳情况。实验表明，随着照度的增加，眨眼次数减少，表明视觉疲劳得到了有效的缓解。

实验结果也显示，当照明状况不佳时，人很快就会产生疲劳感，这种状态下的工作效果也会变差。而当拥有一个舒适的照明状况时，无论是从事体力劳动，还是从事脑力劳动，工作效率都会提高。另外，照明状况还会影响人的情绪状态，而这种因素也会影响工作效率。人们普遍认为亮堂堂的屋子会让人心情愉悦，也有很多人认为光线应该从左边投射。所以人们在挑选工作地点的时候，会喜欢较亮的环境。反过来，休息时，大多数人喜欢光线暗淡一些。

2. 工作地的照明设计

工作地一定要有合适的照明条件，通常情况下，在进行照明设计时往往要考虑到下面几个要素。

（1）工作地附近的适当亮度。
（2）工作地附近的固定照明。
（3）工作对象和背景之间应该存在适当的亮度差异。
（4）避免眩光。

在考虑上述要素的基础上，照明设计既要避免作业损失和设备事故的发生，又要防止照明浪费。所以合理的照明状况应该是工作环境的照明条件适中、均匀和稳定。好的照明状况不仅要亮，还要杜绝黑角暗道的产生，更重要的是避免闪光、反射，并且不能出现热量太高的现象。表 5-5 提供了不同工作地的照明条件要求。

表 5-5　不同工作地的照明条件要求

工作地分类	举例	标准照度 /lx	照度范围 /lx
超精密工作地	超精密机械加工、刺绣	1000	700～1500
精密工作地	排字、汽车和飞机组装	500	300～700
普通工作地	加工、铸造、焊接	200	150～300
粗工作地	木工	100	70～150
非工作区	车间非工作区、附属生活区及厕所	50	30～70
		20	15～30

5.3.4 色彩状况

色彩易于营造形象和氛围、引起心理联想与想象。世界各国工业卫生协会、环境保护专家、劳动心理学家和医学家都论证了建筑物与设备的色调对人的劳动情绪、生产效率与作业质量具有明显影响。实践表明，色彩不是可有可无的点缀，它是改善劳动环境和提高工作效率的有效影响因素。

1. 色彩的表示方法

为了便于辨别，人们以色调（H）、明度（V）和彩度（C）这三个要素来区别各种各样的色彩。

色调分为5种基本色调，即红（R）、黄（Y）、绿（G）、蓝（B）、紫（P）；还有5种中间色调，即黄红（YR）、绿黄（GY）、蓝绿（BG）、紫蓝（PB）、红紫（RP），这10种色调统称10色环。其中，每一种色调又分为10个等级。

明度指在一定背景下的明亮感觉，由白到黑分成0～10个等距离的等级。

彩度指颜色的浓淡饱和程度。无彩色的颜色，如黑、白、灰的彩度为0。彩度分为12～14个等级。当某种颜色达到饱和时，便为纯色。

色彩的标定方法为 HV/C。例如，7.5YR8/4 的色彩，就代表色调为7.5橙（黄红），明度为8，彩度为4。这种色彩有利于保护眼睛。

2. 色彩对人的影响

色彩对于人来说有两种作用：一是作用于人的身体，二是作用于人的心理。

医学证实色彩作用于人的生理机能与过程，并影响内分泌系统、含水量、血液循环及血压。红色色调会使人各种器官的机能不稳定，而蓝色色调和绿色色调则会使人各种器官的机能稳定。色彩能作用于人的心理，是因为色彩与其所属的客体是密不可分的。因此色彩在心理方面的作用要受人们在生活中所积累的关于人和事物相处的经验和对待事物的态度的制约。也就是色彩会使人产生一定的情绪或者改变一定的心情。例如，"明快"色彩会激发愉悦感，而"阴郁"色彩则会成为情绪不佳的原因。通常情况下，红色和黄色所散发出的气息，能让人感受到一种心旷神怡的温暖感，这些色彩为暖色调；蓝色、绿色和紫色则仿佛在向人们传递着一股冰冷的气息，这些色彩为冷色调。因此，如果室内温度较低，可以考虑使用暖色调；而在高温车间，则最好使用冷色调。

人的情绪可能会受到色彩明度的影响，其中包括明色调和暗色调。明色调能够营造出一种轻松自在、愉悦舒适的氛围，暗色调则可能会引发人们内心深处的压抑和不安情绪。

在选择色彩时，除了考虑一般情况，还需要综合考虑个体的年龄、性别、生活经验等因素，以达到最佳的色彩效果。

3. 工作环境的色彩调节

对生产用房而言，其室内色彩通常不提倡使用单一色彩或以某种色调为主的色彩。为了避免单一色彩引起视觉疲劳，采用对比色是一种行之有效的方法。具体的色彩选择还需根据空间的功能来决定，例如，普通的生产车间更适宜选用亮丽的色彩；高温的工作区建议采取偏冷色调；休闲娱乐场所宜选取能让人感觉放松的温暖色调；接待室可以选择深沉的色调。表 5-6 列举了不同场所的建议色彩。

表 5-6 不同场所的建议色彩

场所	天花板	墙壁上部	墙壁下部
车间	7.5GY9/2	7.5GY8/2	10GY5.5/2
办公室	7.5GY9/2	7.5GY8.5/2	7.5GY7.5/2
食堂	7.5GY9/2	6YR8/3	7.5GY8/2
候诊室	N（白色调）9/0	6.5YR8/2	5YR6/3
走廊	7.5GY9/2	7.5GY9/2	7.5GY7.5/2

就设备而言，无论其规模大小，都大致可划分为主机、辅机、动力来源、控制盘、座面和工作台等类型。在对设备进行色彩装饰时，应兼顾生产用房环境色及工作内容，在此基础上决定设备本体色调。一般而言，选择中性的绿色系或者无刺激感的灰色系较为理想，因为它们能够营造出宁静的感觉并且不易让员工感到视觉疲惫。总之，生产用房的环境色、设备色、作业时的材料色要结合在一起考虑。对于那些需要进行卫生管理的食品和饮料工厂的设备，最佳的选择是白色或接近白色的颜色。对于搬运设备，例如堆高机和手推车，尽量不要用较暗的颜色，最好用比较鲜艳的颜色。

5.3.5 噪声状况

噪声是一种不被人们所欢迎的声音，通常由机械装置或者人类行为引发。噪声不仅让人感到烦恼，分散人的注意力，还有可能误导人们的判断并导致意外事件发生。其涵盖了城市的交通运输噪声、工业制造产生的噪声、建筑工程中的噪声以及商场、运动场馆或休闲区域的人流喧嚣等。噪声若过高，则可能会对人的听力带来损害，图 5-6 说明了一些典型声音的分贝值。

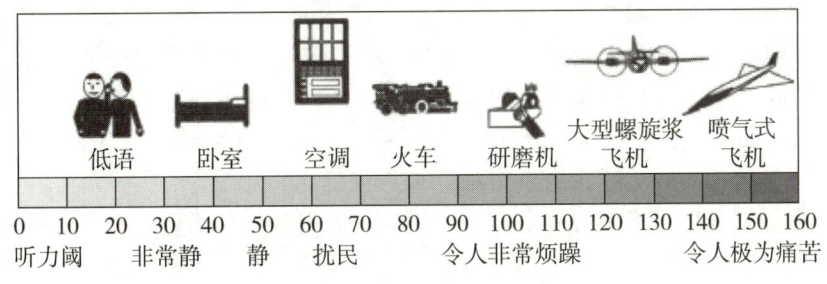

图 5-6 典型声音的分贝值

1. 噪声对工作效率的影响

噪声会以直接或者间接的方式干扰工作。在一个喧闹的环境中，人们的情绪会变得焦躁不安，易于感到疲惫，思维缓慢且难以专注，这些都会严重地影响工作的效率、品质与安全性。那些非重复性的工作类型受到的影响尤为显著。大量的研究证明，当处于高分贝的噪声环境时，人的计算能力会下降，出错的概率也会增多，反应的时间会被拉长，整体的工作效率将会降低。而降低噪声则能够让人感觉更加舒适，减轻压力，从而减少犯错的可能性并提升准确度。例如，针对打字员的研究结果显示，如果将噪声水平由 60 分贝降低到 40 分贝，其工作效率就能提升 30%。同样，对排版、快速记录及校对等工作岗位所做的调研也揭示了同样的规律：噪声等级越高，出现错误的比例越高。

因为噪声会让人分心并隐藏潜在的威胁与警示信息，所以它可能引发工作场所的安全问题。事实表明，那些噪声较大的生产线，比如钢厂，噪声往往被视为引发意外事件的关键因素。此外，由噪声所造成的经济损失也是巨大的，根据世界卫生组织的估算，仅在美国，工业噪声带来的低效劳动、缺勤、职业伤害及听觉损伤等问题，每年所造成的损失就高达 40 亿美元。

值得重视的是，声音过小也可能是一个问题。在一个极其安静的环境中工作，会让人产生恐惧感，使人深感不适，这无疑会对工作造成影响。

2. 噪声控制

噪声干扰的形成过程为声源→传播途径→接收者。因此，噪声控制必须从这三方面来研究。

（1）声源控制。降低设备自身的噪声，可以从开发选用低噪声设备、改善生产加工工艺、提高设备精度及安装技术等方面入手，做到发声体不响或声音强度下降，从源头上解决噪声污染问题。工厂内噪声以机械噪声和空气动力性噪声为主。为了选用低噪声设备或者针对已有声源采取一些措施，必须先弄清各类声源的特性及发声机理。

（2）限制传播途径。通过阻断和屏蔽声波的传播途径，或使声源的传播能量随距离逐渐衰减，可以有效地控制噪声并限制其传播。

① 工厂整体的设计规划需要科学合理。为了预估工厂完成建设后的潜在环境噪声状况，应在项目规划阶段就进行全面思考。例如，把产生较大噪声的工作区域和生活空间分离布置，以避免相互影响；对于极具破坏性的噪声源头，可以选择将其放置于工厂较为隐秘的地点，以便尽可能地实现噪声等级的自然降低。

② 充分利用现有的地理优势，如山冈土坡、树丛草坪等天然地形及现有建筑屏障，对部分噪声进行阻隔或屏蔽。在噪声污染严重的工厂、施工现场或者交通道路两侧设立足够高的围墙或屏障，以此来削弱噪声的传播能力。园区绿化除了能够改善空气质量并提升视觉美观性，还能起到一定的噪声吸收作用。

③ 利用声源的指向性对噪声进行控制。

④ 在声源周围采取消声、隔声、吸声、隔振、阻尼等局部措施，也是一种有效的噪声控制方式。

（3）接收者的防护。在其他噪声控制措施未能达到预期效果或未成熟的情况下，使用噪声防护用具来进行个人防护也是一个既节约成本又高效的选择。比较常见的噪声防护用具有橡胶或塑料制的耳塞、耳罩、防噪声帽、耳孔内塞以及防声棉等，它们能减少 20～30 分贝的噪声污染。在噪声强烈的生产环境中，也可设立小型的隔音区，供工人进行仪表控制或休息。

此外，通过实行轮换作业方式缩短工人在高噪声环境下的工作时长，也是一种可行的噪声防护措施。

习 题

一、名词解释
请分别解释：工作测量、作业基本工作时间、宽放时间系数、无效时间、工时定额。

二、选择题
1. 以下哪一项不是影响员工生产率的主要因素？（　　）
   A. 员工的工作能力　　B. 员工关系　　　　C. 激励　　　　　　D. 工作的物理环境
2. 下述哪一项是产品在加工过程中的生产总时间？（　　）
   A. 产品的工作时间和无效时间
   B. 产品的基本工作时间和宽放时间
   C. 产品的基本工作时间和调整准备时间
   D. 产品的基本工作时间和产品设计缺陷工时消耗
3. 为获得科学、合理的工时定额，以下哪项不是工作测量的常用方法？（　　）
   A. 测时法　　　　　B. 预定时间标准法　　C. 工作抽样法　　　D. 经验统计法
4. 一般地说，宽放时间可分为四类，不包括以下哪一项？（　　）
   A. 作业宽放时间　　B. 个人宽放时间　　　C. 疲劳宽放时间　　D. 事假宽放时间
5. 关于单件工时定额的时间构成，以下哪种条件下准备与结束时间是可以忽略的？（　　）
   A. 大批量生产　　　B. 成批生产　　　　　C. 单件生产　　　　D. 以上都是
6. 以下哪项不是工作抽样法的主要优点？（　　）
   A. 观察者无须接受特殊训练（其他方法都必须接受）
   B. 由于不需要使用计时器，所以观察者能够同步观察多种行为
   C. 在工作周期较长的情况下，由于所需的观察时间并不大，所以这是一种非常经济实惠的研究方式
   D. 针对重复性工作来说，它是比较经济的
7. 人-机工程研究的工作环境不包括以下哪一项？（　　）
   A. 气候状况　　　　B. 色彩状况　　　　　C. 噪声状况　　　　D. 人际关系状况
8. 工作地的气候状况要素不包括以下哪点？（　　）
   A. 空气温度　　　　B. 空气流通速度　　　C. 空气污染　　　　D. 辐射
9. 工作地一定要有合适的照明条件，通常情况下，以下哪点不是照明设计的主要考虑因素？（　　）
   A. 工作地附近的适当亮度
   B. 工作地附近的固定照明
   C. 工作对象和背景之间应该存在适当的亮度差异
   D. 作业区域的人员数量
10. （　　）色系色彩能刺激人体血压与心跳，同时也能激发人们的热情，但也会带来焦虑感和神经紧绷的不适感觉。（　　）色系色彩则能够提升人的胃口，适合餐厅等场合。（　　）色系色彩生理反应接近中性，因此可以应用于普通工作场所。
    A. 红 黄 绿　　　　B. 红 橙 黄　　　　　C. 橙 红 黄　　　　D. 橙 黄 红

三、简答题

1. 生产率的影响因素有哪些？
2. 无效时间会造成哪些方面的浪费？
3. 简述工时定额的作用。
4. 什么是测时法？简述其应用过程。
5. 简述工作抽样法的特点和应用逻辑。

四、论述题

1. 工作设计中为什么要进行行为理论研究？根据这一理论框架，达成良好的工作设计的途径有哪些？
2. 什么是生产时间消耗结构？为什么要进行此项研究？
3. 为什么要进行工作环境研究与设计？哪些工作环境因素可能对生产过程造成影响？

五、计算题

1. 观察一项作业，共观察 60 次，平均每次观察到的作业时间是 1.2 分钟。操作者的效率评定系数是 95%，宽放时间系数为 10%。在每天工作 8 小时的条件下，确定以下时间值。

（1）作业的观察时间；（2）正常作业时间；（3）工时定额。

2. 在一个对航空特快货运飞机处于空闲的时间比例估计的初步调查中，分析员发现，60 次观察中，货运飞机处于空闲的次数有 6 次。

（1）空闲时间比例的估计值是多少？

（2）基于初始的观察，要达到估计值与实际值误差不超过 5%，且满足置信度为 95% 的条件，大约需要进行多少次观察？

六、案例分析题

1. S 公司概况

S 公司主要生产升降设备，产品以出口为主，公司现有厂房约 6000 平方米，办公楼约 500 平方米，现有生产性员工约 140 人，管理人员约 40 人，组织结构较简单。

S 公司生产的主要产品有液压升降设备、气动升降设备及其零配件，其产品广泛用于机场、码头、仓库、生产线等。其产品制造流程比较简单，从原料入厂开始，先后经过储存、下料、除锈、整形、机加工、组装、焊接、清理、油漆、包装、入库等环节。

S 公司作为传统的机械加工制造企业，机械化、自动化程度不高，劳动强度较大，很多岗位对员工有一定的技术要求，因而招工比较困难。受近几年用工荒的影响，员工流动性较大，年平均流失率在 20% 以上，特别是技术工人的流失对公司的影响较大。公司每月人均产值只有 2.5 万元左右，按时交货率也只有 80% 左右，经营绩效不够理想。

2. 阿米巴经营方式的导入决策

2024 年年初，公司工厂经理 R 先生在学习苏州大学 MBA 运营管理课程时，与 Z 教授探讨了公司遇到的问题，Z 教授向 R 经理提出了学习稻盛和夫的阿米巴经营方式的建议。R 经理随后与公司总经理一起认真研读了稻盛和夫的《活法》等著作，之后他们俩一起去拜访了从事阿米巴经营咨询工作的程顾问。通过与程顾问的沟通，他们俩基本达成共识：S 公司的生产情况比较适合采用阿米巴经营方式，通过小组独立核算，提高公司员工的参与意识，能够有效克服公司经营中存在的问题。

R经理在与员工沟通的过程中发现：多数员工认为S公司是一家不错的公司，工资、福利都高于当地平均水平，不过他们感觉目标并不明确，干多干少一个样，很多员工辞职并不是因为S公司工资低、工作环境差，而是因为感觉所做的工作无法体现个人工作价值和缺乏公平感。正是这一现象，增强了R经理导入阿米巴经营方式的信心。

3. 阿米巴的划分

S公司根据自身规模小、人员少的特点，成立了以R经理为组长，生产、品管、工艺及生产计划、人事财务等所有部门参与的阿米巴经营方式运用推广小组，其中R经理负责总体推进和协调，以生产、品管、工艺和生产计划部门为主导，其他部门配合协助。依据生产流程特点，公司划分了8个基层阿米巴。

在确定实施阿米巴经营方式以后，S公司展开了一轮培训，内容包括阿米巴经营方式的理念、方法和案例，公司邀请了程顾问来公司授课，公司管理层与员工一起学习了优秀案例，加深了公司与员工的共同体意识，并通过现场会的方式增强管理的透明度，提高员工的经营管理意识，将管理的权限逐渐向基层下放。

4. 阿米巴长的产生

阿米巴经营方式作为一种赋权管理模式，权力直接给予每个阿米巴，这样，阿米巴长的表现就至关重要了。在导入初期，公司采用三个月一任期的办法来选择阿米巴长。每个阿米巴长由各个阿米巴以少数服从多数的原则自己推选产生，可以连任，但如果超过半数阿米巴成员认为不合适，则可以更换。公司给予阿米巴长1000元岗位津贴。

5. 阿米巴的绩效核算

考虑到导入初期运用阿米巴经营方式的动力缺失问题，公司在制度上也做了相应的改进，虽然阿米巴的绩效不直接与阿米巴成员的基本工资挂钩，但对绩效好的阿米巴，S公司以额外的方式予以奖励，并对阿米巴按月考核排名，对考核第一名的阿米巴给予5000元奖励，第二名给予3000元奖励。S公司也明确告知员工，每年会将10%的公司利润作为奖励发给员工。

S公司产品主要以机械结构件为主，阿米巴的绩效核算一开始也试图采用价格核算方式，但由于公司生产工艺过程的单一性，前后道工序间采用价格核算方式会导致阿米巴之间的价格谈判。经过协商，公司决定将机械结构件的工时定额作为核算对象。工时定额由工艺工程师核定，工艺工程师对公司的10个主要产品核定了工时费用定额和辅料损耗定额。阿米巴的绩效核算公式如下。

阿米巴绩效 = 少于（超过）工时定额的数量 × 20元 + 节约辅料费用

工时费用定额是将所有与生产有关的费用分摊到当月生产的产品后的分摊费用，按月度计划产量计算分摊，2024年的工时费用定额为20元每小时。

阿米巴绩效简单易算，且公开透明。经过一段时间的磨合，大家就适应了这种核算方式。阿米巴绩效核算方式在2024年就取得了良好的效果，人均产值比2023年增长了20%。

此外，其他经营指标如员工的离职率、辅料损耗率、按时交货率及材料利用率等方面都有明显的改善。

S公司在运用阿米巴经营方式前，每个月都有两三个员工离职，全年员工离职率达到20%。在运用阿米巴经营方式的初期，员工反应冷淡，管理层的意识迟迟没有改变，"既然是领导决定的，或许有点儿用，姑且先跟着干"是员工的普遍态度，当第一个月达到核算要求的阿米巴得到奖金后，员工积极性提高了，工作比以前更认真了，离职员工也少了。

S 公司在运用阿米巴经营方式前，产品生产周期长。现在客户都要求快速交货，特别是国内客户，往往在确定一个项目前没有计划，一旦有了项目就都希望一手交钱，一手交货。在 S 公司，只有领导急，下面的员工不急，员工只管按部就班的上班，没有紧迫感，到头来，能按时就按时，不能按时，就推卸责任。在运用阿米巴经营方式后，员工若不能在目标工时内完成，自己就会有紧迫感，工序间的衔接也明显更加顺畅，交货期也缩短了，按时交货率由原来的 85% 提高到 94%。

R 经理曾总结道：实施阿米巴经营方式最重要的结果是员工工作态度的转变，员工从被动工作转向了经营自己，至诚成为员工的工作信条，工作的结果 = 思维方式 × 热情 × 能力，这一公式为员工所认同和接受，这是阿米巴经营方式导入后的最大变化。

资料来源：http://www.cmcc-dlut.cn/Cases/Detail/1730[2025-02-01]。

问题：

1. 在企业管理实践中，问题往往是改善的起点，S 公司在实施阿米巴经营方式前主要面临的问题是什么？所处的外部环境又有哪些特点？

2. 设计生产作业中的工作团队时需要考虑哪些因素？基于时间的报酬是企业中最常见的报酬计算方法，如何在作业标准和员工报酬之间建立联系？

3. 行为因素是工作设计中需要考虑的重要部分，员工情感、员工满意度和企业文化等因素是工作系统有效实施的重要影响因素。S 公司阿米巴经营方式实施过程中有哪些经验与教训？

【第 5 章习题答案】

第 6 章

生产计划

无法评估，就无法管理。

——琼·玛格丽塔

本章要点

1. 了解综合计划的内容。
2. 熟练掌握综合计划的制订策略。
3. 明确综合计划和主生产计划的区别。
4. 熟练掌握主生产计划的时间围栏、输入与输出。
5. 理解收益管理的核心思想。

Symetal 公司是一家以出口为主的软包装材料生产商；重点面向食品、烟草和制药领域，为该领域的众多公司提供多种产品选择；90%以上的产品销往欧洲、中东地区、非洲等区域。作为 ElvalHalcor 的子公司，Symetal 以 ElvalHalcor 公司生产的铝箔为原料，生产包括铝箔和铝在内的软包装材料。两家公司共享同一个公司计划与生产流程系统。Symetal 在雅典郊外拥有两个生产厂，分别是轧制厂和转炉冶炼厂。轧制厂生产各种厚度的箔和铝合金，用于软包装和半刚性容器等。轧制厂的年产量为 52000 吨，转炉冶炼厂的年产量为 26000 吨。转炉冶炼厂接收轧制厂生产的箔，经加工后的箔材不仅可用于食品包装等，也可用来制作香烟盒内衬。在这样一个生产线交叉、产品种类多的生产环境中，大幅度地提高工厂产能利用率是 Symetal 实现业务增长和达到利润目标的关键。为了保持市场地位，Symetal 不断寻求先进的计划与排程解决方案。

为了改善业务，Symetal 列出了几个关键目标：缩短生产与交付时间、提高交付绩效、优化产品组合、提高产量并降低库存。目标包含了优化产品组合，因为这将有助于提高公司的盈利能力。

如今，Symetal 能够为其客户提供更高的附加价值。灵活的解决方案接口能够接受不同需求订单的输入；通过使用生产流程库中的历史数据，系统可创建预定义的特定生产路径，可用于生产具有类似特性的最终产品；公司能够利用工作流程中其他订单节省的材料，构建可行的生产计划；通过引入中间库存，以及利用实时算法，公司能够将交付周期缩短到几周，从而提高市场竞争力。

资料来源：https://mp.weixin.qq.com/s/IwyzX1krtdkjZ2pwd2cWhw[2025-02-01].

6.1 综合计划

综合计划是根据产品组或更广泛的分类确定中期的生产量和生产时间的计划。其主要任务是在考虑生产率、劳动力水平和现有存货水平的基础上，找到最优的结合点，以实现计划期间成本的最小化。

综合计划是在主生产计划之前制订的。

在制造业中，综合计划被分解为更具体的内容，形成主生产计划，供物料需求计划使用。物料需求计划从主生产计划中获取最终产品的需求量，将其分解为零件和原材料的需求量，进而确定购买或生产制造产成品所需的零部件。

在服务业中，综合计划主要关注劳动力数量的确定，并将重点放在每周和每天以小时为单位的劳动力与顾客计划上。劳动力计划使顾客在特定时间内能够获得服务，而顾客计划则确定了顾客接受指定或预订服务的先后顺序。

包含综合计划的生产计划体系如图 6-1 所示。

综合计划是将企业战略与详细流程连接起来的桥梁。详细流程包括物料需求计划（对制造业企业而言）和日劳动力与顾客计划（对服务业企业而言）。

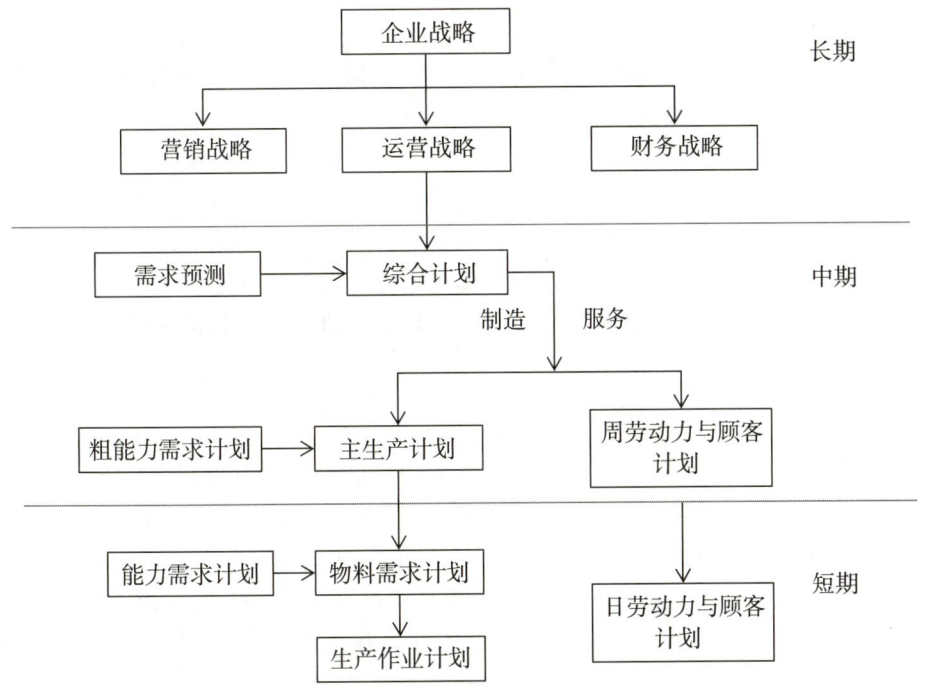

图 6-1 包含综合计划的生产计划体系

生产计划按时间维度分为长期计划、中期计划和短期计划。长期计划涉及较长时间范围，通常是战略层面的规划；中期计划较长期计划更加具体，时间范围一般为 6 到 18 个月；短期计划则更加具体，涉及更短时间内的具体操作。综合计划的目标是确保企业战略的实施，并将其分解为可操作的详细流程，以便企业能够有效地进行生产和服务的安排。通过将时间维度细分为长期、中期和短期，生产计划能够在不同时间范围内进行计划和调度，以满足企业的需求。

1. 长期计划

长期计划通常每年编制一次，其关注的时间范围一般长于 18 个月。长期计划主要涉及两个方面。一方面是产品生产和服务提供流程的设计，即确定生产产品或提供服务的流程。另一方面是将产品或服务送至顾客的供应网络设计，即确定组织、管理产品或服务的物流过程。

在制造业中，流程设计涉及产品生产的具体技术和程序，以确保高效生产。战略计划决定了生产系统的长期能力，例如生产规模和范围。这意味着其确定了企业在长期内应具备的生产能力和资源配置。从物流角度来看，供应网络设计决定了如何将产品从企业送达顾客，并涉及仓库选址和运输系统类型的决策。在企业内部，供应网络设计还涉及与生产外包和零部件供应商选择等相关的决策。

总的来说，长期计划涉及产品生产和服务提供流程的设计，以及物流过程的规划和决策，旨在确保企业长期具备适当的生产能力和资源配置，并能有效地将产品或服务送至顾客。

2. 中期计划

中期计划通常关注 6～18 个月的时间，可以按周、月或季度等时间单位进行增长。中期计划包括预测与需求管理以及销售与运营计划。

预测与需求管理是中期计划的核心，其目的是进行需求预测。通过收集和分析相关数据，企业可以预测未来一段时间内的需求情况。基于这些预测数据，企业可以制订相应的销售与运营计划，以满足预期需求。销售计划是销售人员活动的输入端，它基于预测的需求情况，确定销售目标和策略，为销售团队提供指导。运营计划是企业生产、物流和服务活动计划的输入端。它根据预测的需求情况，规划和安排生产、物流和服务活动，以确保按时交付产品和提供服务。

3. 短期计划

短期计划关注大约 6 个月的时间，通常以天或周的时间单位进行增长。

对于制造业而言，短期计划涉及的内容有生产调度和发运请求。生产调度是短期计划的重点，它涉及具体的生产安排和调度——根据实际情况，制订生产计划，安排生产资源，确保按时完成生产任务。发运请求是指将产品从生产环节送至顾客的请求。在短期计划中，发运请求需要与在供应链内进行实际运输的车队相互配合，确保产品按时、安全地送达目的地。

对于服务业而言，短期计划主要指日劳动力与顾客计划，旨在为顾客提供充分的服务，并维持公平。具体包括安排适当数量的员工，合理分配工作时间，确保顾客需求得到满足，同时保持员工的工作负荷和工作时间的平衡。

生产计划按时间维度的分类见图 6-2。

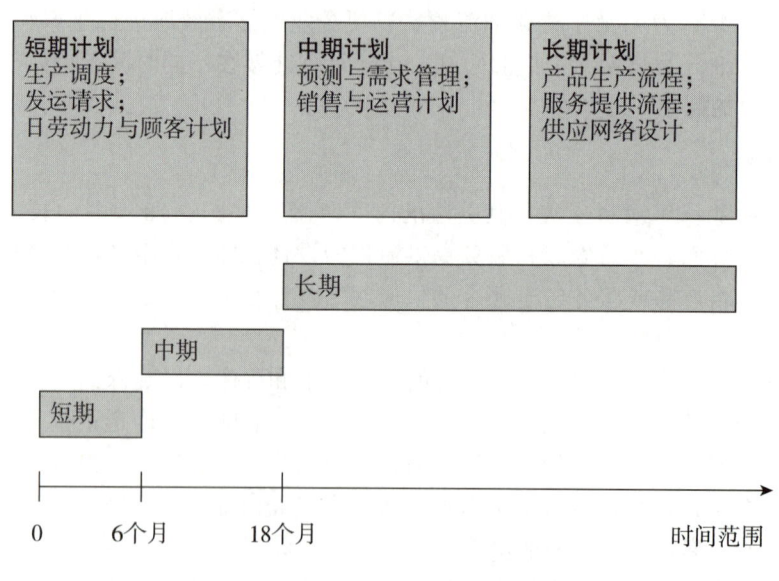

图 6-2　生产计划按时间维度的分类

6.1.1 生产计划的环境

企业的生产计划都是在一定的外部环境和内部环境中生成的,即企业需要对内外部环境进行分析,并根据分析结果,制订相应的生产计划,以使企业的生产活动适应企业内外部环境的要求。

图 6-3 中显示了构成生产计划环境的内部因素和外部因素。外部因素包括市场竞争、行业趋势、经济状况、政策法规、外部能力等,这些因素会对企业的生产活动产生影响。内部因素则包括企业当前的实体生产能力、目前的劳动力水平、库存水平等方面。为了使企业的生产活动适应内外部环境的要求,企业需要对这些环境进行分析。通过对外部环境的分析,企业可以了解市场需求、竞争态势、行业趋势等,从而更好地制订生产计划。同时,对内部环境的分析可以帮助企业了解自身的资源状况、技术能力、劳动力配置等,为制订生产计划提供依据。

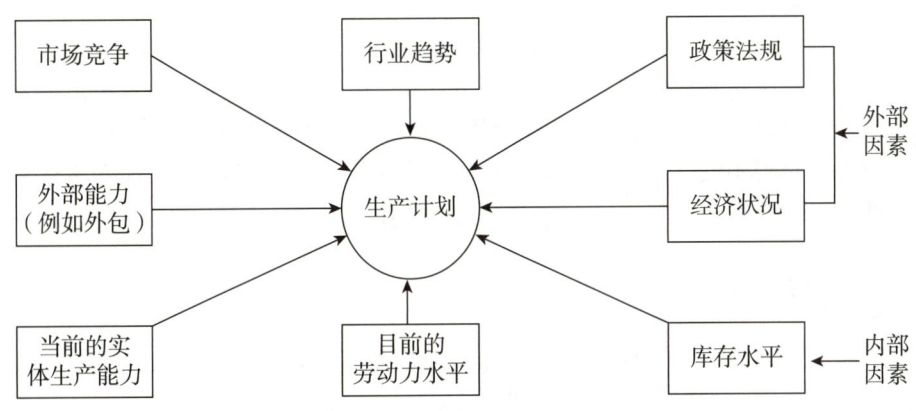

图 6-3　构成生产计划环境的内部因素和外部因素

外部因素是计划制订者无法直接控制的因素。这包括市场竞争、经济状况、行业趋势、政策法规、外部能力等。这些因素可能对产品的市场需求产生影响。然而,在某些企业中,产品的需求可以得到有效的控制。例如,在销售淡季时,采取促销或降价销售等手段来刺激消费者的购买需求。这可以帮助企业在低需求期间增加销量,促进产品的流通。相反,当产品的市场需求较为旺盛时,企业可以减少促销活动或提高销售价格,以获取最大的收益。通过根据市场需求的变化灵活地调整营销策略和销售价格,企业可以在一定程度上控制产品的需求,以实现最佳的经济效益。这种控制可以通过运营部门与营销和生产部门的密切合作来实现,以确保市场需求与产品供应之间的平衡。

内部因素是计划制订者可以直接控制的因素。内部因素在可控性上存在差异。企业当前的实体生产能力(如工厂或设备)在短期内几乎是固定的,无法迅速改变。工会通常会限制企业采取措施改变劳动力水平。此外,最高管理层可能会限制库存水平。这些因素限制了企业在短期内对实体生产能力和资源配置能力的调整。尽管如此,这些因素仍然具有一定的柔性。虽然当前的实体生产能力无法迅速改变,但在面对产品市场需求的不断波动时,企业仍需要均衡生产,以满足市场需求。为了解决这种矛盾,企业需要制订有效的综合计划,以实现市场需求和生产能力的大致平衡,并使整个计划期间的成本最小化。在特定的需求情况下，企业可以实施一种或几种策略，如增加产能、调整生产线、灵活调度等，以适应市场需求的变化，并确保生产能力得到最优利用。

6.1.2 综合计划的制订策略

1. 制订综合计划的基本策略

综合计划的制订需要考虑多个因素之间的平衡，包括劳动力规模、工作时间、库存水平和未完成订单等。通过采用追赶策略、平准策略和混合策略，企业可以在需求和资源之间找到平衡点，以实现高效生产。

1）追赶策略

追赶策略的核心思想是根据订单数量的变化来调整员工的数量，以确保生产数量与订单数量保持平衡。当订单数量增加时，企业需要雇用更多的员工来满足需求。相反，当订单数量减少时，企业可能需要调整人员配备方案以避免产能过剩。

然而，这种策略的成功与否取决于是否有足够的经过简单培训的应聘者储备可供雇用。如果企业在订单增加时没有足够的应聘者，那么追赶策略可能无法实施，因为无法及时增加生产力。此外，这种策略可能会对员工的情感产生负面影响。当未完成订单较少时，员工可能会感到不安，因为他们担心在现有订单完成后会被解雇。这可能导致员工减缓工作速度，以延长工作时间，从而保留他们的工作。

 拓展阅读

稳定劳动力规模和可变劳动力时间

稳定劳动力规模是指企业在一段时间内保持相对稳定的员工数量，而不频繁调整生产人员数量。可变劳动力时间是指通过调整工作小时数来适应生产需求的变化，可以通过灵活的生产时间安排、增加或减少工时来实现。

稳定劳动力规模和可变劳动力时间策略的优势在于保证了劳动力的连续性。员工可以在一段时间内稳定地工作，不必担心生产调整导致的岗位变动。这有助于建立稳定的员工团队，提高工作效率和生产质量。此外，这种策略还可以避免追赶策略可能带来的员工情感成本和物质成本。追赶策略中人员数量的频繁增减可能会使员工产生压力，同时也会增加招聘和培训的成本。稳定劳动力规模和可变劳动力时间策略可以减少这些成本，并提供更好的员工福利和工作环境。

2）平准策略

平准策略是一种管理策略，旨在保持稳定的劳动力规模和产出水平，以此消除供需之间的波动。它的核心思想是通过调整库存水平来应对需求的变化，以避免出现短缺或过剩的情况。具体而言，平准策略的目标是在生产过程中维持相对稳定的劳动力规模，避免频繁调整生产人员数量。同时，它还致力于保持稳定的产出水平，以满足市场需求。为了实现这一目标，企业需要根据需求的波动程度来调整库存水平。当需求较多时，平准策略下企业会减少库存以满足订单需求，这样可以避免出现短缺情况，确保及时交付产品给顾客。相反，当需求较少时，平准策略下企业会适当增加库存。

平准策略的实施可能会面临一些挑战。例如，维持稳定的劳动力规模和产出水平可能会导致库存成本的增加。此外，由于库存产品可能会过期或陈旧，需要注意及时销售或处理库存。

3）混合策略

如上所述，如果仅采用单一策略来应对需求波动，则称为单一策略；如果使用两种或更多种策略，则称为混合策略。大多数企业在制订综合计划时不依靠单一的追赶策略或平准策略，而是采用混合策略以实现成本最小化。然而，由于混合策略有很多可能的形式，综合计划的制订变得复杂，并且往往没有一个"最优"的计划。实际上，许多企业没有正式的综合计划，只是根据需求对过去的计划进行轻微改进。这种方法显然不能提供很大的灵活性。一旦最初的计划不理想，整个生产过程也会受到影响。

2. 处理非均匀需求的策略

编制综合计划时需要解决的一个基本问题是如何处理非均匀需求。需求存在起伏和波动，而企业的产能相对稳定，为了解决这种矛盾，企业需要研究处理非均匀需求的策略。

处理非均匀需求可以从需求和产能两个方面着手。

如果总的产能和需求是平衡的，就需要减少需求波动或通过改变产能适应需求波动。这可以通过市场调研、销售预测和需求管理等手段来实现。通过减少需求波动，企业可以更好地计划和安排生产，以适应市场需求的变化。

如果总的产能和需求是不平衡的，就需要限制需求或刺激需求，并增加产能或将多余产能出售。限制需求可以通过定价策略、市场细分等方式来实现。刺激需求则可以通过市场营销和广告等手段来实现。同时，增加产能可以通过扩大生产规模、提高生产率来实现。

1）改变需求

改变需求是指通过各种策略和措施来影响市场需求的规模和结构，这可以通过价格转移、推迟交货、固定时间表等多种方法实现。以下是一些改变需求的常见方法和示例。

（1）价格转移。价格转移是指通过差异化定价，激发或抑制顾客的购买意愿，从而转移高峰需求。例如，服装零售商在季末进行清仓折扣销售，将原本较高的价格降低，吸引更多顾客购买；电影院在平日上午场次提供更低的票价，以吸引顾客在非高峰时段观影；航空公司根据舱位等级和预订时间的不同，对机票进行差异化定价以最大化收益。

（2）推迟交货。推迟交货是一种因生产能力有限而采取的策略。当需求超过供应能力时，企业可能会推迟对一些顾客需求的满足。通过推迟交货，企业可以影响顾客的购买决策，调整需求的时间分布。例如，在产品发布前，企业可以开展预售活动，接受订单但推迟交货；企业可以限制产品供应的数量，通过稀缺性来激发需求；企业可以引入预约制度，顾客需要提前预约并等待交货。然而，这种策略需要谨慎考虑，因为推迟交货可能会导致顾客不满意、销售额下降，并可能失去一些顾客。

（3）固定时间表。通过预先安排的固定时间表，企业可以更好地规划资源和提供服务，避免资源的过度使用或浪费。这种策略可以提高服务效率、降低成本，并确保顾客需求在合理的时间内得到满足。例如，如果快递公司满足顾客随时寄送和投递的要求，就需要随时提供大量的快递员和运输车辆。这将导致资源的浪费和成本的增加。为了更有效地利用资源，快递公司通常采用固定的时间表和路线来安排快递的收寄。通过固定时间表，快递公司可以更好地规划和调度资源，提高运输效率，减少运输成本。顾客也可以根据时间表来安排自己的快递需求，提前知道何时可以收寄包裹，从而更好地管理时间和安排工作。

2）调整产能

调整产能是指根据市场需求和企业战略来调整生产能力和库存水平。以下是一些常见的方法和策略。

（1）改变劳动力数量。这是一个增加或减少产能的直接方法，即根据任务的重要性和工作负荷来调整劳动力的数量。企业可以雇用更多的劳动力来提高产能，或者调整人员配备方案来降低产能。这种方法的优点是灵活性高，企业可以根据实际需求快速调整劳动力数量。但是，这种方法也有一些限制和要求。首先，它更适合非专业性的工作，因为对于这些工作，一般来说人们经过简单训练或观摩就可以胜任。对于需要专门技术的制造业，由于难以随时招募技术员工，或者员工需要经过系统培训才能上岗，这种方法可能不太适用。这种方法在服务业中更为常见，因为普通的服务业工作通常不需要太多的专业技术，一般人经过简单的训练就可以胜任。其次，频繁调整生产人员数量可能会受到法律的限制和工会的反对，也可能会影响员工的士气和工作情绪。

（2）改变生产速率。这是一个提高产能的快速方法。在需求多的时候，企业可以通过让员工加班加点，提高生产速率，使之与需求的增长相匹配。然而，这可能会导致生产不均衡，因为员工可能在加班加点后变得疲劳，从而影响他们的生产效率。在需求少的时候，企业可以抽调部分员工进行培训。这不仅可以提高员工的技能，从而提高他们的生产效率，也可以帮助企业更好地利用资源，避免员工闲置。

（3）利用库存调节。由于市场需求是波动的，而产能在一定时期内是相对稳定的，所以企业可以利用库存来平衡生产和需求。具体来说，当市场需求较少时，企业可以适当地增加库存；而当市场需求较多时，企业可以通过减少库存来满足增加的需求，从而维持稳定的生产能力。但是，这种策略也有一些潜在的问题。首先，改变库存水平会产生一些额外的成本，例如库存成本、资金占用成本等。其次，如果市场需求发生急剧变化，如急剧减少，过多的库存可能会带来风险，例如过期、贬值等。最后，依赖库存也可能破坏生产的准时性，掩盖一些潜在的管理问题。需要注意的是，这种策略并不适用于所有行业。例如，对于提供纯服务的企业来说，由于服务无法提前生产并存储，所以企业无法使用这种策略。

（4）转包。转包是将一部分生产或服务任务交给其他企业完成，这样可以利用其他企业的产能或专业技能，从而相当于扩大了本企业的产能或专业技能。这种策略在面临需求多变或需要提供多样化服务的情况下尤其适用，因为它可以避免企业自身进行大规模的投资以扩充产能或增加服务种类所带来的额外风险。然而，转包也可能带来一些问题。一方面，由于生产或服务的一部分被外包，企业可能会丧失对这部分工作的直接控制权，这可能导致交货不及时或质量问题。另一方面，由于部分收益需要支付给转包供应商，企业可能会丧失部分收益。因此，企业在选择是否进行转包时，需要权衡其带来的灵活性收益和潜在风险。

6.1.3 综合计划的制订

1. 综合计划制订的步骤

一般来说，综合计划制订的步骤如图 6-4 所示，具体内容如下。

（1）确定每段时间的需求：这是计划的基础，需要根据预测的需求、已得到的订单、期望的库存等来确定。

（2）确定每段时间的能力：包括正常工作、加班工作和转包的能力。这需要考虑到设备、人员等资源的可用性。

（3）确定企业有关政策：明确与企业安全库存、员工队伍的流动程度等方面有关的政策，这些政策会影响到企业的运营和计划的制订。

（4）确定各种单位费用：确定正常工作、加班工作、转包、维持库存、推迟交货、雇用和解雇等方面的单位费用，这是为了在后续的计划制订中，可以明确各种策略的成本，从而进行比较和选择。

（5）提出备选计划并计算费用：这是为了从多个可能的计划中，选择出最佳的一个。

（6）确定综合计划：在比较了各个计划的成本和效果后，选择最满意的计划。

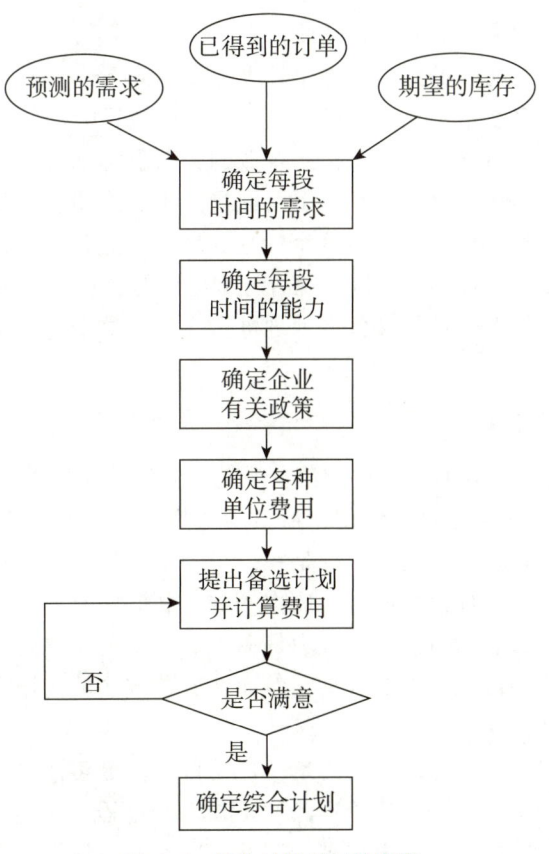

图 6-4 综合计划制订的步骤

在制订综合计划时，还需要考虑约束条件。

（1）物理性约束条件。物理性约束条件是指企业的设施空间限制、生产能力限制等实际物理条件。例如，一个工厂的生产能力可能由其设备、空间和员工数量等因素决定。

（2）政策性约束条件。政策性约束条件是指企业在经营管理方针上设定的一些限制或规定。例如，企业可能规定订单积压时间不能超过一定的时长；企业可能规定员工每月的加班工时不能超过 20 小时；企业可能规定转包生产的产品数量不能超过总产品数量的 30%；企业可能规定某个关键产品的库存量不能低于 1000 个；等等。

（3）成本约束条件。只有成本在可接受范围内时，计划才是可接受的。成本主要包括以下方面。

① 基本生产成本。指在特定时间段、特定生产类型下生产所导致的固定成本和可变成本，包括直接或间接的劳动力成本以及超时补偿成本等。

② 与生产率相关的成本。包括雇用、培训以及解雇员工所需要的成本。雇用临时工是减少这种成本的一种方法。

③ 库存成本。主要由存货所占用的资金构成，还包括存储、保险、税金以及毁损和过时的成本。

④ 延期交货成本。这种成本通常难以衡量，包括顾客好评下降的成本以及由缺货所引起的销售收入的减少。

制订可行的综合计划是一个反复的过程。

首先，需要制订一个初步的计划，这个计划需要确定每个计划单位（例如每月或每季度）内的生产速度、库存水平、允许的订单积压量和转包量以及劳动力情况。

其次，需要考虑约束条件，并严格按照企业的经营目标和方针来检查这个计划。如果这个计划是可行的或者是可接受的，那么就可以进入下一个步骤。如果这个计划是不可行的或者是不可接受的，那么就需要修改这个计划或者重新制订计划，这个过程需要反复进行，直到得出一个可接受的计划。在制订综合计划的同时，还需要提出合理的备选计划。

最后，需要对提出的综合计划和备选计划进行决策。这个过程确保了计划的可行性和企业运营目标的实现。

2. 综合计划制订的方法

制订综合计划的方法主要有数学模型法及反复试验法。

数学模型法主要通过建立数学模型，通常是线性规划模型，来解决综合计划制订问题。线性规划是一种优化技术，它的目标是在一组约束条件下最大化或最小化一个线性目标函数。在综合计划中，目标函数通常是成本函数、利润函数或生产量函数等，约束条件可能包括原材料供应能力、设备能力、人力资源等。数学模型法是一种科学、系统的决策工具，可以帮助企业找到最优的综合计划。然而，这种方法的应用需要相应的数学和计算能力，且对问题的模型化要求较高。

反复试验法，也称图表法。这种方法是一种更直观、更实证的方法，主要通过反复试验和调整来找到最佳的综合计划。这种方法通常在生产过程中实施——首先观察和记录不同综合计划的结果，然后根据实际表现进行调整。这种方法的优点是它不需要复杂的数学模型，更加灵活、适应性更强，特别适合复杂、动态或不确定的生产环境。因为制订综合计划涉及的因素非常复杂，寻求最优的综合计划比较困难，所以人们常常使用反复试验法来找出一个满意的综合计划。

3. 综合计划制订的技术应用

企业在制订综合计划时，通常会应用一种称为试算法的技术。试算法可以帮助企业计算不同综合计划的成本，并从中选择出成本最低（或效益最高）的一个。

电子表格软件（如 Microsoft Excel）在这个过程中起到非常重要的作用。它可以帮助企业快速、准确地计算各种计划方案的成本，比较不同计划方案的优劣，并最终选择最佳计划方案。这种软件通常包含各种强大的计算和分析工具，使得企业能够更有效地制订综合计划。

此外，电子表格软件还可以用于实施更精确的计划方法，如线性规划和仿真计划。线性规划是一种数学优化技术，可以帮助企业在一组约束条件下找到最优解。仿真计划则是通过模拟实际生产过程，预测不同计划方案的结果，从而选择最佳计划方案。这些复杂、精确的方法可以帮助企业在复杂、不确定的环境中做出更好的决策。

下面用例 6-1 说明如何利用电子表格软件比较四种计划方案。

[例 6-1] 某公司期初库存（1 月的期初库存）为 400 件。由于需求预测是有误差的，所以公司决定建立一个安全库存（缓冲库存）以降低缺货的可能性。安全库存为预测需求量的 25%。在研究备选综合计划之前，一般将预测需求量转换为生产需求量，生产需求量包括安全库存。

现在我们为公司制订综合计划，用电子表格软件对不同计划方案进行分析，以确定总成本最低的方案。

① 需求预测。需求预测数据和库存数据分别见表 6-1 和表 6-2。

表 6-1 需求预测数据

	1月	2月	3月	4月	5月	6月	总计
预测需求量/件	1800	1500	1100	900	1100	1600	8000
每月工作天数/天	22	19	21	21	22	20	125

表 6-2 库存数据

库存类型	库存数量/件
期初库存（1月的期初库存）	400
安全库存	预测需求量的25%

② 费用。费用相关数据见表 6-3。

表 6-3 费用相关数据

类型	相关数据
库存成本	1.5 元/件·月
缺货损失	5 元/件·月
转包边际成本	20 元/件（转包费用 − 材料费用）
招聘与培训成本	200 元/人
解雇费用	250 元/人

续表

类型	相关数据
单位产品加工时间	5 小时
正常人工成本（每天 8 小时）	4 元 / 小时
加班人工成本（1.5× 正常人工成本）	6 元 / 小时

③ 生产需求量。生产需求量计算结果见表 6–4。

表 6–4　生产需求量计算结果　　　　　　　　　　　　　　　　　　　　　　　单位：件

	1月	2月	3月	4月	5月	6月
期初库存	400	450	375	275	225	275
预测需求量	1800	1500	1100	900	1100	1600
安全库存（0.25× 预测需求量）	450	375	275	225	275	400
生产需求量（预测需求量 + 安全库存 – 期初库存）	1850	1425	1000	850	1150	1725
期末库存（期初库存 + 生产需求量 – 预测需求量）	450	375	275	225	275	400

对此，我们提出以下四种方案，并对其进行计算与分析。

方案一：调整人员配备方案——在需求量大时应多雇用工人，在需求量小时可以调整工人数量。这种做法不一定永远可行，如对技术要求高的工种一般不能采取这种策略，因为技术工人不是随时可以雇用到的。另外，工人队伍不稳定也会引起产品质量下降和一系列的管理问题。方案一计算结果见表 6–5。

表 6–5　方案一计算结果

	1月	2月	3月	4月	5月	6月	总计
生产需求量 / 件	1850	1425	1000	850	1150	1725	—
所需生产时间（生产需求量 ×5 小时 / 件）	9250	7125	5000	4250	5750	8625	—
每月工作天数 / 天	22	19	21	21	22	20	—
每人每月工时（每月工作天数 ×8 小时 / 天）	176	152	168	168	176	160	—
所需工人数 / 人（所需生产时间 ÷ 每人每月工时）	53	47	30	25	33	54	—
新增工人数 / 人（假定期初工人数为 53 人）	0	0	0	0	8	21	—
招聘与培训费用（新增工人数 ×200 元 / 人）	0	0	0	0	1600	4200	5800
解雇人数 / 人	0	6	17	5	0	0	—
解雇费用（解雇人数 ×250 元 / 人）	0	1500	4250	1250	0	0	7000
正常人工成本（所需生产时间 ×4 元 / 小时）	37000	28500	20000	17000	23000	34500	160000

方案二：库存调节——在正常的工作时间内用固定人数的工人进行生产，以满足预测需求量，即通过库存来调节生产，维持生产率和工人数量不变。当需求量不足时，由于生产率不变，库存就会积累起来。当需求量过大时，可以利用库存来满足需求，库存就会减少。方案二计算结果见表6-6。假定工人数量为40人。

表6-6 方案二计算结果

	1月	2月	3月	4月	5月	6月	总计
期初库存/件	400	8	−276	−32	412	720	—
每月工作天数/天	22	19	21	21	22	20	—
可用生产时间（每月工作天数×8小时/天×40人）	7040	6080	6720	6720	7040	6400	—
实际生产量（可用生产时间÷5小时/件）	1408	1216	1344	1344	1408	1280	—
预测需求量/件	1800	1500	1100	900	1100	1600	—
期末库存（期初库存+实际生产量−预测需求量）	8	−276	−32	412	720	400	—
缺货损失（缺货件数×5元/件）	0	1380	160	0	0	0	1540
安全库存/件	450	375	275	225	275	400	—
（保留正数）多余库存（期末库存−安全库存）	0	0	0	187	445	0	—
库存成本（多余库存×1.5元/件）	0	0	0	281	668	0	949
正常人工成本（可用生产时间×4元/小时）	28160	24320	26880	26880	28160	25600	160000

方案三：转包——维持正常工人数量不变（基于对生产需求、人工成本、设备利用率等多种因素的综合考虑，正常工人数量为25人），需求不能满足部分采用转包方式解决，风险是过度依赖转包供应商可能使企业的业务变得脆弱。方案三计算结果见表6-7。

表6-7 方案三计算结果

	1月	2月	3月	4月	5月	6月	总计
生产需求量/件	1850	1425	1000	850	1150	1725	—
每月工作天数/天	22	19	21	21	22	20	—
可用生产时间（每月工作天数×8小时/天×25人）	4400	3800	4200	4200	4400	4000	—
实际生产量（可用生产时间÷5小时/件）	880	760	840	840	880	800	—
转包件数（生产需求量−实际生产量）	970	665	160	10	270	925	—
转包成本（转包件数×20元/件）	19400	13300	3200	200	5400	18500	60000
正常人工成本（可用生产时间×4元/小时）	17600	15200	16800	16800	17600	16000	100000

方案四：加班——在正常工作时间内用固定人数的工人（38人）进行生产，满足所有预测需求量，如果正常工作时间无法满足，则加班完成。该方案目标是使6月份的期末库存与安全库存尽可能接近。方案四计算结果见表6-8。

表6-8 方案四计算结果

	1月	2月	3月	4月	5月	6月	总计
期初库存/件	400	0	0	177	554	792	—
每月工作天数/天	22	19	21	21	22	20	—
可用生产时间（每月工作天数×8小时/天×38人）	6688	5776	6384	6384	6688	6080	—
固定生产量（可用生产时间÷5小时/件）	1338	1155	1277	1277	1338	1216	—
预测需求量/件	1800	1500	1100	900	1100	1600	—
加班前库存（期初库存+固定生产量−预测需求量）	−62	−345	177	554	792	408	—
加班生产件数/件	62	345	0	0	0	0	—
加班成本（30元/件）	1860	10350	0	0	0	0	12210
安全库存/件	450	375	275	225	275	400	—
（保留正数）多余库存（加班前库存−安全库存）	0	0	0	329	517	8	—
库存成本（多余库存×1.5元/件）	0	0	0	494	776	12	1282
正常人工成本（可用生产时间×4元/小时）	26752	23104	25536	25536	26752	24320	152000

我们对已有的四个方案进行比较，结果见表6-9。

表6-9 比较结果　　　　　　　　　　　　　　　　　　　　　　　　　　　　　　　单位：元

成本	方案一	方案二	方案三	方案四
招聘与培训	5800	0	0	0
解雇	7000	0	0	0
库存	0	949	0	1282
缺货	0	1540	0	0
转包	0	0	60000	0
加班	0	0	0	12210
正常人工成本	160000	160000	100000	152000
合计	172800	162489	160000	165492

注：所有方案均基于相同的生产需求量（表6-4）进行成本计算。因材料成本与生产总量直接相关，且各方案生产总量一致，材料成本总额相同，故未单独列出。

由表 6-9 可以看出，经过四种方案的试算比较，方案三，即转包方案的总成本最低，这为我们选出效益最高的方案提供了可靠的参考。

【国网定西供电公司：优化综合计划管控，助推提质增效】

6.2 主生产计划

主生产计划（Material Production Schedule，MPS）是企业生产计划的一个重要环节，它位于综合计划和物料需求计划之间，是对企业综合计划的细化，同时也是进一步制订物料需求计划的基础和前提。主生产计划在企业的生产计划系统中起到了重要的作用，它是连接生产、供应和销售的桥梁，主要负责将独立的需求转化为内部的计划信息。在计划过程中，企业可以根据生产能力的情况，对主生产计划进行调整。确定的主生产计划将作为生产和采购的基础。主生产计划的制订依据和目标见图 6-5。

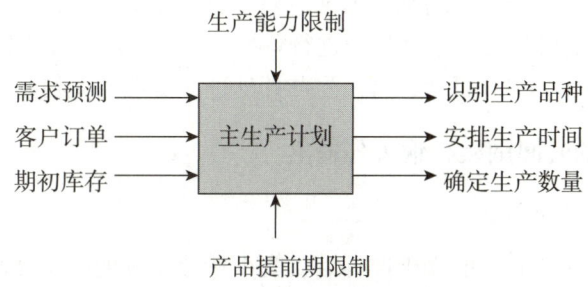

图 6-5 主生产计划的制订依据和目标

主生产计划主要根据需求预测、客户订单和期初库存来制订，目标是识别生产品种，安排生产时间，确定生产数量。这个计划将上层的系列产品生产计划转化为具体产品的生产计划，是对综合计划的分解。

主生产计划通常以周为单位，但也可以是日、旬、月等不同的时间单位，这取决于具体的企业和产业情况。

主生产计划的对象通常是最终产品，也就是企业最终完成、要出厂的成品，它具体包括产品的品种、型号；每一种具体产品在每一个具体时间段内的生产数量；产品出厂进度的安排；等等。

6.2.1 主生产计划的制订程序

图 6-6 为主生产计划的制订程序。

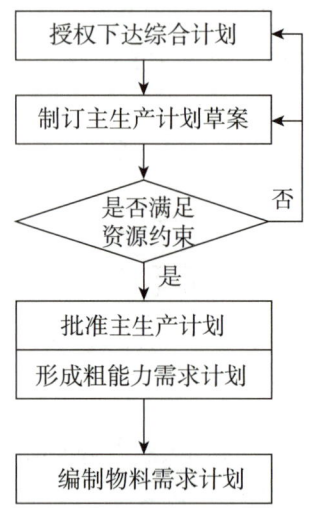

图 6-6　主生产计划的制订程序

可以看出，主生产计划的制订过程，是一个反复试算和调整，将综合计划分解为更具体操作的过程。在制订主生产计划时，需要考虑到所有可用的资源，如设备能力、人员能力、加班能力和外部协作能力等。在这个过程中，企业需要不断比较预测的需求和现有资源，如果预测的需求超出了现有资源的限制，就需要对计划进行修改，直到找到一个符合资源限制的计划。然而，有时候，即使经过多次尝试和调整，现有的资源仍然无法满足计划的需求。在这种情况下，可能需要增加资源或者对综合计划进行修改。一旦找到了一个可行的主生产计划，就需要将其提交管理机构进行审批，然后形成粗能力需求计划（Rough-cut Capacity Planning，RCCP）。最后，将主生产计划进一步细化，编制出物料需求计划。

6.2.2　主生产计划的时间围栏、输入与输出

1. 主生产计划的时间围栏

高绩效企业通常具有高效的主生产计划，其中非常关键的一个技巧是使用时间围栏来帮助企业实现订单承诺和促进订单进入生产系统。时间围栏将进度计划的时间坐标分为三个时期或阶段，分别是冻结阶段、半冻结阶段和流动（开放）阶段，用以表示进度计划的稳固程度。

冻结阶段通常是进度计划区间的最初几个区间。在这个阶段，新的订单是不能轻易实现交付的，或者需要付出巨大的成本，或者需要采取极端的选择，例如推迟其他订单的交付时间。因此，一旦订单确定下来，这部分进度计划通常就会被冻结，除非得到生产经理的批准，否则不允许添加任何新的订单。冻结阶段的长度通常取决于产品生产所需的总时间，包括从获取原材料到订单发货的整个生产流程。在冻结阶段，承诺的订单交货期基本上可以得到保证。

接下来是半冻结阶段，通常位于冻结阶段之后的几个区间。在这个阶段，接受新订单仍然需要一定的成本，但相对于冻结阶段，成本较低。主生产计划制订者可以做出是否增加订单的决定。在半冻结阶段，承诺的订单交货期相对有一定保证，并且生产能力计划也相对明确。

在流动阶段，增加新的订单或者取消订单相对容易。这个阶段承诺的订单交货期只是初步的计划，随着时间的推移，订单将在进度计划期的冻结阶段内被最终确定下来。随着订单进入冻结阶段，订单将会受到更加明确的规定和限制。

主生产计划的时间围栏见图6-7。

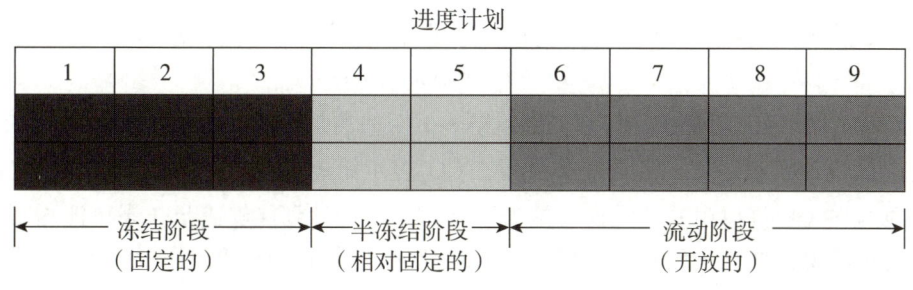

图6-7 主生产计划的时间围栏

2. 主生产计划的输入

主生产计划的输入与输出见图6-8。这里先介绍输入部分。

主生产计划有三个输入：期初库存、需求预测和客户订单。期初库存是指上一期期末实际保留的库存量；需求预测是指计划期间的预期需求；客户订单是指已经承诺给客户的产品数量。

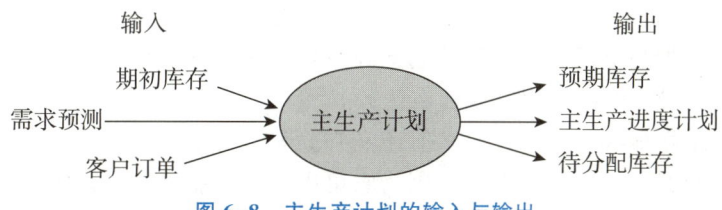

图6-8 主生产计划的输入与输出

此外，主生产计划的输入还有其他因素。

① 人力资源部门关于雇用和解雇员工的需求，当主生产计划需要扩大规模或填补特定技能或职位的空缺时，人力资源部门负责招募和雇用适当的员工，这包括发布职位、筛选简历、面试候选人等活动。招募过程的效率直接影响主生产计划的执行，因为人力资源的规模或技能的匹配度直接关系到生产能力。

② 员工的技能水平也是一个重要因素，员工的技能水平直接影响生产效率。高技能水平的员工通常能够更迅速而准确地完成任务，减少生产过程中的错误，能够更有效地应对主生产计划中的突发状况，提高整体生产效率。

③ 库存的限制条件，如可用空间也是需要考虑的因素。如果产品易腐，那么库存管理就更加重要，销售部需要尽快将产品销售出去，以免产品变质。

④ 市场周期也是一个需要考虑的因素。例如，如果产品是季节性的，那么我们就需要在主生产计划中考虑这一点，以确保企业在需求最多的时候有足够的产品。同样，如果产品即将过时，我们就需要减少生产，以免产生过多的库存。

主生产计划涉及两个关键指标：生产批量和生产时期。

生产批量是指在一次生产过程中制造的产品数量，这个数量可以通过计算经济生产批量（理论上最经济的生产批量）来确定。

生产时期则是指生产一个批量所需的时间。为了确定生产时期，可以引入一个中间变量，即预期库存。预期库存是指在特定时间点预计会有的库存量，它考虑了期初库存、需求预测、客户订单和计划的生产批量等因素。这个指标可以帮助我们更好地安排生产时期，以满足需求，同时可以避免过度生产导致的库存积压，其计算公式如下。

$$I_t = I_{t-1} + P_t - \max(F_t, CO_t)$$

式中，I_t 表示第 t 期的预期库存；I_{t-1} 表示第 $t-1$ 期的预期库存；P_t 表示第 t 期的主生产计划的生产批量；F_t 表示第 t 期的需求预测；CO_t 表示第 t 期的客户订单。该公式之所以选择需求预测和客户订单中的较大值，是为了确保主生产计划能够满足未来可能增加的订单需求。换句话说，这是一种对未来可能的需求变化的预防应对措施，以免因需求突然增加而出现产品供应不足的现象。

预期库存是判断是否需要启动主生产计划的关键指标。预期库存考虑了期初库存、需求预测、客户订单以及计划的生产批量。如果预期库存变为负数，则意味着预测需求将超过现有的库存和计划的生产批量之和，此时就需要增加生产规模以满足需求。

3. 主生产计划的输出

主生产计划的输出包括预期库存、主生产进度计划和待分配库存。

预期库存是指根据主生产计划，计算出预期的产成品库存数量。这是一个重要的概念，因为它可以帮助企业控制库存，避免库存过多或过少。

主生产进度计划是指根据主生产计划，确定生产的批量和时期。这可以帮助生产部门明确目标，知道在什么时间需要完成什么任务。

待分配库存是指那些已经生产出来但还没有分配给特定订单的库存。在主生产计划管理中，待分配库存是一个重要的概念，因为它可以帮助企业更好地管理库存，满足市场的需求，同时也可以避免库存积压。

待分配库存 = 期初库存 + 该期主生产计划的生产批量 – 总客户订单（逐期相加，直到主生产计划生产批量的到达期，但不包括该期）。

总而言之，主生产计划的编制方法揭示了一个重要的管理原则，即"需求驱动生产，适时进行调整"。

主生产计划的计算模型见图 6-9。

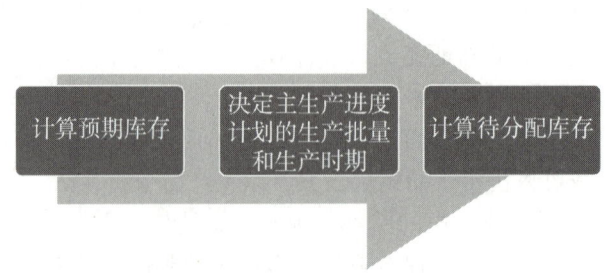

图 6-9　主生产计划的计算模型

接下来,我们根据一个例子讲解主生产进度计划表的制订方法。

[例6-2] 表6-10为某公司的主生产计划进度表,6月第1周的期初库存为64。

表6-10 某公司的主生产计划进度表

	6月				7月			
周	1	2	3	4	5	6	7	8
需求预测	30	30	30	30	40	40	40	40
客户订单(已授权的)	33	20	10	4	2			
预期库存								
主生产进度计划的生产批量和生产时期								
待分配库存								

首先,来计算非生产周的预期库存。我们已经知道:

$$I_t = I_{t-1} + P_t - \max(F_t, CO_t)$$

据此,我们可以得出表6-11。

表6-11 非生产周的预期库存计算结果

	6月				7月			
周	1	2	3	4	5	6	7	8
需求预测	30	30	30	30	40	40	40	40
客户订单(已授权的)	33	20	10	4	2			
预期库存	31	1	−29					
主生产进度计划的生产批量和生产时期								
待分配库存								

对于6月第3周,如果本期不生产,则依靠库存将不能满足需求,因此需要安排生产。基于对公司设备、人力、原材料供应以及市场波动等多种因素的考虑,公司在一周内安排的最大生产量为70,则生产周预期库存=1+70−30=41。

接下来计算待分配库存。

第1周:待分配库存=期初库存+第一周主生产计划的生产批量−总客户订单=64+0−(33+20)=11。

最终的主生产进度计划表如表6-12所示。

表6-12 最终的主生产进度计划表

	6月				7月			
周	1	2	3	4	5	6	7	8
需求预测	30	30	30	30	40	40	40	40

续表

周		6月				7月			
		1	2	3	4	5	6	7	8
客户订单（已授权的）		33	20	10	4	2			
预期库存		31	1	41	11	41	1	31	61
主生产进度计划的生产批量和生产时期				70		70		70	70
待分配库存		11		56		68		70	70

☑ 知行合一

【中国工厂4.0：联想】

6.3 收益管理

收益管理（Revenue Management），也称收益优化或产能收益管理，是一种以科学方式理解和预测顾客行为，优化产品供应量和价格，以最大化预期收入的策略。收益管理起源于美国航空业。当时，美国航空公司面临着激烈的竞争和萎缩的收入这样的双重风险，于是他们开始寻找新的方法来提高收入。美国航空公司最早采用了一种名为"超售"的策略，即销售超过飞机座位数的机票（因为他们预计有一些乘客不会出现）。然后，他们进一步发展了这种策略，设置了不同的价格等级，以吸引不同的顾客群体，这就是现在我们所知道的舱位控制。这种方法取得了显著的成效，使美国航空公司在竞争中脱颖而出。自那时起，收益管理被广泛应用到许多其他行业，如酒店行业、租车行业、电信行业、广播电视行业、铁路行业和零售行业等。

收益管理旨在通过在不同需求类别中分配运营能力，实现固定运营能力下收入的最大化。这些需求类别通常包括预约顾客和未预约顾客。预约顾客通常对价格比较敏感，而未预约顾客通常对价格不太敏感。因此，企业需要确定将有限的库存分配给预约顾客的比例，这种情况下，需求确定性较高但单位收入较低；还需要确定分配给未预约顾客的比例，这种情况下，需求具有较高的不确定性但同时单位收入较高。

准确预测需求是收益管理的关键。收益管理的核心思想是：通过理解、预测和影响顾客行为，以正确的价格和时间，卖出正确的产品给正确的顾客，从而实现最大化的收入。这需要企业对市场需求、顾客的购买行为、价格敏感度等进行深入理解和精确预测。因此，收益管理并不意味着随意提高价格以提高收入，而是意味着要找到最佳的价格和供应平衡点，以实现最大的总收入。

接下来对收益管理进行举例说明。

[例6-3] 一家酒店有400间客房，为计算起来更简便，假设只有一种房型——标准间，现在酒店处于营业旺季，总台接到的预订信息如下。

① 离入住日还有57天的时候，没有任何预订；
② 离入住日还有49～56天的时候，一家旅行社订了150间房，每间75元；
③ 离入住日还有28～48天的时候，一个商务团队订了75间房，每间125元；
④ 离入住日还有21～27天的时候，旅游度假散客订了60间房，每间115元；
⑤ 离入住日还有14～20天的时候，政府散客订了15间房，每间85元；
⑥ 离入住日还有5～13天的时候，商务散客订了90间房，每间145元；
⑦ 离入住日还有3～4天的时候，过境散客A订了40间房，每间175元；
⑧ 离入住日还有0～2天的时候，过境散客B订了30间房，每间220元。

现有A、B两名经理，A经理没有学习过收益管理，B经理学习过。让他们分别来处理预订信息，决定客房销售，会得到什么样的结果？

A经理按照传统销售策略进行处理，其处理结果如表6-13所示。

表6-13 按照传统销售策略处理的结果

距入住日天数	49～56天	28～48天	21～27天	14～20天	5～13天	3～4天	0～2天
预订人	旅行社	商务团队	旅游度假散客	政府散客	商务散客	过境散客A	过境散客B
市场需求房间数/间	150	75	60	15	90	40	30
接受预订房间数/间	150	75	60	15	90	10	0
已预订但未入住的房间数/间	1	1	1	1	1	0	0
客房实际入住数/间	149	74	59	14	89	10	0
客房价格/元	75	125	115	85	145	175	220
客房销售收入/元	11175	9250	6785	1190	12905	1750	0
市场总需求量/间	460							
客房实际销售量/间	395							
客房销售总收入/元	43055							
客房出租率（出租的客房总数÷可供出租的客房总数×100%）	98.75%							
平均房价（出租的客房的总收入÷出租的客房的总数）/元	109							
平均可供出租客房收入（平均房价×客房出租率）/元	108							

B 经理按照收益管理策略进行处理，其处理结果如表 6-14 所示。

表 6-14　按照收益管理策略处理的结果

距入住日天数	49～56 天	28～48 天	21～27 天	14～20 天	5～13 天	3～4 天	0～2 天
预订人	旅行社	商务团队	旅游度假散客	政府散客	商务散客	过境散客 A	过境散客 B
市场需求房间数 / 间	150	75	60	15	90	40	30
接受预订房间数 / 间	150	75	60	15	90	40	30
已预订但未入住的房间数 / 间	1	1	1	1	1	0	0
客房实际入住数 / 间	109	59	59	14	89	40	30
客房价格 / 元	75	125	115	85	145	175	220
客房销售收入 / 元	8175	7375	6785	1190	12905	7000	6600
市场总需求量 / 间	460						
客房实际销售量 / 间	400						
客房销售总收入 / 元	50030						
客房出租率（出租的客房总数 ÷ 可供出租的客房总数 ×100%）	100%						
平均房价（出租的客房的总收入 ÷ 出租的客房的总数）/ 元	125						
平均可供出租客房收入（平均房价 × 客房出租率）/ 元	125						

在比较 A 经理和 B 经理的经营绩效时，我们发现在不追加任何投资的情况下，学习过收益管理的 B 经理仅仅在一天内就比没学习过收益管理的 A 经理多赚了 6975 元，增加了约 16.2% 的收入。这个结果清晰地表明，收益管理策略下的绩效表现明显更为优越，尤其与未使用收益管理策略的情况相比。因此，我们必须正确地认识到收益管理的重要性：有效地运用收益管理策略，能够在不增加任何投资的情况下，有效提高企业的营业收入和利润。但需要注意，采用这种策略可能会引起顾客的不满，企业应进行妥善处理。

习　题

一、名词解释

请分别解释：追赶策略、平准策略、价格转移、物理性约束条件、政策性约束条件、主生产计划、收益管理。

二、选择题

1. 在综合计划确定后，一般来说，紧接着进行哪项活动？（　　）
   A. 流程设计　　　　　　　　　　　B. 进行需求预测
   C. 编制主生产计划　　　　　　　　D. 编制物料需求计划

2. 生产调度的目标是（　　）。
   A. 减少员工数量　　　　　　　　　B. 按时完成生产任务
   C. 增加库存水平　　　　　　　　　D. 提高成本

3. 生产计划有多项影响因素，哪项不是来自企业外部的因素？（　　）
   A. 行业趋势　　　B. 市场竞争　　　C. 库存水平　　　D. 政策法规

4. 在制造业企业中，主要用于确定每次订货所需的产品数量和交货日期的计划类型是（　　）。
   A. 物料需求计划　　B. 生产作业计划　　C. 主生产计划　　D. 流程规划

5. 主生产计划的对象主要是（　　）。
   A. 最终产品　　　　　　　　　　　B. 物料需求计划
   C. 企业主生产车间的生产计划　　　D. 企业的生产流程

6. 收益管理的关键是（　　）。
   A. 降低库存水平　　　　　　　　　B. 准确预测需求
   C. 确定服务提供的优先等级　　　　D. 保证生产、销售的均衡

7. 以下不属于企业生产计划环境的外部因素的是（　　）。
   A. 竞争者行为　　　　　　　　　　B. 原材料的可得性
   C. 当前的实体生产能力　　　　　　D. 外部能力

8. 下列方法中能将产品生产计划中的具体产品的需求转化为构成产品的零件和原材料的需求的是（　　）。
   A. 粗能力需求计划　　B. 物料需求计划　　C. 能力需求计划　　D. 库存计划

9. 以下不属于企业综合计划的基本策略的是（　　）。
   A. 标准化策略　　B. 追赶策略　　C. 平准策略　　D. 混合策略

10. 调整产能的方法不包括（　　）。
    A. 利用库存调节　　　　　　　　　B. 改变劳动力数量
    C. 固定时间表　　　　　　　　　　D. 使用临时劳动力

11. 时间围栏中冻结阶段的长度通常取决于（　　）。
    A. 产品品种　　　　　　　　　　　B. 主生产
    C. 企业生产能力　　　　　　　　　D. 产品生产所需的总时间

12. 确定生产产品或提供服务的流程时，需要编制的计划是（　　）。
    A. 长期计划　　B. 中期计划　　C. 短期计划　　D. 生产计划

13. 小陈是 A 市某供水公司的运输工人，负责某社区的送水工作，他每天在同一时间按照相同路线进行送水工作。此过程涉及企业处理非均匀需求的（　　）策略。
    A. 改变工人数量　　B. 固定时间表　　C. 转包　　D. 库存调节

14. 某工厂持有五台大型产床、十台中型机器、二十台小型机器，在综合计划的制订中，上述信息属于需要考虑的（　　）。

A. 物理性约束条件　　B. 政策性约束条件　　C. 基本生产成本　　D. 延期交货成本

15.（　　）是连接生产、供应和销售的桥梁，可以将独立的需求转化为内部的计划信息。

A. 长期计划　　　　B. 中期计划　　　　C. 短期计划　　　　D. 主生产计划

三、判断题

1. 在运营计划体系中，物料需求计划是连接产、供、销的桥梁，可以将独立的需求转化为内部的计划信息。（　　）
2. 生产过程中出现的工程技术问题是技术部门的事情，与生产计划无关。（　　）
3. 物料需求计划按照时间段来确定各种相关物料（原材料和零件）的需求数量和需求时间，较好地解决了库存管理和生产控制中的难题，保证了能够按时按量地得到所需要的物料。（　　）
4. 综合计划要求具体确定每一品种的生产数量。（　　）
5. 企业生产计划按权力层可分为战略层计划、战术层计划和主生产计划。（　　）
6. 我们常说的综合计划是指主生产计划。（　　）
7. 改变需求可以通过价格转移、推迟交货、固定时间表等多种方法实现。（　　）
8. 收益管理旨在通过在不同需求类别中分配运营能力，实现固定运营能力下收入的最大化。（　　）
9. 在时间围栏的流动阶段可以增加新的订单或者取消订单。（　　）
10. 生产批量是判断是否需要启动主生产计划的关键指标。（　　）

四、简答题

1. 企业生产计划有哪些分类方式？分为哪些？
2. 综合计划的制订步骤是什么？
3. 在综合计划的制订中，需要考虑哪些约束条件？
4. 收益管理的核心思想是什么？
5. 综合计划制订的方法有什么？

五、论述题

1. 综合计划有哪些制订策略？
2. 主生产计划涉及的两个关键指标是什么？

六、计算题

M集团生产一种可以连接个人计算机进行视频游戏的光盘游戏机。

现在M集团要为未来的12个月制订综合计划。这个计划要求集团在计划期内保持固定的劳动力数量。M集团在进行研究和开发活动，寻找新的软件，而且不愿意引发当地劳工的任何对立情绪。同理，所有员工必须整周雇用，即使这不是成本最低的方案。未来12个月的需求预测见表6-15。

表6-15　需求预测　　　　　　　　　　　　　　　　　　　　　单位：台

月份	需求预测	月份	需求预测
1	600	3	900
2	800	4	600

（单位：台）续表

月份	需求预测	月份	需求预测
5	400	9	300
6	300	10	700
7	200	11	800
8	200	12	900

已知以下几个条件，请制订综合计划。

（1）制造成本为 200 元 / 台，劳动力和原材料成本各占一半。单位库存成本为 5 元 / 月。缺货导致的损失估计为 20 元 / 台。

（2）计划期初可用库存为 200 台。每台光盘游戏机需要 10 个工时，每人每天工作 8 小时。

（3）用固定的劳动力数量制订综合计划。为简便起见，假设每人每月工作 22 天（7 月除外），7 月有三周假期（剩余 7 个工作日），并假设总生产能力超过总需求或者持平。

七、案例分析题

EGAD 灌装公司最近将其瓶装矿泉水增加了几种新口味。市场营销经理 A 预测产品的市场需求会有上升趋势。她对未来 6 个月的需求做出了综合预测，如表 6-16 所示。

表 6–16　需求预测　　　　　　　　　　　　　　　　　　　单位：箱

月份	5	6	7	8	9	10	总计
预测	50	60	70	90	80	70	420

生产经理 B 提供了以下生产成本信息（表 6-17）。

表 6–17　生产成本信息

正常生产成本	10 元 / 箱
正常生产能力	60 箱
加班生产成本	16 元 / 箱
转包成本	18 元 / 箱
持有成本	20 元 / 箱
延迟交货成本	不允许延迟交货
期初库存	0 箱

考虑下列策略。

（1）平准策略，每月加班生产最多 10 箱。

（2）加班、库存调整以及转包组合策略。

（3）每月加班生产最多 15 箱，同时用库存来应对需求的变动。

问题：

1. 根据提供的需求预测数据和生产成本信息，分析三种不同生产策略（平准策略，加班、库存调整以及转包组合策略，加班与库存调整组合策略）的潜在成本影响。指出哪种策略最有可能实现成本最小化，并解释原因。

2.如果新生产线的有关信息需要与供应链伙伴共享，请解释与不同的伙伴需要分享什么信息，为什么分享这些信息是重要的？

【第 6 章习题答案】

第 7 章

作业计划

持续不断地改进生产与服务的系统以改进质量和生产力。

——戴明

凡事预则立，不预则废。

——《礼记·中庸》

本章要点

1. 正确理解作业计划的概念。
2. 掌握大批量运营系统和小批量运营系统作业计划的区别。
3. 明确进行作业计划的必要性。
4. 探讨排程调度的方法，合理安排生产活动和资源分配。
5. 解释如何应用甘特图模拟排程。

引例

某高校管理信息系统课题组由张教授主持,课题组还有两位副教授、三位讲师和一批研究生。十多年来,他们一直在为企业开发管理信息系统。该课题组过去给水力发电企业开发的管理信息系统运行很好,受到企业的欢迎。因此,很多水力发电企业以及火力发电企业纷纷找上门来,要求课题组为它们开发管理信息系统。

张教授和他的课题组除了开发管理信息系统,还要承担繁重的教学任务。十多年前,他们没有科研课题做,需要想方设法去争取课题。现在课题多了,张教授又感到压力过大。尽管采用模块化设计,减少了不少重复开发的工作量,但毕竟每家企业都有自己的特殊要求,开发管理信息系统的工作量仍然很大。从系统调查、系统分析、系统设计到程序设计,都需要投入大量的人力。教师有授课任务,不能集中全力研究这些课题;研究生要完成学位论文,要答辩、找工作,也只能集中一段时间去做研究。张教授本人除了承担本科生和研究生的教学工作,还有很多社会活动:他担任了3个学会的理事长,又是省政府咨询委员。

今年有4家企业来找张教授谈项目,为简便起见,分别称这4家企业的项目为A、B、C、D。各项目工作量不同,经费也不同。张教授手头还有几个未完成的项目,他估算了一下,今年能够投入新管理信息系统开发的时间有12000人工小时。根据经验,张教授估计A、B、C、D这4个项目分别需要3800人工小时、4000人工小时、4500人工小时和4200人工小时。项目A、B、C、D的项目经费分别为36万元、30万元、40万元和35万元。你认为张教授能够接受哪些项目的开发任务?会优先考虑哪些项目?如何确定完成期限?

7.1 作业计划概述

作业计划,即在企业内部对各项企业资源的使用进行时间安排,与设备、厂房、人类活动等有关。一切企业都有作业计划,无论它具有什么样的活动性质。例如,制造商必须制订生产计划,即为工人、设备、采购、维修等做出时间安排。医院必须安排好科室,并做好饮食、安全、维护、清洁等辅助性服务。教育机构必须对教室、教师和学生做好作业计划。此外,律师、医生、理发师、汽车修理行等都必须进行时间规划。

在决策等级中,作业计划决策位于转换过程的最后一步,在实际运作开始之前进行。许多关于系统设计与运作的决策都早在作业计划决策之前做出,包括系统容量设计、设备选择、选择与培训员工、产品与服务设计等。因此,作业计划必须建立在其他已确定决策的约束范围之内。

有效的作业计划能够节约成本并提高生产率。它还能带来其他好处。例如在医院,有效的作业计划能够挽救生命和改善对病人的护理效果。在教育机构,有效的作业计划能降低设施不断膨胀的需求。在竞争环境下,企业的作业计划如果做得比其竞争对手更好的话,就能为企业带来顾客服务(缩短订单等候时间)等方面的竞争优势。

通常,制订作业计划的目的是使那些互相矛盾的目标达到相对平衡。这些目标可以是有效利用人员、设备、厂房以及使顾客等待时间、存货、加工时间降到最少等。本章内容覆盖制造业与服务业环境中的作业计划。这两种环境尽管有许多共同点，但也有一些基本的差异，这些差异还是很重要的。

7.1.1 大批量运营系统的作业计划

作业计划的内容包括为各工作中心分配工作量，以及确定各工序的执行顺序等。大批量运营系统的特征是标准化的设备和活动，随着顾客或产品经过整个系统，它们被实施相同的或高度近似的作业。为使得人员与设备得到高效利用，该类系统的目标是使产品或顾客以平稳的速度经过整个系统。大批量运营系统往往是一种流系统，在这类系统中工作流的顺序是相同的，其作业计划称为流程车间排程。该类作业计划在有些情况下也可用于批量运营系统。大批量运营系统在制造业中的例子有汽车生产系统、个人计算机生产系统、收音机生产系统、电视机生产系统、立体音响生产系统、玩具生产系统、器械生产系统等；在服务业中的例子则是自助餐厅系统、新闻广播系统、大规模接种疫苗系统等。由于这些系统的运营有着大量、重复的特点，所以其早在系统设计阶段就已确定了很多工序的载荷与排序。这类系统通常使用专业化程度很高的工具和设备，劳动分工等都是为增强系统的流动性而设计，因为所有产品或顾客都将按照完全一样的作业顺序流动。

流系统作业设计的一个重要方面是装配线平衡，主要是指为各工作中心分配其所需完成的任务，既使得它们符合技术（排序）限制，又使得各岗位工作时间相对平衡。高度平衡的系统使设备、人员的利用效率达到最高，同时也使生产率达到最高。

在建立流系统的过程中，设计人员必须考虑员工关于工作任务专门化的潜在不满。高工作效率往往可以通过把工作分成一系列比较简单的任务，并将它们分配给不同的员工来实现，但是重复的作业肯定很令人厌烦，既单调又容易引起疲倦、旷工和其他问题，而所有这些后果都有可能降低生产率、中断平稳的作业流。

实际上，很少有只产出一种产品或服务的流系统，许多系统都必须面对各种各样的规格与型号。例如，汽车制造商要组装许多种不同配置的汽车——2门的与4门的、带空调的与不带空调的、豪华装饰的与普通装饰的等。其他生产商，如器械、电子设备、玩具生产商也面临同样的问题。每个规格或型号的变化只涉及必须安排进生产线的零部件、材料与所需工序投入的轻微差异。若想要作业流平稳运作，监督员就必须协调好材料流和作业流。这需要合理地安排输入、加工过程、输出与采购。除了获得平稳的作业流，避免过量存货也很重要。规格或型号的每一个变化都存在某些不同的库存需求，因此需要额外的安排。

制订作业计划的原因之一是系统可能发生的中断会使产出低于预期。中断源可能是设备故障、物料短缺、意外事故、人员短缺等。在实践中，通过增加产能弥补中断损失往往不可能，因为流系统是以一定的产出率设计好的。这时常常需要采用转包或加班工作策略，不过短期转包策略往往不太可行。有时，部分完成的工作可以脱线进行。

相反，当期望产出高于需求时，应该降低产出率，但流系统运行速率不可能改变，因此只能减少工作时间。例如，某生产线应该临时性地每天运作7小时，而不是平常的8小时。

大批量运营系统通常需要自动化或专业化的加工设备。而且，维持大量和一致的产出是其最好的运作模式。设备停止运行和调整准备通常需要较高的成本支出，特别是对连续型系统而言。

因此，以下因素对大批量运营系统非常重要。

（1）流程与产品设计。在此，成本与可制造性很重要，维持平稳的作业流也同样重要。

（2）预防性维护。把设备维持在良好的运作状态，能够使作业流中断的可能性降到最低。

（3）故障发生时的快速维修。这一点需要专家协助和关键零部件的存货。

（4）最佳产品组合。利用线性规划等技术确定最佳输入组合，以最低成本获得期望产出。这点的重要性在肥料、动物饲料、减肥食品制造业尤为突出。

（5）把质量问题降到最低。质量问题的破坏性极大，往往需要停产解决。而且，一旦产出不能达到质量要求，不但会有产出损失，已经投入的劳动力、物料、时间以及其他资源也全都浪费了。

（6）物料供给的可靠性与时间安排。物料短缺是明显的中断源，必须避免。但如果用囤积供给的方法解决，又会引起很高的持有成本。缩短供给提前期、制定可靠的供给进度安排方案、认真计划需求等方法都可以有效解决这一问题。

7.1.2 批量运营系统

批量运营系统的产出量处于标准的大批量运营系统产出量与按订单生产的小批量运营系统产出量之间。与大批量运营系统一样，批量运营系统的产出是标准的。如果涉及制造过程，则其产品制造为的是储存而不是特定订单。然而，这种情况下的产出量还没有大到需要持续生产的地步，间歇性生产更经济。因此，批量运营系统的工作中心会定期地从一项作业转换到另一项作业。但与小批量运营系统相比，其运营规模比较大。用批量运营系统生产的产品有罐头食品、烘焙食品、油漆、化妆品等。

批量运营系统涉及三个基本问题：作业运作规模、作业时间选择和作业的排序。

有时，应用库存管理章节（第9章）中的经济订货批量模型或类似方法，就能解决作业运作规模问题。能使转换成本与存货成本降到最低的作业运作规模是：

$$Q_0 = \sqrt{\frac{2DS}{H}} \sqrt{\frac{P}{P-d}}$$

式中，S 表示转换成本，也即调整准备费；D 表示年需求率；d 表示单位时间需求率；H 表示单位维持库存费；P 表示生产率。

转换成本在这里是一个需要重点考虑的因素。

首先，转换成本取决于作业的排序，相似的作业在转换时所需准备活动会相对少一些。例如，印刷车间的作业可能会按照墨水的颜色进行排序，以减少所需的转换次数。这说明考虑作业排序就有可能减少转换成本。这也使得排序工作变得更加复杂，它需要估计每一种作业序列组合的转换成本。

其次，企业在致力于减少转换成本的同时，也需要让设备转换时的停工期更短。解决的方法有进行离线调整准备、采用可脱卸部件、进行模块化转化以及采用可以满足不同处理要求的柔性设备。

批量运营系统面临的另一个困难是资源使用并不总是像模型假设的那样平稳。有些物料耗用得比预期快，需要尽快地进行补充。另外，由于需要生产多种产品，所以并不是所有作业计划都能按最佳运作时间来安排。

批量运营系统对此采用的一种常见方法是基于顾客订单与需求预测等制订主生产计划。

从事组装生产的企业可以用物料需求计划方法确定各构件的数量与作业时间。然后，管理者对计划生产需求与计划生产能力进行比较，并依据这些信息制定一份切实可行的进度安排方案。从事连续型而非组装型生产的企业（例如食品生产企业、出版企业、油漆与清洁用品企业等）应该使用稍有不同的方法，因为物料需求计划提供的时间阶段信息在此作用不大。

7.1.3 小批量运营系统的作业计划

小批量运营系统，也称单件小批量生产系统，与大批量运营系统存在显著差异。在小批量运营系统中，产品按订单进行生产，而订单要求、所需材料、加工时间、加工顺序和转换准备等方面存在较大差异。因此，小批量运营系统的作业计划通常非常复杂，因为企业无法在接到实际工作订单之前制定详细的进度安排方案。

单件小批量生产给运营计划人员提出了两个基本问题。

第一，他们需要确定如何分配各个工作中心的工作量，以确保任务能够按时完成。这涉及对每个工作中心的生产能力、技能要求和资源可用性等因素的考量，以合理分配工作负荷。第二，运营计划人员还需要确定适当的作业排序。由于订单存在差异性，每个订单的加工顺序可能不同。他们需要考虑产品设计、工艺流程、工作中心的可用性和效率等因素，以确定最佳的作业排序，确保生产过程高效、流畅。

因此，小批量运营系统的作业计划需要综合考虑订单的特点和要求，灵活调整工作量分配和作业排序。这要求运营计划人员具备良好的计划和调度能力，以应对复杂的变化和不确定性，确保生产过程的顺利进行和顾客订单的及时交付。

7.2 载荷

载荷（也称负荷或负载）指的是分配到各工作中心的工作。载荷决策包括将特定工作分配给各工作中心，进而分配给工作中心的各设备。当某项工作的加工过程只发生在一个特定工作中心时，载荷决策比较容易。但当两项或两项以上工作需要加工，并且若干个工作中心都能够完成该工作时，就会存在问题。这时，运营计划人员需要使用一些向工作中心分配工作的方法。

在分配过程中，运营计划人员应寻找能使处理成本与转换成本最少、工作中心的空闲时间或工作完成时间最短的方法，这些要依实际情况来考虑。

1. 甘特图

甘特图是一种常用的项目管理工具，用于确定可视化项目的时间计划和进度安排。它以时间为横轴，以任务或活动为纵轴，通过条形图展示任务的开始时间、结束时间和持续时间。甘特图能够清晰地展示项目中各个任务之间的关系，帮助项目团队和利益相关者了解项目的整体进度和时间安排。

通过甘特图，项目团队可以迅速识别关键任务、里程碑和关键路径，以及任务之间的并行和串行关系。这有助于项目团队优化资源分配方式，进行任务调度和风险管理，以确保项目按时交付和达到预期目标。

甘特图还可以用于跟踪和监控项目进展。随着项目的推进，项目团队可以将实际完成的任务进度与计划进度进行比较，从而及时发现进度偏差，并采取相应的措施进行调整和纠正。

此外，甘特图还可以与其他项目管理工具和技术结合使用，如资源管理工具、风险管理工具和成本管理工具等。通过将不同的信息整合到甘特图中，项目团队可以全面了解项目的各个方面，并进行综合分析和决策。

尽管甘特图是一种常用的作业计划管理工具，但它也有一些局限性需要注意。

（1）缺乏细节：甘特图以条形图形式展示任务的时间计划，但它并没有提供任务的详细信息。对于复杂的项目，我们制订作业计划时可能需要更详细的任务描述、资源分配等信息，而甘特图无法提供这些细节。

（2）依赖关系限制：甘特图通常使用简单的开始－结束关系来表示任务之间的依赖关系。然而，在实际项目中，任务之间的关系可能更加复杂，可能存在其他类型的依赖关系，如开始－开始关系、结束－开始关系等。甘特图无法灵活地表示这些复杂的依赖关系。

（3）时间估算不准确：甘特图中的任务持续时间是基于估算得到的，而不是实际的时间数据。这意味着在实际执行过程中，任务的持续时间可能会有所变化，从而导致甘特图的计划进度与实际进度存在差异。

（4）无法自动处理资源冲突：甘特图没有考虑资源的可用性和冲突。在实际项目中，资源的有限性和共享性可能导致任务之间的资源冲突。甘特图无法自动处理这些资源冲突，需要额外的资源管理工具来进行资源调度和优化。

（5）难以应对变化：甘特图通常是基于静态计划确定的，难以应对项目执行过程中的变化和调整。一旦项目发生变化，例如任务延迟或新增任务，则需要手动更新甘特图，这可能会导致计划的不准确。

2. 输入／输出控制

输入／输出（Input/Output，I/O）控制是指对工作中心的作业流和序列长度进行监控。I/O控制的目的是管理作业流，使序列和等候时间尽在掌握之中。如果没有I/O控制，需求就可能超过加工能力，使工作中心超负荷。相反，需求也可能低于加工能力，使工作中心得不到充分利用。如果输入和输出速度能够达到完美的平衡，那么在没有序列等候的情况下，工作中心的加工能力也就能得到有效的利用。I/O控制的一个简单例子就是在高速公路出入口设置的信号灯，它们根据当前高速公路的交通量调节正在进入的车辆流。

 思维风向

2022年11月7日，随着国网武汉供电公司配网调控指挥员完成当日武汉市青山区10千伏洲组线带电作业计划网络归档，湖北配网带电作业首次实现网络交互全流程打通，标志武汉市配网带电作业计划管控进入数字化时代。

近年来，为提升广大居民用电体验，国网武汉供电公司坚持"不停电就是最好的服务"，全面推行带电作业计划实施，全年带电作业数呈指数型增长。

此次青山区10千伏洲组线带电作业项目中，国网武汉供电公司在创新开发配网智能调度网络交互系统的同时,将配网带电作业计划纳入网络化管控。这意味着该公司首次实现全市配网带电作业计划全流程线上流转,有效缩短作业许可时长至传统电话模式的20%。现在,配网调控指挥员只需通过点击鼠标,即可实现配网带电作业计划审核、许可及完工归档等工作。

据悉,自2021年6月起,国网武汉供电公司试点研发配网智能调度网络交互系统,全面构建了集"网络下令、安全防误、可视化统计分析"于一体的智能调度交互模式。本次配网带电作业网络交互的首次成功,标志着武汉市数字化智能配电网建设再上新台阶。

资料来源:https://www.wuhan.gov.cn/sy/whyw/202211/t20221109_2090880.shtml[2024-10-28].

3. 线性规划分配法

现实生活中有各种性质的指派问题(Assignment Problem)。例如,有若干项工作需要分配给若干人(或部门)来完成;有若干项合同需要选择若干投标者来承包;有若干班级需要安排在若干教室里上课;等等。此类问题的基本要求是在满足特定的指派要求的条件下,使指派方案的总体效果最佳。由于指派问题多样,我们有必要定义指派问题的标准形式。

指派问题的标准形式(以人和事为例)是:有 n 个人和 n 件事,已知第 i 个人做第 j 件事的费用为 c_{ij}($i,j=1,2,\cdots,n$),要求确定人和事之间一一对应的指派方案,使完成这 n 件事的总费用最少。

一般称矩阵 $\boldsymbol{C}=(c_{ij})_{n\times n}$ 为指派问题的系数矩阵(Coefficient Matrix)。在实际问题中,矩阵 $\boldsymbol{C}$ 可以有不同的含义,如费用矩阵、成本矩阵、时间矩阵等。矩阵 $\boldsymbol{C}$ 中,第 i 行各元素表示第 i 个人做各件事的费用,第 j 列各元素表示第 j 件事由各个人做的费用。同时,为了建立标准指派问题的数学模型,引入 n^2 个0-1变量:

$$x_{ij}=\begin{cases}1,\text{若指派第}i\text{个人做第}j\text{件事}\\0,\text{若不指派第}i\text{个人做第}j\text{件事}\end{cases}\quad(i,j=1,2,\cdots,n)$$

[例7-1] 某商业公司计划开办5家新商店,决定由5家建筑公司分别承建。已知建筑公司 A_i($i=1,2,\cdots,5$)对新商店 B_j($j=1,2,\cdots,5$)的建造费用的报价为 c_{ij}($i,j=1,2,\cdots,5$),见表7-1。如果仅考虑节省费用这一目的,商业公司应当对5家建筑公司怎样分配建造任务,才能使得总费用最小?

表7-1 报价信息　　　　　　　　　　　　　　　　　　　　单位:万元

	B_1	B_2	B_3	B_4	B_5
A_1	4	8	7	15	12
A_2	7	9	17	14	10
A_3	6	9	12	8	7
A_4	6	7	14	6	10
A_5	6	9	12	10	6

可采用匈牙利解法求解。匈牙利解法的关键是利用指派问题最优解的以下性质。

若让指派问题的系数矩阵 $\boldsymbol{C}=(c_{ij})_{n\times n}$ 的某行(或某列)各元素分别减去一个常数 k,得到一个新的矩阵 $\boldsymbol{C}'=(c'_{ij})_{n\times n}$,则以 $\boldsymbol{C}'$ 和 $\boldsymbol{C}$ 为系数矩阵的两个指派问题有相同的最优解。

这个性质是容易理解的——系数矩阵的这种变化并不影响数学模型的约束方程组，而只是使目标函数值减少了常数 k，因此最优解并不改变。

下面结合例 7-1 具体讲述匈牙利解法的计算步骤。

（1）步骤 1：变换系数矩阵。先对各行元素分别减去本行中的最小元素得系数矩阵 C'，再对 C' 的各列元素分别减去本列中的最小元素得系数矩阵 C''。这样，系数矩阵 C'' 中每行及每列至少有一个零元素，同时也不会出现负元素。

已知例 7-1 指派问题的系数矩阵为

$$C = \begin{bmatrix} 4 & 8 & 7 & 15 & 12 \\ 7 & 9 & 17 & 14 & 10 \\ 6 & 9 & 12 & 8 & 7 \\ 6 & 7 & 14 & 6 & 10 \\ 6 & 9 & 12 & 10 & 6 \end{bmatrix}$$

计算可得：

$$C' = \begin{bmatrix} 0 & 4 & 3 & 11 & 8 \\ 0 & 2 & 10 & 7 & 3 \\ 0 & 3 & 6 & 2 & 1 \\ 0 & 1 & 8 & 0 & 4 \\ 0 & 3 & 6 & 4 & 0 \end{bmatrix} \rightarrow C'' = \begin{bmatrix} 0 & 3 & 0 & 11 & 8 \\ 0 & 1 & 7 & 7 & 3 \\ 0 & 2 & 3 & 2 & 1 \\ 0 & 0 & 5 & 0 & 4 \\ 0 & 2 & 3 & 4 & 0 \end{bmatrix}$$

（2）步骤 2：在变换后的系数矩阵中确定独立零元素。若独立零元素有 n 个，则已得出最优解；若独立零元素少于 n 个，则做最少直线覆盖所有零元素，理由是对于系数矩阵非负的指派问题来说，若能在系数矩阵中找到 n 个位于不同行和不同列的零元素，则对应的指派方案总费用为零，从而一定是最优的。在选择零元素时，当同一行（或列）上有多个零元素时，如选择其一，则其余的零元素就不能再被选择，而成为多余的。所以，关键并不在于有多少个零元素，而要看它们是否恰当地分布在不同行和不同列上，即关键在于独立零元素的数目。

为了确定独立零元素的数目，可以在只有一个零元素的行（或列）中加圈（标记为◎），因为这表示此人只能做该件事（或该件事只能由该人来做）。每圈一个"0"，则同时把位于同列（或同行）的其他零元素划去，这表示此事已不能再由其他人来做（或此人已不能做其他事）。如此反复进行，直至系数矩阵中所有零元素都被加圈或划去为止。在此过程中，如遇到在所有的行和列中，零元素都不止一个的情况（存在零元素的闭回路），则可任选其中一个零元素加圈，同时划去同行和同列中其他零元素。当过程结束时，被画圈的零元素即是独立零元素。

如果独立零元素有 n 个，则表示已可确定最优指派方案。此时，令解矩阵中独立零元素对应的位置上的元素为"1"，其他元素为"0"，即得最优解矩阵。但如果独立零元素少于 n 个，则表示还不能确定最优指派方案。此时，需要做最少直线覆盖所有零元素。

具体可按下面的方法来进行。

（1）对没有◎的行打"√"。

（2）在已打"√"的行中，对 0 所在列打"√"。

（3）在已打"√"的列中，对 1 所在行打"√"。
（4）重复（2）和（3），直到再也不能找到可以打"√"的行或列为止。
（5）对没有打"√"的行画一横线，对打"√"的列画一垂线，这样就得到了覆盖所有零元素的最少直线。

7.3 服务业环境中的作业计划

服务业环境中的作业计划面临着一系列独特的挑战，这主要源于服务的易逝性以及顾客需求的随机性。尽管预约或预订系统有时可以降低顾客需求的随机性，但服务无法储存这一核心问题仍是许多管理人员必须面对的关键难题。

服务业环境中作业计划的制订往往与服务系统是否与顾客直接交互密切相关。后台作业与顾客的接触较少或几乎没有，例如邮件处理、贷款审批和税务准备等，它们通常会采用优先规则。这些作业的主要目标是提高工作效率，且工作通常以批量的形式进行。对于紧急订单，如果顾客愿意支付额外费用以快速交货，交付期则成为关键因素。在这种情况下，相对于效率，顾客的等待时间变得更为重要。因此，首要考虑的是如何安排服务人员以满足顾客需求。服务人员过少可能导致顾客排队等待，而过多则会增加成本，进而影响利润。在服务系统中，劳动力通常是主要的成本来源。

理想情况下，顾客流应该是平稳且连续的。这种情况指每位新顾客都在前一位顾客服务刚完成时到达，例如内科诊所、机场等场合。这种平稳的顾客流可以最小化顾客等待时间，并充分利用服务系统的所有人员和设备。然而，实际情况往往是服务系统的顾客流具有随机性，这使得企业难以将服务能力与服务需求相匹配。此外，如果服务时间可变（即因服务要求的不同而变化），那么这种随机性会进一步加剧系统的不稳定性。如果能够提前安排顾客的到达时间（例如通过预约），那么这种不稳定性可能会得到缓解，就像医生的预约系统一样。然而，在许多情况下，预约是不可行的（例如超市、加油站、医院急诊室或设备故障维修处等）。在这些情况下，我们关注的是在服务能力基本固定的前提下，如何制订短期作业计划，以通过有效利用系统能力来达到一定的顾客服务水平。

服务系统排程涉及对顾客、劳动力和设备等的全面规划。顾客进度安排通常采用预约系统或预订系统的形式。这种规划旨在确保在满足顾客需求的同时，实现服务系统的高效运作。

7.3.1 服务特征矩阵

服务特征矩阵是一个用于分析不同服务交付系统特性和需求的强大工具。基于服务的复杂程度和顾客化程度，该矩阵划分为四个象限，如图 7-1 所示。

服务的复杂程度指的是执行某项服务所需的专业知识和技能的多少。简单的服务，如自我服务，顾客无须专业训练即可轻松完成，而复杂的服务则通常需要经过训练才能完成。因此，服务的复杂程度是相对于顾客的背景和能力而言的。

服务的顾客化程度则反映了服务满足顾客个性化需求的程度。例如，公共汽车提供的服务相对标准化，顾客的选择余地较小；而出租车则可以根据顾客的需求进行个性化定制，如选择车型、目的地等，因此顾客化程度较高。

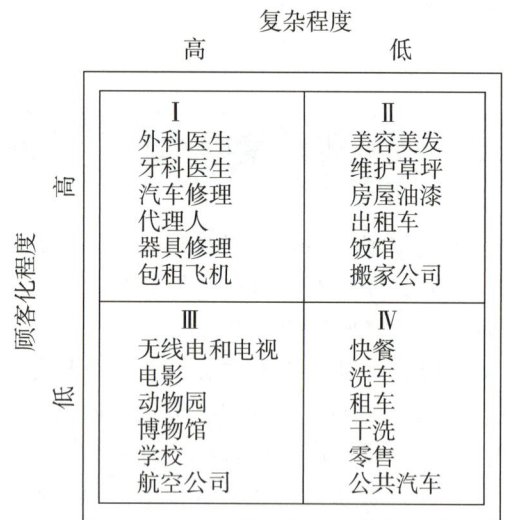

图 7-1 服务特征矩阵

服务特征矩阵的左半部分涵盖了那些需要专业训练或投资的服务活动。由于这些活动需要特定的知识、投资和技能，所以顾客通常难以自行完成。相反，服务特征矩阵的右半部分涉及的服务相对简单，虽然需要投入一定的时间和精力，但大多数顾客都有能力自行完成。

矩阵的上半部分代表了顾客化程度较高的服务，这些服务旨在满足顾客的特定需求，要求员工具备灵活的服务技巧和迅速响应的能力；而下半部分则侧重于标准化程度较高的服务，这些服务旨在满足顾客的共同需求，通常通过制定标准的工作流程来实现。

对于服务业企业的员工来说，与顾客的互动能力是一项至关重要的技能。员工无论处于矩阵的哪个位置，都需要展现出出色的人际交往能力。在第Ⅱ象限和第Ⅳ象限中，由于服务的复杂程度相对较低，企业通常能够自行培训员工。而在第Ⅳ象限中，由于服务的复杂程度和顾客化程度都较低，企业可以开发一套标准的工作程序，确保服务的可靠性和一致性，这样即使面对员工流动的情况，也能保持服务质量。

在第Ⅱ象限服务的员工通常需要具备广泛的技能，并能够迅速响应顾客的各种需求。而在第Ⅰ象限中，员工可能需要接受来自企业外部的专门训练，因为他们的服务通常涉及复杂的问题，需要高水平的悟性和诊断能力。另外，由于第Ⅲ象限的活动通常需要购买大型设施和设备才能完成，顾客通常也无法自行完成。

通过深入分析服务特征矩阵，我们可以更好地理解不同服务交付系统的内在要求和特点，从而为优化服务质量和提升顾客满意度提供有力支持。

7.3.2 服务交付系统管理中的问题与策略

由于服务需要接触顾客且无法通过库存调节，所以服务交付系统管理中有很多问题。

1. 顾客参与的影响

（1）顾客参与使得服务运作难以实现标准化，从而影响服务效率。顾客直接与服务人员接触，会对服务人员提出各种各样的要求和发出各种各样的指示，使得服务人员不能按预定的程序工作，从而影响服务的效率。同时，"众口难调"也使得服务时间难以预计，导致所需服务人员的数量难以确定。

（2）为使顾客感到舒适、方便和愉快，服务时间常常会延长。服务人员通常难以控制服务时间，使顾客感到舒适、方便和愉快的代价是损失了服务人员的时间。

（3）顾客对服务质量的感觉是主观的。纯服务是无形的，难以获得客观的质量评价。服务质量与顾客的感觉有关。某些顾客如果感到自己不受重视或者其某些要求不能得到及时的回答，就会感到不满，即使他们所得到的纯服务与其他顾客一样多，也会认为服务质量差。因此，与顾客接触的服务人员必须善解人意，善于与顾客交往。

（4）顾客参与的程度越高，对服务效率的影响越大。对于不同的服务，顾客参与的程度不同。例如，邮政服务，顾客参与程度较低；饭馆，顾客参与程度较高；咨询服务，顾客参与程度更高。顾客参与程度不同，对服务运作的影响就不同。表7-2列出了顾客参与程度的影响。

表7-2 顾客参与程度的影响

服务运作活动	顾客参与程度高的系统	顾客参与程度低的系统
选址	必须靠近顾客	也可能是靠近供应商，或者便于运输、劳动力易获取的地方
设施布置	必须满足顾客的需要	应该能够提高生产率
产品设计	舒适的环境和良好的实体产品决定了服务的档次	顾客不在服务环境中，产品可规定较少的属性
工艺设计	生产过程对顾客有直接的影响	顾客并不参与主要的生产过程
编制作业计划	顾客参与作业计划的编制	顾客主要关心完工时间
员工的技能	第一线员工是服务的主要人员，他们应具有与顾客交往的能力	第一线员工需要具有技术技能
质量控制	质量标准是主观的，易变化，难测定	质量标准一般是可测量的、固定的
时间定额标准	服务时间取决于顾客需求，时间定额标准松	时间定额标准紧
工资	可变的产出要求计时工资	固定的产出允许计件工资
能力计划	为避免脱销，服务能力要留有余地	可适当调节，服务能力可处于平均水平
预测	预测是短期的、时间导向的	预测是长期的、产量导向的

2. 降低顾客参与影响的策略

由于顾客参与会对服务运作的效率造成不利的影响，所以要设法减少这种影响。以下方法可以使服务运作在提高效率的同时也能提高顾客的满意度。

（1）通过服务标准化减少服务品种。顾客需求的多样性会造成服务品种的增加，服务品种的增加会降低服务效率，服务标准化可以通过有限的服务品种满足不同的需求。饭馆里的菜品就是服务标准化的例子。

（2）通过操作自动化减少同顾客的接触。有的服务通过操作自动化可以减少同顾客的接触，例如银行的自动取款机、商店的自动售货机。这种方法不仅降低了劳动力成本，限制了顾客的参与程度，而且不会引起顾客的不满。

（3）将部分操作与顾客分离。提高服务效率的一个常用策略是将顾客不需要接触的那部分操作同顾客分离。例如在酒店，服务员在顾客不在时才清扫房间。这样做不仅避免了打扰顾客，而且可以减少顾客的干扰，提高清扫的效率。此外，还可设置前台和后台，前台直接与顾客打交道，后台专门从事生产运作，不与顾客直接接触。例如，对于饭馆，前台服务员接待顾客，为顾客提供服务；后台厨师专门炒菜，不与顾客直接打交道。这样做的好处是既可改善服务质量，又可提高服务效率。后台可以按照制造业的方式组织高效率生产，如麦当劳的准制造方式。前台服务设施可以建在交通方便、人流量大的地点，这样可以吸引更多的顾客，其选址是顾客导向。相反，后台服务设施可以集中建在地价便宜的较为偏僻的地方，其选址是效率导向。

（4）设置一定量的库存。纯服务是不能储存的，但很多一般服务还是可以通过库存来调节生产活动的。

3. 能力管理策略

服务业还可以通过能力管理实现需求和供给平衡，提高服务质量和竞争力。

在需求管理方面，主要有以下几种策略。

（1）价格策略：通过调整价格来影响需求。例如，在需求高峰时期，可以提高价格以减少需求；在需求低谷时期，可以降低价格以刺激需求。

（2）促销策略：通过各种促销活动，如打折、发放优惠券、赠送礼品等，来吸引顾客，增加需求。

（3）产品和服务创新：通过不断推出新的产品或服务，满足顾客的多样化需求，提高市场竞争力。

（4）顾客关系管理：通过建立良好的顾客关系，提供个性化的服务，提高顾客满意度和忠诚度，从而稳定需求。

在供给管理方面，主要有以下几种策略。

（1）人力资源管理：通过优化人力资源配置，提高员工的工作效率和服务质量，以服务不同时段和不同需求的顾客。

（2）设施和设备管理：通过合理规划和管理设施和设备，确保其正常运行，以满足服务需求。

（3）流程优化：通过优化服务流程，减少不必要的环节和时间，提高服务效率和服务质量。

（4）供应链管理：通过与供应商建立长期稳定的合作关系，确保原材料和资源的稳定供应，以满足服务需求。

7.4 排队管理

7.4.1 排队现象

排队现象在日常生活中普遍存在，给顾客带来了诸多不便，如浪费时间、影响情绪，甚至可能导致顾客不满和怨恨。对于企业而言，过长的排队时间可能导致顾客流失，进而威胁其生存。理论上，只有当顾客到达的时间间隔是计划性的、服务时间是已知的，且设施能力充足时，才能完全避免排队。然而，在实际运营中，顾客到达的间隔时间和服务时间大多是随机的，这是导致排队的根本原因。

尽管排队现象无法完全消除，但企业可以通过有效的排队管理来减少排队现象并减轻顾客的烦恼。从积极的角度看，排队现象也反映了服务设施的受欢迎程度和企业声誉的提升。然而，顾客往往希望服务能够及时提供，因此对排队现象大多持反感态度。研究排队现象有助于企业合理确定服务能力，确保顾客排队时间在可接受的范围内。

7.4.2 服务作业排序的一般方法

服务作业排序在服务业中扮演着至关重要的角色，它决定了服务人员如何高效、有序地满足顾客的需求。一个合理的服务作业排序不仅能够提升顾客的满意度，还能够提高服务效率，降低成本。那么，如何实现这一目标呢？

1. 准确了解和掌握顾客需求

服务作业排序的第一步是准确了解和掌握顾客需求。这通常通过预约、预订或排队等方式实现。预约和预订能够让服务人员提前了解顾客的需求，从而为他们预留合适的时间段。而排队则是一种更为常见的方式，即顾客在到达服务场所后，按照先后顺序排队等待。

2. 将服务人员安排到相应的时间段内

服务作业排序的第二步就是将服务人员安排到相应的时间段内。这需要根据服务人员的技能、经验和可用时间等因素进行综合考虑。同时，还需要考虑服务场所的设施和资源情况，确保能够满足顾客的需求。

在安排服务人员时，可以采用多种策略。例如，可以根据顾客的预约和预订情况，提前为服务人员分配任务。对于排队等待的顾客，可以根据服务人员的空闲时间和能力，动态调整服务顺序。此外，还可以采用轮班制度，确保服务场所在不同时间段内都有足够的服务人员。

在这个过程中，服务人员扮演着关键的角色。他们需要根据顾客的需求，合理安排自己的时间，确保能够在顾客需求的时间段内提供服务。这要求服务人员具备良好的时间管理能力和服务意识，以确保服务质量和效率。

7.4.3 排队系统设计

1. 排队系统设计的目标

排队系统的管理者通常致力于实现多个关键目标：①提升服务设施的利用效率；②降低等待顾客的平均数量；③缩短顾客在整个服务系统中的平均逗留时间；④缩短顾客在队列中的平均等待时间；⑤确保顾客等待时间不超过预设值 T；⑥使失售概率达到最低。

这些目标的共同归宿在于实现顾客等待成本与服务设施成本之间的平衡。一般而言，随着服务能力的增强，顾客等待成本会相应减少，而服务设施成本则会逐渐增加。这种关系可以用图 7-2 来形象地展示。因此，排队系统设计的核心理念在于总成本最小化，同时实现顾客满意度和服务效率的双赢。

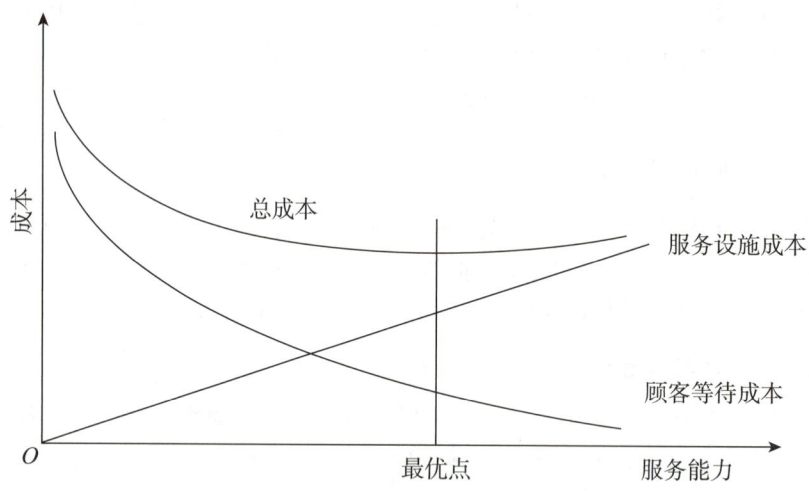

图 7-2 服务设施成本、顾客等待成本与服务能力的关系

2. 随机服务系统

随机服务系统是一个复杂且动态的系统，主要由几个关键部分构成。

1）输入过程

输入过程是随机服务系统的起点，描述了顾客到达系统的模式。其中，到达率是一个关键的参数，它表示单位时间内顾客到达的数量。这个参数对于系统设计和性能评估至关重要，因为它直接影响系统的负载和服务能力。

2）排队规则

排队规则定义了当服务台忙碌时，顾客应如何排队等待。常见的排队规则有"先来先服务"，即按照顾客到达的先后顺序提供服务；"后来无服务"，即当服务台满负荷时，后来的顾客将得不到服务；"按优先级服务"，即根据顾客的优先级来决定服务顺序；"随机服务"；"成批服务"；等等。排队规则的选择将直接影响到顾客的等待时间和系统的效率。

3）服务设施

服务设施包括服务台的个数以及每个服务台的服务时间。服务台的个数决定了系统能够同时处理多少位顾客的请求，而每个服务台的服务时间则是指从顾客开始接受服务到服务结束所需的时间。这两个因素共同决定了系统的服务能力和响应速度。

图 7-3 展示了随机服务系统的五种类型。

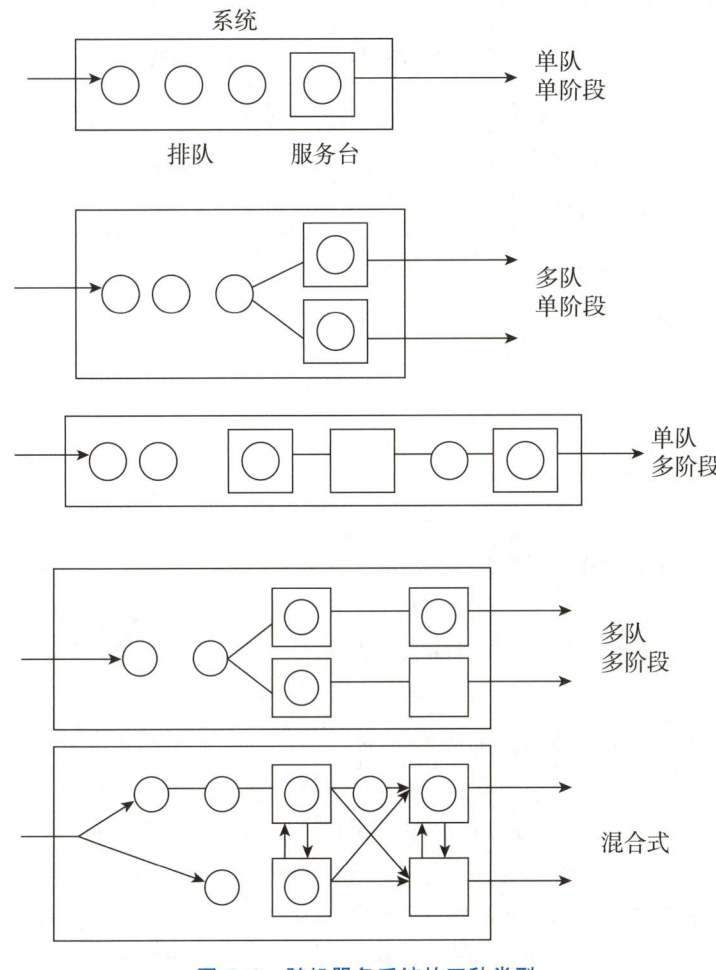

图 7-3 随机服务系统的五种类型

7.4.4 排队模型

20 世纪初，丹麦数学家、电气工程师埃尔朗在用概率论方法研究电话通话问题时，开创了排队论这门应用数学学科。排队模型是用来计算某个特定随机服务系统的各项特征的数学模型，如计算顾客平均等待时间、服务台个数等，它有助于企业确定服务能力、预测增加服务台将带来的效果等。

排队模型的分类表示通常采用肯德尔记号法。肯德尔用 3 个字母组成的符号 $A/B/m$ 表示排队系统，其中：A 表示顾客的到达间隔时间的概率分布；B 表示服务时间的概率分布；m 表示平行的服务台个数（m=1, 2, 3,…）。A 和 B 处若标以 M，则表示到达间隔时间和服务时间服从指数分布（相当于到达率和服务率服从泊松分布）；若标以 D，则表示到达间隔时间和服务时间为常数；若标以 Ek，则表示到达间隔时间和服务时间服从埃尔朗分布；若标以 G，则表示到达间隔时间和服务时间服从一般分布（正态分布、均匀分布等）。为了表示其他特征,有时也用 4～5 个字母 A/B/m/N–S 来表示排队模型,N 表示队列的最大长度,代表系统容量限制(若为 ∞,则省略);S 表示排队规则(若为"先来先服务",则省略)。

排队模型常用参数的符号及其含义和计算公式如表 7–3 所示。

表 7–3　常用参数的符号及其含义和计算公式

符号	含义	计算公式
λ	平均到达率/顾客到达速度	—
μ	平均服务率/服务速度	—
$\dfrac{1}{\mu}$	顾客接受服务的平均时间	—
m	平行的服务台个数	—
ρ	服务系统利用率	$\rho = \dfrac{\lambda}{m\mu}$
L_q	等待服务的顾客平均数	$L_q = \dfrac{\lambda^2}{\mu(\mu-\lambda)}$
r	正在接受服务的顾客平均数	$r = \dfrac{\lambda}{\mu}$
L_s	系统中的顾客平均数(正在等待和接受服务的)	$L_s = L_q + r = \dfrac{\lambda^2}{\mu(\mu-\lambda)} + \dfrac{\lambda}{\mu}$
W_q	平均等待时间/顾客排队等待的平均时间	$W_q = \dfrac{L_q}{\lambda} = \dfrac{\lambda}{\mu(\mu-\lambda)}$
W_s	平均逗留时间/顾客在系统中花费的平均时间	$W_s = W_q + \dfrac{1}{\mu} = \dfrac{\lambda}{\mu(\mu-\lambda)} + \dfrac{1}{\mu} = \dfrac{1}{\mu-\lambda}$
P_0	服务系统中没有顾客的概率(只有 1 个服务台时)	$P_0 = 1 - \dfrac{\lambda}{\mu}$
P_n	服务系统中有 n 位顾客的概率(只有 1 个服务台时)	$P_n = P_0 \left(\dfrac{\lambda}{\mu}\right)^n$
L_{max}	队列中等待服务的顾客数的最大期望值	—

这里我们介绍单队、单阶段、先来先服务排队模型。假设到达率服从泊松分布,则单位时间到达 x 位顾客的概率为

$$P(x) = \dfrac{\lambda^x e^{-\lambda}}{x!}$$

式中,$x = 0, 1, 2, 3, \cdots$;e 为自然对数的底数,e≈2.71828。

[例 7–2]　某快餐店为顾客提供盒饭,快餐店的服务率服从负指数分布,只有 1 个服务台,平均服务率为每分钟 1 位顾客,顾客的到达率服从泊松分布,平均到达率为每小时 45 人。

求:(1)快餐店空闲的概率;

（2）快餐店的服务系统利用率；

（3）顾客的平均等待时间。

解：已知 $\mu=60$ 人/小时，$\lambda=45$ 人/小时。

（1）快餐店空闲的概率为

$$P_0 = 1 - \frac{\lambda}{\mu} = 1 - \frac{45}{60} = 0.25$$

（2）快餐店的服务系统利用率为

$$\rho = \frac{\lambda}{\mu} = \frac{45}{60} = 0.75$$

（3）顾客的平均等待时间为

$$W_q = \frac{\lambda}{\mu(\mu-\lambda)} = \frac{45}{60(60-45)} = 0.05（小时）$$

7.5 人员班次计划

7.5.1 人员班次调度问题

人员班次调度问题在企业运营中普遍存在，尤其对于流程性制造业企业和服务业企业来说，这是一个持续的挑战。流程性制造业企业需要实现每天 24 小时、每周 7 天的连续运作，而类似医院的服务组织则要求护士能够全天候照顾病人。然而，员工权益需得到保障，每名员工每周应享有至少 2 天的休息时间，且平均每天工作时间不应超过 8 小时。

这就催生了一个核心问题：如何在确保生产和服务质量的同时，最大限度地减少员工数量，以满足企业的成本效益需求？同时，如何确保班次安排能满足员工对于休息时间的个性化需求？如将休息日安排在周末以便员工与家人团聚，或使每周的双休日连续，从而使员工更充分地利用休息时间。

简而言之，人员班次调度问题的核心在于找到一种平衡——既能满足企业的生产和服务需求，又能保障员工的休息权益，实现企业与员工的双赢。

以下是人员班次调度问题中的常用术语。

人员班次计划：涉及人力资源的有效利用问题，既要考虑工作需要，又要保证员工每周有 2 天休息时间。一般以周为人员班次计划的时间单位。本书采取周一至周日的表示法，一周内有 5 天平常日和 2 天周末日。

人员工作安排：每个员工每天只能分配一个班次，不同天则可以分配不同种类的班次，如白班、晚班、夜班等。

周末休息频率：用 A/B 表示，表示在任意连续 B 周内，员工有 A 周在周末休息。

7.5.2 人员班次计划的分类

人员班次计划可从多个角度进行分类。

1. 人员班次计划的特性

人员班次计划可依据其特性分为个人班次计划和公共班次计划。

个人班次计划，也称为固定或非循环班次计划，它特指计划期内每名员工的班次计划，即特定的工作日/休息日的顺序，与其他员工的班次计划无直接联系。对于受周末休息频率 A/B 约束的人员班次调度问题，个人班次计划需连续执行 B 周；否则，仅需制订一周的计划。每名员工每隔 B 周或一周重复执行自己的计划。

公共班次计划，也称为循环作业计划，意味着每隔一个周期，每名员工的计划就会重复一次。在一个完整的 $N \times B$ 周计划期内，每名员工的班次计划保持一致。

这两种人员班次计划各有优缺点。个人班次计划的安排算法相对简单，面对劳动力需求变动时调整方便，因此具备较强的灵活性，但其最大的缺陷在于可能存在不公平现象。而公共班次计划的主要优势在于其公平性，但灵活性相对较弱。

2. 班次数量

根据每天的班次数量，人员班次计划可分为单班次计划和多班次计划。

单班次计划指的是每天仅有一个班次，这类组织每天营业时间一般不超过 10 小时，如银行。

多班次计划则意味着每天有多个班次，一般为两班次（如商业大楼）或三班次（有时为了应对高峰期会有重叠时间，这种情况常见于全天候营业的组织）。在多班次计划中，每个班次的时间长度、开始时间、结束时间等可能有所不同。此外，在当班过程中，员工还有规定的小憩时间，其起始时刻和终止时刻也需要管理人员进行安排。显然，多班次计划相较于单班次计划更为复杂，也更具有代表性。

3. 排班对象的特点

服务类组织，如快餐店、图书馆等，会出现季节性或短期性的高峰期。为了应对这种情况，管理人员通常会采取雇用临时工或兼职工的策略。因此，在考虑总人力需求时，不仅要考虑一定范围内恒定的全职员工数量，还要考虑到根据实际需求而雇用的临时工/兼职工的数量。另外，在某些部门中，员工可能分为多个级别，每个级别的员工都有各自的时间人力需求；高级别员工可以替代低级别员工工作，但反之则不可行。这种现象在医院的护理病房尤为常见，涉及的人员班次调度问题主要为医院的护士排班。因此，根据排班对象的特点，可以将人员班次计划分为全职（单种）排班计划、全职及兼职排班计划、多种向下替代排班计划。其中，最常见的人员班次计划为第一种，而最复杂的则为第三种。

4. 参数性质

按参数性质的不同，人员班次计划可分为确定型人员班次计划与随机型人员班次计划。确定型人员班次计划指时间人力需求和其他相关参数是已知的确定量，而随机型人员班次计划的时间人力需求和其他相关参数则是随机变量。这两种类型的计划在制订方法上存在实质性的差别。实际上，动态的、随机型的问题在实际生活中所占比重较大。然而，也有很多人员班次调度问题是确定型的。对于某些随机因素所占比重很小的问题，使用确定型的模型处理不仅方便，而且足够精确。此外，由于求解人员班次调度问题本身就非常困难，很多确定型问题尚未得到很好的解决，更不用说随机型问题了。

7.5.3 单班次计划问题

单班次计划问题,即每天仅有一个班次的员工当值,无须进行班次更替的人员班次调度问题。它具备如下鲜明特点。

① 在人员班次调度问题中,单班次计划问题是最为基础和简单的,因此,通常能够较容易地找到相应的解决方案。

② 单班次计划问题的模型在某些特殊的多班次计划问题中,也可以作为合理的近似模型。例如,当某些多班次计划问题允许员工固定其班次类型时,可以将每种班次类型的员工视为独立的小组,进而采用单班次计划问题的方法进行求解。

③ 尽管单班次计划问题的求解思路和方法无法直接应用于一般的人员班次调度问题,但它为我们求解这类问题提供了一些有益的启示。对单班次计划问题的深入研究,是探索和解决更一般、更复杂的人员班次调度问题的基石。

以某个每周工作七天、每天一班制的单位为例进行具体讲解。该单位平日需 N 人,周末需 n 人。现在,我们需要分别在以下条件下制订人员班次计划:条件 1,确保每位员工每周有两天休息时间;条件 2,要求每位员工的两天休息日必须连续;条件 3,在满足条件 1 的基础上,确保连续两周内,每名员工至少有一周能在周末休息;条件 4,在满足条件 2 的基础上,同样保证连续两周内,每名员工至少有一周能在周末休息。在上述条件中,条件 1 的情况最为简单,而条件 4 的情况则最为复杂。

设 W_i 为条件 i 下最少的员工数;$[X]$ 为大于或等于 X 的最小整数;× 在人员班次计划中表示休息日。

1. 条件 1

条件 1 所需劳动力下限为

$$W_1 = \max\{n, N + [2n/5]\}$$

求解步骤为

① 安排 $[W_1 - n]$ 名员工在周末休息;

② 对余下的 n 名员工从 1 到 n 编号,1 至 $[W_1 - N]$ 号员工在周一休息;

③ 安排未在周末、周一休息的员工在周二休息,这里,1 号员工紧接着 n 号员工;

④ 如果 $5W_1 > 5N + 2n$,则有多余的休息日供分配,此时可按需要调整人员班次计划,只要保证每名员工一周休息两天,平日有 N 人当班即可。

[例 7-3] $N = 5$,$n = 8$,求人员班次计划(共 9 名员工)。

解:$W_1 = \max\left\{8, 5 + \left[\dfrac{2 \times 8}{5}\right]\right\} = 9$。

条件 1 下的人员班次计划见表 7-4。

表 7-4 条件 1 下的人员班次计划

员工编号	第一周							第二周						
	一	二	三	四	五	六	日	一	二	三	四	五	六	日
1	×			×				×			×			
2	×			×				×			×			

续表

员工编号	第一周							第二周						
	一	二	三	四	五	六	日	一	二	三	四	五	六	日
3	×			×				×			×			
4	×			×				×			×			
5		×			×				×			×		
6		×			×				×			×		
7		×			×				×			×		
8		×			×				×			×		
9						×	×						×	×

2. 条件 2

条件 2 所需劳动力下限为

$$W_2 = \max\{n, N+[2n/5], [(2N+2n)/5]\}$$

求解步骤为：

① 利用公式计算 W_2，给 W_2 名员工编号；

② 取 $k = \max\{0, 2N+n-2W_2\}$；

③ 1 至 k 号员工（五，六）休息（表示周五、周六休息，后文也为此意），$(k+1)$ 至 $2k$ 号员工（日，一）休息，接下来的 $[W_2-n-k]$ 名员工周末休息，即（六，日）休息；

④ 对于余下的员工，按（一，二），（二，三），（三，四），（四，五）的顺序安排连休，保证有 N 名员工在平日当班。

[例 7-4] $N=6$，$n=5$，求人员班次计划（共 8 名员工）。

解：按 $W_2 = \max\{n, N+[2n/5], [(2N+2n)/5]\}$ 可计算出 $W_2=8$，$k=1$。

条件 2 下的人员班次计划见表 7-5。

表 7-5　条件 2 下的人员班次计划

员工编号	第一周							第二周						
	一	二	三	四	五	六	日	一	二	三	四	五	六	日
1					×	×						×	×	
2	×						×	×						×
3						×	×						×	×
4						×	×						×	×
5	×	×						×	×					
6		×	×						×	×				
7			×	×						×	×			
8				×	×						×	×		

3. 条件 3

条件 3 所需劳动力下限为

$$W_3 = \max\{2n, N+[2n/5]\}$$

求解步骤为

① 利用公式计算 W_3，将 $[W_3-2n]$ 名员工安排在周末休息；

② 将余下的 $2n$ 名员工分成 A、B 两组，每组 n 名员工，A 组员工在第一周周末休息，B 组员工在第二周周末休息；

③ 按条件 1 的求解步骤③、④，给 A 组员工分配第二周的休息日，如果 $5W_3 > 5N+2n$，则可以先安排 1 至 $[W_3-N]$ 号员工周五休息，按周五，周四，…，周一的顺序安排休息日；

④ B 组的 n 名员工第一周的人员班次计划与 A 组第二周的人员班次计划相同。

[例 7-5] $N=7, n=4$，求人员班次计划（共 9 名员工）。

解：按 $W_3 = \max\{2n, N+[2n/5]\}$ 可计算出 $W_3 = 9$，$W_3-2n=1$。

条件 3 下的人员班次计划见表 7-6。

表 7-6 条件 3 下的人员班次计划

员工编号	第一周							第二周					
	一	二	三	四	五	六	日	一	二	三	四	五	六	日
1						×	×		×		×			
2						×	×			×		×		
3					×	×			×		×			
4					×	×			×		×			
5		×		×									×	×
6			×		×								×	×
7		×		×									×	×
8		×		×									×	×
9						×	×						×	×

4. 条件 4（最复杂的情况）

条件 4 所需劳动力下限为

$$W_4 = \max\{2n, N+[2n/5], [(4N+4n)/5]\}$$

求解步骤为

① 将 W_4 名员工分成 A、B 两组：A 组有 $[W_4/2]$ 名员工，在第一周周末休息，B 组有 $(W_4-[W_4/2])$ 名员工，在第二周周末休息；

② $k = \max\{0, 4N+2n-4W_4\}$，A 组中 $k/2$ 名员工（五$_2$，六$_2$）（即第二周的周五和周六）休息，$k/2$ 名员工（日$_2$，一$_1$）（即第二周的周日和第一周的周一）休息，B 组中 $k/2$ 名员工（五$_1$，六$_1$）休息，$k/2$ 名员工（日$_1$，一$_1$）休息；

③ 在保证周末有 n 人当班，平日有 N 人当班的前提下，对 A 组余下的员工按下列顺序安排连休日：$(六_2, 日_2), (四_2, 五_2), (三_2, 四_2), (二_2, 三_2), (一_2, 二_2)$；

④ 对 B 组余下的员工，按下列顺序安排连休日：$(六_1, 日_1), (四_1, 五_1), (三_1, 四_1), (二_1, 三_1), (一_1, 二_1)$。

[例 7-6] $N = 10, n = 5$，求人员班次计划（共 12 名员工）。

解：按 $W_4 = \max\{2n, N + [2n/5], [(4N+4n)/5]\}$ 可计算出 $W_4 = 12, k = 2$。给 12 名员工编号，1～6 号为 A 组，7～12 号为 B 组。

条件 4 下的人员班次计划见表 7-7。

表 7-7 条件 4 下的人员班次计划

员工编号	第一周							第二周						
	一	二	三	四	五	六	日	一	二	三	四	五	六	日
1						×	×					×	×	
2	×					×	×							×
3						×	×				×	×		
4						×	×			×	×			
5						×	×		×	×				
6						×	×	×	×					
7					×	×							×	×
8						×		×					×	×
9				×	×								×	×
10			×	×									×	×
11		×	×										×	×
12	×	×											×	×

习 题

一、名词解释

请分别解释：作业计划、服务作业排序、流系统、转换成本、载荷。

二、简答题

1. 为何车间的作业计划较为复杂？
2. 作业计划解决了什么问题？举例说明。
3. 生产中的在制品对企业经济效益有何影响？如何控制在制品的量？
4. 服务业环境中的作业计划和制造业环境中的作业计划的区别是什么？

三、计算题

1. 利用指派问题的解法确定为工人分配工作的最佳方式，并计算总成本。成本信息见表 7-8。

表 7-8　成本信息

工人	作业		
	A	B	C
011	5	8	6
012	6	7	9
013	4	5	3

2. 利用指派问题的解法确定为工人分配工作的最佳方式，并计算总利润。利润信息见表 7-9。

表 7-9　利润信息

工人	作业		
	A	B	C
011	5	8	6
012	6	7	9
013	4	5	3

3. 给定成本信息（表 7-10），请求出使总成本最低的运输路线，此时总成本是多少？

表 7-10　成本信息

卡车	路线				
	A	B	C	D	E
1	4	5	9	8	7
2	6	4	8	3	5
3	7	3	10	4	6
4	5	2	5	5	8
5	6	5	3	4	9

4. 制订使加工成本最低的分配计划，给定信息如表 7-11 所示，并对你的答案做出解释。

表 7-11　成本信息

工人	作业		
	A	B	C
011	12	8	11
012	13	10	8
013	14	9	14
014	10	7	12

5. 利用指派问题的解法，制订使加工成本最低的计划。给定成本信息如表 7-12 所示，限制条件分别如下：

（1）不能有 2-D 组合；

（2）不能有 1-A 和 2-D 组合。

表 7-12 成本信息

作业	工人				
	A	B	C	D	E
1	14	18	20	17	18
2	14	15	19	16	17
3	12	16	15	14	17
4	11	13	14	12	14
5	10	16	15	14	13

6. 某快递公司的商品集成配送中心采用两步式订货补充方法，现在需要补充 7 份订单，具体时间信息如表 7-13 所示。求使补充订货所需时间最少的作业序列。

表 7-13 具体时间信息

订单	时间/小时	
	步骤 1	步骤 2
A	1.20	1.40
B	0.90	1.30
C	2.00	0.80
D	1.70	1.50
E	1.60	1.80
F	2.20	1.75
G	1.30	1.40

7. A、B 两台机器加工 6 项作业，每项作业用每台机器完成的所需时间如表 7-14 所示。每项作业必须遵循同样的加工顺序——从 A 机器移到 B 机器。

（1）求使时间跨度最小的序列。

（2）作图表示该加工序列，找出 B 机器的空闲时间。

（3）针对（1）中解得的序列，把最后两项作业分割成两半，B 机器的空闲时间将减少多少？

表 7-14 具体时间信息

作业	时间 / 小时	
	A 机器	B 机器
a	9	6
b	8	7
c	2	14
d	12	4
e	18	14
f	20	11

8. 生产经理必须为经过铸造部门和调试部门的 7 项作业制订作业计划。两个部门使用相同的作业序列。生产经理的目标是使所有作业尽快地通过这两个部门。调试部门负责人想使用最短加工时间规则（优先加工所需加工时间最短的作业的规则）使自己部门的在制品库存最小化。具体加工时间信息见表 7-15。

表 7-15 具体加工时间信息

作业	所需加工时间 / 小时	
	铸造部门	调试部门
a	3	6
b	2	4
c	1	5
d	4	3
e	9	4
f	8	7
g	6	2

（1）利用最短加工时间规则为铸造部门制定排程。

（2）铸造部门利用最短加工时间规则得到的序列的流程时间是多少？7 项作业经过两个部门所需的时间共是多少？

（3）求使所有作业经过两个部门所需总流程时间最小的序列，铸造部门的流程时间是多少？

（4）权衡两种序列安排的利弊。生产经理什么时候可能对序列的选择有不同的考虑？

9. 吉利玩具厂生产 A、B 两种高级玩具，主要有结构制造、组装和喷漆等工序。一个玩具 A 的利润为 450 元；一个玩具 B 的利润为 550 元。表 7-16 给出了各车间在全部生产某一种玩具时的生产能力；混合生产时，可对表中的数据进行线性组合。利用匈牙利解法确定两种玩具各生产多少才能使利润最大，并求出总利润。

表 7-16　生产能力　　　　　　　　　　　　　　　　　　　　　　　　　　　　　单位：个

车间	玩具 A	玩具 B
结构制造	550	550
组装	800	300
喷漆	600	400

10. 五个工件在两个工序上的作业时间如表 7-17 所示，请确定一个加工顺序，使得作业总流程时间最短。

表 7-17　作业时间

工件	J1	J2	J3	J4	J5
工序 1 作业时间 / 分钟	11	4	5	9	10
工序 2 作业时间 / 分钟	20	5	3	16	8

四、案例分析题

2020 年 1 月，武汉市决定修建火神山医院。1 月 23 日下午两点半，武汉市紧急召开专题会议，提出要在 10 天内完成火神山医院建设项目。这对于武汉市来说是一个巨大的挑战。

以下是火神山医院的部分施工安排，请试着画出甘特图。

1. 场地平整（第 1 天）：施工条件严苛

开工前夜的武汉，已经连续两天阴雨连绵，施工场地一片泥泞。建设场地边界不明显，最大高低差接近 10 米，需要平整的场地面积多达 5 万平方米。既需要迁改管道、高压线，拆除建筑，又要进行大量的清淤和鱼塘回填工作。时值春节，工人们返乡过节，难以找到足够的劳动力资源。中建三局快速从 5 个正在当地加班的工地中调度 1400 多名工人过来，并迅速组织其进入场地工作。

2. 地面防渗（第 2～7 天）：防污染难度大

火神山医院的地面防渗工作主要由东方雨虹联合高能环境负责。经过商讨，负责单位决定按垃圾填埋场标准添加"两布一膜"工序。以有效地防止医疗废物、废水等对土壤、地下水和周边水体造成污染，避免病毒传播扩散。在施工现场，一排排工人齐心协力推动成捆膜布，为了加快进度，负责后期工作的其他单位也纷纷加入其中。1 月 30 日，5 万平方米的防渗膜铺设工作顺利完成。

3. 地面硬化（第 4～8 天）：工作断面不够

1 月 27 日，武汉建工集团的参建团队开始对医技楼区域进行一次性的厚度达到 75 厘米的混凝土浇筑。由于工期紧迫，这个本应耗费 3 天时间的任务必须在 30 小时内完成。然而，此时全国蜂拥而来的物资捐赠车辆让知音大道拥堵不堪，混凝土浇筑作业所需的砂石材料被堵在了知音大道上。这个问题让现场人员心中一紧，因为现场的混凝土设备不能在中途停留太久，否则会导致混凝土当场硬化。指挥部交通协调组负责人立刻决定灵活调整现场交通管理方案，将知音大道中间的隔离栅栏撤掉，采取向对向车道借道的方式，为紧急设备进场开辟绿色通道，以保证现场的混凝土供应。灵活的交通管理方式让武汉建工集团的混凝土浇筑作业得以继续。1 月 28 日，在基本完成北区箱式板房混凝土浇筑的同时，武汉建工集团全面展开其他区域的混凝土浇筑工作。1月31日,地面硬化工作全部完成。

4. 通信工程(第1~9天):5G+云计算赋能

1月23日,湖北联通连夜召开会议讨论网络规划方案。第二天,他们仅用24小时便完成了光纤铺设、基站天线架设、主设备安装等工作;在36小时内,他们完成了从查勘、规划、设计到施工、调测、开通、优化的全过程,提前了整整3天开通基站。与此同时,湖北移动、湖北电信也同样接到了支援火神山通信工程建设的任务,并于1月24日纷纷投入项目建设中。1月25日下午,武汉移动的突击队完成了基站的调试工作,火神山医院首个5G基站正式开通。他们仅用4天建设并调试了火神山医院的网络、线路,协助了4座基站的开通,铺设了8条办公专线,并建设了医保和卫生专网。

5. 资源采购(第1~9天):采购、设计和施工三方协调

为了保障现场施工的资源配置,中建三局专门成立了资源保障组,并授权资源保障组全权负责资源采购,不另设审核、审批流程,以简化采购的流程。在设计和现场施工快速进行的同时,资源保障组的招采工作同步展开。但是,像火神山医院这种三边工程,要在短时间内做好资源保障并组织进场,难度很大。整个项目所需要的材料和设备种类繁多、数量规模大,资源保障组难以在短期内找到足够、现成的材料和设备。部分设备生产周期长,在春节工厂停工停产的背景下,供应商难以完成供应。即便在全国范围内搜寻现成物资,能否找到、找到了能否按时运输到位也是一大难题。为了协调资源,资源保障组的成员在资源摸排、采购过程中,协同设计、施工单位,快速对接需求,组织资源进场。中建三局一方面抽调医疗建筑经验丰富的技术骨干协同设计单位完成图纸设计;另一方面依靠集团内部的医疗大数据评估所需要采购的材料类别和数量,第一时间集合相应资源,并实时向设计单位共享资源信息,让设计单位能够及时评估材料和产品的尺寸、数量,结合资源实际情况优化设计,保证设计图纸的可建造性。

问题:

1. 地面硬化(第4~8天)与地面防渗(第2~7天)、通信工程(第1~9天)存在资源重叠。假设混凝土泵车仅3台可用,如何调整排程以避免设备争抢?请结合甘特图说明优化方案。

2. 若地面防渗(第2~7天)因材料延迟工期延长2天,而通信工程(第1~9天)提前1天完成,整个项目能否在10天内完工?为什么?

3. 若地面硬化阶段砂石材料因交通堵塞而延误,而现场仅有3台混凝土泵车可用,那么假设你是调度负责人,你会优先将设备分配给哪项任务(地面硬化或地面防渗)?说明理由。

4. 对比通信工程(小批量定制化任务)与场地平整(大批量标准化任务)的排程逻辑,说明为何通信工程需要"边设计、边施工、边调整"的三边模式。

5. 从作业计划角度看,火神山医院建设项目成功的关键原因是什么?

【第7章习题答案】

第 8 章

运营能力管理

产能过剩延续一段时间就会激化行业内的价格战。行业的规模越大,这个问题就越突出。

——迈克尔·波特

事前反复研究,慎之又慎;一旦做出决策,必须坚决执行,不容含糊。

——张瑞敏

本章要点

1. 认识运营能力的内涵。
2. 熟练掌握运营能力规划考虑的规模经济问题、生产能力中心问题与生产能力柔性问题。
3. 透彻理解规模经济与规模不经济。
4. 掌握产能的度量方法。
5. 能够熟练运用决策树进行方案评价。
6. 了解常用的预测方法与监控方法。

自动柜员机（ATM）作为银行自助服务的主要工具，是优化客户服务、展示品牌形象、增强市场竞争力的重要载体，也是银行服务网点快速转型的重要推助器。尽管媒体都在关注新兴的支付技术，但目前，世界上绝大多数国家仍然把现金支付作为首要的支付手段，现金支付和非现金支付仍将长期并存。作为存取现金的重要渠道，ATM对于银行业的发展，仍有不可忽视的作用，银行需要对ATM现金管理更加重视。从ATM现金管理的现状看，国内多数银行尚未建立ATM现金预测机制，无法有效地确定每台ATM的加钞数量、最佳加钞频率，另外，影响ATM现金需求的因素也复杂多样，如经济发展、地理位置、季节和节假日等。许多银行为了满足这种不确定的现金需求，经常在ATM中存放比实际需要量多40%以上的现金。现金存放过多必然影响银行现金流，使得资金闲置、效益下降；而过少的现金存放又会增加维护成本、降低服务水平，并最终导致客户资源流失。如何使ATM的现金存放恰到好处呢？

资料来源：http://www.cmcc-dlut.cn/Cases/Detail/4425 [2024-02-01].

企业实际能力与市场需求之间的匹配程度直接关系到企业的盈利能力，而实际能力的大小在很大程度上取决于有效能力的发挥。有效提升并优化实际能力的关键在于，通过高效的运营能力规划与管理策略来最大化地挖掘和利用企业能力。因此，运营能力的规划与管理是企业策略中的重中之重。

在进行运营能力规划时，企业不仅要关注当前的实际能力，更要着眼未来，预见可能的变化与挑战。企业应当全面考虑各种内外部因素，如组织的生产状态、技术进步、市场需求波动等，这些因素都可能对运营能力的规划产生深远影响。

在运营能力管理的实践中引入决策树等定量技术，不仅可以提高运营能力规划方案的精度和科学性，还能为规划工作提供更为精确、可靠的依据，为企业制定更加符合市场需求的运营策略提供有力支持。

需求预测是运营能力规划不可或缺的基石。只有准确预测市场需求的变化趋势，企业才能合理调整产能，确保供需平衡，从而避免资源浪费或产能不足的情况。因此，在进行运营能力规划时，我们必须密切关注市场动态，不断提升需求预测的准确度。

8.1 概述

8.1.1 产能及运营能力规划

在一般业务中，产能主要指系统在一定时间内的最大产量，也称为生产能力。在服务业中，产能可以被定义为某个时间段内能够接待的顾客数量。在制造业中，产能可以指一个班次能够生产的电视机数量。

考虑产能时，运营经理需要同时考虑资源的输入和产品的产出。在制订计划时，实际的或有效的产能取决于所要生产的具体产品。例如，假设有一家食品加工公司，主要生产巧克力和饼干两种产品。在同样的资源输入水平下（相同的生产设备、人力和原材料等），很可能出现其中一种产品的产量比另一种产品多的情况。根据资源水平和产能，我们可以计算出每种产品在给定时间内的理论最大产量。

① 巧克力：使用相同的资源输入，每天可以生产 100 箱巧克力（假设每箱巧克力包含 100 块巧克力）。

② 饼干：使用相同的资源输入，每天可以生产 50 箱饼干（假设每箱饼干包含 500 块饼干）。

因此，在相同的资源输入水平下，饼干的产量比巧克力高。

然而，同样需要注意的是，总产量并不绝对代表实际需求和市场潜力。运营经理必须通过市场需求分析、销售预测、竞争分析等来确定不同产品生产的优先级和比例。在制订生产计划时，企业可能会根据产品的利润率、需求趋势和市场潜力等因素进行选择和调整，以高效地利用资源并满足市场需求。

从运营经理的角度来看，在衡量产能时，除了资源的输入和产品的产出，产能的时间维度也是一个需要考虑的重要方面。也就是说，产能水平还取决于时期。这一点可以从企业的长期、中期和短期运营能力规划的差异中体现出来。

运营能力规划是指企业根据市场环境和内部资源，制定合理的经营计划和战略目标。

本书将会在本章接下来的小节中介绍产能的度量方法，由此可以评估资源利用效率；介绍运营能力规划方案的分析与评价方法，以及需求预测的科学方法，依据分析结果企业可以制定优化资源利用方式的措施，及时调整规划和策略，以实现更高的效益。

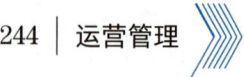 思维风向

在一系列宏观调控组合政策加力支持下，2023 年第三季度以来要素流动趋于活跃，产能利用率和产销率同步回升，生产、分配、流通、消费各环节衔接更加顺畅。第三季度，全国工业产能利用率为 75.6%，比第二季度提高 1.1 个百分点；规模以上工业企业产品销售率稳定在 97% 以上；规模以上工业企业利润同比增长 7.7%，在连续五个季度同比下降后首次转为增长。

资料来源：http://www.qstheory.cn/laigao/ycjx/2023-11/13/c_1129970400.htm[2025-01-30].

8.1.2 规模经济与规模不经济

1. 规模经济

规模经济（Economies Of Scale）是指当企业的生产规模扩大时，单位产品成本随之降低的现象。换句话说，规模经济表示随着生产规模的扩大，单位产品成本会相对减少。这是因为多种因素的综合影响会导致效益提高。

规模经济形成的原因有以下几个。

（1）分摊成本：当企业的生产规模扩大时，各项固定成本（如设备、设施等）可以在更多的产品上分摊，单位产品成本因此降低。

（2）专业化与分工：大规模生产能够创造更多的专业化与分工机会。这意味着技能专注化，也就意味着人力资源利用效率的提高，从而降低了人力成本。

（3）资源优化利用：生产规模较大的企业可以更有效地利用资源，例如原材料采购更具规模优势、优化的流程以及更高效的物流和运输安排等，从而减少浪费并提高生产效率。

（4）技术进步：生产规模扩大为企业提供了更多的投资资源和研发能力，企业可以进行更多的技术创新和开发，应用先进的生产技术，从而降低单位产品的生产成本。

（5）市场占有率和议价能力提高：当企业的生产规模扩大时，其市场占有率往往提高，在与供应商等合作伙伴进行谈判时，也将拥有更高的议价能力，从而获得更低的采购成本和较优的合作条件。

2. 规模不经济

规模不经济（Diseconomies Of Scale）是指当企业的生产规模继续扩大时，单位产品成本开始增加的现象。这通常是由生产规模过大导致的管理和协调困难、资源冗余等引起的。

规模不经济形成的原因包括以下几个。

（1）管理和协调困难：在生产规模较大的企业中，管理复杂度增加，沟通和决策过程可能变得缓慢，这容易导致资源的浪费、效率的降低。

（2）资源冗余：生产规模扩大可能导致过度的资源投入，若资源无法得到充分的利用和优化，则会使得成本增加却并未带来相应的效益。

（3）刚性和创新障碍：随着企业生产规模的扩大，组织结构和程序可能变得更加僵化和复杂，这会限制创新度和灵活度。

（4）团队合作和文化差异：生产规模较大的企业可能面临沟通和协作方面的挑战，团队合作的效率可能降低，效果也可能更差。

（5）控制成本增加：与生产规模相匹配的成本控制体系的建立和维护对生产规模较大的企业来说可能更加困难。

3. 评估影响

企业经营者需要在扩大生产规模时评估规模经济和规模不经济的影响。在生产规模扩大之初，企业通常可以充分享受到规模经济带来的降低成本和提高竞争力的好处，但在达到一定规模后，规模不经济效应可能会开始显现。因此，企业需要在规模扩大过程中寻找适当的平衡点，以确保有效利用生产资源，并保持企业的竞争力和盈利能力。

例如，一家电子公司生产手机并不断扩大生产规模时，可以分别发现在规模经济和规模不经济影响下产生的现象。随着生产规模的扩大，单位产品的平均成本逐渐下降。当公司生产手机的数量增加时，可能出现以下规模经济效应。

（1）材料采购优势：随着生产规模的扩大，公司可以与供应商谈判，获得更多的折扣和优惠。这可以降低每个手机所需材料的成本。

（2）生产设备利用率提高：生产设备通常具有固定成本，如设备购买成本、维护成本和折旧成本。随着产量的增加，这些固定成本可以在更大的产量范围内分摊，从而降低单位产品的平均成本。

（3）分工与专业化：生产规模的扩大可以支持生产线的细分和人力资源的分工。员工可以专注于特定的工作环节，提高效率和产能。这可以减少生产过程中的时间浪费和操作错误。

然而，随着生产规模的进一步扩大，可能会出现规模不经济的现象。

（1）管理复杂度增加：随着生产规模的扩大，管理工作变得更加复杂和困难——对供应链、生产计划和人员管理等方面的协调需要更多的资源。

（2）资源闲置浪费：过高的产能可能导致设备和人力资源的闲置。这些闲置资源会导致额外的成本。

（3）市场需求不稳定：更大的生产规模可能会提高企业对市场波动和需求周期变化的敏感度。如果市场需求下降，过高的产能将不可避免地导致生产过剩和库存堆积。

很多行业都是从规模经济向规模不经济演变的行业。初创阶段的小型制造商可能因为生产规模限制而难以享受采购和生产的规模经济效益。当他们扩大生产规模以增加市场份额时，他们将能够利用规模经济获得更多的效益。然而，随着生产规模继续扩大，一些规模不经济的问题可能会开始出现，这时企业需要寻找适当的平衡点以维持生产的效率和竞争力。

8.1.3 生产能力中心

生产能力中心是指企业在其生产过程中所拥有或所专注的核心能力、技术或资源。在实际生产活动中，企业往往将其核心能力集中投入在最擅长、最具竞争优势的领域或方面，以确保在这些领域或方面可以实现最佳的效率和质量。

焦点工厂是指将生产设施和资源集中于有限的生产目标，以获得竞争优势、提高生产效率的工厂。在传统的观点里，企业应该在许多方面都追求卓越，包括效益、质量、交付速度、可靠性以及生产柔性等方面。然而，焦点工厂的概念强调企业应该有选择地发展有限的几个方面。焦点工厂的典型特点是它们专注于生产某一个特定产品或者某一组相关的产品。这意味着焦点工厂的产能将会高度专注于这些特定产品的生产，这种专注性和集中性能够使焦点工厂在这些产品的生产中取得更好的表现。

生产能力中心可以通过"厂中厂"（Plant Within A Plant）的概念来加以解释。在同一工厂内可以创建多个厂中厂。每个厂中厂都具有独立的组织架构、设备、流程策略、人员管理方法、生产控制方法以及不同的产品线。通过实施厂中厂策略，企业可以将关注点从整个工厂转移到最小独立单元，即厂中厂。每个厂中厂专注于特定的产品线或生产任务，企业可以根据其独立的要求和特点制定不同的运营策略。这样，每个厂中厂都可以深入了解自身的产能，并针对自身的运作水平寻找最佳运营模式。

图8-1为一个厂中厂的示例。

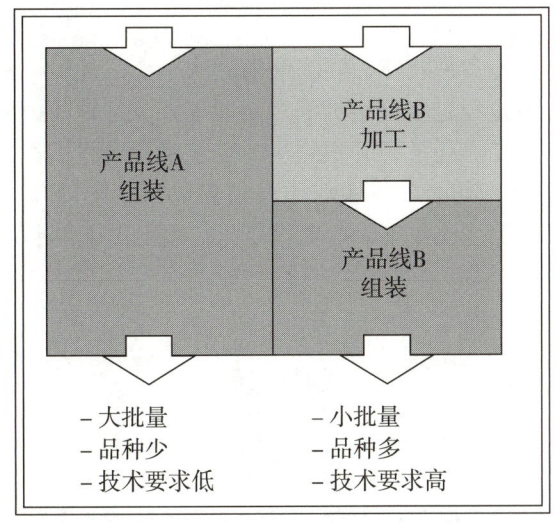

图 8-1　厂中厂

8.1.4　生产能力柔性

生产能力柔性（Capacity Flexibility）是指企业能够快速提高或降低生产水平，并且能够快速地将产能从一种产品转移到另一种产品的能力。生产能力柔性使企业能够适应市场需求的变化以及生产规模的调整，从而提高企业的竞争力。同时，企业也倾向于在供应链的设计中运用柔性思维，通过与供应商的合作，实现对产能的控制和灵活调配，以适应市场的变化和需求的多样化趋势。这可以帮助企业提高响应速度、降低成本并提升顾客满意度。生产能力柔性可通过以下几个途径实现。

1. 柔性工厂

柔性工厂的最佳形式是"零时转换工厂"，这种工厂使用可自由移动的机器设备、易于拆装的隔墙，以及便于获取和重新组合的生产零件，所以能够快速响应变化。就像服务业机构能够灵活适应顾客口味的变化一样，柔性工厂也能通过拆卸、组装和移动机器设备来满足各种需求，应对各种变化。

2. 柔性生产过程

柔性生产过程是指利用柔性的制造系统，结合易拆装的设备，能够迅速转换生产对象的生产过程。这种系统和设备的灵活性使得工厂能够以较低的成本和较高的效率在不同产品之间进行生产转换。

通过采用柔性生产过程，工厂能够迅速、灵活地适应市场需求的变化，降低生产转换的时间和成本。这使得工厂从一种产品到另一种产品的生产转换更加快捷、经济、有效。在此基础上，我们引入范围经济性的概念。范围经济性是指，混合生产多种产品相较于单独生产每一种产品，耗费的总成本更低。换言之，当工厂能够灵活地切换生产和组合生产不同种类的产品时，由于共享资源和设备，总成本会更低且效率会更高。

3. 柔性操作工人

柔性操作工人需要具备多种技能，要能够随时从一个工种转换到另一个工种。他们不再是单一专业的工人，而是经过多种培训的多功能工人。这种能力使他们能够适应不同的工作需求，完成多岗位的工作任务，并根据生产需求灵活调整工作内容。柔性操作工人需要与主管人员和其他职员密切合作。主管人员需要灵活地管理和协调所有工人的工作任务，其他职员也需要适应柔性操作工人的工作变化，在工作流程中提供支持和配合。

☑ 知行合一

【柔性生产赋能降本增效，宁波移动打造 5G 全连接工厂】

8.2 产能的度量

产能通常被定义为产品或服务的最大产出量。虽然这个概念容易理解，但要度量产能却是一项面临很多困难的任务——对于产能的不同解释，以及在特定情况下如何确定适当的度量方法。

首先，对于产能的解释在不同的背景下可能存在差异。对于制造业来说，产能通常被理解为单位时间内可以生产的产品数量。而在服务行业，产能可以表示为单位时间内可以提供的服务数量或单位时间内可处理的事务数量。因此，对于不同行业和领域，产能的定义和度量方法可能会有所不同。

其次，确定适当的度量方法也具有挑战性。产能通常受到多种因素的影响，包括设备能力、人员效率、工艺改进等。为了准确测量产能，需要考虑这些因素，并制定相应的度量指标。例如，在制造业中，可以使用合格品率、生产周期时间和设备利用率等指标来衡量产能；而在服务行业，则可以使用顾客满意度、服务响应时间和单位时间处理量等指标来度量产能。

最后，特定情况下，度量方法也需要适时进行适当的调整。在某些情况下，产能可能受到供应链、市场需求和人力资源等外部因素的影响。因此，在确定适当的度量方法时，需要综合考虑外部因素，并利用实际数据和业务实际情况进行评估。

当一个生产单元只生产一种产品（只提供一种服务）时，其产能可以用这种产品（服务）的数量或投入的资源数量来衡量。

对于具有连续流程式生产过程的企业，如石油加工厂、纺织厂和钢铁厂，它们的生产流程非常标准和连续，设施对能力起到决定性作用。这类企业生产的产品多数是流程材料，因此需要使用附加的计量单位来度量产能，例如石油加工厂的产能以桶、立方米等为单位，钢铁厂的产能以吨为单位。而对于加工装配式企业，如汽车、家电和服装等具有离散流程式生产过程的企业，它们可以通过加班和外包等方式改变某些环节的产能，通常以产量为度量单位，例如汽车厂以辆计量，服装厂以件计量，空调厂以台计量。

在服务行业中，产能往往取决于基础设施的承载能力，然而有时也会受到人力资源投入数量的影响。在这种情况下，更好的度量方法是衡量投入的资源数量。例如，医院可以将可用病床数作为产能指标，航空公司可以将拥有的客机数量作为产能指标，而超市可以将营业面积作为产能指标。

然而，当一个生产单元生产多种产品或提供多种服务时，简单地基于产量或投入资源数量的度量方法就不再适用了。在实际情况中，一个生产单元通常会生产或提供不同的产品或服务组合，针对每种产品或服务分别评估其产能是不切实际的，尤其当产出组合经常发生变动时。在这种情况下，我们需要建立一种综合指标来持续地度量产能，这会增加度量的复杂性。因此，并不存在适用于所有组织的度量方法，也没有一种度量方法适用于所有情况。应根据具体情况，采用不同的方法来度量产能。

不同行业产能的度量方法示例见表 8-1。

表 8-1 不同行业产能的度量方法示例

行业	度量方法
汽车制造	每天产出的汽车数
石油加工	每天生产的原油桶数
农业	每年单位面积生产的农作物吨数
餐饮业	每天招待的顾客数
电影院	每场次售出的票数
便利店	每天实现的销售收入

在产能的度量中，我们所用的是一般性的产能定义，它可以进一步细分为设计能力、有效能力与实际能力。

设计能力：指生产单元在理想条件下，通过最佳资源配置和高效运作所能实现的最大产能。这是在企业的设备、技术和组织框架理想的假设下计算的产能。设计能力通常是在无限时间范围内进行估算和设定的，以确定生产单元所能达到的最大产出。它是理论上的极限值，因此在实际生产过程中无法完全实现。

有效能力：指在考虑生产过程中的常规折损、停机、维护和运行等因素后，生产单元实际可实现的产能。有效能力是基于实际生产环境和资源的可用性进行评估的，是一种更实际的产能度量指标，与实际生产条件紧密相关。

实际能力：指生产单元实际上所能达到的产能水平，考虑了所有可能的限制条件和不可预见的因素，如人力因素、设备因素、供应链因素等。

设计能力是在理想情况下可以实现的最大产能。然而，在实际生产条件下，设计能力往往无法完全实现。

有效能力通常低于设计能力，这是因为，在实际生产中可能会存在多种影响产能的因素。

首先，产品组合的改变可能导致生产线出现调整和转换时间，从而降低生产效率。

其次，设备需要进行定期维修和保养，这会导致一定的停机和生产中断时间。还有工作人员的午餐时间、休息时间等，在一定程度上也会降低产能。

最后，作业计划安排和作业的平衡也可能对产能产生影响，工作负载如果不均衡，就可能会导致一些环节成为闲置或瓶颈环节，从而降低产能。

实际能力通常低于有效能力，这是因为，在实际生产过程中存在一些不可预见的因素，运营管理人员可能无法完全控制它们。例如，设备故障可能引起生产线停机，且可能不可控制；员工缺勤可能导致生产线的工时减少；材料供应短缺可能导致产能的削减；产品质量出现问题时可能需要对废品进行处理。

因此，受到内外部因素的影响，有效能力和实际能力通常低于设计能力。理解和识别这些影响因素，对于运营能力规划和管理至关重要。企业可以通过优化生产流程、加强设备维护、合理管理员工和供应链管理等措施，提高有效能力和应对一些不可预见问题的能力，以实现更高的实际能力和生产绩效。

根据设计能力、有效能力和实际能力的定义，我们引入利用率和效率两个指标。利用率是指实际能力与设计能力的比值，而效率是指实际能力与有效能力的比值。即：

$$利用率 = \frac{实际能力}{设计能力} \times 100\%$$

$$效率 = \frac{实际能力}{有效能力} \times 100\%$$

例如，某电器厂扩建时，设计的生产设备系统能达到每天生产 1200 台电视机的水平。该电器厂扩建后的最佳运营水平是每天生产 1000 台电视机，但目前的运营水平是每天生产 800 台电视机。

按照给定的信息，我们可以确定，该电器厂：

设计能力 =1200 台 / 天；有效能力 =1000 台 / 天；实际能力 =800 台 / 天

因此，该电器厂：

$$利用率 = \frac{实际能力}{设计能力} \times 100\% = \frac{800}{1200} \times 100\% \approx 66.7\%$$

$$效率 = \frac{实际能力}{有效能力} \times 100\% = \frac{800}{1000} \times 100\% = 80\%$$

8.3 运营能力规划方案的分析与评价

为了全面、客观且精确地评价各种运营能力规划方案的优劣与适用性，我们需要借助一系列科学严谨的定量技术或方法。这些技术或方法不仅能够为我们提供一个量化的评估标准，还能帮助我们深入分析运营过程中各个环节的效率和效果，从而制定出更加符合实际需求的运营策略。

8.3.1 盈亏平衡分析

盈亏平衡分析通过计算企业在特定运营水平下销售收入等于总成本时的产销量或销售额，即盈亏平衡点（Break Even Point，BEP），来评估企业的盈利能力和抗风险能力。

盈亏平衡点，也称零利润点、保本点、临界点、损益分歧点或收益转折点，是当企业的销售收入恰好等于总成本（即销售收入线与总成本线的交汇点）时的产销量或销售额状态。以此点为界限,若销售收入超越此点,则企业实现盈利;反之,则企业面临亏损。盈亏平衡点可通过多种方式表达:作为销售量,即盈亏平衡销售量;作为销售额,即盈亏平衡销售额;亦可依据企业经营规划的具体需求,通过产品单价、变动成本、固定成本等关键要素来界定。

盈亏平衡分析建立在总成本与销售量之间呈线性关系的假设之上。在构建盈亏平衡分析模型时,总成本分为固定成本和变动成本两部分。为了验证分析对象是否满足这一线性关系,我们可以利用观测数据进行线性回归分析。针对单一产品,在保持生产条件不变的一段时间内,我们收集不同时间点的销售量及其对应的总成本数据,并绘制"销售量 – 总成本"散点图。观察这些点的分布趋势,如果它们呈现出明显的线性特征,那么我们就可以认为总成本与销售量之间存在直线相关性。此时,我们可以用以下数学表达式来描述这种关系。

$$C = C_F + C_V Q$$

式中,C 代表总成本,Q 代表销售量,C_F 代表固定成本,C_V 代表单位变动成本。

需要注意的是,除了总成本与销售量之间呈线性关系的假设,在进行盈亏平衡分析时,我们还认为产品是供销平衡的,其单位变动成本、单位价格不变,并且单位价格大于单位变动成本。

根据上述前提条件,对于在某一时间 t 内生产的 Q 单位产品,在其销售收入等于总成本的情况下,有:

$$S = pQ = C = C_F + C_V Q$$

式中,S 为销售收入,p 为单位价格,Q 为销售量/生产量,C 为总成本,C_F 为固定成本,C_V 为单位变动成本。

解之,得盈亏平衡产量 Q_{BEP}:

$$Q_{BEP} = \frac{C_F}{P - C_V}$$

图 8-2 即盈亏平衡模型,图中 Q_{BEP} 即盈亏平衡产量,产量低于该点为亏损区,高于该点为盈利区。

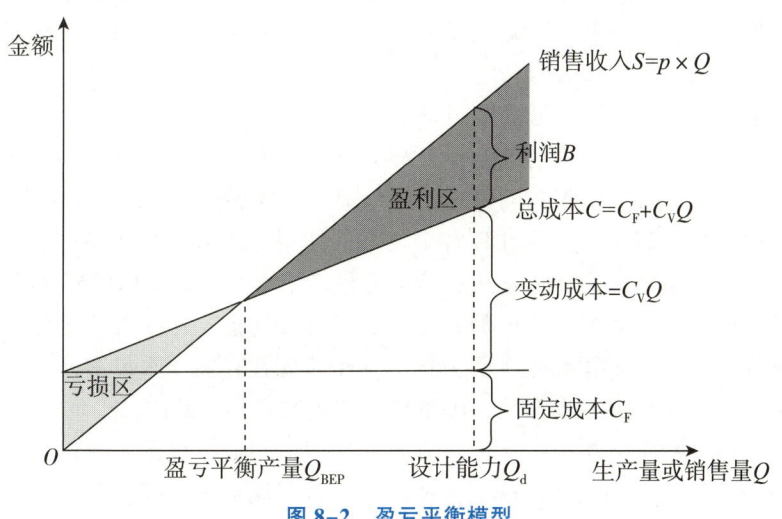

图 8-2 盈亏平衡模型

根据盈亏平衡产量和企业的有效能力，我们可以计算出企业的经营安全率。

$$经营安全率 = \left(1 - \frac{Q_{\text{BEP}}}{Q}\right) \times 100\%$$

式中，Q_{BEP}代表盈亏平衡产量，Q代表预计的销售量，而在企业市场份额足够大、各项条件都较理想的情况下，Q可以视为有效能力。盈亏平衡产量占有效能力的比例越小，企业的经营安全率就越高；反之，则越低。一般来说，我们认为经营安全率应当保持在30%以上。

8.3.2 决策树

决策树分析是在进行产能规划和评价时运用广泛的一种方法，该方法用构建决策树的过程来表示问题的决策过程，清晰地列出分析问题的各个步骤，从而帮助我们找到解决方案。

决策树是一个表示决策过程的图形，显示了在特定情况下决策者可以采取的所有可能的方案，以及每个方案的所有可能的结果。通过构建决策树，决策者可以将整个决策过程可视化，使得复杂的问题变得更加易于理解和处理。近年来，一些商业软件包的出现和优化有力地支持了决策树的创建和分析，使得决策树的应用更加快捷和简单。这些软件包提供了直观的界面和建模工具，使决策者可以更便捷地构建和分析决策树，使企业可以更有效地评估和优化产能方案，以便做出明智的决策。

决策树包含三种类型的节点。

（1）决策节点：决策节点通常用矩形框来表示。它代表着对几种可能方案的选择，并且是最后选择的最佳方案。如果决策是多级的，决策树中间可以有多个决策节点，但整个决策树的根部决策节点将表示最终的决策方案。

（2）状态节点：状态节点通常用圆形框来表示。它代表备选方案的经济效果（期望值）。通过对比每个状态节点的经济效果，并根据一定的决策标准，决策者可以选出最佳方案。状态节点引出的分支称为概率枝，概率枝的数目表示可能出现的自然状态数目，每个分支上需要注明该状态出现的概率。

（3）结果节点：结果节点通常用三角形框来表示。结果节点位于决策树的末尾，决策者应将每个方案在各种自然状态下取得的损益值标注于结果节点的右端。结果节点反映了每个方案的最终结果，供决策者参考。

在解决决策树问题时，我们可以按照以下步骤进行。

第一步是绘制决策树。决策树的绘制顺序是从左到右，在绘制过程中，我们可以对决策问题进行再度分析。绘制决策树的过程清晰地显示了问题涉及的决策和可能的结果。

第二步是按照从右到左的顺序计算各个方案的期望值，即经济效果，并将计算结果写在相应方案的上方。期望值的计算是从决策树的最终结果开始，反向沿着决策树进行的。

第三步是对比各个方案的期望值的大小，进行剪枝优选。在决策树上使用记号进行标记，将决策树切割为备选方案和被舍弃方案。这个步骤往往需要重复多次，直到达到决策树的根部决策节点。完成这一步骤后，决策树问题也就得到了解决。

总而言之，通过绘制决策树、计算各方案的期望值和剪枝优选，我们能够对各方案进行全面的分析和比较，找到最佳的决策方案。这一过程能够帮助我们在面对复杂的决策情况时，系统化地评估各种选择和结果，并做出合理的决策。

[**例 8-1**] 公司拟建一预制构件厂，一个方案是建大厂，需投资 300 万元，建成后，如果销路好（概率为 0.7）每年可获利 100 万元；如果销路差（概率为 0.3）每年要亏损 20 万元，该方案的使用期为 10 年。另一个方案是建小厂，需投资 170 万元，建成后如果销路好，每年可获利 40 万元；如果销路差每年可获利 30 万元。若建小厂，则考虑在销路好的情况下 3 年以后再扩建，扩建需投资 130 万元，可使用 7 年，每年盈利 85 万元。假设前 3 年销路好的概率是 0.7，销路差的概率是 0.3，后 7 年的销路情况完全取决于前 3 年。考虑资金的时间价值（假设利率为 10%），试用决策树确定最优方案。

解：这个问题可以分前 3 年和后 7 年两期考虑，属于多级决策类型，绘制决策树如图 8-3 所示。

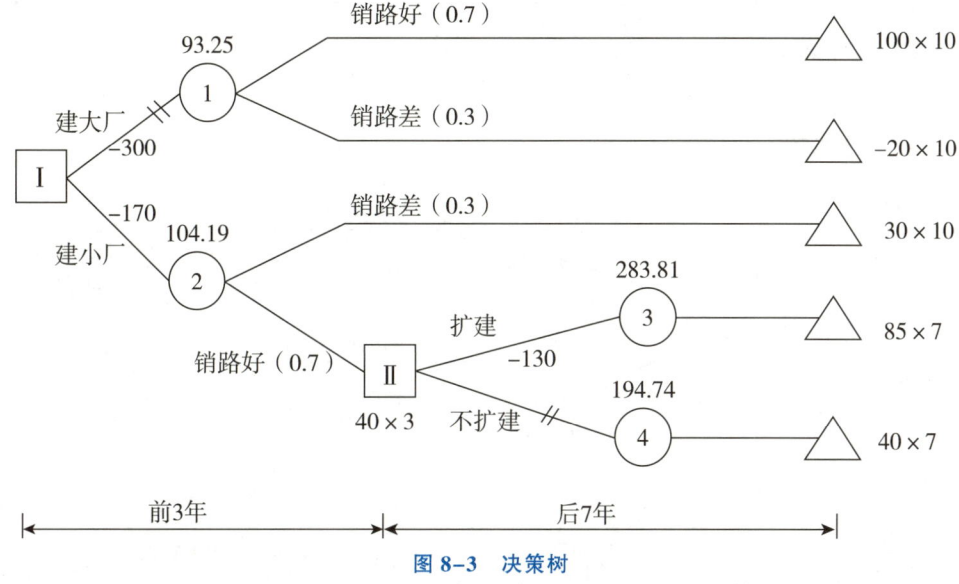

图 8-3 决策树

考虑资金的时间价值（假设利率为 10%），各节点的期望值计算如下。
节点 1：$100 \times (P/A, 10\%, 10) \times 0.7 + (-20) \times (P/A, 10\%, 10) \times 0.3 - 300 \approx 93.25$（万元）
节点 3：$85 \times (P/A, 10\%, 7) \times 1 - 130 \approx 283.81$（万元）
节点 4：$40 \times (P/A, 10\%, 7) \times 1 \approx 194.74$（万元）

经计算可知，决策节点 Ⅱ 的决策结果为扩建，决策节点 Ⅱ 净收益的期望值为 283.81 万元。

期望值为 283.81 万元是因为扩建与不扩建是互斥方案，决策时应选择期望值更高者。
故节点 2：$[40 \times (P/A, 10\%, 3) + 283.81 \times (P/F, 10\%, 3)] \times 0.7 + [30 \times (P/A, 10\%, 10)] \times 0.3 - 170 \approx 104.19$（万元）

由上可知，最合理的方案是先建小厂，如果销路好，再进行扩建。
本例中有两个决策节点——Ⅰ 和 Ⅱ，在多级决策中，期望值计算应先从最小的分支决策开始，逐级取舍到决策能选定为止。

[**例 8-2**] 公司拟建一预制构件厂，一个方案是大规模投资，需投资 300 万元，建成后，如果销路好每年可获利 100 万元；如果销路差每年要亏损 20 万元，该方案的使用期为 10 年。为了适应市场的变化，公司又提出了第二个方案，即先小规模投资 160 万元，

建成后,如果销路好,每年可获利 60 万元,如果销路差每年可获利 20 万元。生产 3 年后,如果销路差,则不再投资,继续生产 7 年;如果销路好,则再做决策是否再投资 140 万元扩建至大规模(总投资 300 万元),在扩建的情况下,继续生产 7 年,如销路好每年可获利 100 万元,如销路差,每年要亏损 20 万元。已知前 3 年销路好的概率为 0.7,在已知前 3 年销售状态概率的条件下,后 7 年的销售状态概率如表 8-2 所示,不考虑资金的时间价值,试用决策树选择最优方案。

表 8-2 后 7 年的销售状态概率

项目		后 7 年的销售状态概率	
		好	差
前 3 年的销售状态概率	好	0.9	0.1
	差	0	1

解:绘制决策树,见图 8-4。

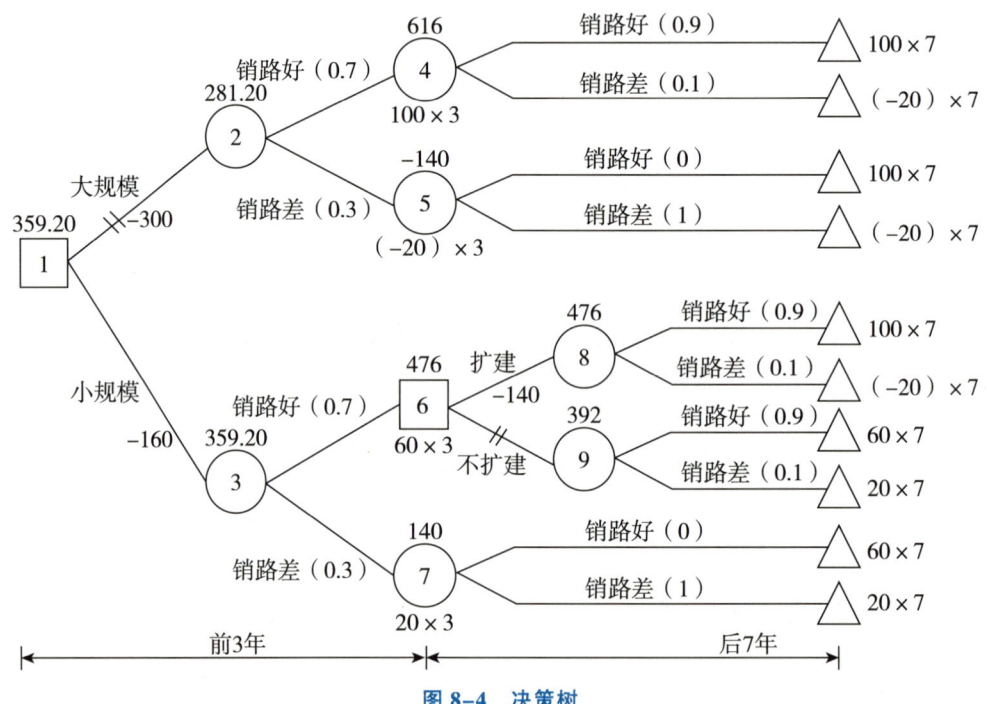

图 8-4 决策树

不考虑资金的时间价值,计算各节点的期望值,并选择方案。

节点 4:$[100 \times 7 \times 0.9 + (-20) \times 7 \times 0.1] = 616$(万元)

节点 5:$[100 \times 7 \times 0 + (-20) \times 7 \times 1] = -140$(万元)

节点 2:$(616 + 100 \times 3) \times 0.7 + [-140 + (-20) \times 3] \times 0.3 - 300 = 281.20$(万元)

节点 8:$[100 \times 7 \times 0.9 + (-20) \times 7 \times 0.1] - 140 = 476$(万元)

节点 9:$(60 \times 7 \times 0.9 + 20 \times 7 \times 0.1) = 392$(万元)

节点 8 的期望值为 476 万元，大于节点 9 的期望值 392 万元，故选择扩建方案，"剪去"不扩建方案。因此，节点 6 的期望值取扩建方案的期望值 476 万元。

节点 7：（60×7×0+20×7×1）=140（万元）

节点 3：[（476+60×3）×0.7+（140+20×3）×0.3]−160=359.20（万元）

节点 3 的期望值为 359.20 万元，大于节点 2 的期望值 281.20 万元，故"剪去"大规模投资方案。

综上所述，投资者应该先进行小规模投资，3 年后如果销路好则扩建，否则不扩建。

8.4　运营能力管理的意义

在动态而复杂的商业环境中，企业不仅需要适应瞬息万变的市场趋势，还必须建立和保持自身的核心竞争力。党的二十大报告指出，要"充分发挥市场在资源配置中的决定性作用"。通过有效的运营能力管理，企业能够巩固在优势领域的领先地位，在关系安全发展的领域加快补齐短板，提升战略性资源供应保障能力。运营能力管理的意义具体体现在以下几个方面。

（1）改善效率和降低成本。通过有效的运营能力管理，企业能够提高生产效率、优化资源利用和流程管理方式，从而改善效率并降低成本。例如，一个制造业企业可以通过优化生产线布局，合理安排工序和工人分工，缩短生产周期，避免浪费，从而提高生产效率，降低生产成本。

（2）提高产品质量和顾客满意度。提高产品质量和顾客满意度是企业在市场中获得竞争优势和实现持续增长的重要途径。通过运营能力管理，企业可以采取一系列措施来强化质量管理并确保产品符合顾客的期望和需求，从而提升产品质量和顾客满意度，并提升品牌形象和竞争优势。例如，汽车制造商可以通过改进流程和持续质量监控来减少产品缺陷，并确保每辆车都符合相关安全和质量标准。

（3）提升灵活性和适应能力。运营能力管理可以帮助企业建立灵活的生产系统和供应链，以适应市场需求的快速变化。通过灵活的生产系统和供应链设计、弹性的生产能力规划等措施，企业可以快速调整生产规模、产品组合和交付时间，以满足市场需求的动态变化。

（4）实现创新和持续增长。运营能力管理可以为企业创造实现创新和持续增长的基础。企业可以建立创新的运营模式，并积极应用新技术。这些措施有助于企业推动产品创新、业务扩展，并获得竞争优势。创新和持续增长是企业可持续发展的基础，使企业在市场竞争中脱颖而出。

（5）建立可持续竞争力。有效的运营能力管理有助于企业建立可持续竞争力。通过在提升效率、降低成本、提高质量和灵活性等方面的努力，企业能够在竞争激烈的市场中持续发展，并在汹涌潮流中保持领先地位。

8.5　需求预测

"谋先事则昌，事先谋则亡"。预测是指对未来可能发生的情况进行估计和推测，预测可以帮助我们获得更多有关未来的信息，从而增加成功的机会。在商业运作中，预测对于组织的每个管理决策都至关重要。

营销部门依靠销售预测来确定市场营销策略、产品定价以及促销活动。

运营部门通过需求预测来进行更好的规划，包括选择工艺技术、制订生产负荷计划、确定设施布局，以及进行与产品计划、调度和库存管理等相关的决策。通过预测需求的变化，运营部门可以更好地安排物料采购、生产流程和设备利用，从而提高生产效率和降低生产风险。

财务部门依据对销售收入和资金需求的预测，制订预算计划并进行成本控制。预测对于财务决策至关重要，可以帮助财务部门评估资金需求、预测收入和成本，并制定合理的预算和财务战略。

上述活动都依赖于预测。通过预测未来的趋势和情况，企业可以有针对性地制定计划和策略，降低风险，提高决策的准确性和有效性。

简单来说，预测是指通过识别和解析某种规律来有效地推测未来情况，这可以包括趋势、周期性等方面。在预测过程中，我们利用过去的经验和知识来寻找一定的规律和趋势，通过仔细观察过去的事件和行为，识别出一些共同的模式和规律，从而推断相似的情况在未来可能发生。通过对历史数据和事件进行分析和研究，我们可以揭示出隐藏在其背后的因果关系和趋势。此外，科学测量和数据收集在预测中扮演着重要的角色。通过准确地测量和收集相关的数据，在建立预测模型时，我们可以依据数据的趋势和规律来准确推断未来的发展。科学的测量、数据收集和分析能够提供客观、准确的信息，减少主观偏见，并确保预测的可靠性。数学模型和计算机模拟是预测可利用的强大工具。通过建立数学模型，我们可以对已知的规律进行建模和抽象，进而将其用于对未知情况的推演和预测；利用计算机模拟技术，我们可以对这些数学模型进行大规模的测试和仿真，探索不同的变量和因素对未来情况的影响，进一步提高预测的准确性和全面性。

在此我们重点介绍需求预测。

在确定采用何种预测方法之前，应明确需求预测的目标。需求预测的目标可因需求分析的不同层次和时间范围而异。

有的需求预测目标涉及高层次、相对长期的需求分析，这类预测从整体战略的角度出发，与长期战略决策密不可分。我们将此类需求预测称为"战略需求预测"。战略需求预测着眼于全局，旨在帮助组织制定长期战略决策。通过这类需求预测，我们能获得对未来需求的综合认识。在制造业中，战略需求预测的结果对各个部门具有指导作用。运营部门可以根据预测结果进行设施选址和布置，设计适当的生产流程。人事部门可以招聘适量且具备不同技能的员工。采购部门可以签订与原材料、零部件相关的采购合同。营销部门可以根据预测结果确定产品定价，并制定相应的销售方案。

通过战略需求预测，各个部门之间的工作可以基于相同的预测数据进行协调和配合。这种协调性和配合性能够支持各部门的活动，并确保各个环节的一致性。预测结果的准确性对于企业长期战略目标的实现至关重要。因此，在进行战略需求预测时，我们需要将离散部门的需求和行动整合为一体。这种统一的战略需求预测可以帮助各个部门在相同目标的指导下，有序地开展工作，提高工作效率，协同推进整体业务的成功实现。

相对地，对几周或几个月的短期需求进行预测的情况，称为"策略需求预测"。策略需求预测通常应用于企业的日常运营。例如，对于在何时补货某一产品，或者下一周需要安排多少产能来生产某一产品来说，策略需求预测至关重要，有助于确保企业及时根据顾客需求的变化趋势调整生产，以更好地满足顾客的需求。

在服务行业中，纯服务是不能存储的，这就带来了可用服务能力与期望需求之间的平衡问题。如果企业能够准确预测服务的需求，那么运营能力管理的关键就在于确保企业能够在短期内配置适当的服务能力来满足需求。如果服务人员剩余，则会造成产能的浪费；而如果服务人员不足，则可能失去生意、流失顾客，并且服务人员的工作负担会增加。

策略需求预测的目标是把握短期的需求情况，企业可以基于这些预测结果进行及时的安排和调整，从而有效地配备资源，以最佳方式响应市场需求。正确的策略需求预测结果能够从运营层面上优化企业内部的资源配置，确保企业的产能和效率达到最优水平。

因此，企业在战略需求预测和策略需求预测上都要下功夫，两者相互补充，才能确保企业有序运营。战略需求预测与长期规划密切相关，促使企业制定长远发展战略；而策略需求预测则关注短期的日常运营，确保企业在面对即时需求时能够快速做出决策和相应调整。通过综合利用战略需求预测和策略需求预测，企业可以在动态变化的市场中稳健前行，实现更大的成功。

然而，由于未来情况的不确定性，通常情况下，需求预测不可能是完全准确的。市场环境中存在着太多会影响需求预测准确性的因素。因此，适当地运用预测方法，完善预测方法，反复审查和改进预测流程、模型和假设显得尤为重要。

在实际进行预测的时候，综合应用多种预测方法是常见的策略。我们接下来将探讨基于管理决策的定性预测方法和基于数学模型的定量预测方法。

8.5.1 定性预测方法

1. 德尔菲法

德尔菲法最初用于预测军事技术的发展。该方法的名称来源于德尔菲神庙——拥有预言未来的力量，暗示着该方法具有相对可靠的预测能力。德尔菲法在科学、技术、经济、卫生、教育、商业等各个领域得到了广泛应用，目前已成为需求预测中常用的一种流行方法。

德尔菲法的工作过程建立在专家小组的基础上，专家小组一般由大约20人组成，视具体情况而定。在挑选专家的时候要掌握两个基本原则：一是这里的"专家"是对该项业务非常熟悉的人员，可以是一线的管理人员，也可以是企业高层管理人员和外聘专家，专家的挑选应基于其对企业内外部情况的了解程度；二是任一专家都不应知道专家小组中的其他成员，成员之间不可有交流和沟通，所有的工作过程都应采取匿名的方式进行。

在每次需求预测前，由负责人设计一套问卷发送给各位专家，每位专家独立给出需求预测结果，并写明主要理由和所考虑的因素，然后将结果提交到负责人处。负责人收齐所有的专家答案后,进行统计和分析。如果所有专家的预测结果基本一致,则可将其作为最终的需求预测结果;若存在比较大的分歧,则设计第二轮问卷,同时在问卷上提供一些专家在前一轮问卷上提出的主要理由和所考虑的因素,供各位专家参考。在第二轮答卷过程中,各位专家将针对其他专家提出的理由和因素,考虑是否调整前一轮本人所给出的结果。如果他认为别的专家所提出的理由和因素是自己没有充分考虑的,则应适当参考并相应调整结果;如果他认为别的专家所提出的理由和因素并不充分,则应进行分析和说明,同时给出自己的结果。负责人收齐所有的专家答案后,再次进行统计和分析,如果所有专家的预测结果基本一致,则可将其作为最终的需求预测结果;若还存在比较大的分歧,则设计第三轮问卷。重复上述过程,直到每一位专家都不再改变自己的意见为止。

德尔菲法的优点在于可以有效地利用专家的知识和经验,组织他们的智慧来进行共识性预测。它消除了传统的面对面预测中的群体影响和压力,允许专家独立发表意见,并通过匿名方法保护他们的意见。通过迭代的预测循环,德尔菲法还能够促进专家对需求因素进行审议和更全面的思考,进而提高预测的准确性。

德尔菲法不是完全建立在科学的方法之上的,仍然受人为因素的影响,在多轮问卷调查后,有的专家会根据前几轮反馈的结果改变自己的结果,出现随大流的倾向。另外,德尔菲法的预测依赖于专家的主观判断,可能受到个人偏见的影响。并且,德尔菲法的实施过程比较复杂,花费时间较长。总的来说,德尔菲法作为一种被广泛接受和应用的预测方法,因其能够整合专家意见、提高准确性和可信性,已经成为需求预测领域不可或缺的工具之一。

2. 部门主管意见法

部门主管意见法通过召集与市场有关或熟悉市场情况的各部门主管进行讨论,获取他们对未来市场发展形势或特定市场问题的意见和预测。随后,负责人将这些意见进行汇总,并按照一定的方法(如简单平均法或加权平均法),进行分析、研究和综合处理,以得出预测结果。部门主管意见法适用于较长期的预测和重大规划决策,如新产品开发、新生产线引进等决策。

部门主管意见法通常通过召开会议或研讨会实现,由各部门主管分享他们对市场趋势、竞争态势、顾客需求等方面的见解和意见。通过专业的讨论与互动,不同部门的主管能够汇集各自的专业知识和经验,并就未来的情况和趋势进行预测。这种综合意见的方法有助于消除个人偏见,通过结合多方面的视角,提高预测的综合性和准确性。在该方法中,负责人可以对各部门主管的意见进行简单平均或加权平均,使得每个部门主管的预测结果都能够在整体预测中占有相应的权重。通过合理的加权和分析方法,负责人可以更好地综合和处理意见,确保结果更加全面和准确。

部门主管意见法的优点在于能够集合多个专业领域的意见和经验,综合各个部门的观点和知识。它在涉及长期预测或重大规划决策时尤为适用,因为各部门主管通常对市场的发展和需求情况有着深入的了解。这种方法是一种便捷而实用的预测工具,能够使企业更好地预测未来形势并做出相应的决策。

然而,部门主管意见法也存在一些潜在的局限性。不同主管的观点可能存在差异,可能受个人因素和部门利益影响,因此企业需要在整合意见时进行适当的加权并排除极端观点。此外，因为依赖于意见收集和人工整合，所以这种方法可能受到信息获取不完全或部门主管间的信息交流不畅的影响，从而降低预测的准确性。

3. 销售人员组合法

销售人员作为基层的工作者，直接与不同地区市场的顾客接触，能够掌握第一手资料。销售人员组合法允许销售人员基于个人的意见或基于与当地的相关部门、专业人士交换的意见进行判断，从而对本地区的需求做出预测。企业的总销售部门会汇总各地区的预测结果，并在综合考虑其他因素后生成企业范围内的预测结果。有时，企业的总销售部门会根据历史数据、自身经验以及对需求趋势的判断进行需求预测，并将其与地区销售人员的预测值进行综合分析和比较，以获得更可靠的预测结果。这种方法适用于企业的短期需求预测。

销售人员组合法的优点在于销售人员对顾客具有全面和深入的了解，他们对市场的洞察力也比其他人更敏锐，因此他们的预测值风险较低。当销售人员直接参与企业的预测过程时，他们对企业下达的销售目标将更有信心，因此更有可能完成目标。此外，根据产品、地区、分支机构等划分的各种销售人员的预测值是更详细的数据，有助于企业更精确地预测和规划。

然而，运用销售人员组合法时需要注意销售人员主观因素的影响。受到个人知识、能力或兴趣等主观因素的影响，销售人员的预测往往会存在一定的偏差。此外，销售人员也可能出于对自己完成销售指标更有利的考虑，有意将偏离可能的真实需求结果的需求预测值上报。因此，在使用销售人员组合法进行需求预测时，企业需要对收集的数据进行适当的评估和调整，同时更加关注客观数据和来自其他可靠来源的信息，以提高需求预测的准确性和可靠性。

4. 用户调查法

用户调查法指销售人员通过信函、电话或访问等方式，对现实或潜在的顾客进行调查，以获取他们的反馈和其他信息，并将这些信息进行综合整理，从而得出预测结果的方法。当需要对新产品或缺乏销售数据的产品的需求进行预测时，用户调查法是一个常用的选择。

用户调查法的优点在于预测数据来源于顾客，可以更好地反映市场需求情况，特别适用于新产品或新市场的需求预测。通过与顾客直接交流，企业可以获取他们的真实需求、偏好和反馈，从而获得更全面和准确的信息以支持预测和决策。

然而，在使用用户调查法时，企业需要仔细设计调查问卷和调查方法，以确保所收集到的数据无偏向性且具有代表性。合理的调查设计能够减少样本选择偏差并获取更准确的数据。此外，企业需要确保顾客的通力合作，避免他们对调查不配合或提供虚假信息。如果调查设计存在缺陷或缺乏参与度，则可能导致样本不恰当，进而使调查信息无法正确反映顾客的需求，甚至使企业得出错误的结论。

因此，要确保用户调查法的有效性和准确性，企业就需要积极、精心地设计调查问卷，并采取恰当的抽样策略。同时，与顾客的沟通和合作也至关重要，可以采用回馈机制或奖励机制来激励顾客参与调查并提供真实的反馈。在综合利用正确的调查方法和完善的数据收集方式的基础上，用户调查法可以成为一种强有力的预测工具，为企业制定产品策略和决策提供有价值的客观信息。

8.5.2 定量预测方法

定量预测方法主要利用数学模型和历史数据进行需求预测。其中，时间序列模型分析法和因果关系模型分析法是两种常用的方法。

时间序列模型分析法将时间作为独立变量，对某种变量的历史数据进行排列和分析，以了解数据的变化趋势，并通过观察进行需求预测。该方法将数据按照时间顺序排列，并分析这些数据之间的相关关系。通过统计和数学建模，可以识别出数据的季节性、趋势性和周期性等特征，并据此进行需求预测。

因果关系模型分析法则利用自变量（影响因素）和因变量（预测对象）之间的相关关系，通过改变自变量的值来预测因变量的未来变化。时间序列模型分析法强调历史数据的价值，因果关系模型分析法也需要大量的数据集，并基于这些数据和有关未来的信息进行预测。建立因果关系模型需要用更高的成本来整合数据，同时更多地关注未来的价值方向预测。因此，该方法更适用于较长周期的预测。

需要指出的是，使用这两种模型时，必须基于一个基本前提假设，即过去存在的变量之间的相关关系和因素之间的相互作用机制将延续到未来，并继续对预测产生影响。这意味着历史数据和因果关系在未来仍具有一定程度的可靠性。因此，在应用时间序列模型和因果关系模型时，对数据的选择、细节的处理要审慎，并且要保证模型的准确性和稳定性等。

1. 时间序列模型分析法

时间序列是指按一定的时间间隔，将某种观测变量的数据依发生的先后顺序排列起来的序列。时间序列往往是在多种不同因素的综合作用下形成的，为了有效处理时间序列数据，可以将其分解为以下几种成分（图 8-5）。

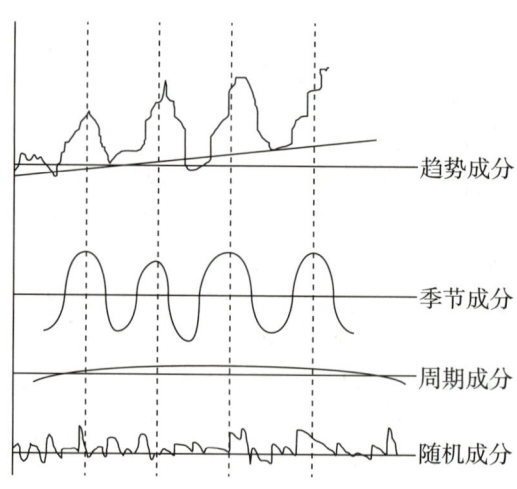

图 8-5 时间序列数据及其成分

（1）趋势成分。当时间序列数据按照某种规律稳步增长、下降或保持某一水平时，称该时间序列存在趋势。趋势可以是线性形式、指数形式或者更加复杂的形式。

（2）季节成分。当时间序列数据受到季节成分的影响时，会表现出周期性的波动，即时间序列数据在已知且固定的频率下，沿着趋势周围有规律地波动。这种周期性通常与一年内的时间等自然周期相关。

（3）周期成分。当时间序列数据在较长时间（一年以上）内存在不固定频率的周期性波动时，称该时间序列存在周期。这种波动常常与经济活动相关，并与所谓的"商业周期"有关。

（4）随机成分。随机成分是指时间序列数据的波动中由众多不可控因素引起的没有规律的上下波动。这些波动可能是随机噪声、非系统性波动，无法通过已知的模式捕捉到。

对于上述的4种成分，我们只在此讨论趋势成分和季节成分。

随机事件是由不可预测的偶然因素引起的。当我们无法解释需求发生的原因时，我们只能假设其是纯粹的随机事件。随机事件的发生是无法预测的，随机成分的影响也无法预测，因此不在我们的讨论范围内。

周期成分的时间跨度可能是未知的，而且建立周期成分模型通常需要较长时间的历史数据。因此，本书不深入介绍周期成分的影响。然而，这并不意味着需求预测会受到重大影响。对于短期预测而言，时间跨度较短，周期成分产生的影响并不明显。因此，在短期预测中通常无须考虑周期成分的影响。相反，在长期预测中，我们的预测会随着时间的推移不断滚动和修改，因此也无须考虑周期成分的影响。

在需求预测的实践中，我们着重应用合适的时间序列模型分析法和其他预测技术来处理趋势成分、季节成分以及其他的影响成分。通过建模和预测，我们可以获得关于未来需求的较为准确的预测结果，以支持决策和规划。

时间序列模型分析法就是在对时间序列本身及其影响因素分析的基础上，找出其内在变化规律，并通过建立数学模型进行需求预测的方法。下面主要介绍常用的简单移动平均法、加权移动平均法、指数平滑法和时间序列分解法。

1）简单移动平均法

简单移动平均（Simple Moving Average，SMA）法是一种基于平均值的预测方法。它通过计算一系列连续时间段内观测值的简单算术平均值来进行预测。每个时间段内的观测值具有相同的权重，预测结果受到过去观测值的影响，并反映了趋势成分和季节成分的平均水平。

当预测目标的变动趋势围绕某一水平上下波动时，可用一次简单移动平均法建立预测模型。设观测的时间序列为 $A_1,\cdots,A_t$，取移动平均的项数 $n<t$，则：

$$\text{SMA}_{t+1} = \frac{1}{n}(A_t + \cdots + A_{t-n+1})$$

式中，SMA_{t+1} 表示 t 期期末的简单移动平均值，可视为 $t+1$ 期的预测值；A_i 表示 i 期的实际需求；n 表示移动平均采用的周期数。

该方法本质上是将最近 n 期序列值的平均值作为未来各期的预测结果。当历史序列值的基本趋势变化不大且序列中随机成分的影响较大时，n 的取值应大一些。否则，n 的取值应小一些。在有确定的季节变动周期的资料中，移动平均采用的周期数应取季节变动周期长度。选择最佳 n 值的一个有效方法是，比较若干模型的预测标准误差，预测标准误差最小者为最佳。

[例8-3] 某超市售卖的某种冰激凌的逐周销售量记录如表8-3所示，取 $n=3$ 和 $n=9$，用简单移动平均法进行预测，预测结果也见表8-3。

表 8-3 销售量记录和预测结果

周次	销售量/个	n=3	n=9
1	800		
2	1400		
3	1000		
4	1500	1067	
5	1500	1300	
6	1300	1333	
7	1800	1433	
8	1700	1533	
9	1300	1600	
10	1700	1600	1367
11	1700	1567	1467
12	1500	1567	1500
13	2300	1633	1556
14	2300	1833	1644
15	2000	2033	1733

从表 8-3 中可以看出,预测值的大小与 n 有关。n 越大,预测值对干扰越不敏感,越稳定,响应性也越差。因此简单移动平均法只适合做短期预测,而且只适合预测目标的发展趋势变化不大的情况。如果目标的发展趋势存在其他的变化,那么采用简单移动平均法预测就会产生较大的预测偏差和滞后。

2)加权移动平均法

在简单移动平均法的计算公式中,每个周期数据的权重是等同的。但是,在实际情况中,每个周期数据所包含的信息量不一样,近期数据包含着更多关于未来情况的信息。因此,把各周期数据等同看待是不尽合理的。

加权移动平均(Weighted Moving Average,WMA)法在计算预测值时,给予不同周期的历史观测值不同的权重。每个周期观测值的权重随着时间向过去的推移而降低,并根据对观测值贡献影响的认识进行调整。通常,近期的观测值会赋予较大的权重,而较远的观测值会赋予较小的权重,这样可更好地反映近期趋势的变化,这就是加权移动平均法的基本思想。

设观测的时间序列为 $A_1,\cdots,A_t$,则加权移动平均值的计算公式为

$$\text{WMA}_{t+1} = \frac{w_1 A_t + w_2 A_{t-1} + \cdots + w_n A_{t-n+1}}{w_1 + w_2 + \cdots + w_n}$$

式中,WMA_{t+1} 表示 t 期期末的加权移动平均值,可视为 $t+1$ 期的预测值;A_i 表示 i 期的实际需求;n 表示移动平均采用的周期数;$\sum_{i=1}^{n} w_i = 1$;w_i 为 A_{t-i+1} 的权数,体现了相应的观测值在加权移动平均值中的重要性。

[**例 8-4**] 一家百货店的老板发现：在最近四个月内，其最佳预测结果由当月实际销售额的 40%、倒数第二个月销售额的 30%、倒数第三个月的 20% 和倒数第四个月的 10% 相加计算得到，这四个月由远到近的销售额分别为 100 万元、90 万元、105 万元、95 万元。

则下个月的预测值为

$$F=0.40 \times 95+0.30 \times 105+0.20 \times 90+0.10 \times 100=97.5（万元）$$

在加权移动平均法中，w_i 往往基于经验确定。一般的原则是：近期数据的权数大，远期数据的权数小。至于大到什么程度和小到什么程度，则需要按照预测者对时间序列的了解和分析来确定。

3）指数平滑法

指数平滑法是在加权移动平均法基础上发展起来的一种时间序列模型分析法，它是根据本期的观测值和过去对本期的预测值，预测下一期数值的方法。其原理是任一期的指数平滑值都是本期观测值与前一期指数平滑值的加权平均。它的基本思路是先对原始数据进行预处理，消除时间序列中偶然性的变化，提高收集的数据中近期数据在预测中的重要程度，处理后的数据称为"指数平滑值"，然后建立预测模型，通过该模型预测未来的目标值。

指数平滑法的优势包括：

① 既不需要收集很多的历史数据，又考虑了各期数据的重要性，它是对加权移动平均法的改进和发展，应用较为广泛；

② 计算简单、样本要求量较少、适应性较强、结果较稳定；

③ 不但可用于短期预测，而且可用于中长期预测，甚至对中长期预测效果更好。

根据平滑次数的不同，指数平滑法可以进一步分为一次指数平滑法、二次指数平滑法、三次指数平滑法等。这些方法在使用上略有差异，可以根据实际需要来选择适合的指数平滑法进行预测。一次指数平滑法和二次指数平滑法是两种常见的指数平滑法，应用较为广泛。

（1）一次指数平滑法。

在时间序列数据呈现出平稳或缓慢变化的情况下，可用一次指数平滑法预测。其预测公式为

$$F_{t+1} = \alpha Y_t + (1-\alpha) F_t$$

式中，F_{t+1} 表示 $t+1$ 期的预测值，即本期（t 期）的平滑值 S_t，$F_{t+1} = S_t$；Y_t 表示 t 期的观测值；F_t 表示 t 期的预测值，即上期（$t-1$ 期）的平滑值 S_{t-1}；α 表示平滑参数。

该预测公式又可以写为

$$F_{t+1} = F_t + \alpha(Y_t - F_t)$$

可见，下期预测值是本期预测值与以 α 为系数的本期观测值与预测值误差之和。平滑参数 α 是一个位于 0 和 1 之间的权重参数，表示观测值和平滑值之间的权重比例。平滑参数越大，意味着将更多的权重放在观测值上，较小的平滑参数则意味着更注重平滑值。α 的取值原则是：当需要敏感地反映最近时期的数据变动时，取较大的值；当用指数平滑值代表该时间序列的长期趋势时，取较小的值；当观测值的变动较小时，取 0.1～0.4；当观测

值的变动一般大时，取 0.4～0.6；当观测值的变动较大，或呈现明显的季节性变动时，取 0.6～0.9。

[例 8-5] 202× 年某家具城售卖某品牌电扇的销售额如表 8-4 所示，分别使用 0.2 和 0.5 的平滑参数，预测 12 月的数据，初始值设为最初两个月的平均值。

根据公式 $F_{t+1}=\alpha Y_t+(1-\alpha)F_t$ 可得预测结果，也见表 8-4。

表 8-4 销售额和预测结果   单位：万元

月份	销售额	预测值（$\alpha=0.2$）	预测值（$\alpha=0.5$）	月份	销售额	预测值（$\alpha=0.2$）	预测值（$\alpha=0.5$）
1	50	51	51	7	51	49.69	48.77
2	52	50.80	50.50	8	40	49.95	49.88
3	47	51.04	51.25	9	48	47.96	44.94
4	51	50.23	49.13	10	52	47.97	46.47
5	49	50.39	50.06	11	51	48.77	49.24
6	48	50.11	49.53	12	—	49.22	50.12

（2）二次指数平滑法。

当时间序列数据的变动出现明显趋势时，用一次指数平滑法进行预测存在着明显的滞后误差。因此，必须加以修正。二次指数平滑法相较于一次指数平滑法增加了对趋势成分的考虑，因此适用于具有明显趋势（线性或非线性）的时间序列数据。二次指数平滑法通过考虑趋势因素来捕捉时间序列数据中的长期变化，并给予趋势一定的权重。它更适用于趋势性比较明显的时间序列数据。二次指数平滑值是对一次指数平滑值的再平滑，其预测公式为

$$F_{t+T}=a_t+b_t T$$

式中，F_{t+T} 表示 $t+T$ 期的预测值；T 表示 t 期到预测期的间隔期数；a_t 与 b_t 为参数，且

$$\begin{cases} a_t=2S_t^{(1)}-S_t^{(2)} \\ b_t=\dfrac{\alpha}{1-\alpha}(S_t^{(1)}-S_t^{(2)}) \end{cases}$$

式中，$S_t^{(1)}$ 表示 t 期的一次指数平滑值；$S_t^{(2)}$ 表示 t 期的二次指数平滑值。

$$S_t^{(1)}=\alpha Y_t+(1-\alpha)S_{t-1}^{(1)}$$
$$S_t^{(2)}=\alpha S_t^{(1)}+(1-\alpha)S_{t-1}^{(2)}$$

[例 8-6] A 公司销售部门近年的销售额如表 8-5 所示，用二次指数平滑法求解趋势直线方程并预测未来第三年的销售收入。

解：指数平滑值见表 8-5。

表 8-5 销售额和指数平滑值

年份 t	销售额（百万元）	$S_t^{(1)} = \alpha Y_t + (1-\alpha) S_{t-1}^{(1)};$ $\alpha = 0.9;\ S_0^{(1)} = 23$	$S_t^{(2)} = \alpha S_t^{(1)} + (1-\alpha) S_{t-1}^{(2)};$ $\alpha = 0.9;\ S_0^{(2)} = 28.4$
1	29	28.40	28.40
2	36	35.24	34.56
3	40	39.52	39.02
4	48	47.15	46.34
5	54	53.32	52.62
6	62	61.13	60.28
7	70	69.11	68.23
8	76	75.31	74.60
9	85	84.03	83.09
10	94	93.00	92.01
11	103	102.00	101.00

解：我们可以由表 8-5 中的数据知道，$\alpha = 0.9$，$S_0^{(1)} = 23$，$S_0^{(2)} = 28.4$，$S_{11}^{(1)} = 102$，$S_{11}^{(2)} = 101$。

因此，由公式 $a_t = 2S_t^{(1)} - S_t^{(2)}$ 可得：

$$a_{11} = 2S_{11}^{(1)} - S_{11}^{(2)} = 2 \times 102 - 101 = 103$$

由公式 $b_t = \dfrac{\alpha}{1-\alpha}(S_t^{(1)} - S_t^{(2)})$ 可得：

$$b_{11} = \dfrac{\alpha}{1-\alpha}(S_{11}^{(1)} - S_{11}^{(2)}) = \dfrac{0.9}{1-0.9} \times (102-101) = 9$$

因此，所求的预测公式为 $F_{T+11} = 103 + 9T$。

未来第三年销售收入的预测值为

$$F_{3+11} = 103 + 9 \times 3 = 130（百万元）$$

4）时间序列分解法

时间序列受趋势成分、季节成分、周期成分、随机成分等一个或多个因素的影响。时间序列分解意味着从时间序列值中识别出各种成分，并在对各种成分进行单独预测的基础上，综合处理各种成分的预测值，以得到最终的预测结果。管理学中时间序列分解法的应用基于如下的假设：各种成分单独作用于实际需求，而且过去和现在起作用的机制将持续到未来。因此，在应用该方法时要注意各种成分是否已经超过了其起作用的期限。

时间序列分解模型有两种形式：乘法模型和加法模型。乘法模型是一个比较通用的模型，它通过将各种成分相乘来估算需求值。乘法模型适用于成分间相对变化较大的情况。而加法模型是将每个成分相加来预测需求值。加法模型适用于不同成分之间的关系较为线性的情况。在选择时间序列分解模型时，人们通常通过观察时间序列数据的分布来判断哪种更合适。

（1）乘法模型。

乘法模型假设各个成分是相乘的。在乘法模型中，时间序列的观测值可以表示为各个成分之积。

$$Y_t = T_t \times S_t \times C_t \times I_t$$

式中，Y_t 是时间序列在时刻 t 的观测值；T_t 表示趋势成分，描述了时间序列的长期趋势；S_t 表示季节成分；C_t 表示周期成分；I_t 指随机成分，表示无法被模型中其他成分解释的随机波动。

乘法模型适用于各个成分之间具有非线性关系的情况。

（2）加法模型。

加法模型假设各个成分是线性相加的。在加法模型中，时间序列的观测值可以表示为各个成分之和。

$$Y_t = T_t + S_t + C_t + I_t$$

加法模型适用于各个成分之间具有相互独立和线性叠加关系的情况。在实践中，可以通过拟合时间序列数据并提取各个成分来构建加法模型。

选择加法模型还是乘法模型取决于数据的性质和模式。在实际应用中，可以通过观察时间序列数据的分布、趋势和季节性特征，以及通过验证模型的拟合程度来确定使用哪种模型更合适。时间序列分解模型的选择将影响到预测的准确性和结果的解释性。

[例 8-7] 根据表 8-6 中某啤酒生产企业 2017—2022 年各季度的销售量数据，分离季节成分。

表 8-6　某啤酒生产企业 2017—2022 年各季度的销售量数据　　　　　　单位：万吨

年份/季度	时间代码	销售量	年份/季度	时间代码	销售量
2017/1	1	25	2020/1	13	30
2017/2	2	32	2020/2	14	39
2017/3	3	37	2020/3	15	51
2017/4	4	26	2020/4	16	37
2018/1	5	30	2021/1	17	29
2018/2	6	38	2021/2	18	42
2018/3	7	42	2021/3	19	55
2018/4	8	30	2021/4	20	38
2019/1	9	29	2022/1	21	31
2019/2	10	39	2022/2	22	43
2019/3	11	50	2022/3	23	54
2019/4	12	35	2022/4	24	41

① 绘制啤酒销售量的时间序列图（图 8-6），观察啤酒销售量的构成成分。

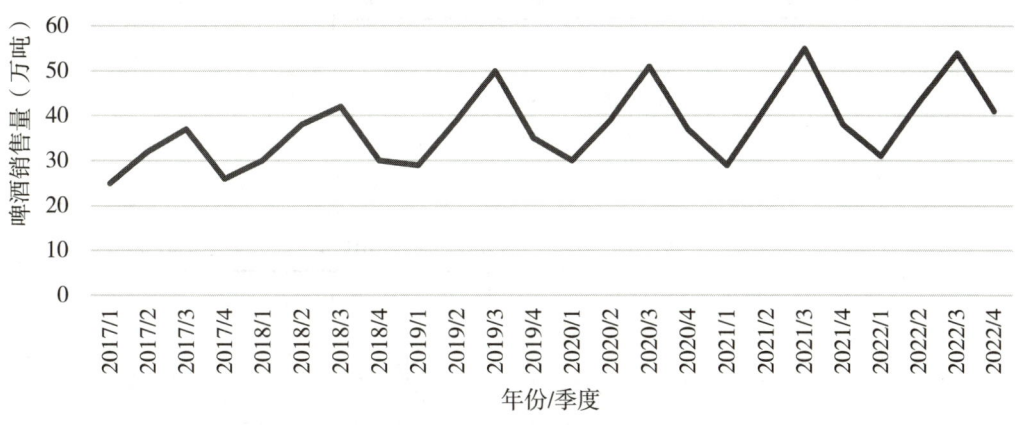

图 8-6　啤酒销售量的时间序列图

明显可以看出，啤酒销售量的时间序列含有季节成分，而且后面年份的销售量平均比前面年份高，因此其中含有趋势成分，但其周期性难以判断。可以认定啤酒销售量的时间序列是一个含有季节成分和趋势成分的时间序列。

② 确定季节成分，计算季节指数。

a. 计算简单移动平均值。对于季节数据，从 2017 年第 1 季度开始，每 4 个季度计算 4 项简单移动平均值，见表 8-7。

表 8-7　简单移动平均值的计算　　　　　　　　　　　　　　　　　　单位：万吨

时间代码	4 项简单移动平均值计算方法	4 项简单移动平均值	4 项简单移动平均值对应的时间代码
1、2、3、4	（25+32+37+26）÷4	30.00	2.5
2、3、4、5	（32+37+26+30）÷4	31.25	3.5
3、4、5、6	（37+26+30+38）÷4	32.75	4.5
…	…	…	…

这里出现的问题是，计算出的 4 项简单移动平均值，没有对应具体的某个季度，而是在季度之间，为了解决这个问题，需要对计算结果进行中心化处理，也就是再进行一次 2 项简单移动平均，得出中心化移动平均值。

这样处理之后，移动平均值便对应具体季度。中心化处理的思路见图 8-7。

按照此思路，可以计算出中心化移动平均值。

b. 计算季节指数。

销售量 ÷ 中心化移动平均值 = 季节指数

计算出的中心化移动平均值和季节指数见表 8-8。

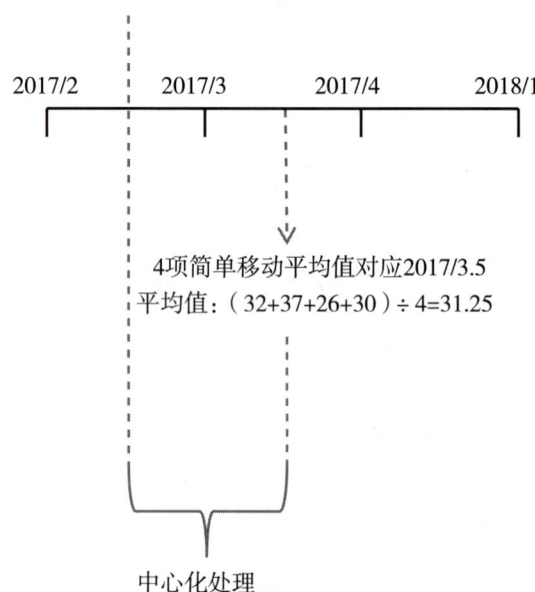

图 8-7 中心化处理的思路

表 8-8 中心化移动平均值和季节指数的计算结果　　　　　　　　单位：万吨

年份/季度	时间代码	销售量	中心化移动平均值	季节指数
2017/1	1	25	—	—
2017/2	2	32	—	—
2017/3	3	37	30.625	1.2082
2017/4	4	26	32.000	0.8125
2018/1	5	30	33.375	0.8989
2018/2	6	38	34.500	1.1014
2018/3	7	42	34.875	1.2043
2018/4	8	30	34.875	0.8602
2019/1	9	29	36.000	0.8056
2019/2	10	39	37.625	1.0365
2019/3	11	50	38.375	1.3029

续表

年份/季度	时间代码	销售量	中心化移动平均值	季节指数
2019/4	12	35	38.500	0.9091
2020/1	13	30	38.625	0.7767
2020/2	14	39	39.000	1.0000
2020/3	15	51	39.125	1.3035
2020/4	16	37	39.375	0.9397
2021/1	17	29	40.250	0.7205
2021/2	18	42	40.875	1.0275
2021/3	19	55	41.250	1.3333
2021/4	20	38	41.625	0.9129
2022/1	21	31	41.625	0.7447
2022/2	22	43	41.875	1.0269
2022/3	23	54	—	—
2022/4	24	41	—	—

在乘法模型中，季节指数反映了某一季度的值占全年平均值的大小。这里，我们计算出的四个季节指数的平均值约为 0.9963，不等于 1，需进行调整。将每个季节指数的平均值除以四个季节指数的总平均值（即 0.9963），得到调整后的季节指数平均值，见表 8-9。

表 8-9 季节指数平均值

年份	季度			
	1	2	3	4
2017	—	—	1.2082	0.8125
2018	0.8989	1.1014	1.2043	0.8602
2019	0.8056	1.0365	1.3029	0.9091
2020	0.7767	1.0000	1.3035	0.9397
2021	0.7205	1.0275	1.3333	0.9129
2022	0.7447	1.0269	—	—
合计	3.9464	5.1924	6.3522	4.4344
平均值（调整前）	0.7893	1.0385	1.2704	0.8869
平均值（调整后）	0.7922	1.0424	1.2752	0.8902

从季节指数平均值变动图（图 8-8）可以看出，啤酒的销售旺季是第 3 季度，淡季是第 1 季度。

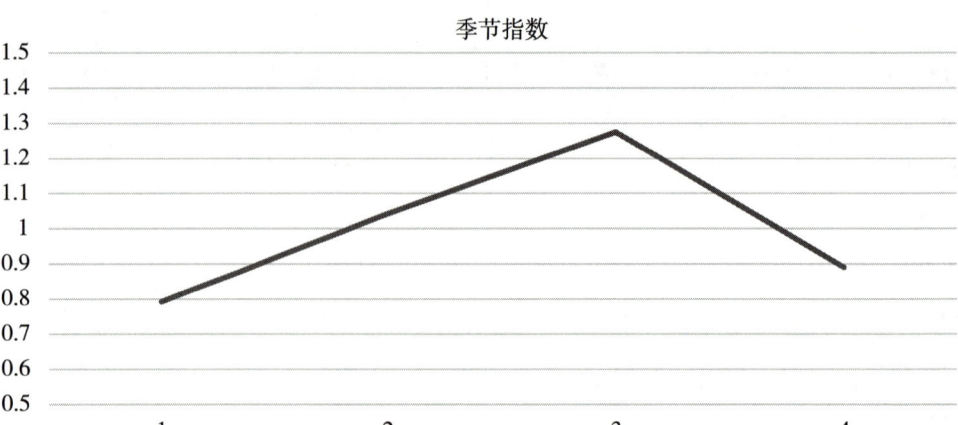

图 8-8　季节指数平均值变动图

③ 分离季节成分。

将销售量分别除以相应的季节指数，将季节成分从时间序列中分离出去，得到分离季节成分后的时间序列，结果见表 8-10。

表 8-10　结果　　　　　　　　　　　　　　　　　　　　　　　单位：万吨

年份/季度	时间代码	销售量	季节指数	分离季节成分后的时间序列
（1）	（2）	（3）	（4）	（5）=（3）/（4）
2017/1	1	25	0.7922	31.56
2017/2	2	32	1.0424	30.70
2017/3	3	37	1.2752	29.01
2017/4	4	26	0.8902	29.21
2018/1	5	30	0.7922	37.87
2018/2	6	38	1.0424	36.46
2018/3	7	42	1.2752	32.94
2018/4	8	30	0.8902	33.70
2019/1	9	29	0.7922	36.61
2019/2	10	39	1.0424	37.41
2019/3	11	50	1.2752	39.21
2019/4	12	35	0.8902	39.32
2020/1	13	30	0.7922	37.87
2020/2	14	39	1.0424	37.41
2020/3	15	51	1.2752	39.99
2020/4	16	37	0.8902	41.56

续表

年份/季度	时间代码	销售量	季节指数	分离季节成分后的时间序列
2021/1	17	29	0.7922	36.61
2021/2	18	42	1.0424	40.29
2021/3	19	55	1.2752	43.13
2021/4	20	38	0.8902	42.69
2022/1	21	31	0.7922	39.13
2022/2	22	43	1.0424	41.25
2022/3	23	54	1.2752	42.35
2022/4	24	41	0.8902	46.06

图 8-9 即分离季节成分后的时间序列。

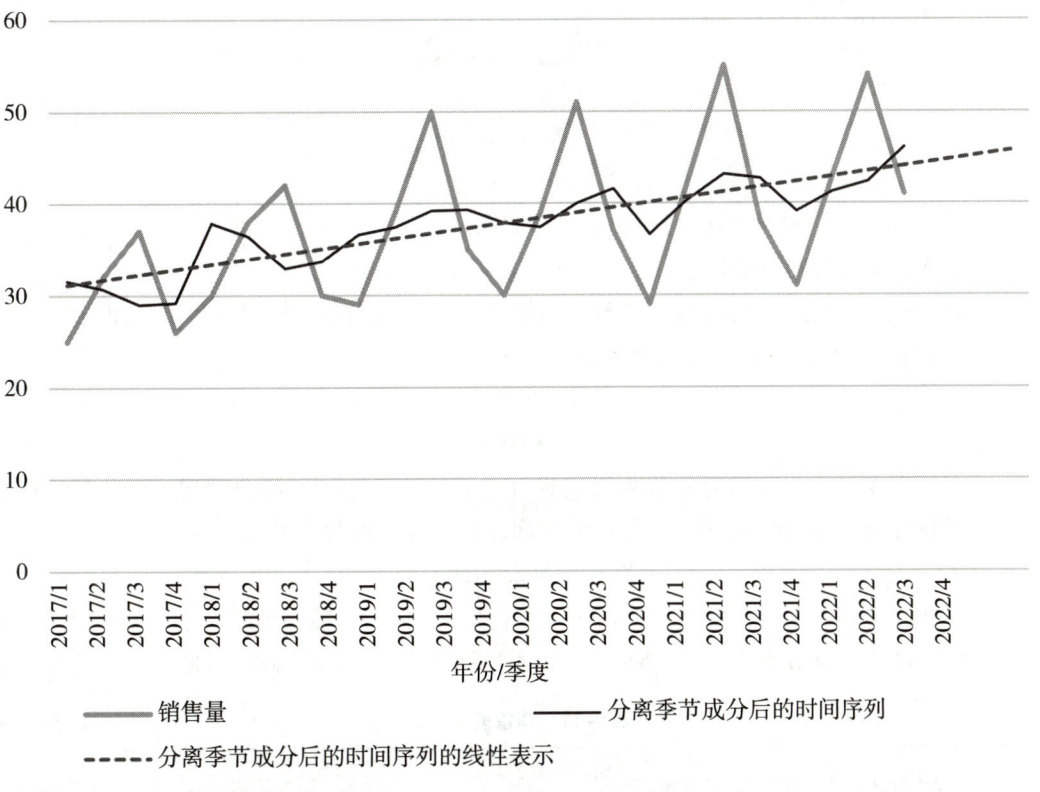

图 8-9　分离季节成分后的时间序列

2. 因果关系模型分析法

事物的发展往往不仅取决于内部的发展规律，还受到外部多种因素的影响。时间序列模型通常将时间作为唯一的独立变量，将需求作为因变量进行建模和预测。尽管这种做法相对简单，但它忽略了其他影响需求的因素。例如，政府部门公布的经济政策、通货膨胀水平、产品和服务的定价等都可能对需求产生重要影响。

因果关系模型分析法是一种可以克服时间序列模型分析法缺点的方法。因果关系模型使用除时间之外的独立变量来预测未来的需求，并且这些独立变量必须对需求产生最主要影响。在因果关系模型中，我们通过使用先导指标来预测需求。先导指标是具有因果关系的变量，可以被认为是另一种事件发生的原因。举例来说，我们可以使用因果关系模型来预测学龄儿童的人数对书包销售量的影响。在这种情况下，学龄儿童的人数是书包销售量的先导指标，即增加学龄儿童人数会导致书包销售量上升。通过引入学龄儿童人数作为独立变量，我们可以更准确地预测未来的书包销售量。

因果关系模型的优势在于能够考虑到多个因素对需求的影响，而不仅仅局限于时间维度。这样的模型能够更全面地解释需求的变化，并且具有更高的预测准确性。然而，建立有效的因果关系模型需要仔细选择和分析相关因素，确保这些因素对需求的影响显著且两者具有因果关系。

本书将介绍因果关系模型中的一元线性回归模型。

一元线性回归模型可表示为

$$Y_T = a + bx$$

$$b = \frac{n\sum XY - \sum X \sum Y}{n\sum X^2 - (\sum X)^2}$$

$$a = \frac{\sum Y - b\sum X}{n}$$

式中，Y_T 表示一元线性回归预测值；a 表示截距；b 表示斜率；n 表示变量个数；X 表示自变量取值；Y 表示因变量取值。

[例 8-8] 应用一元线性回归模型，沿用表 8-10 的数据预测 2023 年的销售量。

计算 b 和 a，然后求 Y_T，结果如下所示。

$$\begin{cases} b \approx 0.5592 \\ a \approx 30.608 \end{cases}$$

剔除季节成分后，可以观察到啤酒销售量有明显的线性增长趋势。用一元线性回归模型进行回归分析，得到分离季节成分后的时间序列对应的线性趋势方程为

$$Y_T = 0.5592x + 30.608$$

预测 2023 年销售量，根据线性趋势方程，带入 $x=25$（即自变量值），可以求得 2023 年第 1 季度销售量（不含季节成分），再乘以对应的季度指数，就可以求得最终的预测值（表 8-11）。

表 8-11 销售量预测值　　　　　　　　　　　　　　　　　　　　　　单位：万吨

年份	时间代码	销售量	季节指数	分离季节成分后的时间序列	回归预测值	最终预测值	预测误差
（1）	（2）	（3）	（4）	（5）=（3）/（4）	（6）	（7）=（6）×（4）	（8）=（3）-（7）
2017/1	1	25	0.7922	31.56	31.17	24.69	0.31
2017/2	2	32	1.0424	30.70	31.73	33.07	-1.07

续表

年份	时间代码	销售量	季节指数	分离季节成分后的时间序列	回归预测值	最终预测值	预测误差
2017/3	3	37	1.2752	29.01	32.29	41.17	−4.17
2017/4	4	26	0.8902	29.21	32.84	29.24	−3.24
2018/1	5	30	0.7922	37.87	33.40	26.46	3.54
2018/2	6	38	1.0424	36.46	33.96	35.40	2.60
2018/3	7	42	1.2752	32.94	34.52	44.02	−2.02
2018/4	8	30	0.8902	33.70	35.08	31.23	−1.23
2019/1	9	29	0.7922	36.61	35.64	28.24	0.76
2019/2	10	39	1.0424	37.41	36.20	37.73	1.27
2019/3	11	50	1.2752	39.21	36.76	46.87	3.13
2019/4	12	35	0.8902	39.32	37.32	33.22	1.78
2020/1	13	30	0.7922	37.87	37.88	30.01	−0.01
2020/2	14	39	1.0424	37.41	38.44	40.06	−1.06
2020/3	15	51	1.2752	39.99	39.00	49.73	1.27
2020/4	16	37	0.8902	41.56	39.55	35.21	1.79
2021/1	17	29	0.7922	36.61	40.11	31.78	−2.78
2021/2	18	42	1.0424	40.29	40.67	42.40	−0.40
2021/3	19	55	1.2752	43.13	41.23	52.58	2.42
2021/4	20	38	0.8902	42.69	41.79	37.20	0.80
2022/1	21	31	0.7922	39.13	42.35	33.55	−2.55
2022/2	22	43	1.0424	41.25	42.91	44.73	−1.73
2022/3	23	54	1.2752	42.35	43.47	55.43	−1.43
2022/4	24	41	0.8902	46.06	44.03	39.19	1.81
2023/1	25	—	0.7922	44.59	44.59	35.32	—
2023/2	26	—	1.0424	45.15	45.15	47.06	—
2023/3	27	—	1.2752	45.71	45.71	58.28	—
2023/4	28	—	0.8902	46.26	46.26	41.18	—

将销售量和最终预测值进行比对（图 8-10），可以看出，预测效果非常好。

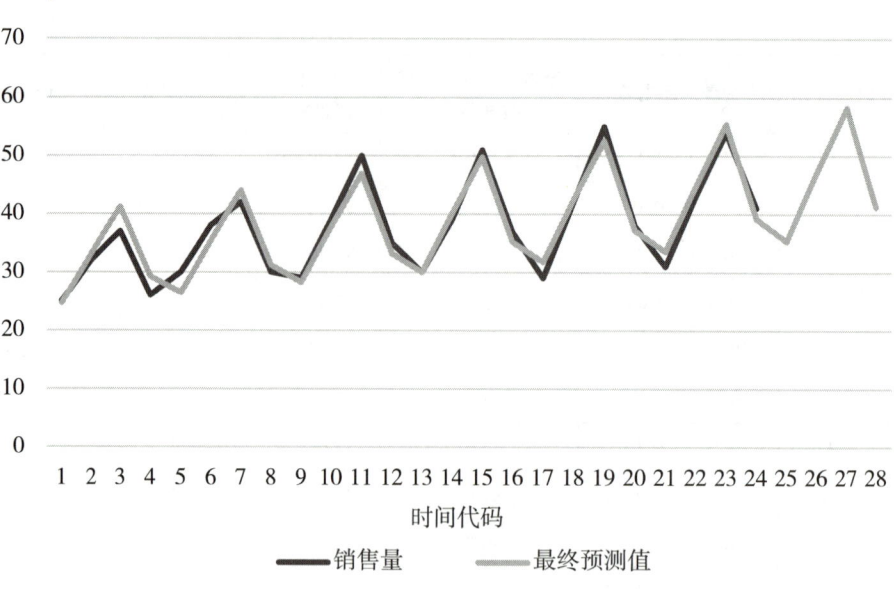

图 8-10 实际销售量和最终预测值比对

以上所有步骤都可以运用计算机软件帮助我们完成。

【京东：需求预测的重要性】

8.5.3 预测误差分析

预测误差是指预测值与真实值之间的差异或偏离程度。预测误差的大小反映了预测的精度。预测误差较小表示预测值与真实值之间的差异较小，预测模型的精度较高。较小的预测误差意味着模型能够较准确地捕捉数据的趋势、关联和变化，从而能够提供较为可靠和准确的预测结果。相反，预测误差较大表示预测值与真实值之间存在较大的差异，预测模型的精度较低。较大的预测误差可能是由模型未能考虑到数据的重要特征、存在建模偏差或其他限制因素导致的。预测误差较大的情况下，预测结果可能不够可靠，无法准确地反映数据的实际情况。因此，通过测量和分析预测误差，我们能够了解预测结果与真实情况之间的差异，进而评估和解释预测的精度。预测误差是衡量预测准确性和精度的关键指标之一，可以帮助我们判断和改进预测模型，提高预测的可靠性和准确性。

在预测误差分析中，我们需要考虑不同的预测方法，例如移动平均法和指数平滑法。不同的预测方法将产生不同的结果，因此我们需要进行比较和评估。

对于移动平均法，我们需要考虑多个因素，例如移动的次数和步长。选择的移动次数会影响平均值的计算方式和对趋势的捕捉能力。选择的移动步长，如 3 或 6，取决于所处理数据的周期和变化速度。较小的步长可以更敏锐地反映短期波动，但可能会忽略长期趋势。而较大的步长可以较好地捕捉长期趋势,却可能无法及时反映短期变化。

对于指数平滑法,我们需要关注平滑参数的选择。平滑参数决定了各阶段观测值的权重。较大的平滑参数,如 0.6,意味着更加重视最近的观测值,平滑效果较弱,更容易跟随近期变化。较小的平滑参数,如 0.3,意味着给以前的观测值赋予了更高的权重,平滑效果较强,更能稳定长期趋势。平滑参数的确定取决于对短期波动和长期趋势的关注程度。

根据具体的情况,比较不同的预测方法以及内部参数的效果非常重要。通过预测误差分析,我们可以评估不同预测方法的准确性和稳定性,以及其与实际数据的拟合程度。通过比较不同预测方法的敏感性和抗干扰能力,选择最适合特定需求的方法。

预测精度是评估预测方法准确性的度量指标,而预测监控是跟踪和评估预测方法性能的过程。预测方法的选择与预测精度和预测监控密切相关。我们将在本小节介绍常用的预测精度测量指标及对预测效果进行监控的方法。

1. 预测精度

预测精度是用于评估预测方法对未知数据的预测能力的一种度量指标。以下是几个常用的预测精度指标。

(1)平均平方误差(Mean Square Error,MSE)。平均平方误差的计算方法是先求模型预测值与真实值之间的平方差,再取平均值。平均平方误差越小,表示模型的预测值与真实值之间的差距越小。

平均平方误差用公式表示为

$$\mathrm{MSE} = \frac{1}{n}\sum_{t=1}^{n}(A_t - F_t)^2$$

式中,A_t 表示时段 t 的真实值,F_t 表示时段 t 的预测值,n 是整个预测期内的时段个数。

(2)平均绝对误差(Mean Absolute Error,MAE)。平均绝对误差用来衡量一组数据的平均偏离程度,表示真实值与其预测值之间的平均差异大小。由于离差被绝对值化,平均绝对误差不会出现正负相抵消的情况,所以平均绝对误差能更好地反映预测误差的实际情况。

平均绝对误差用公式表示为

$$\mathrm{MAE} = \frac{1}{n}\sum_{t=1}^{n}|A_t - F_t|$$

当预测误差不是对称分布时,MAE 比 MSE 能更好地衡量误差;即使是对称分布,在预测误差导致的成本和误差大小成正比的情况下,也可以用平均绝对误差来衡量预测方法的准确性。

(3)平均绝对百分比误差(Mean Absolute Percentage Error,MAPE)。平均绝对百分比误差指绝对误差占真实值的百分比的平均值。平均绝对百分比误差是一个百分比值,表示平均每个预测值的误差相对于真实值的百分比。较低的平均绝对百分比误差表示预测准确度较高,而较高的平均绝对百分比误差则表示预测误差较大。在潜在的需求具有较强的季节性且各时期需求变化较大时,平均绝对百分比误差是一个很好的选择。一般来说,此计算结果在 10% 以下,表明预测的精确度较高。

然而值得注意的是,当实际值较小或接近于零时,平均绝对百分比误差的计算结果不稳定。

其公式为

$$\mathrm{MAPE} = \frac{1}{n}\sum_{t=1}^{n}\left|\frac{A_t - F_t}{A_t}\right| \times 100\%$$

2. 预测监控

根据需求模式在过去、现在和将来起着基本相同作用的原理，我们可以通过两种方法来进行预测监控。一种方法是将真实值与预测值进行比较，看偏差是否在可接受范围内。另一种方法是应用跟踪信号进行监控。

跟踪信号（Tracking Signal，TS）是用来衡量预测准确程度的指标，即预测误差的滚动总和与平均绝对误差的比值。在每周、每月或每季度更新预测时，企业应将新获得的真实值与相应的预测值进行比较。如果跟踪信号的值超过 6 或低于 –6，就表示需求被高估或低估。这表明所使用的预测模型不适合或潜在的需求模式发生了变化。

在需求突然减少或急剧增加的情况下，历史数据会失去参考意义，跟踪信号可能会变得相当大。这是一个提醒我们需要改变预测方法或注意权重分配的信号。

跟踪信号的公式为

$$TS = \frac{RSFE}{MAE}$$

式中，RSFE 表示预测误差的滚动总和，等于各期真实值与相应的预测值之差的总和。

当实际需求发生时，企业可以通过计算跟踪信号来评估预测方法的准确性。判断预测方法是否可以继续使用，可以通过设定一定的范围评估跟踪信号的值来实现。通常，当跟踪信号处于可接受的范围内时，可以认为预测效果良好，预测方法可以继续使用。具体的可接受范围根据不同的行业、产品和需求模式而定。然而，如果跟踪信号超出了设定的范围，即 TS 的值超过了可接受的阈值，则表明预测方法的准确性受到挑战，需要重新选择或进行调整。此时，企业可以通过使用其他预测技术、改进模型参数、调整权重分配或增加对外部因素的考虑等方法进行改进。

习 题

一、名词解释

请分别解释：规模经济、焦点工厂、生产能力柔性、柔性生产过程、设计能力、有效能力、实际能力、德尔菲法、部门主管意见法、销售人员组合法、时间序列模型分析法、预测误差、预测精度。

二、选择题

1. 基于实际生产环境和资源的可用性进行评估，考虑生产过程中的常规折损、停机、维护和运行等因素后，实际可实现的产能是（　　）。

　　A. 设计能力　　　　B. 预计能力　　　　C. 有效能力　　　　D. 实际能力

2. （　　）反映了企业或组织的生产规模增加时，单位产品成本随之降低的现象。

　　A. 规模经济　　　　B. 范围经济　　　　C. 规模不经济　　　　D. 学习效应

3. 在单位产品成本最低的情况下，某电器厂每天最多可生产 500 台电风扇，目前工厂的运营水平是 487 台/天，报废率为 0.02，则该工厂的利用率为（　　）。

　　A. 0.960　　　　　B. 0.974　　　　　C. 0.992　　　　　D. 0.879

据以下信息，回答第 4～6 题。

某汽车厂目前的运营水平是每天生产 450 台新能源汽车，最佳运营水平可达到每天生产 550 台新能源汽车，汽车设计的生产线能达到每天生产 590 台新能源汽车的水平。

4. 该汽车厂的设计能力为（　　）台／天。
A. 450　　　　　　B. 550　　　　　　C. 590　　　　　　D. 600

5. 该汽车厂的利用率为（　　）。
A. 76.3%　　　　　B. 93.2%　　　　　C. 89.1%　　　　　D. 81.8%

6. 该汽车厂的效率为（　　）。
A. 76.3%　　　　　B. 93.2%　　　　　C. 89.1%　　　　　D. 81.8%

7. 某服务业企业现需要确定在未来一周内，每天安排多少员工工作，以满足业务需求，这属于以下哪类预测？（　　）
A. 战略预测　　　　B. 策略预测　　　　C. 成本预测　　　　D. 人才市场预测

8. 在处理时间序列数据时，按照固定的频率沿着趋势周围规律波动的是（　　）。
A. 趋势成分　　　　B. 周期成分　　　　C. 季节成分　　　　D. 随机成分

9. 柔性工厂的最佳形式是（　　）。
A. 零时转换工厂　　B. 焦点工厂　　　　C. 柔性生产过程　　D. 厂中厂

10. 规模经济形成的原因包括（　　）。
①分摊成本　　　　②专业化与分工　　③资源优化利用　　④技术进步
A. ①②　　　　　　B. ②③④　　　　　C. ①②④　　　　　D. ①②③④

11. 规模不经济形成的原因包括（　　）。
①管理和协调困难　②资源冗余　　　　③刚性和创新障碍　④团队合作和文化差异
⑤控制成本增加
A. ①②③　　　　　B. ①②③④⑤　　　C. ①③④　　　　　D. ①②③④

12. 在度量某旅游度假村的产能时，以下哪项不属于应考虑的投入要素？（　　）
A. 广告宣传　　　　　　　　　　　　　B. 酒店工作人员
C. 营业收入　　　　　　　　　　　　　D. 为游客提供保险措施的投资

13. 通过与顾客直接交流，获取他们的真实需求、偏好和反馈，从而获得更全面和准确的信息以支持预测和决策的预测方法是（　　）。
A. 用户调查法　　　B. 定量预测方法　　C. 销售人员组合法　D. 德尔菲法

14. 采用（　　）计算预测值时，每个时间段内的观测值具有相同的权重。
A. 加权移动平均法　B. 定量预测方法　　C. 一次指数平滑法　D. 简单移动平均法

15. 对于移动平均法，选择的（　　）会影响平均值的计算方式和对趋势的捕捉能力。
A. 移动步长　　　　B. 移动次数　　　　C. n 的取值　　　　D. 权重

三、判断题

1. 产能指一个作业单元的生产设施，在一定技术组织条件下，单位时间内满负荷作业生产的产品或提供的服务的最大数量，即一个设施的最大产出量。（　　）

2. 管理者可以通过以下步骤来确定产能：第一步，通过将预测的需求与实际能力对比，找出产能缺口；第二步，估计未来的产能需求；第三步，制定策略方案。（　　）

3. 当产能到达某一临界点时，生产规模不断扩大会导致成本开始增长，这是规模不经济带来的问题。（　　）

4. 时间序列模型分析法是以历史数据分析为基础的需求预测方法。（　　）

5. 对一组产品的预测比对个别产品的预测要准确。（   ）

6. 当采用简单移动平均法预测时，取平均值的数据越多，则对实际变化的响应就越灵敏。（   ）

7. 用一次指数平滑法预测时，平滑参数越大，则预测的响应性越好。（   ）

8. 对于移动平均法而言，移动步长越短，对随机扰动的平滑效果越好，预测的稳定性也越好，响应性则越差。（   ）

9. 决策树的状态节点通常用圆形框来表示，它代表备选方案的经济效果（期望值）。（   ）

10. 柔性操作工人具备多种技能，能够随时从一个工种转换到另一个工种。（   ）

四、简答题

1. 规模经济与规模不经济指什么？
2. 影响需求的因素是什么？
3. 常见的需求预测方法有哪些？
4. 测量预测误差的指标有哪些？各有什么特点？
5. 预测误差是指什么？预测误差有哪些来源？

五、论述题

1. 影响企业柔性的因素有哪些？
2. 为什么要进行运营能力规划？

六、计算题

1. 甲公司生产电热器，2022年、2023年和2024年的实际销量分别为18万台、25万台和28万台，若给2022年、2023年和2024年赋予的权重分别为0.3、0.5和0.2，试采用加权移动平均法预测2025年的销量。

2. 甲公司生产电热器，2022年、2023年和2024年的实际销量分别为18万台、25万台和28万台，若2025年的预测销量为30万台，平滑参数 $\alpha=0.4$，试采用指数平滑法预测2025年的销量。

3. 某机器公司是一家生产数控机床的公司，其产品的平均售价为50万元。过去两年内数控机床销售量如表8-12所示。

表8-12 销售量

年份	季度	销售量/台
2023	1	12
	2	18
	3	26
	4	16
2024	1	16
	2	24
	3	28
	4	18

求：

（1）绘制回归直线，写出回归方程；

（2）计算趋势指数和季节指数；

（3）预测 2025 年的销售情况。

4. 位于 A 市的地毯商城保存了历年的地毯销量和该地区历年来批准新建房屋数的记录，如表 8-13 所示。

表 8-13　数据汇总表

年份	批准新建房屋数 / 所	销量 / 平方米
2016	18	13000
2017	15	12000
2018	12	11000
2019	10	10000
2020	20	14000
2021	28	16000
2022	35	19000
2023	30	17000
2024	20	13000

如果当年的批准新建房屋数已知，如何预测该年的地毯销量？

七、案例分析题

M 航空股份有限公司（以下简称 M 航空公司）是中国首批民营航空公司之一，主要提供航空客货运输服务。M 航空公司成立于 2006 年，总部位于上海。成立初期，M 航空公司主要提供国内航线的客运服务，于 2011 年开始经营国际航线，并于 2012 年开始加快开辟国际航线的步伐。

区别于全服务航空公司，M 航空公司定位于低成本航空经营模式，凭借价格优势吸引大量由对价格较为敏感的自费旅客和追求高性价比的商务旅客构成的细分市场客户。公司借鉴美国西南航空、爱尔兰瑞安航空等高性价比航空公司的运营模式，通过"两高"（高客座率、高飞机利用率）、"两单"（单一机型、单一舱位）、"两低"（低销售费用、低管理费用）的运营模式，在确保安全的同时，大幅度降低了运营成本和票价，被广大旅客和媒体称为"平民航空""老百姓自己的航空公司""高性价比的航空公司"。M 航空公司省之于民、用之于民，开航以来总平均票价低于同航线市场价 40% 左右，向旅客让利超过 200 亿元。

M 航空公司自成立以来，始终保持较高的客座率水平，2015 年以前，公司的平均客座率可以达到 95%。但近些年，各航空公司都扩大机队规模、增加运力，航空客运市场竞争激烈，2016 年 M 航空公司的平均客座率下降至 94%，2017 年继续下降，全年平均约为 92%。M 航空公司的市场部调查过这两年客座率降低的原因，一方面是航空客运市场竞争加剧，同一航线，可供旅客选择的航班增多，导致选择 M 航空公司航班的旅客有所减少；

另一方面是航班座位虚耗的情况逐渐增多，航班座位虚耗主要是旅客订票后并未购票、购票后退票、变更航班或日期等造成的。

针对航班座位虚耗逐渐增多的情况，M 航空公司市场部从 2016 年起就多次建议公司实施机票超售的措施，目的正是减少虚耗，提高公司的平均客座率。这个建议在 2017 年 4 月初的总裁办公会上获得通过，2017 年 5 月 1 日起正式实施。

然而，实施机票超售后，公司航班的平均客座率并没有提高，反而引起一些服务质量问题。

2018 年的某一天，一份关于建议公司取消机票超售措施的报告由地面服务部递交到主管 M 航空公司运营的张总处。主要内容是："我公司自 2017 年 5 月 1 日起在机票销售中实施了超售的措施，目的是提高公司航班的客座率。但自实施以来，各季度的平均客座率与上年同期相比，并没有提高，甚至略有下降。而且，还发生了 10 多起购票旅客到达机场后不能在当期航班登机，引起旅客严重不满的投诉事件，其中一起甚至发展成为治安事件，这些事件虽然经公司地面服务部、保卫部和机场保安部门的共同努力，得到比较妥善的处理，但影响了我公司的服务质量和美誉。为此，我部与服务管理部协商后，建议公司取消机票超售措施。"

机票超售会引起服务质量问题。长期下去，更难保证公司航班的客座率。这也是地面服务部提出取消机票超售措施的原因。

但是，如果不实施机票超售措施，公司航班座位就会虚耗。国内外许多航空公司也在实施机票超售措施。

那么，M 航空公司要不要取消机票超售措施呢？如果要继续实施，又应该怎么解决超售带来的服务质量问题呢？

资料来源：http://www.cmcc-dlut.cn/Cases/Detail/3615[2025-02-01].

问题：

1. 国内外的一些航空公司为什么要实施机票超售措施？
2. 结合当前的经营环境，谈谈 M 航空公司是否应该取消机票超售措施。
3. 如何解决实施机票超售措施引起的服务质量问题？

【第 8 章习题答案】

第 9 章

库存管理

常制不可以待变化，一途不可以应无方，刻船不可以索遗剑。

——《抱朴子·外篇·广譬》

取之有度，用之有节，则常足。

——《资治通鉴》

本章要点

1. 理解库存管理在运营管理中的重要性和作用。
2. 理解库存管理的好处及必要性。
3. 掌握库存管理的方法，如经济订货批量模型。
4. 学习设置和管理安全库存。
5. 解释经济订货批量模型的原理及经济订货批量的计算方法。
6. 了解价格折扣模型。

美的公司创办于1968年，1980年正式进入家电制造业，1981年，"美的"商标正式注册使用。

美的的存货周转速度在不断提高，尤其是自2008年以来，其存货管理效果显著。白色家电营销战打响以来，一边是钢材等上游原材料价格的上涨，一边是渠道库存压力的逐年递增，再加上价格大战、产能过剩、利润滑坡、过度竞争压力之下，除进行产品和市场创新外，挤压成本成为众多同类企业舍此无它的存活之道。

面对行业内的价格战，美的有高管指出，美的前些年对价格挑战一直没有展开全面反击，不是没有能力，而是在积极备战。"我们采取的并不是低价策略，而是整体成本领先战略。低价策略其实只是表象，企业的整体成本优势才是关键。没有整体成本优势支持的降价就是无源之水，没有可持续的竞争能力。"

近年来，在降低市场费用、裁员、压低采购价格等方面，美的始终围绕着成本与效率在运营，在供应链这条空调企业的生死线上更是绞尽脑汁——实行"业务链前移"策略，力求用"供应商管理库存"和"管理经销商库存"方式整合竞争优势。

美的在顺德总部建立了很多仓库，然后把仓库分成很多片。外地供应商可以在仓库里租赁一个片区，并把零部件放到片区内储备。美的需要用到这些零部件的时候，就会通知供应商，然后进行资金划拨、取货等工作。在优化业务链后端的供应体系的同时，美的也在加紧对前端销售体系的管理渗透。对于空调、风扇这样季节性强的产品，断货或压货是常事。各事业部的上千个型号的产品，分散在全国各地的各个仓库里，光是调来调去就是一笔巨大的开支。而因为信息传导渠道不畅，传导链条过长，市场信息又常常误导工厂的生产，造成供应过量或紧缺。

全国数千家的经销商，要做到"供应商管理库存"基本覆盖要花费一年半到两年的时间，费用相当高。但这样的方案的确能提高供应链的配套能力和协同能力。库存周转率提高一次，可以直接为美的节省超过两千万元的费用。"供应商管理库存"实施后，美的在库存方面成效显著，美的零部件库存周转率上升到70～80次，零部件库存时间也由原来的5～7天，大幅降低至3天左右，而且这3天的库存也是由供应商管理并承担相应成本。库存周转率提高后，一系列相关的财务"风向标"也随之"阴转晴"：资金占用量降低、资金利用效率提高、资金风险下降、库存成本直线下降。

资料来源：根据网络资料整理。

9.1 库存及其作用

9.1.1 库存的定义

库存是为了满足未来需求而暂时闲置的资源。它可以是存放在仓库中的物品，也可以是处于运动状态的物品。无论是否在仓库中或是否处于运动状态，只要是为满足未来需求而闲置的资源，都可以被视为库存。例如，在运输中的货物虽然处于运动状态，但它们是为了满足未来需求而暂时闲置在途中的，因此也被视为库存。

库存不仅包括工厂中的原材料、毛坯、工具、半成品和成品，还包括银行中的现金、医院中的药品和病床，以及运输部门的车辆等各方面的资源。此外，库存还可以涵盖人力资源，即储备的专门人才，以及计算机硬盘中储存的大量信息。

因此，库存是指一切暂时闲置的、为满足未来需求的、有经济价值的资源。库存管理的目标是合理控制库存水平以满足需求，并避免过量储备或供应短缺。

按库存资源的存在状态分类，可以将库存分为原材料库存、在制品库存、成品库存。库存配比的类型见图9-1，其中较为合理的是第一种。

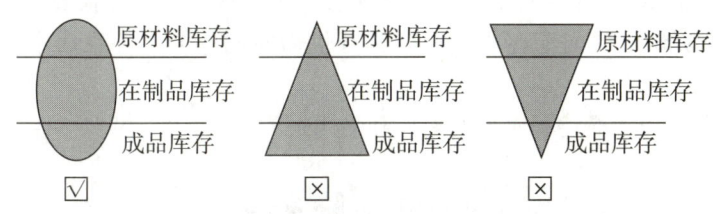

图9-1　库存配比的类型

9.1.2　库存的作用

库存是闲置的资源，虽然库存被认为是导致企业支出增加的"魔鬼"，但企业也必须保持一定的库存量，这是因为库存有其不可替代的作用。

（1）缩短订货提前期：维持成品库存可以快速满足顾客需求，缩短订货提前期，提高社会生产速度，也有利于吸引顾客。

（2）稳定作用：成品库存可以稳定外部需求与内部生产之间的关系，在满足需求方需求的同时保持企业生产的均衡，起到稳定作用。

（3）分摊订货费用和生产准备费用：采购一批货物可以分摊订货费用，获得价格折扣，经济效益更高，尽管会产生库存，但是可以通过批量加工来分摊生产准备费用。

（4）防止短缺：维持一定的库存可以防止短缺，确保商店、医院、银行等能够满足顾客、病人和存款人的需求，同时，国家也需要各种物资储备来应对灾害和战争。

（5）防止生产中断：在制品库存可以防止生产中断，当某道工序发生故障时，在制品库存可以保证后续工序正常进行；在运输途中维持库存可以确保供应，防止生产中断。

（6）"居奇"作用：企业可以利用库存在低价时购入货物，在高价时售出产品，以应对实际物价波动，避免成本增加。

库存尽管有如此重要的作用，但也存在对企业不利的一面：库存会占用大量的资金，要修建仓库，要维持库存物品不变质、不生锈、不老化等，都需要额外支出。不仅如此，库存还掩盖了生产系统中的问题。因此，库存管理的目标不是增加库存，而是在保证一定服务水平的基础上，维持合理的库存水平。

9.1.3　库存建立的目的

供需时间差异是指供应和需求之间存在的时间上的差异。供应方需要一定的时间来生产和准备产品，而需求方则在不同的时间点需要这些产品。这种时间上的差异可能导致供应和需求之间的不匹配，即出现供应短缺或产品滞销的情况。

因此，企业必须维持一定量的库存以弥补供需时间差异。库存是企业在供应和需求之间建立的一个缓冲区，用于在供需时间差异期间满足顾客需求。当需求出现时，企业可以从库存中提取产品,以满足顾客的要求,而不必等待供应链的重新生产和交付。

通过维持适当的库存水平,企业可以更好地应对供需时间差异带来的挑战。库存作为一种资源储备,可以在供应和需求之间起到平衡的作用。它可以确保供应链的连续性,避免供应短缺和生产中断,同时确保及时满足顾客的需求。

然而,库存管理也需要权衡成本和效益。过多的库存可能导致资金占用成本、仓储费等过高,而过少的库存可能导致供应短缺和顾客流失。因此,企业需要进行准确的需求预测和库存规划,实现最佳的库存水平,以弥补供需时间差异,并在成本和效益之间取得平衡。

水池模型(图 9-2)描述了库存的输入和输出过程。

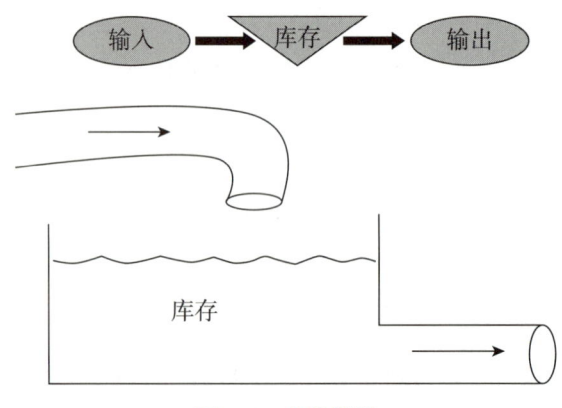

图 9-2　水池模型

9.1.4 "零库存"管理理念

在传统的库存管理模式中,企业往往将增加库存作为解决生产系统中存在的问题的首选方法,这种做法治标不治本。过多的库存不仅会造成更大的资源浪费,还会掩盖生产系统中的固有问题,使生产系统变得越来越脆弱,并埋下严重的潜在问题。

然而,现代的"零库存"管理理念却代表了一种不同的策略。它通过降低库存水平来暴露生产系统中的问题,进而改进生产系统,从而进一步降低库存水平。这种管理方式形成了一个良性循环:降低库存水平→暴露生产系统中的问题→改进生产系统→更完善的生产系统→进一步降低库存水平……通过降低库存,企业被迫面对生产系统中的问题,例如供应链延迟、生产瓶颈、质量问题等。这些问题的暴露促使企业采取措施来改进和优化生产系统,以提高效率、降低成本、减少浪费等。改进后的生产系统能够更好地满足需求,降低库存积压的风险。随着生产系统的不断改进和完善,企业能够更精确地预测需求、优化供应链、提高生产灵活性,并采取其他措施来进一步降低库存水平。这种持续改进的循环过程使得企业能够更加高效地运作,提供更好的产品和服务,并降低与库存相关的成本和风险。

因此,现代的"零库存"管理理念强调通过降低库存水平来暴露和解决生产系统中的问题,以实现持续改进和优化。这种循环过程可以帮助企业建立更强大、更灵活、更高效的生产系统,从而提高竞争力并实现可持续发展。

9.2　库存问题的分类

9.2.1　单周期库存问题和多周期库存问题

　　根据对物品的需求是否重复，可将库存问题分为单周期库存问题与多周期库存问题。

　　单周期需求是指对物品在一段特定时间内的需求，过了这段时间，该物品就没有原有的使用价值了。对此类物品的订货称为一次性订货批量问题，一次订货有一定的批量，这就构成了单周期库存问题。圣诞树问题和报童问题都是典型的单周期库存问题。

　　单周期库存问题有以下两种情况：一是偶尔发生的对某种物品的需求，如奥运会纪念章等；二是经常发生的对某种生命周期短的物品的不定量需求，如易变质的产品，容易过时的产品等。

　　多周期需求是指在足够长的时间里对某种物品重复的、连续的需求，此类物品的库存需要不断补充。机械厂所需的钢材，用完了还需要补充；家庭所需的粮食，吃完了还得再买。对多周期需求物品的库存控制问题，称为多周期库存问题。与单周期库存问题相比，多周期库存问题较为普遍。

9.2.2　独立需求库存问题与相关需求库存问题

　　独立需求是来自顾客的对企业产品和服务的需求。独立需求最明显的特征是需求的对象和数量不确定，只能通过预测的方法粗略估计。对独立需求物品的库存控制问题，称为独立需求库存问题。

　　相关需求是企业内部各环节之间所发生的需求，也称为非独立需求。相关需求可以根据对最终产品独立需求的预测精确地计算出来。例如，某汽车制造厂年产汽车30万辆，这是通过需求预测来确定的。30万辆汽车的生产任务确定之后，构成该种汽车的零部件和原材料的数量及所需生产时间是可以通过精确计算得到的。对零部件和原材料的需求就是相关需求。相关需求可以是垂直方向的，也可以是水平方向的。产品与其零部件之间垂直相关，与其附件和包装物之间则水平相关。对相关需求物品的库存控制问题，称为相关需求库存问题。

9.2.3　确定型库存问题与不确定型库存问题

　　若需求率和订货提前期被视为确定的，则发生在这种情况下的库存问题称为确定型库存问题。现实中，需求率和订货提前期都是受市场需求影响的随机变量。如果将两者中的任一个看作随机变量，那么发生在这种情况下的库存问题就是不确定型库存问题。

9.3　库存控制系统

　　库存控制系统包括输入、输出、约束条件和运行机制四个方面。输入和输出是各种资源，用于满足外部需求。约束条件包括资金和库存空间的限制。运行机制涉及何时订货和订货批量等问题。

在该系统中，需求率和订货提前期是不可控制的随机变量，可以控制的是订货点、订货间隔期和订货批量。

库存控制系统的目标是在满足需求的同时最小化总库存成本——通过协调输入、输出、约束条件和运行机制，实现有效的库存管理。

任何库存控制系统都必须回答如下三个问题：
① 间隔多长时间检查一次库存量？
② 订货提前期有多长？
③ 每次订货批量是多少？

库存控制系统要解决三个问题：
① 确定库存检查周期；
② 确定订货批量；
③ 确定订货点。

思维风向

国网闽侯县供电公司严格按照国家电网有限公司实物资源管理办法及仓储标准化管理要求，不断加强基础管控，实行专人负责、专项管理，定期对仓库物资进行全面盘点清理，做到随时检查和整理，同时加强智慧供应链场景的推广和应用，以推进供应链绿色现代化数智升级，锚定"提效率、增效益、促效能"目标，加强数据融合应用与创新、精益化库存管理，在物资保供、实物资源管理等全链重点领域精耕细作，带动物资全链提质增效。

该公司坚持"抓早"，梳理全量实物资源，组织专人现场核实水泥杆、导线、铁塔、变压器、金具、绝缘子供应商协议储备情况，确保物资充足；合理安排人员、配送车辆，制定物资部门 24 小时值班表，确保值班人员、车辆到岗到位。制定灵活供应策略，按照"先近后远""先利库后采购"原则以及"先实物、后协议、再动态"的顺序进行调拨及采购。创新应用应急物资现场保障工具，实现应急物资需求提报、平衡利库、配送、出库、签收一键完成，有效提升应急物资保障效率。

从本次盘点情况看，国网闽侯县供电公司库存物资管控到位，台风等应急抢修保障有力，在库电缆长度精确到小数点后 3 位，实现账物相符率、ERP 与 WMS 系统一致率两个 100%，有力保障物资供应，仓库精益化管理成效得到国网检查组专家好评。

资料来源：https://www.cnr.cn/fj/fjgd/20231130/t20231130_526503883.shtml[2025-03-08].

1. 连续性检查库存控制系统，即（Q，RL）策略

所谓连续性检查库存控制系统就是订货点和订货批量都固定的库存控制系统，如图 9-3 所示。当库存控制系统的库存量降到订货点（Reorder Level，RL）及以下时，库存控制系统就向供应方发出补货订单，每次订货批量均为一个固定量 Q。经过一段时间——我们称之为订货提前期（LT），所发出的订货到达，库存量增加 Q。订货提前期是从发出订货至到货的时间间隔，包括订货准备、发出订单、供应方接受订货、供应方生产、产品发运、产品到达、提货、验收、入库等过程。显然，订货提前期一般为随机变量。

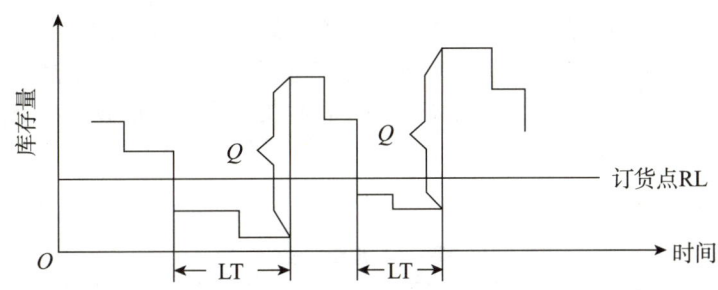

图 9-3 连续性检查库存控制系统

要了解现有库存量是否到达订货点,必须随时检查库存量。因此连续性检查库存控制系统需要随时检查库存量,并能随时发出补货订单。这样,虽然增加了管理工作量,但可以使库存量得到严密的控制。因此,这种库存控制系统适用于重要物品的库存控制。

为了减少管理工作量,企业可采用双仓系统。所谓双仓系统,是运用两个货仓来管理库存的固定量系统。当第一货仓(供应物品的货仓)用空时发出补货订单,在订货提前期使用第二货仓的物品;当收到订货时,将第二货仓(存储量为订货提前期内的需求量加上安全库存)重新装满,余下物品放入第一货仓。再次从第一货仓取货,直到第一货仓再次用空。双仓系统适用于一般物品的库存控制。

2. 定期检查库存控制系统,即 (t, S) 策略

连续性检查库存控制系统需要随时监视库存变化,这种方式对于物品种类很多且订货费用较高的情况来说,是很不经济的。定期检查库存控制系统可以弥补这方面的不足。

定期检查库存控制系统下,每经过一个固定间隔时间,系统就会发出一次补货订单,订货批量为能将现有库存补充到一个最高库存水平 S 的量,如图 9-4 所示。当经过固定间隔时间 t 之后,系统发出补货订单,这时库存量降到 L_1,订货批量为 $S-L_1$;经过一段时间(LT),物品到货,库存量增加 $S-L_1$。接着,又经过固定间隔期 t 之后,再次发出补货订单,这时库存量降到 L_2,订货批量为 $S-L_2$;经过一段时间(LT),物品到货,库存量增加 $S-L_2$;等等。

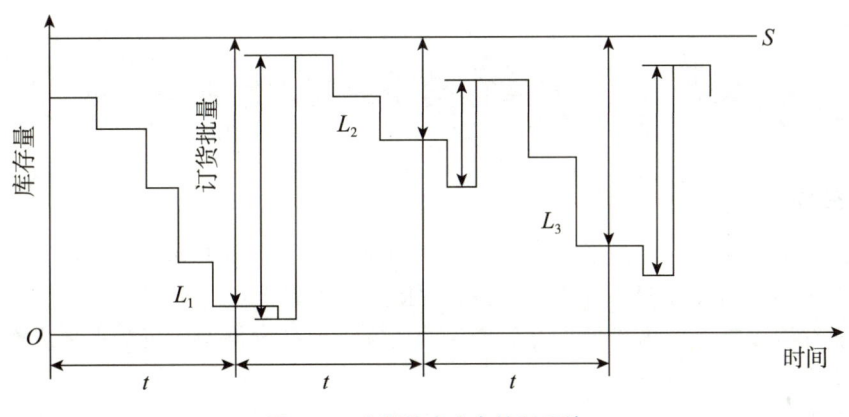

图 9-4 定期检查库存控制系统

定期检查库存控制系统不需要随时检查库存量，经过一个固定的间隔时间，各种不同的物品就可以同时订货。这样，简化了管理，也节省了订货费。不同物品的最高库存水平 S 可以不同。定期检查库存控制系统的缺点是，需要在订货提前期和下一个周期内防止缺货，因而需要较高的安全库存。

表 9–1 是两种库存控制系统的比较。

表 9–1 两种库存控制系统的比较

比较项目	连续性检查库存控制系统	定期检查库存控制系统
订货批量	固定（每次订货批量相同）	变化（每次订货批量不一定相同）
下达补货订单的时间	在库存降低到订货点时下达	在经过固定间隔时间后下达
库存记录维护	每次出库或入库都做记录	只在盘点期（固定间隔时间）记录
库存规模	小	大
维持库存所需时间	长	短
物品类型	重要物品	一般物品

另外，在定期检查库存控制系统中，无论库存水平降得多还是少，都要按期发出补货订单，当库存水平很高时，订货批量是很少的。最大最小系统克服了这个缺点。

3. 最大最小系统，即（RL, S）策略

最大最小系统是一种经过改进的定期检查库存控制系统，只不过它需要确定一个订货点 RL。经过固定间隔时间 t 之后，若库存量降到 RL 及以下，则发出补货订单；否则，再经过固定间隔时间 t 后，才考虑是否发出补货订单。

最大最小系统的工作原理：当经过固定间隔时间 t 之后，若库存量降到 L_1，而 L_1 小于 RL，则发出补货订单，订货批量为 $S-L_1$，经过一段时间（LT）到货，库存量增加 $S-L_1$；再经过固定间隔时间 t 之后，若库存量降到 L_2，而 L_2 大于 RL，则不发出补货订单；再经过固定间隔时间 t，若库存量降到 L_3，而 L_3 小于 RL，则发出补货订单，订货批量为 $S-L_3$，经过一段时间（LT）到货，库存量增加 $S-L_3$；如此循环。

9.4　单周期库存问题的基本解决方法

1. 期望损失最小法

期望损失最小法的目标是通过最小化库存损失来实现有效的库存控制。采用这种方法时，企业会考虑维持库存费、订货成本和缺货损失费等因素。

维持库存费是指企业为维持库存而产生的成本，包括仓储费、资金占用成本等。通过降低库存水平，可以减少这些成本。

订货成本是指企业订货产生的成本，包括订货费、购买费和加工费等。通过制定合理的订货策略，可以降低订货成本。

缺货损失费是指库存不足导致的销售机会损失和顾客满意度下降所带来的成本。通过预测需求、优化供应链和控制订货点，可以降低缺货损失费。

期望损失最小法通过综合考虑这些因素，优化库存水平和订货策略，以最小化库存损失为目标。通过准确的需求预测、灵活的供应链管理和合理的订货决策，企业可以降低库存损失并提高库存管理的效果。

2. 期望利润最大法

期望利润最大法的目标是通过最大化期望利润来实现有效的库存控制。采用这种方法时，企业会考虑维持库存费、订货成本、销售收入和缺货损失费等因素。

维持库存费、订货成本和缺货损失费的概念与期望损失最小法相同，企业仍然需要考虑降低这些成本。

销售收入是指企业通过销售产品或服务所获得的收入。通过合理的库存管理，企业可以确保有足够的库存满足市场需求，从而最大化销售收入。

9.5 确定型均匀需求库存问题的基本模型

9.5.1 与库存相关的费用

与库存相关的费用有两种：一种随着库存量的增加而增加；另一种随着库存量的增加而减少。最佳订货批量由这两种库存费用决定。

1. 随着库存量的增加而增加的库存费用

（1）资金占用成本。库存物品本身有价值，因此会占用资金。这些资金本可以用于其他活动来创造新的价值，而库存使这部分资金闲置起来，造成了机会损失。资金占用成本是维持库存物品本身所必需的花费。

（2）仓储费。要维持库存必须建造仓库、配备设备，还涉及供暖、照明、修理、保管等开支。这就是仓储费。

（3）物品变质和陈旧损失。在闲置过程中，物品可能会变质和陈旧，如金属生锈、药品过期、油漆褪色、鲜货变质。这会造成一部分损失。

（4）税收和保险。

以上费用都随着库存量的增加而增加。若只有随着库存量的增加而增加的库存费用，则库存量越少越好。但也有随着库存量的增加而减少的库存费用，因此库存量既不能太低，也不能太高。

2. 随着库存量的增加而减少的库存费用

（1）订货费。订货费与发出补货订单活动和收货活动有关，包括评判要价、谈判、准备订单、通信、收货检查等。它一般与订货次数有关，而与一次订多少无关。一次多订货，分摊在每项物品上的订货费就少。

（2）调整准备费。在生产过程中，为方便工人加工零件，一般需要准备图纸、工艺和工具，需要调整机床、安装工艺装备。这些活动都需要时间和费用。若花一次调整准备费，能多加工一些零件，即扩大加工批量，则分摊在每个零件上的调整准备费就少，但扩大加工批量也会增加库存。

（3）购买费和加工费。若购买或加工的批量大，则可能会有价格折扣。

（4）缺货损失费。库存量大则发生缺货的情况就少，缺货损失费就少。

3. 库存总费用

计算库存总费用一般以年为时间单位。归纳起来，年库存总费用主要包括以下四项。

（1）年维持库存费，以 C_H 表示。顾名思义，它是维持库存所必需的费用，包括资金占用成本、仓储费、税收和保险、物品变质和陈旧损失等。这部分费用与物品价值和平均库存量有关。

（2）年订货费或年调整准备费，以 C_R 表示。它与全年发生的订货或加工次数有关，一般与一次订多少或加工多少无关。

（3）年购买费和加工费，以 C_P 表示。它与价格和订货批量有关。

（4）年缺货损失费，以 C_S 表示。它反映了失去销售机会带来的损失、信誉损失及影响生产造成的损失。它与缺货多少、缺货次数有关。

若以 C_T 表示年库存总费用，则

$$C_T = C_H + C_R + C_P + C_S$$

库存管理的目标就是使 C_T 最小。

9.5.2 经济订货批量模型

经济订货批量（Economic Order Quantity，EOQ）模型最早由哈里斯于1915年提出。该模型有如下假设条件。

（1）外部对库存系统的需求率已知、均匀且为常量。年需求率以 D 表示，单位时间需求率以 d 表示。由于需求率均匀，D 与 d 是相同的。例如，假设 $D=365$ 吨/年，当需求均匀时，$d=1$ 吨/天。

（2）一次订货批量无最大最小限制。

（3）采购、运输均无价格折扣。

（4）订货提前期已知，且为常数。

（5）订货费与订货批量无关。

（6）维持库存费是库存量的线性函数。

（7）不允许缺货。

（8）补充率为无限大（即库存可以瞬间补充完毕），全部订货一次同时交付。

（9）采用连续性检查库存控制系统。

在以上假设条件下，库存量的变化如图 9-5 所示。从图中可以看出，系统的最大库存量为 Q，最小库存量为 0，不存在缺货状态。库存量按值为 D 的固定需求率减少。当库存量降到订货点 RL 时，就按固定订货批量 Q 发出补货订单。经过一个固定的订货提前期（LT），新的一批订货批量为 Q 的物品到达（刚好在库存变为 0 时到达），库存量立即达到 Q。显

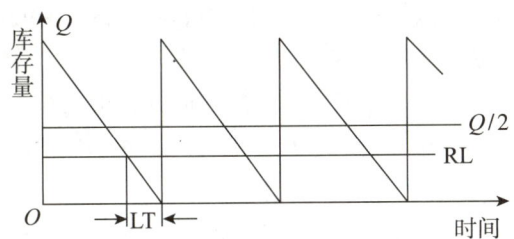

图 9-5　库存量的变化

然，平均库存量为 $Q/2$。在该模型的假设条件下，C_S 为零，C_P 与订货批量大小无关，为常量。因此，有

$$C_T = C_H + C_R + C_P = H(Q/2) + S(D/Q) + pD$$

式中，S 表示单位订货费或单位调整准备费①；H 表示单位维持库存费，$H=ph$（p 为单价，h 为资金效果系数）；D 表示年需求率。

由上式可见，年维持库存费 C_H 随订货批量 Q 的增加而增加，是关于 Q 的线性函数；年订货费或年调整准备费 C_R 与 Q 的变化方向相反，随 Q 的增加而下降。不考虑年购买费和加工费 C_P，C_T 曲线为 C_H 曲线与 C_R 曲线的叠加。C_H 曲线与 C_R 曲线有一个交点，其对应的订货批量就是经济订货批量。

为了求出经济订货批量，对 Q 求导，并令其一阶导数为零，可得经济订货批量 Q_0 为

$$Q_0 = \text{EOQ} = \sqrt{\frac{2DS}{H}}$$

可以得到订货点 RL 为

$$\text{RL} = d \times \text{LT}$$

在经济订货批量下：

$$C_R + C_H = S(D/Q_0) + H(Q_0/2) = \frac{DS}{\sqrt{\frac{2DS}{H}}} + \frac{H}{2}\sqrt{\frac{2DS}{H}} = \sqrt{2DSH}$$

可以看出，经济订货批量随单位订货费或单位调整准备费 S 的增加而增加，随单位维持库存费 H 的增加而减少。因此，价格昂贵的物品订货批量应小一些，难采购的物品订货批量要大一些。这些都与人们的常识一致。

9.5.3　经济生产批量模型

经济订货批量模型假设整批订货在一定时刻同时到达，补充率为无限大。这种假设不符合企业生产的实际过程。一般来说，在进行某种产品的生产时，成品是逐渐生产出来的。也就是说，当生产率大于需求率时，库存是逐渐增加的，不是一瞬间增加的。要使库存不无限增加，当库存达到一定量时，应该停止生产一段时间。由于生产运作系统存在调整准备时间，在补充成品库存的生产中，也有一个一次生产多少最经济的问题，这就是经

---

① 此处 S 含义与前文最高库存水平（S）不同，读者需注意区分。

济生产批量问题。经济生产批量（Economic Production Lot，EPL）模型的假设条件除与经济订货批量模型第（8）条假设不一样之外，其余都相同。

图 9-6 描述了经济生产批量模型中库存量随时间变化的过程。生产在库存为 0 时开始进行，经过生产时间 t_p 结束，由于生产率 P 大于需求率 d，库存将以（$P-d$）的速率上升。经过时间 t_p，库存达到 I_{max}。生产停止后，库存按需求率 d 下降。当库存减少到 0 时，又开始了新一轮生产。Q 是在 t_p 时间内的生产量，也是一个补充周期 T 内的消耗量。

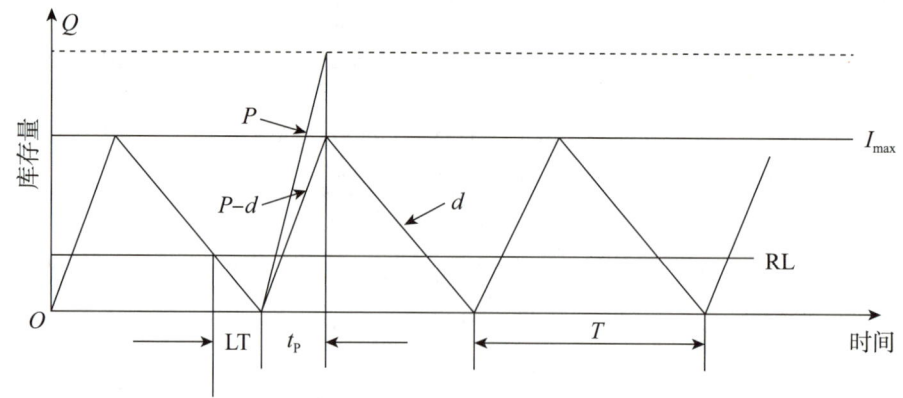

图 9-6 经济生产批量模型中库存量随时间变化的过程

在经济生产批量模型的假设条件下，C_S 为零，C_P 与订货批量大小无关，为常量。与经济订货批量模型不同的是，由于补充率不是无限大，所以平均库存量不是 $Q/2$，而是 $I_{max}/2$。于是：

$$C_T = C_H + C_R + C_P = H(I_{max}/2) + S(D/Q) + pD$$

问题现在归结为求 I_{max}。由图 9-6 可以看出：

$$I_{max} = t_p(P-d)$$

由 $Q = Pt_p$ 可以得出 $t_p = Q/P$。因此：

$$C_T = \frac{H(1-d/P)Q}{2} + S(D/Q) + pD$$

可以得出经济生产批量：

$$\text{EPL} = \sqrt{\frac{2DS}{H\left(1-\dfrac{d}{P}\right)}}$$

9.5.4 价格折扣模型

为了刺激需求，供应商往往在订货批量大于某一值时提供优惠的价格，这就是价格折扣。图 9-7 表示有两个折扣点的价格折扣模型。当订货批量小于 Q_1 时，单价为 p_1；当订货批量大于或等于 Q_1，而小于 Q_2 时，单价为 p_2；当订货批量大于或等于 Q_2 时，单价为 p_3。$p_3 < p_2 < p_1$。

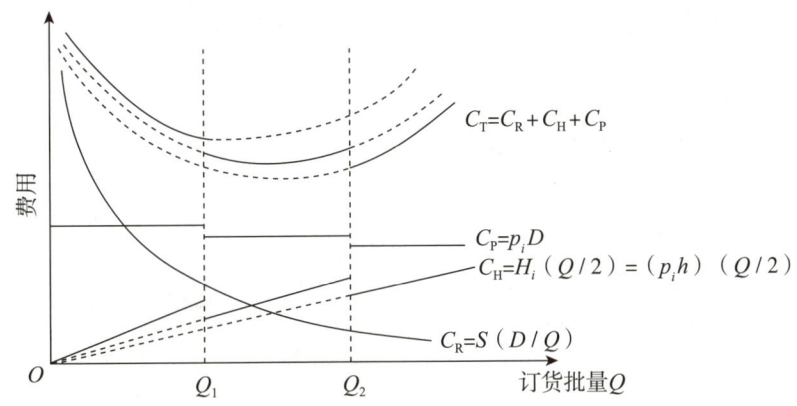

图 9-7 有两个折扣点的价格折扣模型

价格折扣对于供应商是有利的。因为生产批量大时单位产品生产成本低,销售量扩大可以占领市场,获取更高利润。价格折扣对购买者是否有利,要进行具体分析。在有价格折扣的情况下,由于每次订货批量大,订货次数减少,年订货费会降低。但订货批量大会使库存增加,从而使年维持库存费增加。总的来说,按数量折扣订货的优点是单价较低,年订货费较低,较少发生缺货,装运成本较低,而且能比较有效地应对价格上涨。其缺点是库存量大,年维持库存费高,存货周转较慢且容易陈旧。接不接受价格折扣,需要通过价格折扣模型计算决定。

价格折扣模型的假设条件仅有一条与经济订货批量模型的假设条件不一样〔第(3)条〕,即允许有价格折扣。由于有价格折扣时,物品的单价不再固定了,因而不能简单地套用传统的经济订货批量公式。如图 9-7 所示,年订货费或年调整准备费 C_R 与价格折扣无关,曲线与经济订货批量模型的一样。年维持库存费 C_H 和年购买费 C_P(此处不考虑加工),都与单价有关,因此,其费用曲线都是不连续的折线。三条曲线叠加构成的年库存总费用曲线也是一条不连续的曲线。但是,不论如何变化,经济订货批量仍是年库存总费用曲线 C_T 上最低点所对应的数量。因为价格折扣模型的年库存总费用曲线不连续,所以成本最低点或者是曲线斜率(一阶导数)为零的点,或者是曲线的中断点。求价格折扣模型的经济订货批量时可按下面的步骤进行。

步骤一:取最低单价代入基本经济订货批量公式求出 Q_0,若 Q_0 可行(所求的点在曲线 C_T 上),Q_0 即为经济订货批量,停止。否则转步骤二。

步骤二:取次低单价代入基本经济订货批量公式求出 Q_0。如果 Q_0 可行,计算订货批量为 Q_0 时的总费用和所有大于 Q_0 的数量折扣点(曲线中断点)所对应的总费用,其中最小总费用所对应的数量即为经济订货批量,停止。

如果 Q_0 不可行,重复步骤二,直到找到一个可行的经济订货批量为止。

[例 9-1] 一家小型制造厂每年大约使用 3400 千克化学染料。现在,该制造厂的订货批量为 300 千克,每千克 3 元。供应商刚刚宣布,1000 千克及以上订单的单价为每千克 2 元。该制造厂每订一次货需要负担成本 100 元,此外,每千克年维持库存费占单价的 17%。

(1)确定使总成本最低的订货批量。

(2)如果供应商提供折扣的下限不是 1000 千克，而是 1500 千克，使总成本最低的订货批量又将是多少？

解：已知 D=3400 千克/年；S=100 元；H=0.17p。

(1)计算 2 元/千克时的经济订货批量。

价格折扣见表 9-2。

表 9-2 价格折扣

订货批量/千克	单价（元/千克）
1～999	3
1000 及以上	2

$$Q_{2元/千克}=\sqrt{\frac{2DS}{H}}=\sqrt{\frac{2\times3400\times100}{0.17\times2}}\approx1414（千克）$$

(2)当折扣下限为 1500 千克时，2 元/千克的经济订货批量不再适用。因此我们必须计算 3 元/千克时的经济订货批量，并比较该总成本与价格突变点（即 1500 千克）处的总成本。

$$Q_{3元/千克}=\sqrt{\frac{2DS}{H}}=\sqrt{\frac{2\times3400\times100}{0.17\times3}}\approx1155（千克）$$

$$C_{T}=\left(\frac{Q}{2}\right)H+\left(\frac{D}{Q}\right)S+pD$$

$$C_{T(1155)}=\frac{1155}{2}\times0.17\times3+\frac{3400}{1155}\times100+3\times3400$$

$$\approx294.53+294.37+10200\approx10789（元）$$

$$C_{T(1500)}=\frac{1500}{2}\times0.17\times2+\frac{3400}{1500}\times100+2\times3400$$

$$\approx255+226.67+6800\approx7282（元）$$

因此，订货批量为 1500 千克时总成本较低，为经济订货批量。

9.6 不确定型库存问题的订货批量和订货点

在之前的模型中，需求率和订货提前期被视为确定量，而现实情况往往和这些理想假设不同，现实中需求率和订货提前期通常处于动态变化过程，是随机变量。

不确定型库存问题是指需求率和订货提前期中至少有一个为随机变量的问题。

1. 假设条件

(1)单位时间需求率 d 和订货提前期 LT 为服从已知分布的随机变量，且在不同的补充周期，这种分布不变。

(2)补充率为无限大，全部订货一次同时交付。

(3)允许晚交货，即供应过程中允许缺货，但一旦到货，所欠物品必须补上。

(4)年需求率为 D。
(5)已知单位订货费或单位调整准备费为 S,单位维持库存费为 H,单位缺货损失费为 c_s。
(6)无价格折扣。

根据以上假设条件,不确定型库存问题的库存量变化如图 9-8 所示。

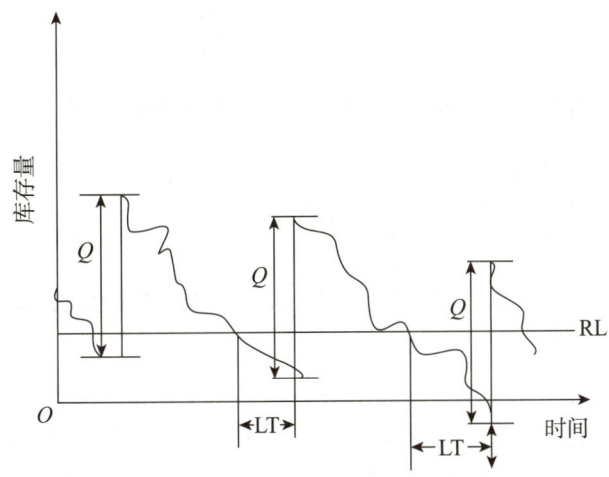

图 9-8 不确定型库存问题的库存量变化

按照之前模型的处理逻辑求解经济订货批量和订货点的方法较为复杂,并且不一定准确。因此,有必要采取简单易行的方式求解近似经济订货批量和订货点。

2. 求解近似经济订货批量和订货点的方法

对于经济订货批量,可以直接用经济订货批量公式计算。对于订货点,可以采用经验方法确定,经验方法比较粗糙。例如,现有库存是提前期内需求的 2 倍(或 1.5 倍、1.2 倍)时,就发出补货订单。而通过安全库存或服务水平来计算订货点,则比较精确。

(1)安全库存。安全库存(SS)如已确定,就可以按下式来计算订货点。
$$RL = SS + D_E$$
式中,SS 表示安全库存;D_E 表示订货提前期内需求的期望值。

在不确定型库存系统中,需求率和订货提前期的随机变化都被预设的安全库存吸收。安全库存是一种额外持有的库存,它作为一种缓冲器,主要用来补偿订货提前期内实际需求量超过期望需求量的部分,或实际提前期超过期望提前期所产生的需求部分。

图 9-9 表示订货提前期内需求近似服从正态分布的情况,左边阴影部分面积表示不发生缺货的概率,可以看作库存系统的服务水平(SL);右边阴影部分面积表示缺货概率。从图 9-9 可以看出,如果没有安全库存,缺货的概率可达到 50%。安全库存对企业的成本有双重的影响:降低了缺货损失费,提高了服务水平,却也增加了维持库存费。但是,即使有安全库存的存在,也不能保证顾客的每一次需求都能得到满足,因此缺货是不可避免的。

(2)服务水平。服务水平是衡量不确定型库存系统的一个重要指标,它关系到库存系统的竞争能力。有很多种衡量服务水平的方法:
① 整个周期内供货的数量 ÷ 整个周期内的需求量;
② 订货提前期内供货的数量 ÷ 订货提前期内的需求量;

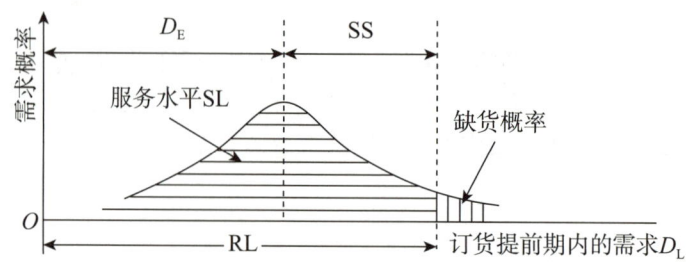

图 9-9 订货提前期内需求近似服从正态分布的情况

③ 顾客订货得到完全满足的次数 ÷ 顾客订货的总次数；
④ 不发生缺货的补充周期数 ÷ 总补充周期数；
⑤ 有货可供的服务时间 ÷ 总服务时间。

我们将订货提前期内的需求 D_L 不超过订货点 RL 的概率作为服务水平：

$$SL = P\{D_L \leq RL\}$$

（3）安全库存与服务水平的关系。很明显，服务水平越高，安全库存越大，所花的代价也越大；但服务水平过低又将失去顾客，减少利润。因此，确定适当的服务水平是十分重要的。

图 9-10 中的曲线描述了订货点和服务水平的关系。在服务水平比较低时，将服务水平提高 0.1，订货点提升幅度小（L_1）；在服务水平比较高时，将服务水平提高同样比例，订货点提升幅度大（L_2），$L_2 > L_1$。这就是说，在服务水平较低时，稍稍提升订货点，服务水平提高的效果就很明显。但是，当服务水平增加到比较高的水平时，再想提高服务水平就需大幅度地提升订货点。

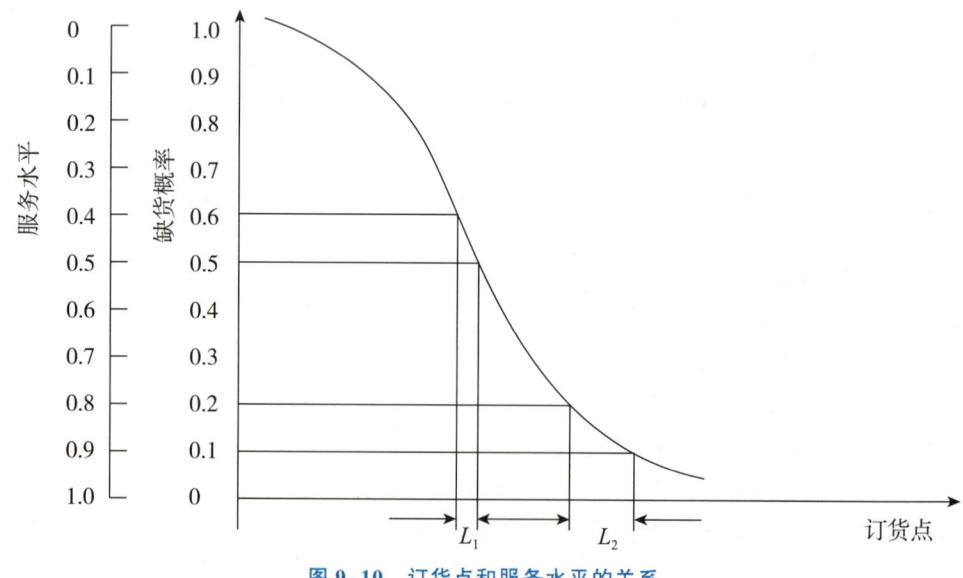

图 9-10 订货点和服务水平的关系

对于订货提前期内需求近似服从正态分布的情形，订货点的计算公式可以改写为

$$RL = D_E + z\sigma_L$$

式中，σ_L 为订货提前期内需求率的标准差，z 为标准正态分布的上百分位点。对于订货提前期内各单位时间的需求分布相互独立的情况，则有

$$\sigma_L = \sqrt{(LT)\sigma_P^2}$$

式中，LT 表示订货提前期所含时间单位数；σ_P 表示订货提前期内各单位时间需求率的标准差。

习　题

一、名词解释

请分别解释：独立需求、单周期库存问题、订货提前期、经济订货批量、安全库存。

二、选择题

1. 库存管理的基本目标是（　　）。
   A. 防止缺货和超储　　　　　　　　B. 消除供需双方的空间差异
   C. 实现联合库存管理　　　　　　　D. 协调与供应商的关系
2. 库存能够使企业实现规模经济，在下面的描述中，不属于其具体表现的是（　　）。
   A. 大批量采购可以获得更多的价格折扣，降低采购成本
   B. 大批量采购可以和物流商建立更牢固的合作关系，降低物流费用
   C. 运输方面，大批量采购可以实现整车运输，从而降低采购运输费用
   D. 制造方面，产成品库存可使大批量制造发挥制造的规模经济效应，降低制造成本
3. 企业为预防可能发生的一些灾害，而购买的存货损失保险计入（　　）。
   A. 购买费和加工费　　B. 订货费　　　　C. 维持库存费　　　D. 缺货损失费
4. 对库存进行管理首先要进行（　　）。
   A. 需求识别与需求预测　　　　　　B. 存货编码与识别
   C. 订货批量与订货时间的确定　　　D. 订货提前期的管理
5. 预测不可能是绝对准确的，其主要原因是（　　）。
   A. 采用不同的预测方法会导致预测不准确
   B. 预测是对未来的预测，而未来具有较大的不确定性
   C. 有来自供应端的大量不确定性因素
   D. 人们对大量的变化缺乏有效的分析方法
6. 当库存量降低至订货点即触发订货的系统，属于（　　）。
   A. 一次性订货系统　　　　　　　　B. 随机型库存控制系统
   C. 连续性检查库存控制系统　　　　D. 定期检查库存控制系统
7. 在使用新设备之前，必须确定用于维护修理的零部件的初始供应量，确定依据一般来自（　　）。
   A. 制造商的建议　　　　　　　　　B. 已使用该种设备的用户的建议
   C. 维修者的建议　　　　　　　　　D. 质量监督部门的建议
8. 在经济订货批量模型中，平均库存批量为（　　）。

A. Q B. $\frac{1}{2}Q$ C. $\frac{1}{3}Q$ D. $\frac{1}{4}Q$

9. 下列指标中，可以用来衡量服务水平的是（　　）。
   A. 库存周转率 B. 吞吐量
   C. 库存满足需求的比率 D. 全员劳动生产率
10. 下列关于企业与供应商一体化好处的描述中，错误的是（　　）。
    A. 可以减少由产品缺陷造成的损失 B. 可以增加订货提前期使安全库存降低
    C. 可以更严格地控制成本上升 D. 可以降低报废的可能性

三、简答题

1. 简述库存的作用并解释"零库存"管理理念。
2. 写出并解释库存总费用公式。
3. 独立需求库存问题与相关需求库存问题有什么不同？
4. 列举随库存量增加而减少的库存费用。
5. 比较定期检查库存控制系统和连续性检查库存控制系统。

四、计算题

1. 某滑雪场每周大约丢失、损坏20副滑雪护具，滑雪护具的市场价格是50元一副；滑雪场每月保存每副滑雪护具的费用是单价的1.5%，每次订货需要7元的订货费；由于业务需要，滑雪场要保持200副滑雪护具的最低库存；滑雪护具的订货提前期是3周。试求：
   （1）经济订货批量是多少？
   （2）订货点是多少？
   （3）已知每次对所剩的滑雪护具进行清点，需要花费12元的人工费用，试提供一种方法来解决这个问题。

2. 某汽车制造商平均每天使用100个离合器。离合器厂家给的单价根据订货批量不同而不同，其中，订货批量为1~999个时，单价为1元；订货批量为1000~2499个时，单价为0.80元；订货批量大于或等于2500个时，单价为0.70元。已知每个离合器的年维持库存费是其价格的30%，每次订货费是15元。在不考虑安全库存的情况下，确定最佳订货批量。

3. 某校图书馆古汉语词典的年需求量是1600册，每册的单价为40元，已知每册的年维持库存费与单价的比率为20%，每次订货费为4元，试求：
   （1）古汉语词典的经济订货批量；
   （2）古汉语词典的平均库存量；
   （3）古汉语词典的年维持库存费；
   （4）古汉语词典的年订货费。

4. 一家铅笔制造公司每月为其铅笔生产消耗大约27000只塑料收纳桶。由于缺货限制，订货批量为4000只收纳桶。收纳桶的月维持库存费为1.8元/只，订货费为60元/次。公司每月工作日平均为20天。试求：
   （1）公司现有订货批量使其遭受的损失有多少？
   （2）管理者可以每月订货10次，但他必须证明该决定是正确的，一种可能的解释是简化订货过程可以降低订货费。订货费为多少时能使管理者证明隔日订货（即每月10次）是正确的？

5. 某农产品经销商每月使用 800 个包装用快递纸箱，其单位购买费为 10 元。管理者已经将单位购买费的 35% 指派为单位年维持库存费。订货费为 28 元/次。目前管理者每月订货一次。如果使用经济订货批量，每年将节约多少订货费与维持库存费？

6. 一家特色点心铺购买面粉用的是 25 千克的袋子。该点心铺平均每年使用 1215 袋面粉。每次订货费为 10 元。单位维持库存费为 75 元/袋。试求：
（1）经济订货批量为多少？
（2）平均持有袋数为多少？
（3）每年需要订货多少次？
（4）订货与维持库存的总费用为多少？

7. 精品水果店每月使用 750 个果篮。果篮的单位购买费为 2 元。据估计，年维持库存费约占购买费的 30%。订货费为每次 20 元。管理者采用的是 1500 个果篮的订货批量。试求：
（1）采用经济订货批量每年节省的费用是多少？
（2）除了节省费用，使用经济订货批量还带来了什么好处？

8. 某快递网点每年使用 18000 个箱子。年维持库存费为 2 元/个，单次订货费为 32 元。箱子价格如表 9-3 所示。试求：
（1）最优订货批量；
（2）每年订货批次。

表 9-3 箱子价格

箱子数量/个	单价/元
1000～1999	1.25
2000～4999	1.20
5000～9999	1.15
10000 及以上	1.10

9. 景德镇某古法匠人坊的成品瓷杯报价为：600 个及以上是每个 80 元，400～599 个是每个 90 元，399 个及以下则是每个 100 元。古法匠人坊每年工作 200 天。某公司从该处购买瓷杯，销售速度是每天 25 个瓷杯，每次订货费为 48 元。试求：
（1）如果每个瓷杯的年维持库存费为 2 元，求使年库存总费用最小的订货批量。
（2）假如每个瓷杯的年维持库存费为单价的 30%，最优订货批量是多少？
（3）如果订货提前期是 6 个工作日，订货点是多少？

10. 给定信息如下：
订货提前期内的需求 =600 千克；
订货提前期内的需求率的标准差 =52 千克；
订货提前期内的可接受缺货风险 =4%。
试求：
（1）安全库存量约为多少？
（2）何时再订货？

(3) 如果没有任何安全库存，缺货的风险是多大？

11. 洗车店经理收到了一份来自玻璃水供应商的修正价目表，此外，供应商还许诺了更短的订货提前期。原来的订货提前期是 4 天，现在供应商保证缩短 25%。玻璃水的年消耗量为 4500 千克。洗车店每年开放 360 天。假设日耗用量服从正态分布，需求率的标准差为 2 千克/天，单次订货费为 30 元，年维持库存费为 3 元/千克。修正价目表如表 9-4 所示。

表 9-4 修正价目表

批量/千克	单位价格/元
1～399	2.00
400～799	1.70
800 及以上	1.62

试求：

（1）最优订货批量是多少？
（2）如果可接受缺货风险是 3.5%，订货点约为多少？

五、案例分析题

太平鸟作为一个快时尚服饰品牌，从起步积累到迅速扩张，从代工厂到自创品牌，再到数字化先行者，看似顺风顺水的背后，是汹涌的浪潮和无尽的暗礁。尤其是加速扩张带来的库存问题，导致国内外各大快时尚服饰品牌烧库存，出现了关店潮，而太平鸟幸运地存活了下来。

快时尚超快的更新速度，对流行元素的把握和低廉的价格，与全世界消费者对时尚消费品的期望都是高度契合的。太平鸟选择"快时尚"模式的同时，又深化了其内涵，形成了以"快、狠、准"为主要特征的新模式，带动着时尚潮流。"快"指的是时尚服饰"随季逐流"，新品到店的速度奇快，秉承着速度快、超高频率的特点，追随着时尚的潮流。"狠"指的是品牌间竞争激烈，多个相似的品牌互相竞争。"准"指的是眼光准，设计师以敏锐的嗅觉，预知近期的潮流趋势，在短时间内设计出各类新潮服饰。

1. 太平鸟扩张加速库存失控

开一家店，就要多一家店的库存。近年来多数服饰企业疯狂扩张，人力成本的上升、店面租金的上涨、管理成本的增加，尤其是直线增长的存货成本，使得多数时尚服饰企业的利润率和资产回报率都进入了下行通道，规模的增加并没有带来预期的"规模红利"。相反，由于投资的拖累、管理上的不成熟，不少服装企业的利润在不断下滑，甚至出现了亏损的情况。为了保证信息传递和供销控制的效率，多数企业坚持了直营模式，太平鸟也不例外。大店模式、快速上新模式再叠加直营模式，太平鸟库存的增长是可怕的，随着店铺数量的增长，其对整合供应链的能力要求呈指数级增长，能力不足就会带来库存激增的问题，给企业带来巨大的资金压力和运营风险，导致库存失控。

2. 数字化赋能，太平鸟破解库存管理难题

起步阶段，店铺的数量没有这么多，大家最关心的就是销售端龙头的带动作用，重点抓设计、营销，对于流通和库存管理虽然有关心，但是还不够"上心"。随着店铺规模的

急剧扩张，点滴的库存逐渐汇聚成了大江大河，流通的效率又严重影响了库存水平、订货和生产批量管理。在不断累积的库存和大额的货存跌价压力下，精益库存管理迫在眉睫。很快，太平鸟就制定了精益库存管理系统的框架和目标。

① 数字系统通过射频识别等技术快速收集消费需求和流行趋势，准确预测产品需求，减少"牛鞭效应"引起的无效库存。

② 流通运营系统对产品实施ABC分类，实施单元化、跨团队、快响应管理，实现库存快速出清。

③ 库存控制借助人工智能算法运行单周期库存模型，通过精确计算和优化库存，实现多样少量、低库存的目标。

早期的市场需求预测都来自经验和直觉。凭直觉进行市场需求预测会脱离实际，门店多的话，小误差累积起来就会形成大的问题。2017年9月，天猫与太平鸟共同宣布，将在品牌建设、大数据赋能、线上线下全渠道融合等领域开启全方位新零售战略合作，同时，天猫将帮助太平鸟在2020年实现营收线上线下双百亿。借助阿里巴巴的资源和服务，太平鸟开启了数字化转型的大幕。线上，深度整合公司自运营的公众号、鸟嗒APP、官网和天猫构建双平台数字化线上销售体系，积极探索社交零售新渠道，通过微博、小红书、抖音、KOL、小程序等受当下年轻人欢迎的方式与消费者互动，打造极致的零售体验，提高消费者品牌黏性，以消费者喜欢的方式，全渠道提供让消费者惊喜的时尚商品；线下，全面升级直营门店，包括智能导购屏、虚拟试衣镜等，实现线下体验、线上下单递送到家，嵌入虚拟现实、射频识别技术，实现智能推送、数据化选品、智能就近发货、会员打通、智能数据反馈、产品开发优化等专业服务。

3. 减少库存储备，数字化赋能产品生产

在"云仓"的帮助下，太平鸟坚持多样少量的生产策略，对于热销款式才会追单组织大规模生产，并且将部分生产外包，降低自身存货风险。凭借完备的供应商管理机制和供应商资源库，太平鸟制定了完善的供应商准入、评估、退出制度，由专职供应管理部门进行跟踪管理，以保证自身与供应商高度协同，战略供应商深度参与商品开发、打样、追单生产，共同构建适应消费者需求的快速开发、快速生产的打样为主、爆款追单的供应模式，减少对库存的依赖，将存货控制在较低水平。

4. 加速库存周转，数字化赋能产品流通

通过数字化平台建设，太平鸟形成了线上线下互通、跨区域互通的信息共享平台，从而能够对跨区域平销款、滞销款进行调拨和促销。太平鸟全产业链以消费者需求为核心，数字信息贯穿全程，需求数据在平台各网点快速流转，及时指导各部门进行商品调拨、生产供应、营销零售，加强各部门与消费者的链接和互动，加强不同门店间存货调配的速度和能力，提高物流运营效能和效率，做到全国门店协同销售，充分通过全链路共同销售，拉动存货出清，减少库存积压和跌价风险。

5. 运用库存模型，数字化赋能库存控制

太平鸟打造"云仓"数字化商品管理系统，构建"直营+加盟+电商"的全网协同零售体系，门店零售占比78.9%，其中直营占比46.2%，加盟（含联营）占比32.7%；电商零售占比达到21.1%，多通路立体系统触达消费者，商品在各通路中高效合理流转，实现消费者在哪里商品就快速流向哪里，充分调度库存以减少供应链环节库存的积压。太平鸟在存货的管理上，使用了存货管理中的 ABC 分类法，将畅销的 TOP 款作为 A 类存货，将一些附属产品、配饰以及冷背产品作为 C 类存货，将销售一般的产品作为 B 类存货，将三类存货通过系统进行分区域量化智能管理——对于 A 类存货，能够实现快速补货，能够通过算法算出更精准的量，匹配每个门店的实时库存、销售数据，还可以根据外部天气、节假日信息等，做一些补货建议；对于 C 类存货，则可以及时进行跨区域调配和补货，让 C 类库存通过跨区销售或者打折促销等方式尽快出清；对于 B 类存货，则采用季节性促销、跨区促销调配、分区分散等方式，平衡库存，分期出清。

问题：

1. 库存管理的必要条件有哪些？太平鸟早期库存管理在哪些方面存在不足？

2. 从库存管理的角度分析太平鸟为什么要实施数字化战略？请指出太平鸟数字化赋能库存管理的路径。

3. 什么是 ABC 分类法？请指出太平鸟是如何运用 ABC 分类法进行存货管理的。

4. 什么是单周期库存模型？太平鸟是如何运用单周期库存模型的？请分析智能运算在中大型企业库存模型运用方面的作用。

【第 9 章习题答案】

第10章

物料需求计划与企业资源计划

学如弓弩，才如箭镞。

——《续诗品·尚识》

企业资源计划是企业管理的桥梁，它将业务流程、人员和技术连接在一起，实现协同和协作。

——彼得·德鲁克

本章要点

1. 掌握物料需求计划的编制逻辑。
2. 理解企业资源计划中的重点功能模块。
3. 明晰企业资源计划的优势。
4. 学习企业资源计划系统的选择与集成，探讨如何选择适合组织需求的企业资源计划系统，如何与现有系统集成。
5. 探讨企业资源计划未来的发展趋势。

宏宇汽车制造厂是一家装配轻型卡车的小型工厂，专门承接某大型汽车公司不愿生产的、用户有一定特殊要求的变型汽车。这些变型汽车生产批量小，品种较多，适合宏宇汽车制造厂生产。

今年2月，宏宇汽车制造厂接到生产100辆某种型号轻型卡车的任务。生产科李科长让新来的科员小张安排生产和采购计划。过去宏宇汽车制造厂生产过这种车型，尚有余下的零部件。经小张查点，仓库里还有该车型可以使用的零部件——变速器2件，用于该变速器的齿轮箱15件，用于齿轮箱的最大齿轮7个，以及制造该齿轮的毛坯46件。

小张看了看零部件清单和图纸，发现1辆轻型卡车除了其他零部件，还需要变速器1件，每个变速器包含齿轮箱1件，每个齿轮箱中有最大齿轮1个，而制造这种齿轮需要毛坯1件。

小张计算了一下，生产100辆轻型卡车还需要98（100-2）件变速器，85（100-15）件齿轮箱，93（100-7）个大齿轮，54（100-46）件毛坯。

当小张兴致勃勃地找到李科长，告诉他需要生产和采购的零部件数量时，李科长连连摇头，说："错了，错了！"小张顿时感到不解："难道我连这么简单的算术都不会吗？"

10.1 物料需求计划概述

10.1.1 什么是物料需求计划

物料需求计划（Material Requirement Planning，MRP）是一种生产管理工具，用于计划和控制物料的采购和生产，以满足企业的生产需求和客户订单需求。物料需求计划通过分析产品结构树和库存记录文件中的数据，计算出每种物料的需求量和采购/生产计划，从而确保生产过程顺利进行和及时满足市场需求。

物料需求计划的产生可以追溯到20世纪60年代，当时美国的制造业面临着生产计划和物料管理的挑战。传统的计划方法无法应对复杂的生产环境和需求变化情况，容易导致库存过多或过少、生产计划不准确等问题。

为了解决这些问题，物料需求计划应运而生。它基于计算机技术和数学模型，通过分析产品的物料清单（Bill Of Material，BOM）、库存记录文件和主生产计划（Material Production Schedule，MPS），自动计算出所需的物料数量和时间。

物料需求计划的核心任务是保持物料需求与供应之间的匹配，以避免库存过多或过少。

10.1.2 编制逻辑

物料需求计划的编制逻辑见图10-1。

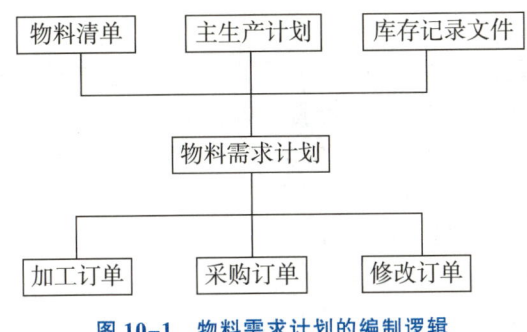

图 10-1 物料需求计划的编制逻辑

10.1.3 相关概念

1. 主生产计划

主生产计划是运营管理中的关键概念之一,它是物料需求计划系统的重要输入,用于规划最终产品的生产计划。主生产计划旨在实现生产计划与销售需求的协调,以满足市场需求,并确保库存和生产资源得到有效利用。

主生产计划是指在特定时间范围(通常是几周到几个月)内,规划生产最终产品的计划,包括产品类型、数量和计划完成日期。它是生产计划体系的关键组成部分,用于确保企业能够按时交付产品,同时避免库存过多或过少。

在制订主生产计划时,企业需要综合考虑多个因素,以确保计划能够准确满足市场需求,并与自身的资源和能力相匹配。

首先,通过市场调研和历史销售数据进行需求预测,以了解产品的销售趋势和季节性变化。采用统计方法,如移动平均法和指数平滑法,预测未来一段时间内产品的销售需求,并结合市场趋势、竞争状况和宏观经济因素对预测结果进行调整,以使其更符合实际情况。

其次,考虑已经接受的客户订单,这些订单通常需要优先安排生产。确定订单的数量、交货日期和优先级,以便在主生产计划中充分考虑这些订单的影响。

最后,查看当前的库存水平,包括原材料和成品库存。判断是否存在库存过剩或不足的情况,从而决定是否需要调整生产计划。

同时,评估企业的生产能力,包括生产线的产能、设备的运转率和人力资源的可用性。确保主生产计划在生产上可行,避免因生产能力不足而无法按时交付产品。

主生产计划的内容通常包括:列出计划生产的每种最终产品,以产品编号或名称进行标识;确定计划生产的日期范围,通常以周或月为单位,便于计划和调度;为每种产品确定在每个日期范围内的计划生产数量,确保能够满足销售需求和订单要求;为每个产品确定完成生产的日期,以便安排后续的物流和交付流程。

然而,主生产计划是一个动态的计划,需要不断地根据实际情况进行调整和优化。需求预测的准确性、客户订单接受情况的变化以及生产能力的实际表现都会对主生产计划产生影响。因此,企业需要密切监控市场情况和生产状况,及时调整主生产计划,以保持其有效性,并确保生产和供应的顺利进行。只有通过连续、严谨地制订和管理主生产计划,企业才能有效地满足市场需求,优化生产资源利用方式,从而提高生产效率和顾客满意度。

2. 物料清单

物料清单是产品的组成清单，详细列出了最终产品所需的原材料、零部件以及组装结构。物料清单分为工程物料清单、制造物料清单和销售物料清单。管理和维护物料清单是确保生产准确性和资源利用有效性的关键。在物料需求计划系统中，物料清单是核心数据，用于计算生产所需的原材料和零部件数量，支持生产计划的制订。通过准确的物料清单管理，企业可以提高生产效率和产品质量。

产品结构树是物料清单的层次化表示，通过树状图展示最终产品及其组成部分之间的层级关系。根节点代表最终产品，子节点表示组成部分，叶节点表示原材料。产品结构树为生产计划和物料需求计划提供基础资料，能够帮助企业优化生产过程和提高效率。其动态更新需确保数据的准确性，以避免生产问题和资源浪费问题。通过产品结构树，企业能更好地理解产品构成，并为物料清单管理和生产计划制订提供参考。

为了形象地说明产品结构树，现以图10-2所示的文件柜为例具体介绍，其产品结构树见图10-3。文件柜由1个箱体、1把锁和3个抽屉组成，箱体又由1个柜体和6根滑条（每个抽屉需2根滑条）装配而成；每个抽屉又由1个抽屉体、1个拉手和2个滚子组成；锁为外购件。

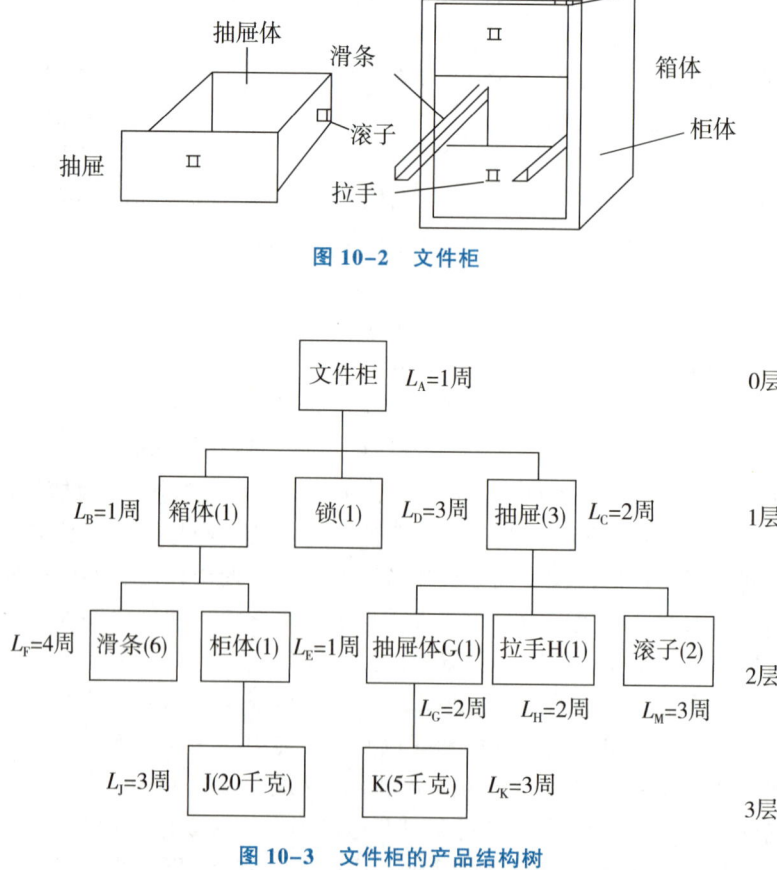

图10-2 文件柜

图10-3 文件柜的产品结构树

由图10-3可知，1个A产品（文件柜）由1个B部件（箱体）、3个C组件（抽屉）和1个D零件（锁）构成；1个B部件又由1个E零件（柜体）和6个F零件（滑条）构成；1个C组件由1个G零件（抽屉体）、1个H零件（拉手）和2个M零件（滚子）构成；每个E零件要消耗20千克钢材J，每个G零件要消耗5千克钢材K。图10-3中方框里括号内的内容表示单位上层元件包含的该元件的数量，如锁（1）表示1个文件柜中包含1个锁，J（20千克）表示1个E零件要消耗20千克钢材J；L表示提前期，如L_B=1周表示B部件的提前期为1周。

3. 库存记录文件

库存记录文件是用于跟踪和管理企业库存的重要文档，它包含了所有物料的详细信息。库存记录文件通常包括物料名称、物料编号、总需要量、预计到货量、现有数、净需要量、计划发出订货量等内容。此外，有的库存记录文件还记录了物料的进出库情况，如采购入库、生产出库、销售出库和退货等。除了进出库情况记录，有的库存记录文件还包括库存调整和库存转移的记录。企业通过维护库存记录文件，可以实时了解库存水平，做出准确的采购和生产决策，避免库存过多或过少，并确保及时满足市场需求。同时，库存记录文件也是制定物料需求计划和供应链管理的重要依据，可以为企业提高运营效率和进行成本控制提供支持。

假设C部件的库存记录文件如表10-1所示。

表10-1 C部件的库存记录文件

C部件 L_C=2周	周次										
	1	2	3	4	5	6	7	8	9	10	11
总需要量	—	—	—	—	—	300	—	—	300	—	300
预计到货量	—	400	—	—	—	—	—	—	—	—	—
现有数	20	420	420	420	420	120	120	120	−180	−180	−480
净需要量	—	—	—	—	—	—	—	—	180	—	300
计划发出订货量	—	—	—	—	—	—	180	—	300	—	—

总需要量是由上层元件的计划发出订货量决定的。在本例中，假设A产品在第6周、第9周和第11周的装配数量各为150台，一台A产品包含2件C部件，则对C部件的总需要量各为300件。

预计到货量为已发出的订货订单或已开始生产的元件的预计到货或预计完成的数量。本例中，C部件将在第2周到货400件。

现有数为相应时间的当前库存量。对于本例，在制订计划的时候，C部件的现有数为20件；到第2周，由于预计到货400件，现有数为420件。到第6周用去300件后，现有数为120件。到第9周，需用300件，现有数已不足以支付，将欠180件。因此，现有数将为负值，那时需要发出订货订单。

计算净需要量的逻辑如下。

若不进行补充，则：

期初现有数 + 预计到货量 − 总需要量 = 期末现有数

期末现有数如果为负值，说明尚有部分需要量得不到满足，这部分就是净需要量。显然，前一周期末现有数 = 下一周期初现有数。

在逐周计算净需要量时，期末现有数第一次出现负值的周次的净需要量就等于该期末现有数的绝对值，随后各周的净需要量为前后周现有数的差。各周期末负值现有数的绝对值，表示累计的净需要量。

10.1.4 物料需求计划的处理过程

物料需求计划是一种重要的生产管理工具，用于管理企业的物料需求和库存。它通过分析产品结构树和库存记录文件中的数据，计算出每种物料的需求量和采购/生产计划，以确保生产过程的顺利进行和及时满足市场需求。

在物料需求计划的处理过程中，库存记录文件起着至关重要的作用。库存记录文件包含了五种库存状态数据：总需要量、预计到货量、现有数、净需要量和计划发出订货量。这些数据分成两类，一类为库存数据，包括预计到货量和现有数；另一类为需求数据，包括总需要量、净需要量和计划发出订货量。预计到货量和现有数是库存数据，需要经过检查验证才能进入物料需求计划系统。而总需要量、净需要量和计划发出订货量是需求数据，是通过系统计算得出的，需要经过计算验证。

物料需求计划处理过程的关键是找出上层元件（父项）和下层元件（子项）之间的联系——按父项的计划发出订货量来计算子项的总需要量，并保持时间上的一致性。为了提高物料需求计划的处理效率，可以采用从上向下、逐层处理的方法。按照这种方法，先处理所有产品的 0 层，再逐层处理到最低层，而不是逐个产品从上向下地处理。这样做的好处是每一项只需检索处理一次，大大提高了处理效率。为了辅助逐层处理，可以为每个元件编一个低层码。

例如，考虑一个产品结构树的例子，其中：产品 A 由 B 和 C 组成，而 B 由 D 和 E 组成。按照从上向下、逐层处理的方法，首先处理 0 层，计算出产品 A 的总需要量和计划发出订货量。然后处理 1 层，计算出 B 的总需要量和计划发出订货量。接着处理 2 层，计算出 D 和 E 的总需要量。这样逐层处理，确保所有元件的需求得到满足。

在物料需求计划的处理过程中，若多个产品共享某些元件，或某些元件直接提供给顾客（如维修备件），则需先综合考虑多个需求源，再计算元件的总需要量，确保计算得出的总需要量准确反映实际需求情况。

10.2 物料需求计划与能力需求计划的关系

物料需求计划和能力需求计划（Capacity Requirements Planning，CRP）是两个紧密相关的生产管理工具，它们在供应链管理和生产过程中起着不同但互相补充的作用。物料需求计划是一种用于计算物料需求和制订采购/生产计划的工具。物料需求计划的核心任务是确保物料的供应与需求之间的匹配，以避免库存过剩或缺货。

能力需求计划是一种用于计算生产能力和制订生产计划的工具。它基于物料需求计划计算出的物料需求量,结合现有的生产资源和能力,分析产能是否足够满足生产计划中的物料需求。能力需求计划的主要目标是确保生产计划在现有资源的限制下是可行的,并确保生产能力与物料需求之间达到平衡。

这两者的协同作用使得企业能够更加有效地规划和管理生产过程,确保生产计划的顺利执行,同时能够优化资源利用方式,降低成本,并确保市场需求得到及时满足。通过物料需求计划和能力需求计划的紧密配合,企业能够在面对供应链和生产环境的不断变化时,更加灵活地应对,及时调整生产计划,以保持生产运作系统的高效性和竞争力。

10.3 服务业中的物料需求计划

在服务业中,物料需求计划也称为服务需求计划(Service Demand Planning,SDP),是一种用于管理服务资源和满足服务需求的工具。虽然原始的物料需求计划主要用于制造业,但在服务业中,企业同样需要对服务所需的资源进行计划和管理,以确保服务的高效提供和对顾客需求的满足。

服务需求计划主要关注服务资源,如人力、设备等。服务需求计划通过分析服务的需求量和服务资源的供应情况,编制合理的资源调配计划和排程,以确保服务的及时和高质量交付。

对于服务业中的特定产品,企业也可以做出有对应物料和工作中心的产品结构树,如图10-4所示。

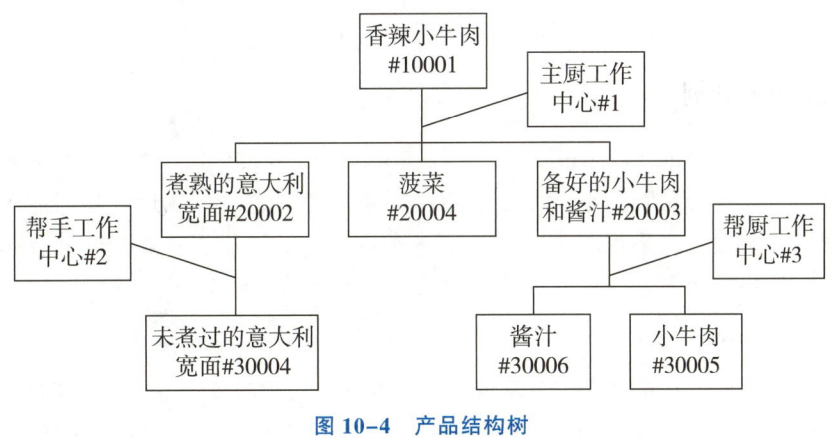

图10-4 产品结构树

10.4 物料需求计划的扩展

10.4.1 闭环物料需求计划

闭环物料需求计划是一种综合性的计划和执行反馈机制,它具有自上而下的计划机制、自下而上的执行反馈机制，以及实时应变的特点，有利于实现高效的物料和设备规划，确保项目的顺利进行。

1. 自上而下的计划机制

闭环物料需求计划具有自上而下的计划机制，形成可行计划，也称总体计划。项目团队需考虑项目的整体需求和目标，编制物料和设备的规划和执行计划。这个计划是一个高层次的框架，包括项目需要的物料种类、数量和规格，以及所需设备的类型和数量等。自上而下的计划机制确保了项目的整体一致性和可行性，以满足项目的整体要求。

2. 自下而上的执行反馈机制

在闭环物料需求计划的执行阶段，项目团队开始自下而上地实施计划。这意味着项目团队根据实际情况，逐步具体化和细化物料和设备的规划和执行计划，并将其转化为具体的采购和使用计划。在执行阶段，项目团队会不断地收集实际的物料和设备需求，以及实际的采购和使用情况，并将这些信息反馈给总体计划制订团队。这样，项目团队可以及时发现和纠正计划中的偏差和不足，确保执行的一致性和准确性。

3. 实时应变

闭环物料需求计划强调实时应变，意味着项目团队会根据实际情况和反馈信息，随时调整物料和设备的规划和执行计划。当项目遇到意外情况或变化时，闭环物料需求计划允许项目团队及时做出调整，以适应新的情况。这种实时应变能力可以确保项目能够灵活应对不确定性和变化，最大限度地降低项目风险，并保持项目进展的稳定性。

闭环物料需求计划的这种综合性和灵活性，使其成为项目物料和设备规划和执行的有效管理工具，能够帮助项目团队在复杂多变的项目环境中取得优异的成果。

10.4.2 制造资源计划

制造资源计划（Manufacturing Resource Planning，MRP Ⅱ）是一种进阶型的生产资源计划工具，它对传统物料需求计划系统进行了扩展和改进。相比传统物料需求计划，制造资源计划更为全面，它不仅关注物料的需求和供应，还涵盖了企业的其他资源，包括人力、设备、资金和时间等，以全面优化企业的生产和运营方式。

1. 制造资源计划的特点

（1）计划的一贯性与可行性：企业只有一个计划，层层落实，企业上下服从总体目标。
（2）管理的系统性：各职能部门业务一体化，协同合作，发扬团队精神。
（3）数据的共享性：统一数据库和工作程序，人人自觉、及时地维护数据，确保数据准确。
（4）动态的应变性：实施闭环系统，响应迅速，各岗位及时输入反馈信息。
（5）模拟的预见性：无限时间跨度，防患于未然，充分运用模拟功能辅助决策。
（6）物流、资金流、信息流的统一性：对物流、资金流、信息流进行统一监控和分析，以此指导生产、运营活动。

2. 制造资源计划的功能

制造资源计划的功能十分强大。

第一,制造资源计划具备多资源管理的能力,可以综合考虑各类资源的可用性和需求,以实现全面的资源规划和优化。

第二,制造资源计划对人力资源进行管理,能够进行人力需求预测和计划,以确保企业在各个阶段都有足够、合适的人力资源参与生产和运营活动。

第三,制造资源计划还考虑企业的资金状况,以确保生产和采购的资金充足,能够根据预算和资金计划,合理安排采购和生产活动。

第四,制造资源计划考虑设备的可用性和产能,以确保设备能够满足生产的需求,能够进行设备需求规划和设备维护计划,以保障设备的高效运转。

第五,在时间管理方面,制造资源计划对生产和交付时间进行精确计划,确保产品能按时交付,能够进行时间预测和生产排程安排,以实现生产时间的合理安排。

第六,制造资源计划还具备信息集成的能力,能够将企业各个部门的信息进行集成,实现信息的共享和交流,能够在不同部门之间实现实时的数据共享,从而提高生产计划的准确性和响应速度。

制造资源计划的综合性和全面性使得企业能够更好地进行生产资源的规划和管理,它能够提高生产效率和产品质量,降低成本,增强企业的竞争力和市场反应能力。制造资源计划在不同类型的制造业企业中得到广泛应用,包括离散生产、连续生产、定制生产等类型。通过有效地使用制造资源计划,企业可以优化生产和运营方式,实现持续发展和长期成功。

10.4.3 企业资源计划

企业资源计划(Enterprise Resource Planning,ERP)是一种集成性的管理信息系统,旨在帮助企业在一个统一的平台上整合和管理各种业务流程和资源。它涵盖了几乎所有企业内部的功能领域,包括财务、人力资源、采购、销售、生产、物流等,可以通过实时的数据交流和信息共享,实现全面的企业管理和决策支持。

企业资源计划的主要特点是集成性和全面性。它将企业内部各个部门的业务流程连接在一起,实现了数据的一致性和准确性。通过企业资源计划,企业可以在一个平台上查看和管理所有关键业务信息,从而更好地了解企业运营状况,做出明智的决策。此外,企业资源计划还具有灵活性和可定制性。不同企业有不同的业务需求,企业资源计划可以根据企业的具体情况进行定制和配置,以满足特定的业务需求。

企业资源计划的实施需要经过详细的规划和准备,通常包括以下几个阶段:需求分析、系统设计、软件选择、系统实施、测试和培训等。企业资源计划的实施过程可能较为复杂和耗时,但一旦成功实施,它能够为企业带来诸多好处。

首先,企业资源计划提高了企业内部的协作效率,打破了不同部门之间的信息孤岛,促进了信息的流动和共享。其次,企业资源计划优化了企业的业务流程,提高了运营效率和生产效率,降低了成本。最后,企业资源计划增强了企业的决策支持能力,提供了实时和准确的数据,能够帮助管理层做出科学决策。然而,企业资源计划的实施和运维需要投入大量的资源,同时也需要根据企业的内部流程进行适应和调整。

总的来说,企业资源计划是一种集成性的管理信息系统,它帮助企业整合和管理各种业务流程和资源,提高协作效率,优化业务流程,增强决策支持能力,是现代企业管理的重要工具。虽然实施企业资源计划可能面临一些挑战，但成功实施后，它能够为企业带来巨大的效益和竞争优势。

企业资源计划中的一些重点功能模块如下。

（1）销售管理：顾客管理、销售合同管理、销售订单管理、需求计划、销售信用管理、价格管理、渠道管理等。

（2）库存管理：出库管理、入库管理、调拨和移库管理、退换货管理、库存盘点、库存报表管理、库存成本管理、仓库管理等。

（3）发货及运输：发货计划管理、发货单管理、承运商管理、车队管理、费用管理、运费统计等。

（4）采购管理：供应商管理（引入、考核、退出）、采购计划管理、采购申请管理、采购订单管理、采购合同管理、到货计划管理等。

（5）生产计划执行管理：物料需求计划管理、齐套检查、生产计划管理、物料清单管理、工艺路线管理、班组管理、设备管理、生产订单管理、完工报告管理、委外加工管理等。

（6）质量管理：检测方案管理、检测过程管理（来料检、样品检、工序检、过程检、产成品检、半成品检等）、检测异常处理、检测报告管理、质量分析、质量追溯等。

（7）财务管理：应收管理、资金管理、应付管理、付款管理、发票管理（销项、进项、税务申报）、存货核算、固定资产管理、预算管理、总账管理等。

（8）人力资源管理：人员管理、组织管理、绩效管理、薪酬管理、福利管理、招聘管理、培训管理等。

（9）其他通用功能模块：集成管理、参数字典管理、基础档案管理、流程配置、用户及权限管理等。

☑ 知行合一

【"ERP 联网申报 + 减免税快速审核"新模式】

10.4.4 制造执行系统

作为车间信息管理技术的载体，制造执行系统在实现生产过程的自动化、智能化、网络化等方面发挥着巨大作用。制造执行系统处于企业级的资源计划系统和工厂级的底层控制系统之间，是提高企业制造能力和生产管理能力的重要手段。制造执行系统的关键是强调整个生产过程的优化，其项目目标如图 10-5 所示。

制造执行系统集成了生产运营管理、产品质量管理、生产实时管控、生产动态调度、生产效能分析、物料管理、设备管理和文档管理等相互独立的功能，使这些功能之间的数据实时共享，同时，制造执行系统起到了企业信息系统连接器的作用，使企业的计划管理层与控制执行层之间实现了数据的流通。

20 世纪 90 年代，制造执行系统概念被提出，经过近 30 年的发展，制造执行系统逐步成为企业信息化的重要环节,特别是随着智能制造时代的到来,制造执行系统被放到了前所未有的重要位置。近年来制造执行系统的发展呈现出以下几个趋势。

① 制造执行系统具有开放式、客户化、可配置、可伸缩等特性,可针对企业业务流程的变更或重组进行系统重构和快速配置;制造执行系统的新型体系结构基于 Web 技术、支持网络化功能。

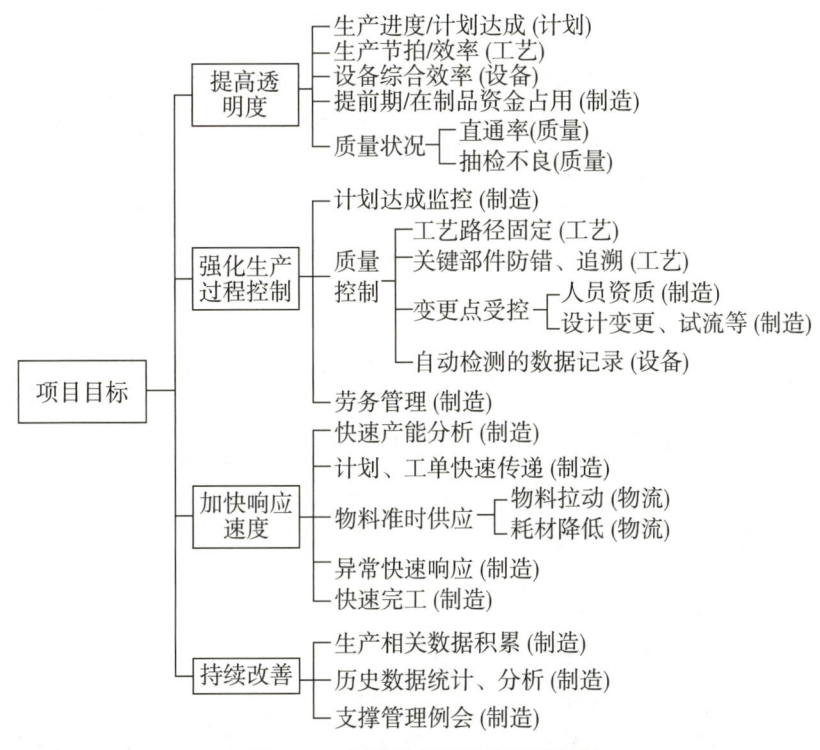

图 10-5 制造执行系统的项目目标

② 集成范围更为广泛,不仅包括制造车间现场,而且覆盖企业整个业务流程,建立包括能量流、物流、质量、设备状态等的统一数据模型,制定系统设计、开发标准,使不同厂商的制造执行系统与其他异构的企业信息系统可以实现互联与互操作。

③ 具有更精确的过程状态跟踪功能和更完整的数据记录功能,可实时获取更多的数据来更精确、及时地进行生产过程管理与控制,并具有多源信息的融合能力、复杂信息的处理能力与快速决策能力。

④ 新一代制造执行系统支持生产同步性和网络化协同制造,能对分布在不同地点甚至全球范围内的工厂进行实时化信息互联,建立过程化、敏捷化和级别化的管理。

在大多数同时实施企业资源计划和制造执行系统的制造业企业中,集成企业模型呈现出典型的三层结构,其结构如图 10-6 所示。

集成企业模型的信息传递流程具体如下:自上而下的信息流传递企业资源计划的驱动数据(主要来源于客户订单和需求预测两个方面)至制造执行系统层,在制造执行系统层进行处理后,生成采购件的采购订单和自制件的工作订单;自下而上的信息流将底层控制系统的相关信息实时传送到制造执行系统层,再经制造执行系统处理后传送到企业资源计划层。

图 10-6 集成企业模型

企业资源计划与制造执行系统的集成模式主要有：封装调用集成模式、间接集成模式（基于可扩展标记语言 XML 的集成技术也属于间接集成模式）、直接集成模式（需要将两个系统分别对各自的数据库进行操作并交换数据）。

习 题

一、名词解释
请分别解释：产品结构树、能力需求计划、闭环物料需求计划。

二、选择题
1. 是否考虑生产活动与财务活动的联系是（　　）的主要区别。
A. 基本物料需求计划与闭环物料需求计划
B. 闭环物料需求计划与制造资源计划
C. 制造资源计划与企业资源计划
D. 敏捷制造模式与传统制造模式

2. 物料需求计划的发展经历的阶段顺序是（　　）。
①基本物料需求计划　②闭环物料需求计划　③制造资源计划　④企业资源计划
A. ①②③④　　　　B. ①③②④　　　　C. ①②④③　　　　D. ①④③②

3. 经验显示，那些物料需求计划系统具有很高应用价值的企业，通常（　　）。
A. 每年只生产少量产品
B. 以装配作业为中心
C. 产品的结构较复杂
D. 生产昂贵的产品

4. 关于制造资源计划下列描述中错误的是（　　）。
A. 制造资源计划是一种与物料需求计划完全不同的新技术
B. 制造资源计划在内容和能力上有了很大扩充，涵盖了企业整个生产经营活动
C. 制造资源计划集成了生产、财务、销售、工程技术、采购等各个子系统
D. 制造资源计划的核心部分是物料需求计划

5. 在物料需求计划系统的输入部分中，主生产计划的英文缩写是（　　）。
A. FAS　　　　B. MPG　　　　C. BOM　　　　D. MPS

6. （多选）物料需求计划的依据是（　　）。
A. 主生产计划　　B. 工艺路线　　C. 物料清单　　D. 库存记录文件
E. 工作中心

7. 企业资源计划系统的主要目标是（　　）。
A. 提高生产效率　　B. 降低成本　　C. 提高顾客满意度　　D. 以上选项都正确

8. 物料需求计划系统的主要功能是（　　）。
A. 计划和控制原材料的采购　　　　B. 管理生产进程
C. 控制库存水平　　　　　　　　　D. 以上选项都正确
9. 物料需求计划系统的主要功能不包括（　　）。
A. 计划和控制原材料的采购　　　　B. 管理生产进程
C. 控制库存水平　　　　　　　　　D. 提高产品质量
10.（多选）企业资源计划系统的核心模块包括（　　）。
A. 采购管理　　　B. 销售管理　　　C. 财务管理　　　D. 人力资源管理
11. 企业资源计划系统的实施过程中，最重要的一步是（　　）。
A. 系统测试　　　B. 数据迁移　　　C. 培训用户　　　D. 流程优化
12.（多选）物料需求计划系统的核心概念是（　　）。
A. 主生产计划　　B. 物料清单　　　C. 库存记录文件　D. 供应链协调
13.（多选）企业资源计划系统的优点是（　　）。
A. 促进信息共享和协作　　　　　　B. 优化业务流程
C. 提高决策速度　　　　　　　　　D. 提高产品质量
14.（多选）物料需求计划系统的主要挑战是（　　）。
A. 数据准确性　　B. 需求波动　　　C. 供应商关系管理　D. 生产线调度
15.（多选）物料需求计划系统的主要优势是（　　）。
A. 提高生产效率　B. 减少库存成本　C. 提高产品质量　D. 加强供应商合作

三、简答题

1. 物料需求计划的基本思想是什么？企业为什么需要以物料转化为中心组织准时生产？
2. 物料需求计划系统有哪些输入和输出？物料需求计划系统的处理过程如何？为什么要采用低层码？
3. 为什么说制造资源计划是整个企业的系统？
4. 制造资源计划在我国实施成效不佳，原因何在？

四、计算题

1. 考虑顾客需求（表10-2）、主生产计划的库存记录文件（表10-3）和产品结构树（图10-7），完成主生产计划和物料需求计划，并确定你将要采取的行动。

表10-2　顾客需求

顾客需求	周次								
	1	2	3	4	5	6	7	8	9
产品A		5		8			10		
产品B						5		10	

注：产品A的提前期为1周；产品B的提前期为2周。

表 10–3　库存记录文件

项目	C	D	E	F
批量规则	LFL	LFL	FOQ（25）	POQ（P=2）
提前期 / 周	3	1	3	1
现有数 / 个	5	8	19	3
预计到货量	第 1 周 8 个	无	第 3 周 25 个	第 1 周 20 个

注：LFL 表示批对批，FOQ 表示固定批量，POQ 表示周期订货批量。

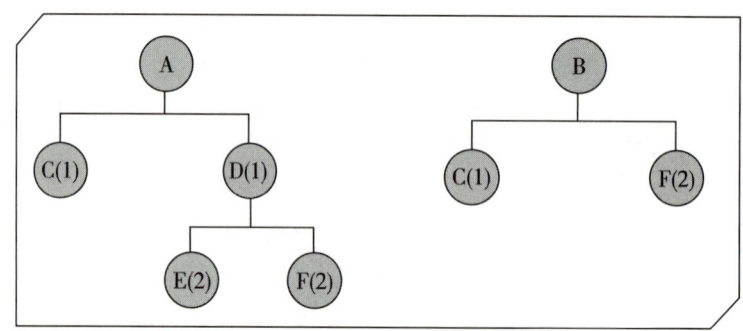

图 10–7　产品结构树

2. A 和 B 的产品结构树如图 10–8 所示，在预计的 13 周内，产品生产计划如表 10–4 所示。试确定部件 C 未来 13 周的总需要量。

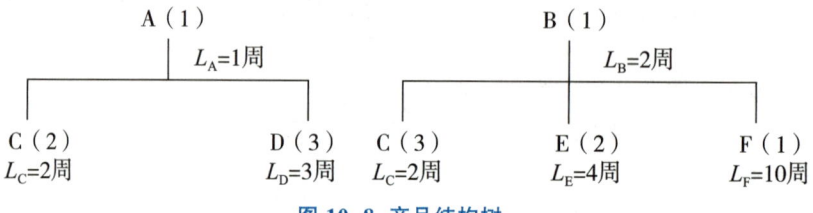

图 10–8　产品结构树

表 10–4　产品生产计划

周次	1	2	3	4	5	6	7	8	9	10	11	12	13
部件 A			200	150	200	200	150	250	300	200	250	150	200
部件 B			100	150	200	150	250	200	200	250	300	200	150

五、案例分析题

YT 公司创建于 1998 年，是广东省排行前列的工业电机生产厂家。

1. YT 公司的库存问题

一年前，在陈总的带领下，公司排除万难，历经千辛万苦，终于上线了企业资源计划，实现了公司各个部门的信息化。在企业资源计划上线的初期，上至陈总、各部门部长,下至员工,都对企业资源计划充满了期待。可是,让人意想不到的是,企业资源计划上线一年多,非但没有提高工作效率、改善管理流程,反而给日常的生产运作、部门协作带来了不少麻烦,员工也时常抱怨,其中,库存问题尤其让人头疼,企业资源计划犹如一把钝刀,对现在的库存问题斩也斩不断。

为此,陈总召集各部门部长进行专题讨论。

仓库管理部的刘部长首先发言:"我们公司的仓库包括成品仓、材料仓、半成品仓,物料以现场堆垛放置为主,没有进行合理的规划和布置,企业资源计划中所有物料的数量都体现在一个大库位下,无法确切知道某个物料的具体位置,给物料查找带来不便。实际运作过程中,仓库发料时需花费很多时间查找物料库位,有时候甚至找不到物料,也难以100%执行先进先出的发货原则。"

"没错,"财务部的林部长接着说,"每次盘点完成后,都会发现账上记录的库存数据和盘点结果不能一一对应,可能有的物料根本不存在,有的物料严重短缺,当然也有物料会多出来一些。这种情况屡见不鲜。为什么总是会出现这种情况呢?主要原因在于我们不能及时收集、传递及记录仓库各种物料出入库的准确信息。而每次这种情况发生后,财务部门的人员只能搞一套另外的数据,或者直接修改已经记录的数据,以保证账上记录的数据和实际盘点出来的数据吻合。"

生产部的王部长接着说:"目前仓库到生产线的物料流动方式是由生产部人员到仓库领取。领料信息以手工方式生成,物料以人手转运为主。生产部依据手写领料单到仓库进行物料领取,效率低下,实时反应能力差。仓库对于物料的准备工作也不足,与生产现场缺少互动,由于手写错误发生领错料的事件也频频发生,整体来说,物料领取处于被动状态。"

销售部的吕部长终于按捺不住了,随即说道:"当有出库发生时,从仓库制作出库单,到核算员汇总、上报,需经过多人、多道工序,产品的库存统计至少一天才能完成,及时性不如人意。由于数据未能实现标准化、共享化、通用化,销售部门需再次将同样的相关数据录入电脑,汇总后与仓库管理部核对。仅仅一笔数据录入失误,就会使双方账目不符,导致上报财务部的数据不够准确,而这样的事故经常发生,查找差错时,双方都得花费大量的时间和人力。"

2. 解决方法

陈总意识到虽然公司上线了企业资源计划,但由于仓库管理水平不足,以及软件功能与工厂流程不同,所以还是未能发挥企业资源计划中实时在线更新库存量、批次跟踪管理、精确计算库存成本的功能。物料库存数据的准确性是目前公司企业资源计划实施的最大"拦路虎",这让陈总想起了一句话——"垃圾进、垃圾出",企业资源计划系统只是一个工具,它不可能在错误输入的前提下,给出正确的输出。"三分管理、七分技术、十二分数据",数据的及时性、正确性、规范化、标准化是企业资源计划成功应用的前提。

企业资源计划的本质是一套先进的管理思想,需要有与之适应的管理流程才能使其发挥最大的作用。YT公司在应用企业资源计划的过程中发现,公司的管理流程不适应企业资源计划,需要进行流程再设计。具体到库存管理工作,企业资源计划最强调、最基本的管理流程就是账实同步。从物料入库开始,到物料出库为止,每一个动作都必须伴随着企业资源计划的记录。换句话说,企业资源计划生成的单据是物料流动的唯一依据。工作人员要严格遵循仓库管理系统的工作要求，主动避免原有的错误工作习惯。只有这样，企业资源计划才能和仓库管理系统相互配合，为企业的生产经营活动提供有参考意义的各类报告。

从仓库管理系统正式上线并与企业资源计划集成至今，YT 公司对业务流程进行优化和整合，有效支撑了业务流程运作，进、销、存的所有数据都可以直接从企业资源计划中调出，实时查询，实现了企业资金流、物流和信息流的"三流"合一。公司的员工深深体会到了集成化的信息系统给企业带来的应用效益。仓库管理人员兴奋地说道："有了仓库管理系统，每次发货时只需要进入对应的订单，找到对应的物料号，输入送货数量，系统就会自动打印一张含有条码的送货单，取代了之前手工开具送货单的模式，保证了单据信息的准确性。我们只需要用扫描枪扫描送货单上的条码，送货信息就能被准确读取并在点击确认后直接录入企业资源计划。这节省了仓库收发货时大量的匹配核对工作，极大提高了收发货效率，保证了数据准确性。"

经过一年多的努力，新的流程基本上在信息系统平台上运行起来。集成化系统运行的效果十分明显：成本缩减超过 10%，在制品减少超过 20%，现金流量周期减少超过 35%，生产周期缩短超过 40%，销售增长率提高 5%。另外，利用自动化仓库管理系统，操作人员只需手拿手持机，就能对库存的物料一目了然。由于有库位独立电子标识跟踪，操作人员能以最快速度进行出货备料，订单执行拣选周期缩短了 50%～90%。实践证明，信息系统、集成化系统的实施是实现集中管控的重大举措，是促进管理效率提升的重要途径，是应对严峻市场形势的必然选择。

问题：

1. YT 公司上线企业资源计划后，员工的心理变化说明了企业资源计划应用的什么规律？

2. 为什么 YT 公司在上线了企业资源计划之后还要上线仓库管理系统？企业资源计划中的仓库管理和仓库管理系统有什么区别？

【第 10 章习题答案】

第 11 章

供应链管理

要充分发挥长三角产业体系完备和配套能力强的优势,在关系国计民生的重要领域和关键环节实施强链补链行动,并与中西部地区加强产业合作,着力提升产业链供应链韧性和安全水平。

——习近平

本章要点

1. 理解供应链管理思想。
2. 掌握供应链系统设计的原则和步骤。
3. 掌握供应链管理下的物流管理、库存管理、采购管理。
4. 掌握供应链管理下牛鞭效应的成因及处理对策。
5. 了解供应链的发展方向。

近年来，广西供应链服务集团（以下简称"集团"）充分发挥自身在供应链集成方面的优势，自觉承担起保障国家食糖安全的国企使命，以优质的供应链集成服务助力广西白糖产业高质量发展。

集团提前布局，通过前往种植区域开展实地考察、勘测种植区域与制糖企业/销售企业的运输线路等举措，充分发挥自身运输的专业优势，以科学的运力调配满足不同制糖企业榨季生产运输需求，配套安全生产工作实施方案、糖类生产运输应急方案。凭借该精细化管理模式，集团参与了凤糖生化股份、上上糖业、昌菱制糖等多个企业的成品糖运输项目，组织 200 余辆自有车辆及第三方车辆参与服务，白糖运力超 20000 吨/日，确保白糖正常生产和高效运输。为更好地整合行业资源，形成核心竞争能力推动制糖业高质量发展，集团分别在百色市、防城港市设立了仓储面积达 30000 平方米、可一次性存入白糖超 100000 吨的白糖中转仓库。这两个白糖中转仓库针对白糖生产和销售季节性强的特点起到了"削峰填谷"的积极作用，更好地满足了制糖企业的仓储需求和销售策略要求，有利于制糖企业进一步控制运营和管理成本，是集团以专业、精准的一体化供应链服务解决制糖企业痛点、难点问题的创新举措。

近年来，集团以"智慧化、绿色化"双驱动专注提升物流服务价值。榨季运输服务期间，集团通过对白糖运输车辆安装自研的智能预警安全系统，实现车辆实时定位、车辆运输轨迹实时监测、车内及货箱情况实时查询，预防了货物偷盗、超速驾驶、疲劳驾驶等行为的发生，实现了对原料蔗运输、装卸、成品糖装卸、仓储、运输等环节的全面监管，有效减少了货损货差、提升了运输服务质量、加强了运输安全管理。

资料来源：根据网络资料整理。

11.1　供应链的管理思想及发展趋势

11.1.1　供应链管理概述

供应链是指由生产及流通过程涉及的将产品或服务提供给最终顾客的上下游企业所构成的网链结构。供应链管理是对贯穿供应链的物流、信息流和资金流的集成管理，旨在最大化客户的价值、最小化供应链的成本。供应链管理运用综合管理、全局优化的思想，以摆脱单个企业、单个职能层面的局部优化，实现供应链的全局优化为目标。

在实践操作中，供应链管理由三大块构成：供应管理（寻源）、运营管理（加工）和物流管理（交付），跨越企业管理中的供、产、销三方面。简单地说，就是采购部门把东西买进来，生产部门来加工增值，物流部门来配送。这三大块是执行职能，由计划驱动——也可以说计划是供应链管理的第四大构成部分。计划是供应链的引擎。很多执行层面的问题，看上去是没做到，其实往往是没想到，即计划不到位造成的。这也是为什么在供应链运营模型中，计划处于寻源、加工和交付之上（见图 11–1）。

从三大构成部分的职能上讲，供应管理侧重于采购和供应商管理，使供应商成为企业的有机延伸；运营管理力求以最有效的方式完成产品、服务的增值过程；而物流管理则力求以最经济、迅捷的方式把货物从 A 点运送到 B 点。

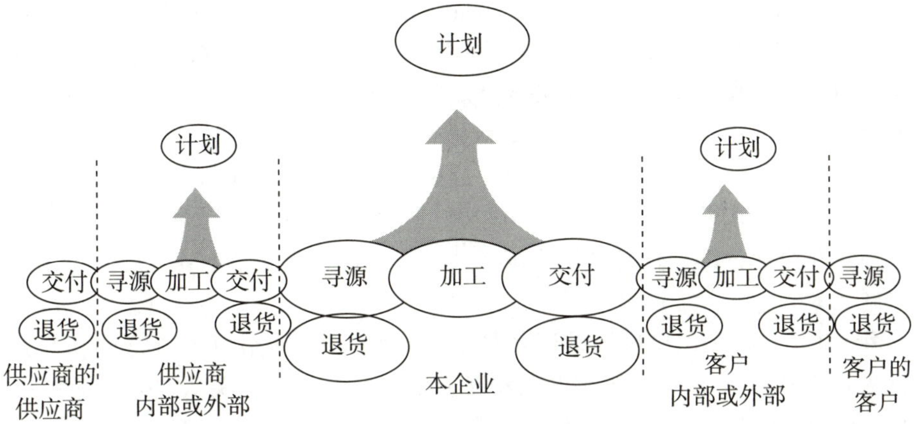

图 11-1　供应链运营模型

从三条流上讲，物流是从供应商向客户流动的，是供应链的物流（如果是从客户向供应商流动的话，则称逆向物流）；资金流是从客户向供应商流动的，是供应链的血液；而信息流则是双向流通，构成供应链的神经系统（见图 11-2）。

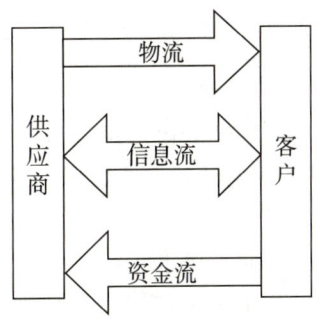

图 11-2　三条流模型

供应链管理可简单理解为有效集成供应商、制造商、仓库与零售商的一系列方法，应用这些方法可以使产品或服务以恰当的数量、恰当的时间，被送往恰当的地点，从而在满足需求的同时，使系统的成本最小化。

11.1.2　供应链管理思想的形成与发展

供应链的概念起源于迈克尔·波特 20 世纪 80 年代出版的《竞争优势》一书，他在书中提出"价值链"的概念，之后，奥利弗和韦伯在 Outlook 杂志上发表文章，首次提出"供应链管理"，这是有关供应链管理的最早的论文。然而供应链管理的理论和方法并非源于学术领域的研究，而是源于近几十年来市场环境和企业运营管理方法发生的巨大变化。供应链管理思想的形成与发展可总结为四个阶段。

1. 萌芽期（20 世纪 60 年代到 70 年代）

第一阶段是 20 世纪 60 年代到 70 年代。在这一阶段，供应链管理还处于萌芽状态。供应链（更确切地说还只能称之为业务链）上的每个成员的管理理念基本上是"为了生产而管理",企业之间的竞争是在产品数量和质量方面的竞争,企业间的业务协作是以"本位主义"为核心的,即使在企业内部,其组织结构也是以各自为政的职能化或者区域性的条条框框为特征的。此时,供应链上各成员之间的合作关系极为松散。这种"为了生产而管理"的导向使供应链成员之间时常存在利益冲突,阻碍了更有效的供应链运作和管理模式的形成。当时,虽然供应链上的部分企业已采用了物料需求计划来管理自己的业务,但这些管理也只是企业内部各职能部门分别在相互隔离的环境下制订和执行计划,数据的完整性差,甚至在企业内部,信息都缺乏统一性和集成性,更谈不上在供应链上形成标准化模式和数据流。

20世纪60年代,美国供应链设计之父杰伊·弗里斯特提出了企业之间相互关联的观点,并预见性地指出企业的成功在很大程度上依赖企业之间的关联以及企业和市场的关联。早在20世纪50年代,弗里斯特就指出,管理学的主要突破在于理解企业的成功如何依靠企业之间的信息、物料、货币、人力、资本和设备的流动和相互作用。这五个流(信息流、物流、货币流、人力流、资本和设备流)之间的锁定关系相互放大各自的作用,带来变革和波动,这些变革和波动将构成决策的基础。弗里斯特引入了一个新的分销管理理论,认可了组织之间相互整合的本质。他认为,(企业之间)系统的变化将影响研发、工艺、销售等方面的绩效。他还使用了计算机模拟的订单信息流模型解释了上述变化在供应链成员之间流动的过程和对各个成员的生产和分销绩效的影响。

2. 起步期(20世纪80年代)

第二阶段是20世纪80年代,在这一阶段,供应链管理处于起步期。在理论研究界的不断探索下,供应链管理的理念已形成了基本的雏形,并开始指导企业进行初步的实践,同时在学术研究上得到了较快的发展。

在此阶段,企业的竞争重点已转向了追求生产效率。企业的组织结构和内部职能划分也发生了转变,大多数企业开始进行组织机构的精简和改革,并开始从分散式的部门化和职能化结构转变为集中的计划式结构,也更关注业务流程的变革。企业已开始认识到最大的机会存在于企业之外,例如,应该为市场生产什么产品?从哪里获得原料?在哪里进行加工生产?通过什么样的渠道销售?等等。

信息技术的发展和大量应用也为供应链管理思想的初步形成奠定了基础。在这期间,部分企业将信息技术和计算机应用引入企业管理的范畴,拥有了较好的管理工具。特别是20世纪80年代末,制造资源计划的推广、企业资源计划和准时生产模式的引入和应用,逐渐使企业内部实现了信息集成,为供应链上下游企业的业务提供了所需的处理信息。

3. 发展期(20世纪90年代)

第三阶段是20世纪90年代。这一阶段是供应链管理思想的发展期,特别是从20世纪90年代中期开始,供应链管理无论是理论还是实践应用都有了突飞猛进的发展。在20世纪90年代初期,学术界试图给出一个供应链管理的架构,花费了大量的精力去研究它的基本原理,并推断对整个社会而言,供应链管理将必然是一个巨大的挑战。进入20世纪90年代后期,工业化的普及使得生产率提高到了相当高的程度,全面质量管理的实施和贯彻也使得产品的质量有了大幅度的提高,生产率和质量不再成为竞争中的焦点,制造加工过程本身的技术手段对整个产品竞争力的影响开始变小。

1997年，美国著名的供应链管理领域咨询专家威廉·科帕奇诺认为，供应链管理是把"涉及从原材料转化为产品到把产品交付到客户手上的所有参与者和所有活动，以正确的时间，在正确的地点，以正确的方式连接到一起"。同年，玛莎·库珀、道格拉斯·兰伯特等人提出，供应链管理是从最终用户到原始供应商，再到为用户增加价值的商业流程的管理集成，它包括了物流定义中没有包括的因素。

4. 成熟及全面发展期（21世纪初期）

21世纪初期是供应链管理思想发展的第四阶段。进入21世纪后，基于互联网的供应链系统在发达国家已得到了较广泛的应用，电子商务的出现和发展是经济全球化与网络技术创新的结果，它彻底地改变了供应链上原有的物流、信息流、资金流等的交互方式和实现手段，能够充分利用资源、提高效率、降低成本、提高服务质量。互联网和电子商务重新改写了全球商务的状况，客户把以前梦寐以求的功能当成现在理所当然的应该提供的服务，这将要求上游的企业采用专门的技术来满足这些新的需求。许多企业开始把它们的精力进一步集中在供应链成员之间的协同，特别是与下游成员业务间的协同上。

2001年，约翰·托马斯·门泽尔等对供应链管理的概念与内涵进行了系统的阐述。门泽尔等在回顾各种文献的基础上，将供应链管理定义为：对供应链内传统的企业功能和这些功能所涉及的特定企业内部和企业之间的策略进行系统的战略协调，以达到提高特定企业和供应链整体长期绩效的目的。门泽尔将供应链描绘成一个管道，主要的供应链流如生产、服务、信息、产品、需求和预测等在管道内流动，客户价值和满意度是特定企业和供应链整体获得竞争优势和盈利能力的关键。

另外，门泽尔还进一步解释了跨功能协调的内容，包括信任、承诺、风险、依赖、行为等，也强调了企业内部功能共享和协调的生存能力。企业之间的协调包括业务功能在供应链内部的移动，确定第三方服务供应商的角色，管理企业之间的关系，分析不同供应链结构的生存能力，等等。

我国目前供应链管理尚处于起步阶段，虽然少数大型企业如联想集团、华为集团、海尔集团等已经实施了供应链管理，但要真正带动起整个产业的供应链，实现整条供应链的协同运作还需要经过一段较长的时期和一个渐进的和不断改进的过程。可喜的是我国企业在信息化管理的普及方面，如企业资源计划、客户关系管理、网络通信、电子商务等方面已打下了良好的基础，在经营理念上也在逐渐向规范化、国际化和现代化转变。这些都为我国企业和产业的供应链管理建立了良好的基础，相信在不远的将来，供应链管理将在我国开花结果，为我国的企业和产业的腾飞做出应有的贡献。

11.1.3 供应链的发展趋势

Gartner对数百名供应链管理者进行的调查显示，首席供应链管理者需要在未来应对五个重大转变。首席供应链管理者的当务之急是实现目的驱动的目标，即产品采购、制造和交付过程应服务于更高的目标，并保持经济可行性。党的二十大报告指出，要"着力提升产业链供应链韧性和安全水平"。

供应链的发展趋势包括以下几个。

（1）全球化供应链。强调全球化供应链的规划和实施。

（2）敏捷化供应链。强调提高制造系统对外部环境变化的适应性。现在供应链最大的竞争点是速度，因此敏捷性是非常重要的。制造系统（尤其是大中型企业）的核心是自动化设备。

（3）绿色化供应链。强调供应链的稳定和可持续，整个供应链的运作过程应减少能源消耗，减少产品的损失和浪费。例如，在过去的供应链管理过程中，我们并没有很重视包装盒和产品的回收，但是现在我们非常重视这一点。

（4）柔性化供应链。随着越来越多的个性化需求出现和时间要求的不断变化，供应链是否能够快速响应、组织结构是否支持、配送系统是否灵活，对供应链来说都是非常重要的。

（5）集成化供应链。集成化供应链的发展对企业的影响越来越大。现在很多客户将自动化设备与供应链连接起来，将传送带等自动化设备与供应链相结合。因此，在未来，整个供应链必须是一个集成的供应链，从规划层面到实施层面，设备必须集成在一起。

11.2 供应链系统设计

供应链系统设计，就是以一家企业为核心，集成上游企业和下游企业的协调系统设计。

11.2.1 供应链的类型

1. 基于产品的分类：反应型供应链、效率型供应链

反应型供应链和效率型供应链的区别见表11-1。

表11-1 反应型供应链和效率型供应链的区别

特征	反应型供应链	效率型供应链
追求的目标	迅速地对不可预测的需求做出有效反应	以最低的成本满足可预测的需求
管理核心	配置充足的缓冲库存	保持较高的平均利用率
库存策略	部署好零部件和成品的缓冲库存，应付不稳定的需求	降低整个供应链的库存
提前期	尽最大可能缩短提前期	在保持稳定的条件下尽可能缩短提前期
供应商的选择指标	以速度、柔性、质量为核心	以成本和质量为核心
产品设计策略	采用模块化产品设计，在模块的基础上进行变型设计	采用标准化产品设计

2. 基于流程和需求是否稳定的分类：高效型供应链、风险规避型供应链、响应型供应链、敏捷型供应链

这四种类型组成了供应链模型矩阵，见图11-3。

	需求不稳定性	
	低（功能性产品）	高（创新性产品）
流程不稳定性 低（稳定流程）	高效型供应链	响应型供应链
流程不稳定性 高（不稳定流程）	风险规避型供应链	敏捷型供应链

图 11-3 供应链模型矩阵

11.2.2 供应链网络节点和边线

供应链网络作为有具体应用背景的网络，是由节点和边线构成的。供应链网络节点是由供应商、制造商、仓库（配送中心）、批发商（零售商）、客户以及运输过程中所经过的车站、港口、机场等组成的。供应链网络边线是由运输线路和运输车辆所形成的运输过程组成的。一个供应链网络通常具有多个网络源点（一般由供应商组成）和多个网络终点（一般由市场或客户群组成）。每个供应链网络都是由不同网络节点以及网络边线所组成的。

1. 供应链网络节点的功能与类型

供应链网络节点是包装、装卸搬运、流通加工、仓储、分拣、配货等物流功能的载体，也就是说，这些物流功能只能在网络节点处实现。通过增加或减少、合理布局网络节点，以及对网络节点处物流功能的选择，我们可以实现整个供应链网络的物流成本和物流服务水平的优化。供应链网络节点的功能主要体现在以下几个方面。

（1）衔接功能。网络节点将各个运输线路联结成一个系统，使各运输线路通过网络节点变得相互影响、相互贯通，进而使物流网络成为一个整体。网络节点的衔接功能是通过装卸搬运、流通加工、仓储、分拣、配货等物流功能实现的：通过装卸搬运衔接不同的运输方式；通过流通加工、仓储和分拣实现主线物流与支线物流的衔接；通过配货衔接不同时间发生的供应物流和需求物流。

（2）信息集散功能。网络节点是整个供应链网络中物流相关信息传递、收集、处理、发送的集中地。这种信息集散功能可以集合不同的物流功能，实现物流从供应商到制造商再到客户的快速有效运行。在一个供应链网络中，每个网络节点都是供应链管理的一个重要信息源，这些信息源与整个供应链网络的信息中心相结合就组成了指挥、调度和管理整个供应链的信息网络。

（3）管理功能。网络节点在供应链网络中还起到了重要的管理作用。实际上，大多数网络节点都是集管理、指挥、调度、衔接乃至货物处理于一体的综合物流设施。整个供应链网络能否有序运行，能否达到期望的效率和服务水平，主要取决于网络节点的管理职能是否配置合理，是否得到有效履行。

根据网络节点的主要功能，可以将它们分为以下几种。

（1）生产型节点。这是一种以将原材料转换成零部件，将零部件组装成产品为主要职能的网络节点，如零部件供应商和制造商等。这种类型的网络节点一般处在供应链网络中的源点或上游，用于产生新的物流或转换物流形态。

（2）转运型节点。这是一种以连接不同运输形式为主要职能的网络节点，如铁路线路上的车站，水运线路上的港口，航空运输中的空港等。这种类型的网络节点一般处在运输线上，主要用于转换运输形式，货物的停留时间一般较短。

（3）储存型节点。这是一种以存放货物为主要职能的网络节点，例如储备仓库、营业仓库等都属于这一类型，货物在这类网络节点中停留的时间较长。降低库存量、减少库存成本是这类网络节点的主要经营目标。

（4）流通型节点。这类网络节点以组织商品在网络中的流动为主要职能，对供应链管理有重要作用，例如现代化的物流中心、配送中心、转运中心等都属于这种类型。流通型节点的经营目标是使商品在网络中快速流动，实现总运营成本的最优，同时，它还能够承担分拆、包装、延迟制造等任务，有助于实现供应链的优化。

（5）综合型节点。同时具备以上两种或两种以上功能的网络节点称为综合型节点。这种节点能够满足现代物流大量化、复杂化、个性化、精益化的要求，并作为供应链网络的中枢型节点存在。

2. 供应链网络边线的特点与功能

网络边线具有以下特点。

（1）方向性。运输必须从某一个网络节点出发，再到另一个网络节点。

（2）多样性。从某一个网络节点出发到另一个网络节点的运输可以有不同运输方式。

（3）连通性。从某一个网络节点出发到另一个网络节点的运输线路通常需要经过多个网络节点。

（4）有限性。运输必须以某一个网络节点为起点，以另一个网络节点为终点，并符合规定的运输方式要求，运输线路的运行空间应是有限的。

（5）选择性。能够连接两个网络节点的运输方式及运输线路有多种，按运输方式的不同有铁路线、公路线、水路线、航空线和管道线之分。但网络中的运输线路必须符合经济性原则，即应选择能达到运输时间、成本和利润平衡要求的线路。

（6）层次性。在供应链网络中，运输线路按照其连接的网络节点和连接的功能，有主线和支线之分。

网络边线具有产品转移和产品存放两个功能。

（1）产品转移。网络边线的主要功能就是通过产品来回移动产生的时间效应和空间效应创造价值。无论产品是处于原材料、零部件、装配件、在制品形式，还是处于制成品形式，也无论产品是处于制造过程中不同阶段之间的转移过程，还是处于供应链上各企业之间的移动过程，通过网络边线运输都是必不可少的。运输的主要目的就是以最少的消耗时间、财务成本和环境资源成本，将产品转移到规定地点，同时满足客户对运输方式等的有关要求。

（2）产品存放。对产品进行临时存放是网络边线的一个特殊功能。如果转移中的产品需要储存但在短时间内又将被重新转移，那么该产品的装卸费用有可能会高于存放在运输车辆中所产生的运输成本。因此，在仓库有限的时候，利用运输车辆存放产品是一种降低总成本的有效方法。

11.2.3 供应链系统设计的原则

供应链系统设计需要遵循一些重要的原则，否则整个供应链系统就可能无法发挥其应有的作用，具体的设计原则有如下几点。

（1）自上向下和自下向上相结合的设计原则。供应链系统有两种设计方法，即自上向下和自下向上的方法。自上向下的方法是从全局走向局部的方法，自下向上的方法是从局部走向全局的方法；自上向下是系统分解的过程，而自下向上则是集成的过程。在设计一个供应链系统时，往往先由高层主管做出战略规划与决策，规划与决策的依据是市场需求和企业发展规划，然后由下层部门实施，因此供应链系统的设计应遵循自上向下和自下向上相结合的设计原则。

（2）简洁性原则。简洁性是供应链系统设计的一个重要原则，为了使供应链具有快速响应市场的能力，供应链的每个网络节点都应是精简且"具有活力的"。例如，供应商的选择就应遵循少而精的原则，和少数的供应商建立战略伙伴关系，这有利于减少采购的成本，也有利于实施准时采购和准时生产。

（3）互补性原则。供应链的各个网络节点的选择应遵循互补性原则，达到资源外用的目的，每家企业只集中精力于各自的核心业务流程，就像一个独立的制造单元（独立制造岛），这些所谓的单元化企业具有自我组织、自我优化、面向目标、动态运行和充满活力的特点，能够实现供应链业务的快速重组。

（4）协调性原则。供应链绩效的好坏很大程度上取决于供应链合作伙伴之间关系是否和谐，因此，建立具有战略伙伴关系的合作企业关系模型是实现供应链最佳效能的保证。席酉民教授认为，和谐与否代表了系统能否充分发挥系统成员和子系统的能动性、创造性，也代表了系统与环境的总体协调性。协调的系统才能发挥最佳的效能。

（5）不确定性原则。不确定性在市场中随处可见，供应链运作效率也会受到不确定性的影响。

11.2.4　供应链系统设计的步骤

在上述供应链系统设计原则的指引下，按照图11-4中的设计步骤，使用一定的方法，就可以将供应链系统设计出来。

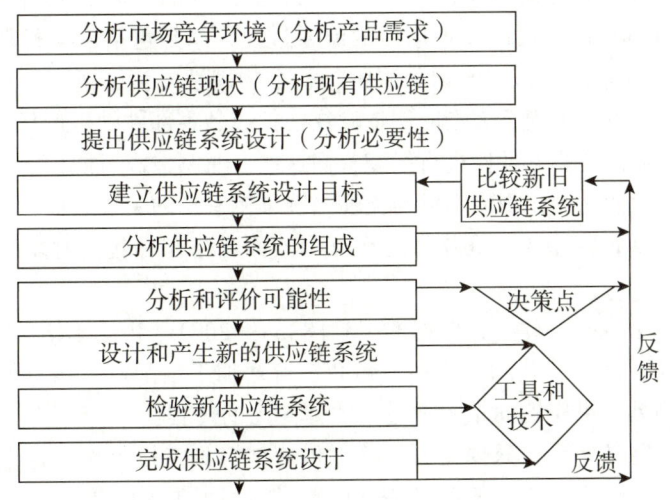

图11-4　供应链系统设计的步骤

11.3 供应链管理与物流管理

物流活动历史悠久，随着全球经济和信息技术的发展，物流活动愈加复杂和重要，并且其概念也逐渐由传统物流发展为现代物流、供应链物流，成为提升企业竞争力的新方向和新手段。供应链由物流、信息流、资金流三大要素构成，它不仅是一条连接供应商和最终顾客的链条，更是一条增值链。物流连接着供应链的各个企业，是企业间相互合作的纽带，起着增值的作用。

11.3.1 物流及物流管理

1. 物流

现代物流的概念起源于美国，物流最初的概念是商品的流动，即主要是指商品从制造商流动到消费者的过程。物流的概念主要有以下几种。

美国供应管理专业协会最初提出的概念为实物分销（Physical Distribution），是以企业为中心的；随着经济的发展，概念由实物分销更改为物流（Logistics），将其定义为：为了满足客户的需求，对商品、服务和相关信息从产出点到消费点的合理、有效的流动和储存进行计划、实施与控制的过程。1998 年，美国供应管理专业协会重新定义物流：物流是供应链流程的一部分，是为了满足客户需求而对商品、服务及相关信息，从产出地到消费地的高效率、高效益的正向和反向流动及储存进行的计划、实施与控制过程。美国供应管理专业协会对物流定义的变化说明，随着供应链管理思想的出现，物流界对物流的认识更加深入，并且强调"物流是供应链的一部分"。

1994 年，欧洲物流协会对物流的定义是：物流是在一个系统内对人员和商品的运输、安排及与此相关的支持活动的计划、执行和控制，以达到特定的目的。2002 年，日本标准协会对物流做出了两个明确定义，一个定义对应于美国的实物分销，另一个定义对应于美国的物流。物流与实物分销的不同在于物流已突破了商品流通的范围，把物流活动扩大到生产领域。物流不是仅包括产品出厂后的流通过程，而是包括从原材料采购、加工生产到产品销售、售后服务，直到废旧物品回收等整个物理性的流通过程。这是因为，随着生产的发展，社会分工越来越细，大型的制造商往往把成品零部件的生产任务外包给其他专业制造商，自身仅负责把这些零部件进行组装，而这些专业制造商可能位于世界上劳动力比较便宜的地方。在这种情况下，物流不但与流通系统维持密切的关系，而且与生产系统也产生了密切的关系。这样，将物流、商流和生产三个方面联结在一起，就能产生更高的效率和效益。

我国物流的概念引进于日本，根据 GB/T 18354—2021《物流术语》，物流是指：根据实际需要，将运输、储存、装卸、搬运、包装、流通加工、配送、信息处理等基本功能实施有机结合，使物品从供应地向接收地进行实体流动的过程。

从我国物流的定义上看，只要是属于从"供应地"到"接收地"这个特定范围的实体流动都属于物流的范畴，该定义的前半部分指出了物流所包含的要素。

2. 物流管理

物流管理的目的是通过改进产品的配送过程，以最低的成本将产品运送到客户手中，以提高其满意度。随着发展，物流管理的范围扩大至采购和生产阶段，重点从配送变为应用库存控制技术，以达到既能保证生产顺利运作，又能提高企业资金周转速度的目的。

从美国供应管理专业协会的定义来看，物流管理只是供应链管理的一部分，是为了以合适的物流达到客户满意的服务水平，对正向及逆向的物流活动过程及相关信息进行的计划、组织、协调与控制。物流管理的目标就是在尽可能低的总成本条件下实现既定的服务水平，即寻求服务优势和成本优势的一种动态平衡，并由此创造企业在竞争中的战略优势。

现代物流管理是建立在系统论、信息论和控制论等理论基础上的，有狭义和广义两个方面的含义：狭义的现代物流管理是指物资的采购、运输、配送、储备等活动，是企业之间的一种物资流通活动；广义的现代物流管理包括了生产过程中的物料转化过程，即现在人们通常所说的供应链管理。物流管理的对象并不是货物本身，而是货物有目的的流动过程。

11.3.2 物流管理的发展

现代物流管理作为供应链管理的重要内容之一，与传统物流管理有着很大的区别。因此，了解物流管理的发展，对于理解供应链管理思想的实质以及供应链管理环境下物流管理的作用很有必要。

一般认为物流管理是从后勤管理发展而来的。后勤管理在物流管理的起源和发展过程中扮演着重要的角色。后勤管理起源于战时军事物资的供应管理。第二次世界大战期间，美国根据军事上的需要，在对军火进行供应时，首先采用了后勤这个词。后来，后勤成为一个独立的分支并且不断发展，形成了后勤工程、后勤管理、后勤分配等应用领域。管理者也逐渐认识到后勤管理在企业运作方面的重要性，后勤管理遂走出军事应用领域而成为企业管理体系中的重要内容。

从20世纪70年代后期起，后勤管理逐渐发展为物流管理。尽管两者都是用英文"logistics management"来表示，但是其含义有较大的差别。企业把物流活动视为其战略的组成部分，而不是仅仅将其视为后勤系统。20世纪80年代，许多企业完成了内部物流的集成，设立了物流管理部门。到了90年代，许多企业开始考虑与其他企业之间的物流集成，物流管理成为供应链管理的一个重要组成部分。

11.3.3 供应链管理环境下的物流管理

供应链管理离不开对物流、信息流、资金流的集成。其中，物流对供应链管理的运作影响最大。因为其他几种"流"都可以不受空间因素的影响，可以在不改变空间位置的情况下完成交易活动，但是物流一定要发生地理空间的转移才能实现其功能。要发生地理空间的转移，就需要消耗时间。供应链各节点企业间如果不协调，就会影响物流的绩效，致使物流过程消耗时间过长、成本过高。因此，供应链管理的运作绩效在很大程度上受到物流管理的影响。当然，这几种"流"又是相互影响的，信息流不畅势必影响物流，资金流的中断同样会使物流停顿。从这个角度出发，物流的最终绩效又是对供应链管理效果的综合反映。

供应链物流管理水平的高低直接影响整个供应链的竞争力。例如，欧洲一家日杂公司的负责人说，他们生产的产品从原材料获取，经过加工，再到配送共需要 150 天，而真正消耗在产品加工上的时间只有 45 分钟，其余的时间都消耗在物流过程中。如果能提高物流绩效，缩短物流周期，就可以大幅度降低整个供应链的供货周期，从而提高产品的总体竞争力。

过去，企业没有独立的物流管理业务部门和职业物流管理人员，通常把物流当成制造活动的一部分。直到 20 世纪 60 年代物料管理和配送管理的出现，情况才发生变化。物料管理是对企业的原材料的采购与运输进行管理，以及对原材料和在制品的库存进行管理；配送管理是对企业的输出物流的管理，包括需求预测、制成品库存管理、运输管理和服务管理。但是，此时的物流管理被分割在不同的管理职能部门，经常出现物流不协调的现象。20 世纪 80 年代有了集成物流的概念，企业才开始把输入与输出物流管理以及部分市场和制造功能集成在一起，许多企业相继设立了物流管理部门，使得过去分散于不同管理职能部门的物流管理功能集中于一个独立部门，示例见图 11-5。

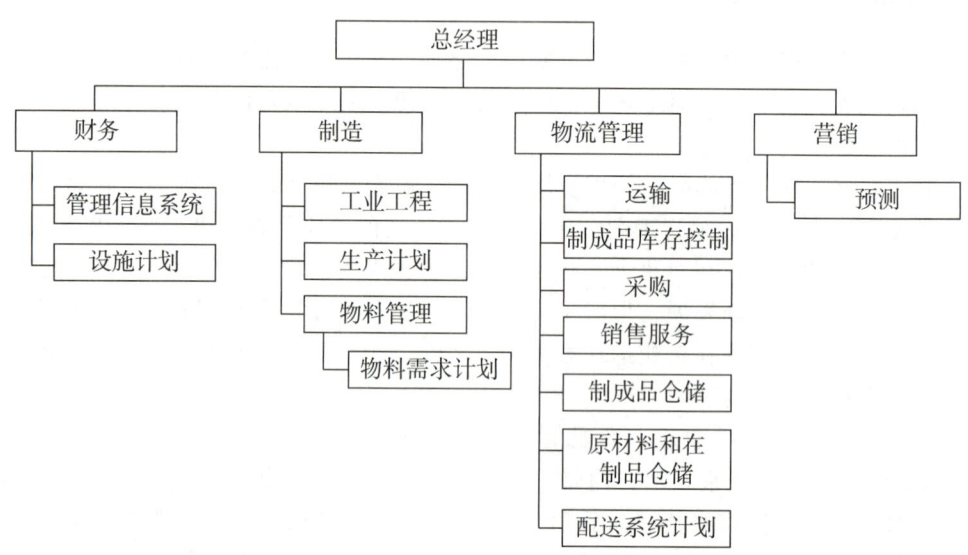

图 11-5 物流管理功能独立的组织结构示例

物流管理置身于供应链管理环境下，应具有三重作用，也可以说表现为三种形式，即物流的物质表现形式、价值表现形式和信息表现形式。

物流的物质表现就是企业之间的物质资源的转移（包括时间、空间和形态的转移）；物流的价值表现是指作为一个增值过程，物流过程能创造时间价值和空间价值；物流的信息表现是指物流过程是一个信息采集、传递与加工的过程，物流的运动会产生信息，这种信息经过加工处理，可以为整个供应链的运行提供决策参考。基于这种情况，现代物流管理的研究应置于供应链管理环境之下，这样才能使物流管理有更大的发展空间。这一观点也可以从近几年物流管理飞速发展的过程看出来，在供应链管理没有形成系统的理念之前，物流管理范畴相对很小，也没有像现在这样引起人们如此广泛的关注。供应链管理理念的出现，不仅使管理者的思维方式和管理模式发生了巨大变化，也使物流管理获得了从未有过的发展机遇。

人们经常用"7R"来形容物流管理的目标,即把恰当的产品(Right Product),按恰当的数量(Right Quantity)和恰当的条件(Right Condition),在恰当的时间(Right Time),用恰当的成本(Right Cost)送到在恰当的地点(Right Place)的恰当的客户(Right Customer)手中,这一切都是从物流管理本身出发的。如果从供应链管理的整体出发,那么这里的成本就应该是供应链的总成本,而不是哪一个局部物流系统的成本。

目前,物流管理已经扩展到包括上下游供应链企业之间的协调管理,特别是随着第三方物流企业的介入,物流管理的概念已经发生巨大变化,而且在供应链管理中的作用越来越重要。

11.4 供应链管理与库存管理

虽然库存管理是企业运营管理理论与实践中最成熟的领域之一,但是过去的库存管理只是针对单家企业而言的,这些理论与方法难以适应供应链管理环境的要求。

11.4.1 供应链管理环境下的库存问题

1)没有供应链的整体观念,库存管理思想落后

供应链的整体绩效取决于各个供应链节点的绩效,但是各个节点都是各自独立的单元,都有各自独立的目标。一般的供应链系统没有针对全局供应链的绩效评价指标,这是普遍存在的问题。有些企业采用库存周转率作为供应链库存管理的绩效评价指标,但是没有考虑对客户的响应时间与服务水平,客户满意度应该成为供应链库存管理的一项绩效评价重要指标。

2)对客户服务的理解与定义不恰当

供应链管理的绩效好坏应该由客户来评价,或者用对客户的响应时间与服务水平来评价。但是,节点企业对客户服务的理解与定义各不相同,导致其对客户服务水平的考核指标也不同。许多企业采用订单满足率来评估客户服务水平,这是一种比较好的客户服务水平考核指标。但是订单满足率本身并不解决运作问题,例如,一家计算机工作站的制造商要满足一份包含多产品的订单要求,产品来自各供应商,客户要求一次性交货,制造商要等各个供应商的产品都到齐后再一次性装运给客户。这时,用总的订单满足率来评价制造商的客户服务水平是恰当的,但是,这种评价指标并不能帮助制造商发现是哪家供应商的交货迟了或早了。

传统的订单满足率评价指标也不能体现订单的延迟交货时间。两条同样具有90%的订单满足率的供应链,在如何迅速满足余下10%的订单要求方面差别可能是很大的。其他服务指标也常常被忽视,如总订单周转时间、平均回头订单、提前交货时间等。

3)低效率的信息传递系统

在供应链中,各个供应链节点企业的需求预测、库存状态、生产计划等都是供应链管理的重要数据,这些数据分布在不同的供应链组织之间,要做到有效地快速响应市场需求,必须实时地传递数据。但是目前许多企业的信息传递系统并没有很好地与其他系统集成起来,当供应商需要了解需求信息时,常常得到的是延迟的信息和不准确的信息。因此

供应商短期生产计划的实施也会遇到困难。例如，企业为了制订一个生产计划，需要获得需求预测、当前库存状态、运输能力、生产能力等信息，这些信息需要从供应链的不同节点企业获得，数据搜集的工作量很大，有时根本无法获得，这致使企业对最新订单信息的响应能力减弱。

4）库存控制策略简单化

无论是生产企业还是物流企业，库存控制都是为了保证供应链运行的连续性和应对不确定性需求。了解和跟踪不确定性需求是第一步，第二步是利用跟踪到的信息去制定相应的库存控制策略。但是，许多企业对所有产品采用统一的库存控制策略，产品的分类没有反映供应与需求中的不确定性。传统的库存控制策略多数是面向单一企业的，采用的信息基本上来自企业内部，其库存控制没有体现供应链管理的思想。

5）缺乏合作与协调性

为了应对不确定性，供应链各节点企业都设有一定的安全库存，这在运作中是必要的。问题在于，在供应链中，组织的协调涉及更多的利益群体。如果企业间缺乏协调与合作，相互之间的信息透明度不高，就会导致交货期延迟和服务水平下降，同时库存水平也会由此而增加。在这样的情况下，各节点企业都不得不维持一个较高的安全库存，形成不必要的多余库存，供应链系统则为此付出了高昂的代价。

供应链成员之间存在的障碍有可能使库存控制变得更为困难，因为各自都有不同的目标和绩效评价方法，拥有不同的仓库，也不愿意与其他成员共享资源。在分布式的组织体系中，成员之间的障碍对库存集中控制的阻力更大。

11.4.2 供应链管理环境下的库存控制方法

针对供应链管理环境下的库存问题，人们提出了一些能够较好适应供应链管理环境的库存控制方法，下面做简要介绍。

1. 供应商管理库存

长期以来，企业运作中的库存管理是各自为政的。物流通路中的每一个部门都各自管理自己的库存。零售商有自己的库存，批发商有自己的库存，供应商也有自己的库存，供应链各个环节都有自己的库存控制方法。由于各自的库存控制方法不同且相互封闭，会不可避免地产生需求的扭曲现象，从而导致需求变异放大，无法使供应商准确了解最终顾客的需求。近年来，管理上出现了一种新的供应链库存控制方法——供应商管理库存（Vendor-managed Inventory，VMI）。这种库存控制方法打破了传统的各自为政的库存管理模式，体现了供应链的集成化管理思想，适应了市场变化的要求，是一种新的有代表性的库存控制方法。

1）供应商管理库存的基本思想

关于供应商管理库存的定义，国外有学者认为："供应商管理库存是一种客户和供应商之间的合作性策略，对双方来说都是以最低的成本优化产品的可获性，在一个相互同意的目标框架下由供应商来管理库存，这样的目标框架被经常性监督和修正，以产生一种连续改进的环境。"供应商管理库存系统就是供应商代替需求方管理库存，库存的管理职能转由供应商承担。

供应商管理库存的关键措施主要体现在以下几个原则中。

① 合作精神。在实施供应商管理库存方法时，相互信任与信息透明是很重要的，供需双方都要有较好的合作精神，才能相互保持较好的合作状态。

② 使供需双方成本最低。供应商管理库存的重点不是成本如何分配或谁来支付的问题，而是如何通过该方法的实施降低整个供应链的库存成本，使供需双方都能获益。

③ 目标一致性原则。供需双方都应明白各自的责任，达成一致的目标。例如库存放在哪里、什么时候支付等问题都需要双方达成一致。

④ 连续改进原则。该原则使供需双方共同努力，逐渐消除浪费。

供应商管理库存的主要思想是供应商在需求方的允许下设立库存，确定库存水平和补给策略，行使对库存的控制权。精心设计与开发的供应商管理库存系统，不仅可以降低供应链的库存水平，而且可以提高服务水平，改善资金流，使供应链成员共享需求变化。

2）供应商管理库存的实施方法

实施供应商管理库存，首先要改变订单的处理方式，建立标准的托付订单处理模式。供应商和需求方一起确定订单业务处理过程所需要的信息和库存控制参数。然后建立一种标准的托付订单处理模式，如电子数据交换标准报文。最后把订货、交货和票据处理各个业务功能集成在供应商这边。

库存状态透明（对供应商）是实施供应商管理库存的关键。供应商应能够随时跟踪分销商的库存状态，快速、准确地做出补充库存的决策，对生产（供应）状态做出相应的调整，从而敏捷地响应市场需求的变化。为此，供应链需要建立一种能连接供应商和分销商的库存信息系统的方法。

供应商管理库存的实施可以分为如下几个步骤。

步骤一：建立分销商信息库。供应商要有效地管理销售库存，必须能够获得分销商的有关信息。通过建立分销商信息库，供应商能够掌握需求变化的有关情况，把由分销商承担的需求预测与分析功能集成到自身的系统中来。

步骤二：建立物流网络管理系统。供应商要很好地管理库存，必须建立起完善的物流网络管理系统，保证自己的产品需求信息和物流信息畅通。目前，已有许多企业开始采用物料需求计划、企业资源计划等系统，这些系统集成了物流管理的功能，通过对这些功能的扩展，可以建立完善的物流网络管理系统。

步骤三：建立供应商与分销商的合作协议。供应商和分销商一起通过协商，确定订单处理的业务流程以及库存控制的有关参数，如补充订货点、最低库存水平、库存信息的传递方式等。

步骤四：变革组织机构。这一点也很重要，因为供应商管理库存模式改变了供应商的组织结构。引入供应商管理库存模式后，需要一个新的职能部门，负责控制分销商的库存，以实现库存补给及时和高服务水平。

3）供应商管理库存的支持技术

供应商管理库存的支持技术主要包括条形码技术、条形码应用标识符技术、ID 代码技术、电子数据交换技术、互联网技术、连续补给技术等。

2. 联合库存管理

联合库存管理的思想可以从地区分销中心的联合库存功能谈起。地区分销中心体现了一种简单的联合库存管理的思想。

传统的分销模式是分销商根据市场需求直接向工厂订货,例如,汽车分销商(或批发商)根据客户在车型、款式、颜色、价格等方面的不同需求,向汽车制造厂订货,需要经过一段较长时间才能到货。因为客户不想等待,所以各个分销商不得不进行库存备货,大量的库存常常使分销商难以承受,以至于破产。据估计,在美国,通用汽车公司产品的平均价格是 18500 美元,分销商维持 60 天库存所产生的库存费约是产品价值的 22%,一年总的库存费达到 3.4 亿美元。而采用地区分销中心的销售方式,就大大解决了库存问题——各个分销商只需要保有少量的库存,大量的库存由地区分销中心储备,也就是各个分销商把其库存的一部分交给地区分销中心负责,从而减轻各个分销商的库存压力。地区分销中心实际上起到了联合库存管理的作用。从地区分销中心得到启发,我们对现有的供应链库存管理模式进行拓展和重构,提出联合库存管理模式——基于协调中心的联合库存管理系统。

近年来,供应链企业之间更加强调互利合作关系,联合库存管理就体现了战略供应商联盟的新型企业合作关系。

联合库存管理是用于解决供应链系统中各节点企业相互独立的库存运作模式导致的需求变异放大问题,提高供应链的同步化程度的一种有效方法。联合库存管理和供应商管理库存不同,它强调双方同时参与,共同制订库存计划,使供应链过程中的每个库存管理者都从相互之间的协调性考虑,保持供应链相邻两个节点之间的库存管理者对需求的预期一致,从而消除需求变异放大现象。任何相邻节点需求的确定都是供需双方协调的结果,库存管理不再是各自为政的独立运作过程,而变成连接供需双方的纽带和协调中心。供应商管理库存是一种供应链集成化运作的决策代理模式,它把需求方的库存决策权交由供应商代理,由供应商进行库存决策。联合库存管理则是一种风险分担的库存管理模式。

3. 发挥第三方物流系统的作用

第三方物流(The Third Party Logistics,TPL)系统是供应链集成的一种手段。第三方物流系统也称为物流服务提供商(Logistics Service Provider,LSP),它可以提供各种服务,如产品运输、库存管理等。第三方物流系统有两种形式,一种形式是由一些大的公共仓储企业通过提供更多的附加服务演变而来,另一种形式是由一些制造企业的运输和分销部门演变而来。

把库存管理的部分功能委托给第三方物流系统管理,可以使企业更加集中精力于自己的核心业务,第三方物流系统起到了联系供应商和需求方的桥梁作用。第三方物流系统可以为企业带来诸多好处,具体如下。

① 减少成本。
② 使企业集中于核心业务。
③ 获得更多的市场信息。
④ 获得一流的物流咨询服务。

⑤ 改进服务质量。
⑥ 快速进入国际市场。

面向协调中心的第三方物流系统使供需双方都取消了各自独立的库存，提高了供应链的敏捷性和协调性，并且能够大大改善供应链的服务水平和运作效率。

4. 多级库存优化与控制

多级库存优化与控制是在单级库存优化与控制的基础上形成的。多级库存系统根据不同的配置方式，可分为串行系统、并行系统、纯组装系统、树形系统、无回路系统和一般系统。

供应链管理的目的是使整个供应链各个阶段的库存最少，但是，现行的企业库存管理模式只从单一企业内部的角度去考虑库存问题，因而并不能使供应链整体达到最优。为此需要对多级库存进行优化与控制，这是一种对供应链的资源做全局性优化的管理技术。

多级库存优化与控制的方法有两种：一种是非中心化（分布式）策略，另一种是中心化（集中式）策略。

非中心化策略，是指各个库存点独立采取各自的库存策略，这种策略在管理上比较简单，但是并不能保证整体的供应链得到优化。如果信息的共享度低，多数情况下产生的是次优的结果，因此，非中心化策略需要较高的信息共享度。

中心化策略，是指所有库存点的控制参数是同时确定的，考虑了各个库存点的相互关系，通过协调的办法取得库存的优化。但是中心化策略在管理上协调的难度大，特别是当供应链的层次比较多，即供应链的长度比较长时，协调的难度会更大。

供应链系统的多级库存优化与控制难度较大。一方面是因为很难找到用于多级库存优化与控制的方法，技术上存在着一定的难度；另一方面，多级库存优化与控制涉及多家企业，在利益及权益的协调上存在着更难解决的问题。因此，多级库存优化与控制还是一个正在积极探索的方法。

11.4.3 供应链管理环境下的库存管理技术

供应链管理环境下的库存管理技术主要包括：条形码技术、射频识别技术（Radio Frequency Identification，RFID）、电子数据交换技术、互联网/内联网技术、电子订货系统、全球定位系统等。这些技术不仅提高了产品储存的可靠性、准确性，而且降低了作业费用，提高了作业效率。下面主要介绍 RFID 在库存管理中的应用。

RFID 是一种非接触式的自动识别技术。RFID 系统主要由标签、阅读器、发射或接收天线三部分组成。标签由耦合元件和芯片组成，每个标签都具有唯一的编码。阅读器是读取标签信息的设备，阅读器的频率决定了 RFID 系统的工作频段。发射或接收天线用来感应阅读器所发射的射频能量，并以射频信号的方式将数据信息回传给阅读器。RFID 的主要特点是：读取速度快，可批量读取数据；穿透性强，可隔障识别；标签体积小、容量大、寿命长、可加密。

库存管理决策的关键是平衡库存成本与库存收益的关系，从而决定库存水平，使库存占用资金的收益比投入其他领域的收益更高。基于 RFID 的大量底层数据被录入计算机后，借助计算机网络就可以实现数据的实时处理，进一步在供应链范围内共享，为管理者提供决策支持，实现精细化库存管理。但是，高成本使 RFID 的应用具有很大风险，其应用大多局限于高价值或高利润商品领域。RFID 的可读写特性能提供实时数据流，对整个库存管理过程进行跟踪、识别和控制，实时统计各个工位、车间和仓库内物品的数量，从而实现安全库存预警。王克冰等研究了 RFID 和数据仓库技术相结合的仓库管理系统，认为应采用 RFID 来跟踪货物在仓库中的信息，将这些信息提取到数据仓库中，结合各种数据挖掘技术，组成有效的决策系统，快速、及时地处理货物信息，为管理层提供决策支持。

11.5 供应链管理与采购管理

采购管理是供应链管理的重点内容之一，它为供应链各企业在原材料和半成品生产合作交流方面架起一座桥梁，有利于各企业沟通生产需求与物资供应需求。为使供应链系统实现无缝连接，并提高供应链企业的同步化运作效率，就必须加强采购管理。在供应链管理模式下，采购工作要做到五个恰当：恰当的数量、恰当的时间、恰当的地点、恰当的价格、恰当的来源。

11.5.1 传统的采购模式

传统的采购模式比较注重如何与供应商进行商业交易，尤其是注重交易过程中供应商所提供价格的高低。企业往往在相互竞争的供应商中选择价格最低的供应商。虽然质量、交货期等也是采购过程中的重要考虑因素，但在传统的采购模式下，质量、交货期等都是通过事后把关的办法进行控制，如到货验收等，交易过程的重点大多放在价格的谈判上。因此，供应商与采购部门之间经常要进行报价、询价、还价等谈判，并且多头进行。采购部门最后从多个供应商中选择一个价格最低的签订合同，订单才确定下来。传统采购模式的主要特点表现在如下几个方面。

（1）传统采购过程是典型的非信息对称博弈过程。选择供应商在传统的采购活动中是一个首要的任务。在采购过程中，采购一方为了能够从多个竞争性的供应商中选择一个最佳的供应商，往往会保留私有信息。因为给供应商提供的信息越多，供应商的竞争筹码就越大，这样对采购一方不利，所以采购一方会尽量保留私有信息，而供应商也会在和其他供应商竞争时隐瞒自己的信息。这样，采购、供应双方都不进行有效的信息沟通，这就是非信息对称博弈过程。

（2）验收检查是传统采购过程中采购部门的一项重要的事后把关工作，质量控制的难度大。质量与交货期是采购一方要考虑的另外两个重要因素，但是在传统的采购模式下，只能通过事后把关的办法控制质量和交货期，因为采购一方很难参与供应商的生产组织过程和有关质量控制活动，相互的工作是不透明的。这种情况下，采购部门需要通过各种有关标准，如国际标准、国家标准等，进行验收检查。生产与质量控制的不透明导致采购部门对采购物品质量控制的难度较大。

（3）供需关系是临时性的或短期的合作关系，而且竞争多于合作。由于缺乏合作与协调,采购过程中各种抱怨和扯皮的事情比较多,很多时间消耗在解决日常问题上,没有更多的时间用来做长期性预测与计划工作,供需双方之间这种缺乏合作的氛围增加了许多运作中的不确定性。

(4)响应市场需求能力迟钝。由于供应与采购双方在信息的沟通方面缺乏及时的反馈,在市场需求发生变化的情况下,采购一方也不能改变已有的订货合同,因此采购一方在需求减少时库存增加,在需求增加时又会出现供不应求的情况。而重新订货又需要增加谈判成本。供需双方因为对市场需求的响应没有同步进行,所以缺乏应对变化的能力。

11.5.2 供应链管理环境下的采购模式

在供应链管理环境下,企业的采购模式和传统的采购模式有所不同。这些差异主要体现在如下几个方面。

1. 从为库存而采购向为订单而采购的转变

在传统的采购模式中,采购的目的很简单,就是为了补充库存,即为库存而采购。采购部门并不关心企业的生产过程,不了解生产的进度和产品需求的变化,因此,采购活动缺乏主动性,制订的采购计划很难适应需求的变化。在供应链管理环境下,采购活动是以订单驱动方式进行的(图11-6),制造订单的产生是在客户需求订单的驱动下产生的,然后,制造订单驱动采购订单,采购订单再驱动销售订单。这种准时化的订单驱动模式,使供应链系统得以准时响应市场需求,从而降低了库存成本,提高了物流速度和库存周转率。

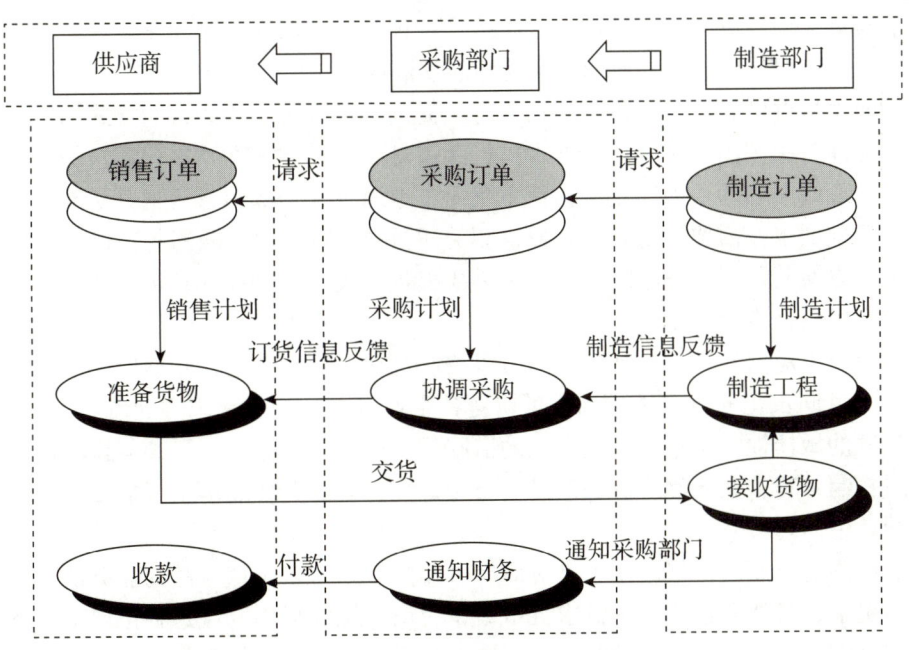

图 11-6 订单驱动的采购活动工作原理

2. 从采购管理向外部资源管理的转变

传统的采购管理可以简单地看作买卖管理，是一种交易式的活动，双方都缺乏战略合作的意识。供应链管理环境下的采购管理对企业来说不仅仅是买卖管理，也是一种外部资源管理。

那么，为什么要进行外部资源管理，以及如何进行有效的外部资源管理呢？

正如前文所指出的，传统采购模式的不足之处，就是与供应商缺乏合作，从而缺乏柔性和对需求快速响应的能力。准时化思想的出现，对企业的采购模式提出了严峻的挑战，企业需要改变传统的单纯为库存而采购的管理模式，提高采购的柔性和对需求的快速响应能力，增强与供应商的信息联系和相互之间的合作，建立新的供需合作模式。

一方面，在传统的采购模式中，供应商对采购部门的要求不能实时响应；另一方面，采购部门对于产品质量也只能进行事后把关，不能进行实时控制。这些缺陷使供应链企业无法实现同步化运作。为此，供应链管理环境下采购模式要向外部资源管理转变。外部资源管理也是实施精细生产、零库存生产的要求。供应链管理中的一个重要思想是，在生产控制中采用基于订单流的准时生产模式，使供应链企业的业务流程朝着精细生产努力，即实现生产过程的几个"零"化管理：零缺陷、零库存、零交货期、零故障、零纸张、零废料、零事故、零人力资源浪费。

供应链管理的思想是系统性、协调性、集成性、同步性，外部资源管理是供应链管理上述思想的一个重要体现——企业集成。从供应链企业集成的过程来看，外部资源管理是供应链企业从内部集成走向外部集成的重要一步。

要实现有效的外部资源管理，采购活动应从以下几个方面着手进行改进。

（1）与供应商建立一种长期的合作关系，一种互惠互利的合作关系。这种合作关系保证了供需双方有合作的诚意和共同解决问题的积极性。

（2）通过提供信息反馈和教育培训支持，促进质量改善。传统采购模式的不足在于没有给予供应商有关产品质量保证的技术支持和信息反馈机制。在顾客化需求的今天，产品的质量是由最终顾客的要求决定的，而不是简单地通过采购部门事后把关所能控制的。因此，质量管理的工作需要下游企业在提供相关质量要求的同时，及时把产品质量问题反馈给供应商，以便其及时改进。对个性化产品要提供有关质量的技术培训工作，使供应商能够按照要求提供合格的产品。

（3）参与供应商的产品设计和产品质量控制过程。同步化运作是供应链管理的一个重要思想。通过同步化的供应链计划，供应链各企业可以在响应需求方面取得一致的行动，提升供应链的敏捷性。实现同步化运作的措施是并行工程。企业应该参与供应商的产品设计和质量控制过程，共同制定有关产品的质量标准，等等，使需求信息能很好地在供应商的业务活动中体现出来。

（4）协调供应商的计划。一个供应商有可能同时参与多条供应链的业务活动，在资源有限的情况下，必然会造成多个需求方争夺供应商资源的局面。在这种情况下，下游企业的采购部门应主动协调供应商的计划。在资源共享的前提下，保证供应商不出现资源分配不公的现象，保证供应链的正常供应关系，维护企业的利益。

（5）建立一种新的有不同层次的供应商网络，并通过逐步减少供应商的数量，致力于与供应商建立战略合作伙伴关系。在供应商的数量方面，一般而言，供应商越少越有利于双方的合作。但是，企业的产品对零部件或原材料的需求是多样的，因此，不同企业的最优供应商数目也会不同，企业应该根据自己的情况选择适当数量的供应商，建立供应商网络，并逐步减少供应商的数量，致力于和少数供应商建立战略合作伙伴关系。

外部资源管理并不是由采购一方（下游企业）单方面努力就能取得成效的，需要供应商的配合与支持，为此，供应商也应该从以下几个方面进行协作。

① 帮助拓展采购一方（下游企业）的多种战略。
② 保证高质量的售后服务。
③ 对采购一方的问题做出快速响应。
④ 及时报告可能影响采购一方的内部问题。
⑤ 基于采购一方的需求，不断改进产品质量。
⑥ 在满足自己能力需求的前提下提供一部分能力给采购一方——能力外援助。

3. 从一般买卖关系向战略合作伙伴关系的转变

供应链管理环境下采购模式的第三个特点是供需关系从一般买卖关系向战略合作伙伴关系的转变。

在传统的采购模式下，供需双方是一般买卖关系，因此无法解决一些涉及全局性、战略性的供应链问题，而基于战略合作伙伴关系的采购模式为解决这些问题创造了条件。解决的问题有以下几个。

（1）库存问题。在传统的采购模式下，供应链的各节点企业无法共享库存信息，因此节点企业都独立地采用订货点技术进行库存决策，不可避免地造成了需求信息的扭曲现象，进而，供应链的整体效率得不到充分的提高。但在供应链管理环境下，通过建立战略合作伙伴关系，供需双方可以共享库存数据，因此采购的决策过程变得更透明，解决了需求信息的失真问题。

（2）风险问题。供需双方通过建立战略合作伙伴关系，可以降低由不可预测的需求变化带来的风险，例如运输过程的风险、信用的风险、产品质量的风险等。

（3）战略合作伙伴关系可以为供需双方共同解决问题提供便利的条件。通过建立战略合作伙伴关系，供需双方可以为制订战略性的采购供应计划而协商，不必为日常琐事消耗时间与精力。

（4）成本问题。通过建立战略合作伙伴关系，供需双方都可以降低成本。信息的共享避免了许多不必要的手续和谈判过程，也避免了信息不对称决策可能造成的成本损失。

（5）战略合作伙伴关系消除了供应过程的组织障碍，为实现准时采购创造了条件。

11.5.3 准时采购策略

1. 准时采购的基本思想

准时采购是一种先进的采购模式，是一种管理哲学。它的基本思想是：在恰当的时间、恰当的地点，以恰当的数量、恰当的质量提供恰当的物品。它是从准时生产发展而来的，是为了消除库存和浪费而进行的持续性改进。要进行准时生产必须有准时的供应，因此，准时采购是准时生产管理模式的必然要求。它和传统的采购模式在质量控制、供需关系、供应商的数目、交货期的管理等方面有许多不同,其中,供需关系、供应商的数目和质量控制是其核心内容。

准时采购涉及供应商的支持与合作,以及制造过程、货物运输系统等一系列内容。准时采购不但可以减少库存,还可以取得加快库存周转速度、缩短提前期、提高产品质量等效果。

2. 准时采购对供应链管理的意义

准时采购对于供应链管理思想的贯彻实施有重要的意义。从前文的论述中可以看到,供应链管理环境下的采购模式和传统采购模式的不同之处在于前者采用订单驱动的方式。订单驱动使供需双方都围绕订单运作,也就实现了准时化、同步化运作。要实现同步化运作,采购方式就必须是并行的,当采购部门收到一个订单时,供应商便开始着手准备工作,与此同时,采购部门编制详细的采购计划,制造部门也进行生产准备。当采购部门把详细的采购单提供给供应商时,供应商就能很快地将产品在较短的时间内交给顾客。当顾客需求发生改变时,制造订单又驱动采购订单发生改变。如果没有采用准时采购模式,供应链企业就很难适应这种多变的市场需求。因此,准时采购提升了供应链的柔性和敏捷性。

综上所述,准时采购体现了供应链管理的协调性、同步性和集成性,供应链管理需要准时采购来保证自身的整体同步化运作。

3. 准时采购的特点

准时采购模式和传统采购模式之间存在许多不同之处,主要表现在如下几个方面。

(1)准时采购模式采用较少的供应商,甚至采用单供应源。传统的采购模式一般采用多供应源,供应商的数目相对较多。从理论上讲,采用单供应源比多供应源好,一方面,供应商管理比较方便,也有利于降低采购成本;另一方面,这也有利于供需双方建立长期稳定的合作关系,质量上比较有保证。但是,采用单供应源也有风险,例如,供应商可能因意外情况中断交货,供应商缺乏竞争意识,等等。

(2)在实际工作中,许多供应商也不愿意成为企业的单一供应源。原因很简单,供应商是思想上具有较强独立性的商业竞争者,不愿意把自己的成本数据披露给企业;供应商不愿意成为企业的一个产品库存点——实施准时采购需要减少库存,但库存成本原本由企业承担,现在却会转移到供应商身上。因此,企业必须意识到供应商的这种担忧。

(3)对供应商的选择标准不同。在传统的采购模式中,供应商是通过价格竞争被企业选择的。供应商与企业的关系是短期的合作关系。当发现供应商不合适时,企业可以通过市场竞标的方式重新选择供应商。但在准时采购模式中,由于供应商和企业是长期的合作关系,供应商的合作能力将影响企业的长期经济利益,因此对供应商的要求比较高。在选择供应商时,需要对供应商进行综合的评估。在评估供应商时,最重要的标准不是价格,而是质量。这种质量不仅指产品的质量,还包括工作质量、交货质量、技术质量等方面。

(4)对交货准时性的要求不同。准时采购的一个重要特点是要求交货准时,这是实施准时生产的前提条件。交货准时性取决于供应商的生产与运输条件。对供应商来说,为使交货准时,要不断改进生产条件,提高生产的可靠性和稳定性,减少由生产过程的不稳定导致的延迟交货或误点现象。作为准时化供应链管理的一部分，供应商同样应该采用准时生产管理模式，以提高生产过程的准时性。另外，为了交货准时，运输问题也不可忽视。在物流管理中，运输问题是一个很重要的问题，它决定了准时交货的可能性。特别是全球的供应链系统，其运输过程长，而且可能要先后运用不同的运输工具，需要中转运输，不稳定性高，因此，供应商要进行有效的运输计划与管理，使运输过程准确无误。

（5）对信息交流的需求不同。准时采购要求供需双方信息高度共享，保证供应与需求信息的准确性和实时性。由于存在战略合作伙伴关系，供需双方生产计划、库存、质量等方面的信息都可以实现及时的交流，以便出现问题时能够及时处理。

（6）制定的采购批量策略不同。小批量采购是准时采购模式的一个基本特征。准时采购模式和传统采购模式的一个重要不同之处在于，准时生产需要减少生产批量，直至实现"一个流生产"，因此，采购也应采用小批量办法。当然，小批量采购自然会增加运输次数和成本。对供应商来说，这是很为难的事情，若供需双方距离较远，实施准时采购的难度就很大。解决的办法可以是采用混合运输、代理运输等方式，也可以尽量使供应商靠近需求方。

4. 准时采购的原理与方法

前文分析了准时采购的特点，从中我们可以看到，准时采购模式和传统采购模式有一些显著差别。要实施准时采购，以下三点是十分重要的。

（1）选择最佳的供应商，并对供应商进行有效的管理，这是准时采购成功的基石。

（2）供需双方的紧密合作是准时采购成功的关键。

（3）对采购过程的质量控制是准时采购成功的保证。

在实际工作中，如果能够根据以上三点开展采购工作，那么成功实施准时采购的可能性就很大了。

如何有效地实施准时采购呢？以下几点可供企业参考。

（1）创建准时采购班组。世界一流企业的专业采购人员有三大职责：寻找货源，商定价格，发展与供应商的协作关系并不断改进。因此，专业化、高素质的采购队伍对实施准时采购至关重要。为此，首先应成立两个班组。

一个是专门处理供应商事务的班组，该班组的任务是认定和评估供应商的信誉、能力；与供应商谈判，签订准时化订货合同；向供应商发放产品免检合格证书；负责对供应商的培训。

另一个是专门消除采购过程中存在的浪费的班组。

这些班组人员，对准时采购的方法应有充分的了解和认识，必要时要进行培训。如果这些人员对准时采购的认识和了解都不彻底，就不可能指望供应商的合作效果了。

（2）制订计划，确保准时采购策略有计划、有步骤地实施。也要制定采购策略，改进当前的采购措施。在这个过程中，企业要与供应商一起商定准时采购的目标和有关措施，保持经常性的信息沟通。

（3）精选少数供应商，建立伙伴关系。选择供应商时应从以下几个方面考虑：产品质量、供货情况、应变能力、地理位置、企业规模、财务状况、技术能力、价格、与其他供应商的可替代性等。

（4）进行试点工作。先从某种产品或某条生产线的试点开始，进行零部件或原材料的准时化供应试点。在试点过程中，取得企业各个部门的支持是很重要的，特别是生产部门的支持。通过试点，总结经验，为正式的准时采购实施打下基础。

（5）搞好对供应商的培训，确定共同目标。准时采购是供需双方共同的业务活动，单靠采购部门的努力是不够的，需要供应商的配合，只有供应商也对准时采购的策略与运作方法有了认识和理解，才能获得供应商的支持和配合，因此，需要对供应商进行培训。通过培训，大家取得一致的目标，相互之间就能够很好地进行协调，从而做好采购的准时化工作。

（6）向供应商发放产品免检合格证书。准时采购模式和传统采购模式的不同之处在于企业不需要对采购产品进行比较多的检验手续，要做到这一点，就需要供应商提供百分之百的合格产品。当其达到这一要求时，企业就可以向供应商发放产品免检合格证书。

（7）实施准时化交货方式。准时采购的最终目标是实现企业的准时生产，为此要实现从预测的交货方式向准时化交货方式的转变。

（8）继续改进，扩大成果。准时采购是一个不断完善和改进的过程，企业需要在实施过程中不断总结经验教训，从降低运输成本、提高交货的准时性、提高产品的质量和降低供应商库存等方面进行改进，不断提高准时采购的运作绩效。

 思维风向

当前全球供应链的新发展趋势既为我国参与国际分工带来新机遇，也带来许多新挑战，抓住机遇、积极应对挑战并最终提升我国供应链在国际上的竞争力，应注重以下几方面的工作。

加快构建全国统一大市场，充分释放国内市场潜力。在全球供应链区域化和本土化发展趋势下，国内市场成为推动供应链良性发展的重要驱动力。当前，我国产品市场、服务市场特别是要素市场在城乡、区域、行业等层面仍未完全统一，既阻碍了产品和服务市场的充分竞争和规模经济的有效发挥，也阻碍了生产要素的跨区域、跨城乡、跨行业流动，导致同质生产要素具有较大的报酬差距以及不同种类的生产要素报酬在国民收入中的比例不协调，阻碍了消费需求的有效释放和中间产品市场的繁荣，不利于供应链的有效运转。为此，必须加快构建国内统一的产品市场、服务市场和要素市场，提高产品、服务和要素在全国范围内的配置效率。

积极推动科技创新体制改革，突破某些供应链中的关键核心技术。供应链关键环节的核心技术拥有者一般属于链主企业，它们可以凭借对核心技术的掌控影响和支配上下游企业。因此，为提升我国供应链国际竞争力，必须突破其中的关键技术。

积极推动制度型开放，打造国际一流营商环境。从法治层面推动制度建设，以法律形式确保经贸规则和政策的透明度、稳定性和可预期性，为不同规模、不同行业、不同所有制和不同母国的企业营造公平的制度环境。积极参与国际经贸规则的制定和统一，推动与相关国家和地区的多边和双边经贸谈判，利用我国市场规模和熟练工人队伍庞大、产业配套完善等优势在国际经贸谈判中争取更多主动权和话语权。

资料来源：https://epaper.gmw.cn/gmrb/html/2023-11/28/nw.D110000gmrb_20231128_2-11.htm[2025-03-05].

11.6　供应商管理

供应商管理是供应链管理中一个很重要的问题，它对准时采购的实现有很重要的作用。在物流与采购中，客户关系管理并不是什么新概念。在传统的市场营销中，客户关系营销的思想也早已出现，但是，供应链管理环境下的客户关系和市场营销中的客户关系有很大的不同。市场营销中的客户指的是最终产品的用户，而这里的客户是指供应商，不是最终用户。供应链管理环境下的客户关系提倡双赢。从传统的非合作性竞争走向合作性竞争、合作与竞争并存，是当今供应链管理环境下客户关系发展的一个趋势。

11.6.1　两种关系模式

在供应商与制造商的关系方面，存在两种典型的关系模式：传统的竞争关系模式和合作关系模式（或称双赢关系模式）。

1. 竞争关系模式

竞争关系模式是价格驱动的，这种关系模式下的采购策略表现出以下几个特征。

① 制造商同时向若干供应商购货，通过供应商之间的竞争获得价格好处，同时也保证了供应的连续性。

② 制造商通过在供应商之间分配采购数量对供应商加以控制。

③ 制造商与供应商保持的是一种短期合同关系。

2. 合作关系模式

合作关系模式，是一种合作性关系。它强调合作的供应商和制造商之间应共同分享信息，通过合作与协商协调相互的行为。其特点为：制造商对供应商给予协助，帮助供应商降低成本、改进质量、加快产品开发进度；供应商通过与制造商建立相互信任的关系，提高效率、减少交易/管理成本，用长期的合作关系取代短期的合同关系。

准时采购采用的模式就是合作关系模式，供应链管理思想的集中表现就是合作与协调。因此，建立合作关系模式对实施准时采购来说很重要。

11.6.2　合作关系模式对实施准时采购的意义

从前文对准时采购原理和方法的探讨中可以看到，供应商与制造商的合作关系对于准时采购的实施是非常重要的。只有建立良好的合作关系模式，准时采购策略才能得到彻底的贯彻和落实，并取得预期的效果。图11-7显示了准时采购环境下合作关系模式的作用机制。

对供应商来说，如果不实施准时采购策略，那么由于缺乏和制造商的合作，库存、交货批量都会比较大，而且质量、需求方面都无法得到有效的控制。通过实施准时采购策略，制造商的准时化思想扩展到供应商，加强了供需双方之间的联系与合作。在开放式的信息交流机制下，面对市场需求的变化，供应商能够做出快速响应，提高自身的应变能力。

对制造商来说，通过和供应商建立合作关系，实施准时采购，管理效率得到提高，制造过程与产品质量得到有效控制，成本降低，制造的敏捷性与柔性提高。

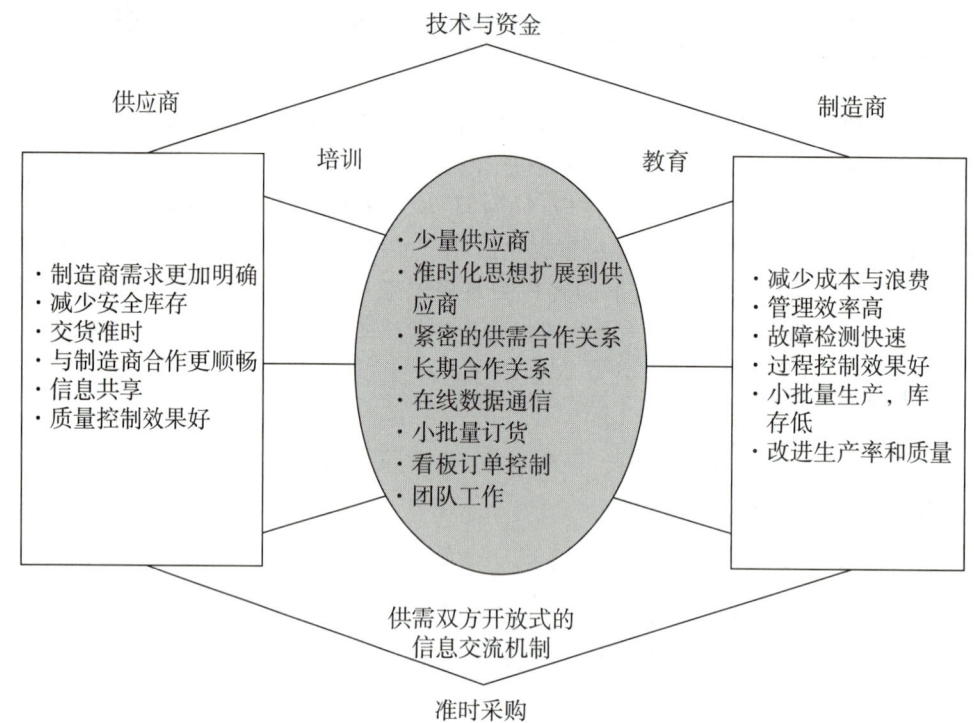

图 11-7 准时采购环境下合作关系模式的作用机制

概括起来,合作关系模式对于采购中供需双方的作用表现在以下方面。

1. 供应商方面

① 提高了对整个供应链业务活动的责任感。
② 提升对未来需求的可预见性,长期的合作关系使供应计划更加稳定。
③ 成功的制造商也有助于供应商的成功。
④ 高质量的产品增强了供应商的竞争力。

2. 制造商方面

① 增加对采购业务的控制能力。
② 通过长期的、有信任保证的订货合同满足采购需求。
③ 减少或消除了不必要的对采购产品的检查活动。

签订互惠互利的合同是巩固和发展供需双方合作关系的根本保证。互惠互利包括了双方的承诺、信任、持久性。信守承诺,是商业活动成功的一个重要原则。没有相互的信任,就不可能产生长期的合作关系,即使建立起合作关系也是暂时性的。持久性是保持合作关系的保证。没有长期的合作,双方就没有诚意做出更多的改进和付出。机会主义和短期行为对供需双方合作关系将产生极大的破坏作用。

11.6.3 双赢供应关系管理

双赢是供应链企业之间合作关系的结果,因此,要在采购管理中体现供应链的思想,对供应商的管理就应集中在如何与供应商建立、维护和保持合作关系上。

1. 信息交流机制

信息交流有助于减少投机行为，有助于促进重要生产信息的自由流动。为加强供应商与制造商的信息交流，制造商可以从以下几个方面着手。

（1）与供应商经常进行有关成本、作业计划、质量控制等信息的交流与沟通，保持信息的一致性和准确性。

（2）实施并行工程。在产品设计阶段让供应商参与进来，这样供应商可以在原材料和零部件的性能与功能要求上提供有关信息，为实施质量功能展开的产品开发方法创造条件，把顾客的价值需求及时地转化为对供应商的原材料和零部件的质量与功能要求。

（3）建立联合的任务小组解决共同关心的问题。制造商应与供应商建立一种基于团队的工作小组，由双方的有关人员共同组成，解决供应过程以及制造过程中遇到的各种问题。

（4）制造商和供应商之间互访。制造商与供应商应经常性地互访，及时发现和解决各自在合作过程中的困难和出现的问题，建立良好的合作气氛。

（5）使用电子数据交换技术和互联网技术进行快速的数据传输。

2. 对供应商的激励机制

要保持长期的双赢关系，对供应商的激励是非常重要的，没有有效的激励机制，就不可能维持良好的供应关系。激励机制的设计要体现公平、一致的原则。可以给予供应商价格折扣和柔性合同，也可以采用赠送股权等方式，使供应商和制造商分享收益，同时也使供应商从合作中体会到双赢机制的好处。

3. 合理的供应商绩效评价方法和手段

要对供应商进行激励，就必须对供应商的绩效进行评价，使供应商不断改进。没有合理的评价方法，就不可能对供应商的绩效进行合理评价，这将大大挫伤供应商的合作积极性与稳定性。对供应商的评价要抓住主要指标或问题，比如交货质量是否改善了，提前期是否缩短了，交货的准时率是否提高了，等等。通过评价，把结果反馈给供应商，与供应商一起探讨问题产生的根源，并采取相应的措施予以改进。

11.7 牛鞭效应

10.7.1 什么是牛鞭效应

牛鞭效应是指，在一条供应链中，市场需求的微小变化会沿着供应链逆流而上，被一级级放大到制造商、一级供应商的现象。例如，计算机市场预测需求会轻微增长2%，到戴尔（制造商）变成了5%，到一级供应商则可能变成10%。简言之，越是处于供应链的后端，需求变化幅度越大。需求变化会转化为库存水平，相应地，库存变化也呈现类似模式。变化曲线的形状就像挥舞的牛鞭，手腕轻轻一抖，鞭梢便会大幅度抖动，划出一道美丽的圆弧，这也许是"牛鞭效应"名称的来历。

1991—2001年北美半导体行业整体库存量的变化趋势如图11-8所示。这是个两级供应链：芯片制造商是需求方，设备制造商是供应商（芯片制造商用设备制造商生产的设备来加工芯片）。不难看出，供应链末端的设备制造行业的库存变化幅度远大于芯片制造行业，而单个企业的库存变化幅度则更大。

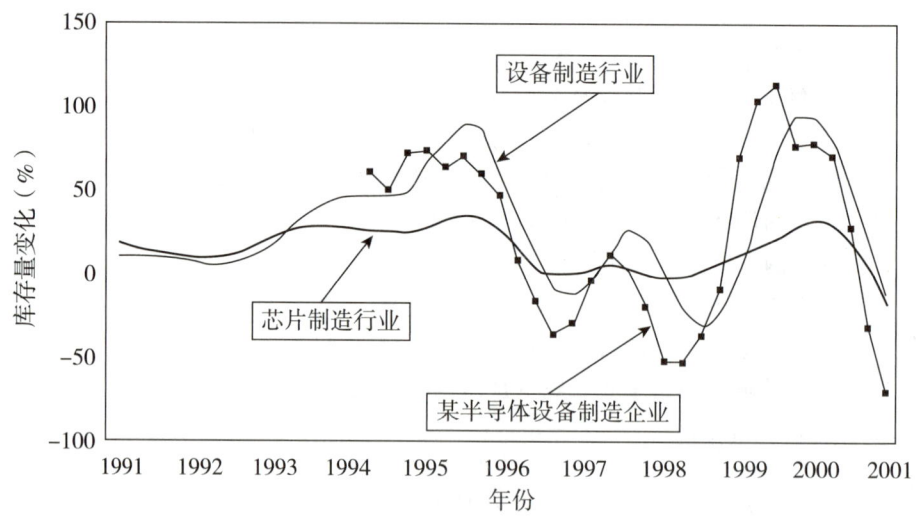

图 11-8　1991—2001 年北美半导体行业整体库存量的变化趋势

牛鞭效应导致供应链对市场变化的过激反应。当市场需求增加时，整个供应链的产能增加幅度超过市场需求增加幅度，超出部分则以库存形式积压在供应链的各个节点。一旦需求增长放缓或呈负增长，大量资金和产品将以库存形式积压，导致整个供应链资金周转不良，影响供应链的良好运作，甚至导致企业倒闭（尤其是处于供应链末端的小企业）。以思科为例，2000 年前后，网络经济泡沫破灭直接导致其滞留了 20 多亿美元的库存。以半导体设备制造行业为例，2000 年前后网络经济泡沫破灭后该行业留下的大量库存，直到 2002 年各大公司才处理完。对众多的一级、次级供应商而言，这意味着很长时间没有新订单，没有新的营业收入，无法维持运营。结果是大批供应商处于崩溃边缘，大幅裁员，甚至难逃破产厄运。

从对市场的响应速度而言，牛鞭效应表明，越是处于供应链后端，企业响应速度越慢（也因为其响应幅度更大）。其结果是，当市场需求增加的时候，供应商往往无法支持制造商，而当市场需求放缓时，供应商则往往继续过量生产造成库存积压。在牛鞭效应的作用下，伴随着过量生产的是整个供应链生产能力的过度膨胀。一旦经济不景气，整个供应链被迫大幅削减人员，关、停、并、转设备。以笔者供职过的一个半导体设备制造公司为例，2003 年，该公司人员从 2000 年高峰期的 5000 余人缩减到 2200 人左右，总部的办公场所从 8 个缩减为 4 个，公司的供应商则经历了更加剧烈的变化，大多数供应商的人员减半，营业额只有高峰期的三分之一，设备产能利用率只有 30% 左右。

对整个宏观经济而言，牛鞭效应可以解释为什么有些行业比另一些行业提前衰退，或滞后复苏。对于半导体行业而言，供应链前端的芯片制造行业先于后端的设备制造行业衰退，而后者的复苏则滞后于前者。而对于单个企业而言，当经济复苏的时候，其不但要动员自身的生产能力，更重要的是动员各级供应商。这是因为由于牛鞭效应存在，后端供应商往往受到更多的经济影响，面临更大的财务压力，从而更难也更不情愿扩张生产能力。在行业腾飞、经济景气时，供应链往往由于后端供应商无法及时扩张产能而达不到预期的销售业绩。

11.7.2 牛鞭效应的成因

鉴于其重大影响，多年来学术界和工业界都在积极研究牛鞭效应。根据李效良等人的研究，牛鞭效应有四大成因。

1. 多重需求预测

处于不同供应链位置的企业预测需求时，都会考虑一定的安全库存，以应对变化莫测的市场需求和可能发生的供应商供货中断。当供货周期较长时，这种安全库存的数量将会较大。例如，一家计算机制造商预测某型号计算机的市场需求是 10 万台，但可能会对其供应商下 11 万台的零件订单，同理，该供应商可能向其供应商订购 12 万台的原材料。以此类推，供应链各节点库存将逐级放大。此外，有些预测方法也会系统地扭曲需求。以移动平均法为例，若前 3 个月的需求增长趋势是每月递增 10%，那第 4 个月的预测也将在前 3 个月的平均值上递增 10%。但市场增长不是无限的，总有一天实际需求会降低，其差额就成了多余库存。如果供应链各节点企业采用同样的预测方法，并且根据上级企业预测的需求来更新预测，这种系统性的放大就会非常明显。

2. 批量生产或订购

为了达到生产、运输上的规模效应，企业往往批量生产或订购，以积压一定库存为代价换取较高生产效率和较低生产、运输成本。在市场需求减缓或产品升级换代时，批量生产或订购的代价往往巨大，会导致库存积压、库存产品过期，或二者兼具。

3. 促销

企业为提高销量，往往会推出各种促销措施，其结果是买方大批量买进而导致部分积压，这在零售业尤为常见。这使市场需求更加不规则，加剧需求变化幅度，严重影响整个供应链的正常运作。研究表明，促销只能把未来的需求提前，到头来整个供应链很难从中获利。当然，在"活在当下"的企业绩效评估体系驱动下，职业经理人有种种动机做这些看上去不合理的事。

4. 理性预期

如果某种产品的需求大于供给，且这种情况可能持续一段时间，那么制造商给供应商的订单可能大于其实际需求，但同时也传递了虚假需求信息，导致供应商错误地解读市场需求，从而过量生产。随着市场供需渐趋平衡，有些订单会取消，导致供应商产生多余库存，也使供应商更难判断需求趋势。这种现象在 2000 年前后的电子行业有着充分体现，整条供应链都深受其害，积压了大量库存和生产能力，前面提到的思科就是一个典型例子。2005 年、2006 年前后全球原材料短缺，大家拼命多下订单，希望冶炼厂能多分配些产能，客观上造成了冶炼厂产能的过度膨胀。2009 年第二季度后，部分电子产品短缺，造成市场上类似的过激反应，掀起新一轮的产能、库存膨胀。

上述种种成因，除了与批量生产与生产模式有关的，别的大多可以通过供应链范围内的信息共享和组织协调来减轻其影响。例如，上下游企业之间应培养信任并加大非核心信息的交流和共享力度，避免多重预测，减少信息的人为扭曲幅度；在价格政策上，制造商应谨慎使用价格促销手段，并尽量实行"天天低价"策略；在理性预期上，供应商应以历史需求为基础分配产品，从而避免制造商虚报需求；在生产方式上，供应商应采用精益生产方式，使经济生产批量的数量减少，从而减少供应链库存，提高对市场需求变化的响应速度。但不管如何努力，在不完美的现实世界里，牛鞭效应根深蒂固，可以控制，却很难完全消除。

11.7.3 如何降低牛鞭效应对企业的影响

进入21世纪，企业之间的竞争已经演变成供应链之间的竞争，单枪匹马很难在激烈的市场竞争中生存和发展，要做好供应链管理，第一步就是要降低"牛鞭效应"的影响。

我们需要清楚"牛鞭效应"对企业有哪些危害。

（1）库存过剩或缺货。由于"牛鞭效应"会导致订单数量波动，所以企业可能会因为过度生产而库存过剩，或因为生产不足而缺货，这将会对企业的财务和声誉产生负面影响。

（2）交货时间延迟。企业可能因为生产和库存的波动而无法按时交货，从而影响整个供应链的运作，这将会导致顾客满意度下降，并可能导致企业失去顾客。

（3）成本增加。上游企业需要根据订单数量的波动进行生产和库存的调整，因此其物流和仓储成本可能会增加。此外，生产线的频繁调整也可能会增加生产成本。

（4）资源浪费。由于"牛鞭效应"会导致生产和库存的波动，所以企业可能会浪费资源，例如人力、物料和能源等资源。

（5）缺乏稳定性和可预测性。受到"牛鞭效应"的影响，供应链的运作变得不稳定和不可预测，这将会影响企业的长期规划和决策。

降低牛鞭效应影响的根本对策是引导供应链内各节点企业共享信息、互相信任、协调一致，共同应对市场波动，而不是在链条之内互相博弈。具体措施有以下几个。

1）全供应链信息透明，数据共享

"牛鞭效应"的主要产生原因就是信息不对称，采购方的销售预测数据，供应商不知道；供应商的生产进度、订单履行状态，采购方不知道……如果供应链上的成员可以通过一个统一的平台来实时交流和共享信息，就可以防止需求在传递过程中过多地被人为扭曲。例如，戴尔公司打造了一个高效的资讯网络，顾客可以直接向公司下订单要求其进行组装、供应，使订货、制造、供应"一条线"完成，实现了供应商和顾客的直接交易，有效减轻了信息交换过程中的失真和放大效应。

2）加强协作，联合进行库存预测和规划

传统的库存管理模式存在着各自为政的弊端，上下游企业都是各自管理库存，这就不可避免地会导致需求预测扭曲现象。各方应同时参与，联合进行库存预测和规划，共同承担风险，建立起战略合作伙伴关系，加强协作，实现企业间库存管理上的信息共享，这样既保证了供应链各企业可以及时准确地获得市场需求信息，又可以使各企业的一切活动都围绕着顾客需求的变化而开展。

例如，在供应商管理库存模式中，供应商获取分销商的销售数据，并负责为分销商管理库存。供应商来决定补货的品种、数量和频次。在完成补货之后，供应商拿到最终顾客的签收记录，并以此为依据向分销商开票收款。

3）缩短订单的预测提前期

订单的预测提前期越长，预测的准确度越低；预测提前期越短，相对应的准确度越高。企业可以基于这个原理，把订单按照不同的提前期进行分层，交货周期长的提前期长一些，交货周期短的，提前期短一些。还可以采用滚动式预测法，不断地调整预测值，直到进入固定期。从而在整体上提高预测的准确性，把误差降到最小，减轻"牛鞭效应"带来的影响。

4）减少供应链环节，缩短牛鞭长度

"牛鞭效应"是在各环节的信息加权上产生的，环节越多，加权的次数越多，信息的偏差也就越大。所以在供应链运营允许的情况下，减少供应链环节，以最短的通道满足需求，也就相应地减少了信息加权的次数。

 知行合一

【以实际行动深化产业链供应链国际合作】

11.8 供应链的发展方向

11.8.1 可持续供应链

可持续发展包含以下三个方面的要素。

（1）环境要素。指尽量减少对环境的损害。

（2）社会要素。指仍然要满足人类自身的需要。可持续发展并非要人类回到原始社会，尽管那时候的人类对环境的损害是很小的。

（3）经济要素。指必须在经济上有利可图，这有两个方面的含义，一是只有经济上有利可图的发展项目才有可能得到推广，才有可能维持其可持续性；二是经济上在亏损的项目必然要从其他盈利的项目上获取补贴才可能收支平衡，从而正常运转。

为了应对环境问题，很多国家已针对重点行业出台了一系列法规，要求企业开展可持续供应链管理。

中国政府也出台了一系列的法律法规来推动企业开展可持续供应链管理。

1. 实施可持续供应链管理的制约因素：内部制约因素

（1）管理层因素。管理层因素对企业实施可持续供应链管理的制约主要来自管理层承诺的缺乏。企业可持续供应链管理的水平与企业管理层的道德水平与价值观念密切相关。

（2）成本因素。企业是经济组织，必须进行成本收益的核算。而企业若要实施可持续供应链管理,那么在加强环境保护和履行社会责任的过程中,必然会投入资金,从而增加企业的经营成本,而这些投入转变为实质性回报需要较长时间,需要企业有足够的耐性。

(3)资源因素。资源因素是企业实施可持续供应链管理的一个内部制约因素。企业在环境和社会方面的投入需要人力、物力和财力等各种资源。而资源的缺乏,将使企业有心无力,严重制约企业开展各种环保和社会责任实践活动。

2. 实施可持续供应链管理的制约因素:外部制约因素

(1)低价竞争因素。在社会保障和再分配等机制不完善,社会监督力量缺失,政府监管不到位,市场竞争激烈,其他经济资源要素的成本无法再压低的情况下,企业有可能通过缩减环境管理方面的投入,裁减员工的工资福利,减少慈善捐赠等方式来降低产品成本。

(2)供应商因素。供应商因素对企业实施可持续供应链管理的制约主要源于供应商承诺的缺失。尽管大多数企业会对供应商在履行社会责任方面的情况定期进行评估和审计,但有些供应商在实际经营过程中,出于自身利益的考虑,并没有履行所做的承诺。

3. 实施可持续供应链管理的策略

(1)确立可持续供应链管理的战略地位。供应链企业高层领导要及时更新管理理念,对经济、社会和环境效益这三重底线进行整体协调,以整个供应链长期效益的最大化为出发点,将可持续性作为总体战略的一部分。

(2)构建有效的供应链可持续性绩效评价体系。与评价企业的经济绩效相比,评价企业或其所在的供应链的可持续性状况就显得更为复杂,但是构建有效的可持续性绩效评价体系能够降低投资者的投资风险,也有助于引起被评价企业的重视。

(3)强化合作和全方位的沟通。供应链企业间的合作关系和合作方式,是推动与迫使各企业实现其活动与可持续性理念相容的关键性因素。应重视核心企业的主导作用,与合作伙伴深度合作(如合作开发可持续性产品),共同遵守环境保护和社会责任方面的法律法规。

11.8.2 逆向物流

目前,理论界对逆向物流(Reverse Logistics)概念的表述有很多,较专业、准确地概括其特点的概念是:与传统供应链反向,为价值恢复或处置合理,而对原材料、中间库存、最终产品及相关信息从消费地到起始点的有效实际流动,所进行的计划、管理和控制过程。[①]

逆向物流的对象是多样化的——从使用过的包装到经处理过的计算机,从出售产品的退货到机械零件等。也就是说,逆向物流包含来自顾客的产品及其包装品、零部件、物料等物资的流动。简而言之,逆向物流就是回收顾客用过的、过时的或者损坏的产品和包装的过程。但是现在越来越被普遍接受的观点是,逆向物流是在整个产品生命周期中对产品和物资的完整的、有效的和高效的利用过程的协调。然而对产品再使用和循环利用的逆向物流的研究却是在过去数十年里才开始展开的。其中较知名的论著是《回收物流趋势和实践》和《物流计划和产品再造》等。

---

① 从广义角度而言,其他参考文献中与逆向物流等同的相关概念还有:"回收物流""逆物流""反向物流""反向流""返回物流""静脉物流"等。

在我国，GB/T 18354—2021《物流术语》中所讲的"逆向物流"是狭义的逆向物流，不包括废弃物物流，具体表述如下。

逆向物流：为恢复物品价值、循环利用或合理处置，对原材料、零部件、在制品及产成品从供应链下游节点向上游节点反向流动，或按特定的渠道或方式归集到指定地点所进行的物流活动。

废弃物物流：将经济活动或人民生活中失去原有使用价值的物品，根据实际需要进行收集、分类、加工、包装、搬运、储存等，并分送到专门处理场所的物流活动。

综上所述，逆向物流有广义和狭义之分。狭义的逆向物流是指对那些由于环境问题或产品过时而进行的产品、零部件或物料回收的过程。这一过程将回收物中有再利用价值的部分加以分拣、加工、分解，使其成为有用的资源重新进入生产和消费领域。广义的逆向物流除了包括狭义的逆向物流的内容，还包括废弃物物流的内容，其最终目标是减少使用的资源，并通过减少使用的资源达到废弃物减少的目标，同时使正向以及逆向的物流更有效率。

1. 逆向物流的重要性

1）提高潜在事故的透明度

逆向物流在促使企业不断改善质量管理体系方面，具有重要的作用。ISO 9001:2000标准（已废止）将企业的质量管理活动概括为一个闭环式活动——计划、实施、检查、改进，逆向物流恰好处于检查和改进两个环节上。企业在退货中暴露出的质量问题，将透过逆向物流资讯系统不断传递到管理层，提高潜在事故的透明度。管理层可以在事前不断改善质量管理体系，以根除隐患。

2）提高顾客价值，增强竞争优势

在当今顾客驱动的经济环境下，顾客价值是决定企业生存和发展的关键因素。众多企业通过逆向物流提高顾客对产品或服务的满意度，赢得顾客的信任，从而增强其竞争优势。对于最终顾客来说，逆向物流能够确保不符合订单要求的产品或服务及时退货，有利于消除顾客的后顾之忧，提升其对企业的信任感及回头率，扩大企业的市场份额。一个企业要想赢得顾客，就必须保证顾客在整个交易过程中心情舒畅，而逆向物流战略是企业达到这一目标的有效手段。对于供应链上的企业客户来说，上游企业采取宽松的退货策略，能够降低下游企业的经营风险，改善供需关系，促进企业间的战略合作，强化整个供应链的竞争优势。对于过时性风险比较大的产品，退货策略所带来的竞争优势更加明显。

3）降低物料成本

减少物料耗费，提高物料利用率是企业成本管理的重点，也是企业增效的重要手段。然而，传统管理模式下的物料管理仅仅局限于企业内部物料，不重视对企业外部废旧产品及其物料的有效利用，造成大量可循环利用资源的闲置和浪费。由于废旧产品的回购价格低、来源充足，对这些产品回购加工，可以大幅度降低企业的物料成本。

4）改善环境行为，塑造企业形象

随着生活水平和文化素质的提高，人们的环境意识日益增强，消费观念发生了巨大变化，对环境的期望越来越高。另外，由于不可再生资源的稀缺以及环境污染的日益加重，很多国家制定了环境保护法规，为企业的环境行为规定了一个约束性标准。企业的环境业绩已成为评价企业运营绩效的重要指标。为了改善环境行为，塑造企业形象，许多企业纷纷采取逆向物流战略，以减少产品对环境的污染、对资源的消耗。

2. 逆向物流的特点

逆向物流作为企业价值链中特殊的一环，与正向物流相比，既有共同的特点，也有不同的特点。二者的共同点在于都具有包装、装卸、运输、储存、加工等物流功能。但是，逆向物流与正向物流相比，又具有鲜明的特殊性。

1）分散性

换言之，逆向物流产生的地点、时间、质量和数量是难以预见的。废旧物资可能产生于生产领域、流通领域或生活消费领域。这是由于逆向物流发生的原因通常与产品的质量或数量的异常有关。正是这种多元性使其具有分散性。而正向物流则不然，按量、准时和指定发货点是其基本要求。

2）缓慢性

不难发现，开始的时候逆向物流数量少、种类多，只有在不断汇集的情况下才能形成较大的流动规模。废旧物资的产生也往往不能立即满足人们的某些需要，它需要经过加工、改制等环节，甚至只能作为原料回收使用，这一系列过程的时间是较长的。同时，废旧物资的收集和整理也是一个较复杂的过程。这一切都决定了其缓慢性这一特点。

3）混杂性

回收的废旧物资在进入逆向物流系统时往往难以分类，因为不同种类、不同状况的废旧物资常常是混杂在一起的。

4）多变性

由于逆向物流的分散性及某些消费者对退货、产品召回等回收政策的滥用，有的企业很难控制回收时间与空间，这就决定了其具有多变性特点。多变性主要表现在以下四个方面。

① 逆向物流具有极大的不确定性。
② 逆向物流的处理系统与处理方式复杂多样。
③ 逆向物流技术具有一定的特殊性。
④ 逆向物流具有相对高昂的成本。

3. 逆向物流的成因

1）主要驱动因素

在那些已经运用逆向物流系统的企业中，高级管理人员过度地将它的管理责任推给运营层。这已经不再有效。有许多因素迫使企业将逆向物流管理提高到战略高度。这些变化的主要驱动因素有政府政策、新型分销渠道、供应链中的力量转换、产品生命周期的缩短等。

2）主要动机

对于企业而言，运用逆向物流系统往往出于以下动机：环境管制、经济利益（体现在废弃物资处理费用的减少、产品寿命的延长、原材料零部件的节省等方面）和商业考虑。企业管理者首先应认识到逆向物流的重要性和价值，其次要在实际运作中给予逆向物流资源和支援。

近年来，随着电子商务的快速发展，人们环保意识的增强，环保法规约束力度的加大，逆向物流的经济价值也逐步显现。在我国经济发展水平较为落后的时期和地区，厉行节约理所当然是首要选择。例如，通过废品收购，可以对空桶、空瓶、空盘、废旧钢铁、纸张、衣物等进行重复利用。只不过，由于过去十年中我国对环境保护的高度重视，逆向物流有了新的含义，如耐用产品和耐久消费包装，后来，新的资源再生利用技术的研究与推广大大降低了回收物资的处理成本，使逆向物流不仅仅意味着成本的减少，而且由于它能带来资源的节约，可能也意味着经济效益、社会效益和环境效益的共同增加。

逆向物流的典型例子见表 11-2。

表 11-2　逆向物流的典型例子

逆向物流的典型例子
不能满足顾客期望的 VCR 被退回，顾客得到退款
当天租赁的场地装备被返还
返还用过的汽车发电机给制造商，以期被再制造和再销售
电视机在保修期内功能失灵而被退还
返回的饮料瓶被清洗和再使用
寄存在商店的音箱没有变卖又返还给物主
出售新车时代理商回收旧车准备再卖
旧计算机被送至制造商以安装光盘驱动器
不必要的产品包装或托盘在不需要时被送还
由于安全带失效，汽车被返还给代理商
医学设备被返还以检查和调校仪表

11.8.3　供应链数字网络与绿色供应链

1. 供应链数字网络

自 2009 年 IBM 发表研究报告"智慧的未来供应链"以来，供应链发生了翻天覆地的变化——数字化变革。近十年来，在工业 4.0、数字经济，以及新兴数字技术的推动下，这场变革加速了。自 20 世纪 60 年代供应链产生到数字化变革开始，传统供应链完成了从分散型的功能组织到整合型的供应链组织，以及从完全人工运营模式到人工＋信息技术混合运营模式的演化。然而由于经济的全球化、数字化，传统供应链还是无法满足数字时代的市场需求，于是供应链的数字化变革在全球勃然兴起。特别是全球新冠疫情引起的供应链中断危机，既暴露了传统供应链的诸多弱点，如可预见性差，无法预见危机，缺乏弹性，无法应对中断，也证明了那些已经数字化的供应链组织具有较强弹性，能敏捷应对危机和风险，从而进一步推动了这场供应链数字化变革。

这场供应链数字化变革是企业获取新竞争优势的战略性机遇。马丁·克里斯托弗教授是最早认识到真正的竞争是供应链之间而不是企业之间竞争的学者之一。他指出："单个企业不再作为独立实体竞争，而是作为供应链一部分竞争。我们现在正进入'网络竞争'时代，竞争赢家将是那些能够更好地构建、协调和管理与合作伙伴关系的组织，他们致力于与最终顾客建立更好、更快和更紧密的关系。"

21世纪的供应链已转变为全球相互连接的供求网络。这导致协作伙伴关系的部署更多（外包），从而创建了包含多个利益相关者的广泛网络。因此，供应链已演变为如今的多层交织的分布式交易系统，可促进企业、城市和国家之间更有效的贸易。正如克里斯托弗教授所言，我们已进入了一个网络竞争的时代，也就是处于一个全球供应链生态系统时代。供应链的竞争力直接影响企业的竞争力。供应链数字化变革可以帮助企业提高供应链的竞争力，从而获取在数字经济时代的竞争优势。

这场供应链数字化变革也是企业为顾客创造新价值、顺应工业4.0时代的关键举措。工业4.0所产生的数字化浪潮正在引起制造业的巨大变革，制造过程的产品链、价值链以及资金链都在发生变革，从传统的以产品为中心的大规模生产模式向以顾客为中心的定制化生产模式转变。与此同时现代数字技术、云计算技术、大数据技术、人工智能技术、数字孪生技术等正在改变制造业的"游戏规则"。不同企业正在摸索自身的数字化转型之路，尽管不同行业转型之路会有所不同，但大量研究表明，供应链数字化变革是企业数字化转型成功的关键之一，供应链数字化水平的提升有望降低10%～30%的设计和工程成本，缩短20%～50%的市场投放时间，降低约80%的供应链管理成本，以及减少20%～50%的库存持有成本。

 思维风向

当前，数字化、绿色化已成为全球产业结构和布局调整的普遍趋势，数字化技术全面融入经济社会发展各领域，对赋能产业绿色低碳转型起到重要支撑作用，而产业绿色化发展所产生的减污降碳、清洁生产、循环利用等现实需求，也为数字经济的介入提供了多元场景及应用空间。为此，应加快数字化绿色化协同发展，把握人工智能等新科技革命浪潮，适应人与自然和谐共生的要求，保持并增强产业体系完备和配套能力强的优势，建设具有完整性、先进性、安全性的现代化产业体系。

以数字化绿色化协同助推现代化产业体系建设，是构建新发展格局、推动高质量发展的内在需求。作为实现高质量发展的关键环节，数字化绿色化协同可在推动农业、工业和服务业绿色化、低碳化发展过程中，加速释放数字红利与绿色动能，统筹发展和安全，做好产业数智绿色领域关键核心技术、"卡脖子"技术研发攻关，保障提升产业链供应链接续性、弹韧性、稳定性，实现产业体系的质量、效率和动力变革。

以数字化绿色化协同助推现代化产业体系建设，是抢抓新一轮科技革命和产业变革机遇、把握未来发展主动权的重要举措。面对全球产业体系和产业链供应链呈现的多元化布局、区域化合作、绿色化转型、数字化加速态势，我国亟须将5G、人工智能、大数据、云计算等新兴技术与绿色低碳产业深度融合，吸引集聚全球数字与绿色技术创新要素，加速产业数字化绿色化协同转型，在国际竞争中抢抓新机遇、开辟新领域、制胜新赛道，赢得现代化产业体系建设的战略主动。

以数字化绿色化协同助推现代化产业体系建设，是适应人与自然和谐共生要求、加快建设绿色智慧数字生态文明的关键抓手。实践表明，数字化转型可为现代化产业体系提供规模、效率和融合效应等多维赋能作用，而数字经济和绿色发展良性互动所生成的"数绿融合"机制，有助于深化人工智能等数字技术应用，构建美丽中国数字化治理体系，将有利于建设绿色智慧的数字生态文明，助推我国建构兼具数智生态、降碳减污、智慧安全、扩绿增长、共同富裕等多元功能的现代化产业体系，更好支撑人民日益增长的美好生活需要。

当前，我国数字化绿色化协同发展呈深入之势，但在体制机制、基础设施、要素培育、链条韧性和区域布局等方面仍存在不平衡不充分问题。对此，应进一步强化"双化协同"，助推现代化产业体系迈上新台阶。

完善顶层设计、理顺体制机制，明晰数字化绿色化"制度协同"。统筹协调中央与地方之间、不同部门间"双化协同"的方向、领域和重点，联动用好国际国内两个市场两种资源，以高水平开放对"双化协同"要素、载体、政策等进行前瞻谋划，探索数字化绿色化协同转型经验示范及推广的长效机制。以建设全国数据要素统一大市场为抓手，增强数据标准化和规范性，明晰数据所有权、使用权和收益权等权属制度关系，突破数据围墙、打通数据壁垒，为保障现代化产业体系高效协同、交互融合奠定数据制度基础。

夯实新型基础设施，升级数字化绿色化"载体协同"。加强人工智能、物联网和算力中心等数字基础设施的循环联通和数据共享，打造先进泛在、全域感知、数智赋能、绿色高效的数字软硬件生态系统，夯实现代化产业体系"数字+绿色"底座。利用数字孪生技术、互联网公共服务平台等实现数字节能降碳，同步提升基础设施能效及可再生能源使用比例，加速建立电子垃圾等废弃物绿色循环回收产业链，有效破解数字基础设施建设带来的能耗大、碳排放高、废弃处理烦琐等"绿色困境"。在压茬推进"东数西算"等重大工程中，优先考虑将数字基础设施布局于能源储备丰富、气候环境适宜区域，实现"自然—科技"减碳有机融合、协同增效。

畅通资源流动配给，激活数字化绿色化"要素协同"。拓宽科技创新、现代金融、人力资源等多重要素协同通道，利用绿色技术创新、数字技术创新的交融耦合驱动产业数智生态转型。引导高校、科研院所、职业院校等专业设置、人才培养深度对接产教融合，外引内培，夯实兼具专业知识、技术能力的"数字化+绿色化+行业应用"复合型人才储备，多管齐下补强产业人力资源短板，协同激活"科技—产业—资金—人才"现代化产业要素循环体系。

提升链条衔接韧性，强健数字化绿色化"组织协同"。发挥平台企业技术、流量和数据优势，支持建立跨行业、区域性、专业型产业互联网平台，开展协同采购、制造和配送等现实应用，提高产业链供应链协作效率及一体化协同水平。建构以平台企业为引领、链主企业和中小企业为雁阵的新型产业生态系统，吸引产业链上下游企业融入生态，促进数字化绿色化协同创新、价值共创。培育自主可控、安全可靠的生态型链主企业，牵引建立网络化研发、柔性化生产"双化协同"产业组织体系，以固链补链、延链强链等方式提升产业基础能力和产业链韧性，培育专精特新中小企业，实现大中小企业融链成圈、协同发展。

优化区域功能布局，联动数字化绿色化"空间协同"。借鉴"工业上楼""工业智联"等模式，释放工业数字化绿色化的就近协同效应及生态集聚效能，实现"点"空间集约集群、节能减碳。把握数字技术高渗透性、高流动性特征，借助数字园区、数据飞地、产业联盟等破除区域市场藩篱、促进建立统一大市场，重构区域绿色产业链分工协作"线"空间。搭建区域"产业大脑""产业地图"等数智化平台，实现产业数字化绿色化资源实时监测、动态更新和跨域共享，促成"面"空间产业供需信息有效匹配对接。依照县域主体功能定位，联动塑造优势互补、功能协调的产业体系"点—线—面"空间布局。

资料来源：http://theory.people.com.cn/n1/2023/0727/c40531-40044515.html[2025-03-05].

2. 绿色供应链

1996年，美国密歇根州立大学制造研究协会首次提出了绿色供应链（Green Supply Chain）的概念：绿色供应链是环境保护意识、资源和能源有效利用以及供应链各个环节的交叉融合，是实现绿色制造和企业可持续发展的重要手段，其目的是使整个供应链的资源利用效率最高，对环境的负面影响最小。之后，有学者将绿色供应链管理定义为"将环境思想整合到供应链管理中，包括产品设计、原材料的采购和选择、制造与加工、最终产品递送和产品使用后的生命终结管理等环节"。绿色供应链管理不仅具有环境方面的重要性和必要性，还可通过消除废弃物、节约资源和提高生产能力给企业带来绿色竞争优势。

目前大家所谓的绿色供应链，则大多指进入21世纪后，欧盟倡议绿色产品所造成的供应链效应。欧盟先进国家看准供应链间环环相扣的利益关系，将一些环保诉求剥离道德劝说的层面，开始为之立法，希望以欧盟庞大的商业市场为后盾，带领全世界制造业进入一个对环境更友善的新纪元。最受人注意的是《报废电子电气设备指令》《限制某些有害物质在电子电气设备中使用指令》等文件。

汪应洛教授针对绿色供应链建立了一个较为完整的概念模型（如图11-9所示）。可以看出，该模型除传统的生产、消费和物流三个系统之外，还存在对环境系统的考虑。生产系统的绿色设计、消费系统的绿色行为以及物流系统的绿色回收等都需要考虑与环境的相容性。

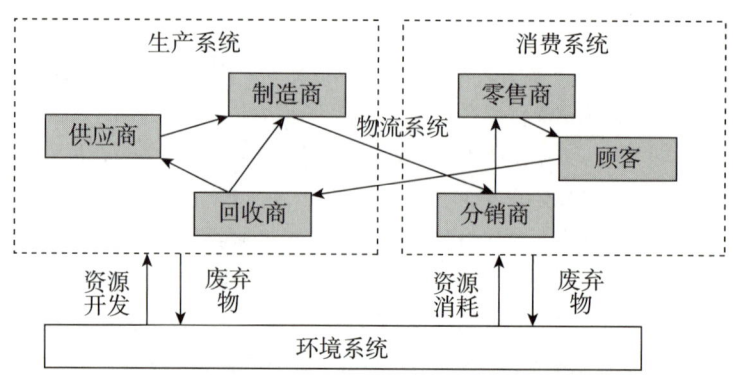

图11-9　绿色供应链概念模型

绿色供应链管理不应是一种强制性的环保策略，它可以与企业的经济利益相一致。绿色供应链可以避免资源浪费，增强企业的社会责任感，给企业带来良好的声誉，使企业树立绿色产品的品牌形象，扩大产品市场。生产原料的节约降低了最终产品的成本，消费者只需支付较低的费用就能得到更安全、更环保的产品。企业可以通过加强内部管理、加强供应商的环境管理、加强消费者的绿色消费意识和加强环境管理部门的执法力度等途径进行绿色供应链管理。

1）加强内部管理

由于企业的情况千差万别，绿色供应链管理的模式也多种多样，企业在决定采用何种绿色供应链管理模式时，应仔细分析自身的状况，要从承载能力和实际情况出发，解决企业急需解决的问题，以较快见效的环节作为突破口，明确目标，确保成功。

加强企业内部管理，要重新思考、设计和改变在旧的环境下形成的按职能部门进行运作和考核的机制，有效地建立跨越职能部门的业务流程，减少生产过程中的资源浪费，节约能源，减少环境污染。

强化企业高层领导和员工的环境意识，企业高层领导应转变观念，积极地把经济目标、环境目标和社会目标恰如其分地同供应链联系在一起考虑；通过培训，强化企业各个层次员工的环境意识，让员工了解企业对环保的重视程度。

实施绿色采购。尽量根据企业的需求，采购原材料和零部件，减少原材料和零部件库存量；对有害材料，尽量寻找替代物；对企业的多余设备和材料要充分利用。

2）加强供应商的环境管理

绿色供应过程对供应商提出了更高的要求。首先，企业要根据自身的资源、能力、战略目标对评价指标加以适当调整，设置的指标要能充分反映自身的战略意图。其次，强调供应商与自身在企业文化与经营理念上对环境保护的认同，这是供应链成员间战略合作伙伴关系形成的基础。最后，评价指标在供应商之间应具有可比性，这样有利于企业在多个潜在的供应商之间进行选择。

3）加强消费者的绿色消费意识

企业要从中国人均资源占有水平低、资源负荷重的角度出发，充分认识绿色消费对可持续发展的重要性。发展绿色消费可以从消费终端减少消费行为对环境的破坏，遏制粗放式的经营方式，从而有利于实现中国的可持续发展目标。加强消费者的绿色消费意识不仅可以改善人们的消费质量，而且可以在消费过程中通过对消费者观念的转化、行为的转变，提高广大消费者对环保、可持续发展的认识。

4）加强环境管理部门的执法力度

由于一个企业的技术水平和资金是相对有限的，企业的生产过程能否最大限度地节约资源、能源和减少环境污染是很难确定的。企业为了节约成本，会对生产过程进行适当的修改，但受到习惯、经验、技术、设备和资金的影响，大多数企业对生产过程的修改是有限的，效果怎样也不能很好地考察。有些企业为了追求短期效益，甚至不顾是否造成了环境污染。这时需要全社会的力量参与监督。执法部门应广泛深入地宣传环保理念，既向各企业决策者宣传绿色市场营销观念，又向广大消费者宣传生态环境的重要意义，针对不同对象，采取不同方式进行教育培训。

据统计，目前全球符合"绿色产品"标准的产品大约只占到全球产品总量的5%。实施绿色供应链管理能够给企业带来的机遇有很多。

（1）通过提供绿色产品和解决方案可以创造新的业务机会，采用新的节能技术或减少资源投入可以降低成本，采用可再生材料和强化环境保护措施可以提升企业形象。

（2）为顾客带来绿色收益的同时，能够以安全可靠、重视社会责任的形象赢得顾客、合作伙伴、投资人的青睐和信任。

（3）能够增强企业的竞争力，提高整个供应链的效益。企业在激烈的市场竞争中寻找联盟来实施绿色供应链管理，进而在绿色供应链中与上下游企业进行整合，优势互补，强强联合，为整个供应链带来更多效益。

但企业在实施绿色供应链管理的过程中也存在障碍因素。

（1）实施绿色供应链管理会带来财务负效应。绿色供应链虽能提高资源的利用效率，在一定程度上降低成本，但绿色回收和废弃物处理却需要花费巨大的代价，两者相抵可能会入不敷出。

（2）企业之间缺乏信任。企业在决策时总是从自身利益最大化的角度出发，而非从整个供应链或社会效益最大化的角度出发。企业希望自己的上下游企业实施更多的绿色工艺，这样自身就可为产品达到绿色产品标准而花费最低的成本。

（3）实施绿色供应链管理的技术和知识欠缺。虽然绿色供应链在理论上可以建立，但相应的绿色产品的开发技术和手段，废弃物的处理技术和手段有待提高。

（4）环境标准与税费制度仍不完备。各个国家环境标准与税费制度不同，若环境标准与税费制度不健全，则不利于执法监督。

（5）企业文化（企业的核心价值观）不同。企业文化是影响供应链企业间合作关系的首要因素。正所谓"道不同，不相为谋"，如果双方没有互相理解的文化理念，则很难合作，即使合作，也会因管理成本过高而失败。

绿色供应链在传统供应链的基础上更进一步考虑了环境问题，因此具有经济效益和环境效益两个目的，有更丰富的内容和更深刻的内涵。在设计绿色供应链时，企业不仅要考虑更多的因素，还要考虑这些因素的协调问题，这就使得整个体系变得异常复杂。同时也使得绿色供应链管理难上加难。

3. 双化协同

数字化和绿色化协同发展，即双化协同，是高质量发展的内在需求。面对仍然存在的多方面挑战，我们既需要技术创新来提供绿色化解决途径，也需要制度创新来激活数字化和绿色化协同的潜能。

 思维风向

《"十四五"国家信息化规划》提出"深入推进绿色智慧生态文明建设，推动数字化绿色化协同发展""以数字化引领绿色化，以绿色化带动数字化"。在全球经济竞争日趋激烈的背景下，数字化与绿色化成为全球经济社会转型的两大趋势。近年来，党和国家高度重视我国数字化和绿色化发展，将"数字中国"上升为国家战略，同时作出了"碳达峰""碳中和"的承诺。为落实上述发展目标，相关规划文件先后提出数字化与绿色化融合发展要求。《中共中央 国务院关于完整准确全面贯彻新发展理念做好碳达峰碳中和工作的意见》明确指出，要"推动互联网、大数据、人工智能、第五代移动通信（5G）等新兴技术与绿色低碳产业深度融合"。促进数字化与绿色化协同发展是"十四五"及至更长时期我国经济社会高质量发展的必由之路。

一、数字化为绿色发展提供全链条支撑

数字化赋能绿色化的本质是充分利用各领域数据，通过海量数据的综合应用优化机器和生产过程效率，提高能效，降低排放。数字化为提高绿色发展中的设备连通性、生产高效性、施策精准性提供全链条支撑。

一是数字技术提高物理世界连通性，建立绿色化发展信息采集反馈的闭环通道。物联网技术利用二维码、RFID、各类传感器，获取物理世界中无处不在的信息，并通过5G、互联网等各类异构网络，实现机器与机器之间、机器与人之间高效的信息交互，为生产过程绿色智能优化闭环建立数据双向流动的通道，实现实时的、精细化的设备管理、生产控制，有效降低能耗和碳排放。

二是数字化解决方案提升能源使用效率，以数据价值挖掘赋能绿色化。数字化解决方案通过打通技术、数据、行业知识的链条，以终端数字技术实时采集得到的监测数据，基于应用场景的虚拟化模型，优化能源使用和生产运行方案，促进生产过程高效化、低碳化。从细分行业看，数字化解决方案是工业、交通、建筑等主要排放部门实现绿色发展的重要抓手。在工业领域，工业互联网作为垂直领域数字化的整体解决方案，不仅助力单一企业实现研发设计、生产制造、物流运输、回收利用等各环节的数字化追踪监测分析，实现按需供给、高效生产，减少碳排放，实现企业节能增效，同时基于企业间的数据打通实现产能共享、要素共享，提高产业链上下游资源利用效率，降低行业碳排放。在建筑领域，分布于建筑楼宇内外墙、空调系统、电梯系统的5G和传感器等模块，优化建筑设备运行，降低空转率，减少能耗与排放。在交通领域，城际高速铁路、城际轨道交通、充电桩网络结合人工智能、大数据、云计算等技术应用，可极大提高交通流运转效率，减少资源消耗，提高系统安全性和可持续性。

三是数字化提高碳排放监测管理精准性，是绿色发展政策落地和企业碳资产管理优化的有力支撑。目前我国正在启动全国碳交易市场，数字技术将极大提高碳交易过程中碳核算的实时性和精确性。以碳排放核算的在线监测系统为例，物联网、云计算、大数据等数字技术将有力支撑该监测系统运行的数据采集、记录、传输、处理，进而通过数据模型分析，帮助企业更好规划碳配额。另外，在绿色金融服务行业，物联网、区块链、大数据等数字技术帮助金融机构形成企业碳排放实时监测网络，识别真正的"绿色"企业，提高金融支持准确性。对于政府而言，通过能源与碳信息监测管理，可助力不同层级政府及时掌握"碳达峰""碳中和"目标的完成进度及趋势预测等信息，为政府部门减排政策科学决策提供依据。数字技术还可在生态系统健康管理、固碳潜力评估、固碳选址优化以及提升碳捕集封存效率等方面提供支撑，提升碳汇潜力。

二、数字化与绿色化协同发展任重而道远

数字化助力绿色化大有可为，然而数字化发展本身也是能源消耗大户。数字基础设施作为数字化发展的底座，在提供公共服务的同时计算量也呈指数上升，带来能源消耗的急剧增加。数据中心是数字基建中耗电和碳排放的最大来源。数据显示，2019年，我国数据中心用电量占到全国用电量的2%左右。鉴于此，全球范围内的大型互联网龙头企业纷纷布局数据中心的减碳行动。大力推进数字基础设施绿色化已是全球大势所趋。

此外，由于当前各行各业的数字化转型正处于深化发展阶段，数字化发展的要素培育、制度建设仍不完备。这对数字化赋能绿色化提出诸多挑战。一是数据采集利用的相关权属不清晰。数字化引领绿色化的根基在数据，而数据作为一种新要素，其权属确定与规范使用方面的制度法规还尚未健全。排放主体的能耗和排放监测数据通常与其生产活动密切相关，跨主体的数据交换使用往往涉及不同相关者的利益，因此，当前数据采集标准和使用规范的缺位将制约数字化在绿色化进程中的作用发挥。二是数字化发展要素培育不充分。在数字化转型中仍面临突出的人才、资金、技术等问题。特别是数字化转型人才方面，既懂数字技术又懂行业知识的人才紧缺是数字化转型的巨大挑战，而在数字化与绿色化发展中，更需要"数字化＋绿色化＋行业知识"的复合型人才，这将进一步加剧数字化人才的短缺问题。三是地区、行业间数字化发展不平衡。当前我国不同地区、不同行业乃至不同企业之间存在显著的数字鸿沟。受限于数字化发展资金投入、人才储备、能力建设等问题，发展落后地区和中小企业往往因能力不足而缺乏数字化意愿，影响全面数字化进程。

三、技术创新和制度创新一个不能少

数字化和绿色化协同发展是经济社会高质量发展的内在需求。面对仍然存在的多方面挑战，我们既需要技术创新来提供绿化解决途径，也需要制度创新来激活数字化和绿色化协同的潜能。

一是探索数字基础设施的绿色技术创新，实现数字化转型绿色发展。持续推动数据中心选址优化，管理数字基础设施建设和运营全生命周期节能降碳，包括选择靠近可再生能源富集地区和冷凉气候资源丰富地区布局数据中心等基础设施；提升运行过程中清洁能源电力使用比例、创新冷却技术，减少运营阶段碳排放；推进淘汰电子设备梯次利用与废弃设备回收与资源化利用，降低环境污染和碳足迹。

二是规范行业绿色发展标准，充分发挥数据在赋能行业绿色发展中的潜力。研制行业绿色发展标准体系，明确数据采集主体，制定能源使用活动和碳排放监测数据的采集流程和使用规范，建立各利益相关者的协调机制，确保数据真实可靠。加强数据安全风险防范和数据产权保护，为数据有序流动、促进绿色发展提供有效的制度环境保障。鼓励数字化服务型企业研制绿色数字化解决方案，用好行业数据，提高行业绿色发展效能。

三是促进数字化转型全面深化发展，激活数字化与绿色化协同发展效能。加快物联网、大数据、人工智能等技术在传统生产设备中的应用，支撑传统设备生产过程的数据采集和过程智能化。鼓励社会资本参与，加强数字化人才培养，为数字化转型提供资金和人才支撑。落实对落后地区和中小企业数字化转型的扶持措施，加强能力建设，为落后地区和中小企业数字化转型提供技术支持。加强数字化与绿色化协同发展试点示范，探索可复制可推广的发展经验并向社会推广应用。

资料来源：https://digitalpaper.stdaily.com/http_www.kjrb.com/kjrb/images/2022-01/04/05/KJRB2022010405.pdf[2025-03-05]。

习　题

一、名词解释

请分别解释：供应链、牛鞭效应、供应商管理库存、联合库存管理、射频识别技术。

二、选择题

1. 供应链管理一般由几大块构成？（　　）

A. 2　　　　　　　B. 3　　　　　　　C. 4　　　　　　　D. 5

2. 供应链管理的三大职能中不包含哪一项？（　　）

A. 供应管理　　　B. 运营管理　　　C. 物流管理　　　D. 计划

3. 供应链的三条流不包括如下哪一项？（　　）

A. 物流　　　　　B. 信息流　　　　C. 资金流　　　　D. 价值流

4. 哪一类型的供应链是基于产品分类的供应链？（　　）

A. 效率型　　　　B. 风险规避型　　C. 敏捷型　　　　D. 响应型

5. 供应链系统设计的原则不包括哪一个？（　　）

A. 自上向下和自下向上相结合的设计原则

B. 简洁性原则

C. 互补性原则

D. 复杂性原则

6. 供应链系统的设计步骤一般包括几个？（　　）

A. 7个　　　　　　B. 8个　　　　　　C. 9个　　　　　　D. 10个

7. 受牛鞭效应影响较大的一方是（　　）。

A. 原材料供应商　　B. 生产制造商　　C. 客户　　D. 消费者

8. 绿色供应链更多考虑的是什么？（　　）

A. 企业盈利　　B. 社会责任　　C. 产品创新　　D. 消费者满意

9. 供应链更加关注的是（　　）。

A. 竞争　　B. 合同性　　C. 合作性　　D. 双赢

10. 在供应链管理中，可持续发展包含的三个方面的要素不包括（　　）。

A. 风险要素　　B. 环境要素　　C. 社会要素　　D. 经济要素

三、简答题

1. 供应链管理思想的形成与发展经历了几个阶段？
2. 供应链的发展趋势有哪些？
3. 供应链的类型有哪些？
4. 供应链管理环境下的库存控制方法有哪些？
5. 如何促进供应商与制造商的双赢？
6. 牛鞭效应的成因有哪些？以及降低牛鞭效应影响的方法有哪些？

四、论述题

1. 供应链节点企业在合作中如何才能够保障彼此的合作共赢？
2. 供应链中普遍存在的牛鞭效应是否能够被彻底消除？

五、案例分析题

1999年，IBM进行了一项看起来不可能完成的任务。它开始同大约16000个供应商通过互联网进行商务合作——发出采购订单、收到发票并向供应商支付货款。

IBM同大约16000个供应商通过互联网进行商务合作，与通过电子数据交换合作相比，这种方式要容易一些。和IBM没有什么大合同的供应商被电子数据交换这一方式所阻碍，因为专门的软件和做电子数据交换所必需的增值网络（VAN）的费用太高。但使用互联网没有这些问题：供应商不需要专门的软件或昂贵的VAN来同IBM执行商务活动。

互联网的简单性减少了IBM和其供应商的成本。IBM估计在1999年通过将采购活动移到互联网上节约了50亿美元，而且这只是冰山一角。IBM使用互联网来管理不同层次的供应商，并把互联网作为一个和供应商合作的工具，从而提高质量、减少成本。但是减少成本不是IBM转向互联网的唯一原因。以互联网为基础的采购是其供应商管理战略的一个关键部分：IBM看到了使用互联网同供应商合作蕴藏的巨大价值。互联网使得IBM可以在进度安排上同供应商进行合作。如果公司希望增加某一特定产品的产量，它可以检查部件的供应商，来确定供应商是否可以支持这种增加。如果有产量的削减，它可以几乎同时通知供应商，从而避免过多的库存。

另外，尽管供应链被看成是有顺序的，但是IBM并不希望用这种方式来管理供应链。相反，它希望用互联网来同时管理不同层次的供应商。例如，IBM将预测和采购订单送给合同制造商，订单是制造商供应的电路板。IBM同样将订单送给所有的部件供应商，让它们直接把部件运输到合同制造商那里。

因为互联网在IBM的供应商管理战略中变得至关重要，所以IBM正在努力使互联网的应用对供应商来说更加容易。公司已经开发出一个网络基础的进口，为供应商提供单个进入IBM的进口。IBM的进口使得同IBM进行商务合作和提高供应链运行速度对供应来说更加容易。在电子产业中速度是非常重要的，因为产品的生命周期很短。产品如果不能及时进入市场，就会失去大多数利润机会。

此外，IBM 看到互联网的另一个好处是可以同一些供应商建立战略联盟。在过去，许多 IBM 的供应商的生产流程同 IBM 有很远的距离，这一事实使得 IBM 与其建立战略联盟很困难。IBM 相信使用互联网可以加强并发展这些关系。

问题：

1. IBM 如何通过使用互联网来加强对上游供应商的管理？
2. IBM 使用互联网对小型供应商有什么好处？
3. 除了成本的降低，IBM 同供应商的合作还实现了什么主要价值？

【第 11 章习题答案】

第 12 章

新型生产方式

协同推进降碳、减污、扩绿、增长，推进生态优先、节约集约、绿色低碳发展。

——习近平

本章要点

1. 了解精益思想。
2. 掌握敏捷制造、云制造、3D 打印技术等概念。
3. 掌握智能制造的概念及发展过程。
4. 了解绿色制造的发展过程及重要意义。

游览航线、城市桥隧、机场站点、港口码头……记者采访发现，数字孪生正在上海交通行业多个场景落地，在"虚实结合"中提升城市精细治理效能。

负责运营黄浦江游览线路的久事集团方面介绍，他们已经完成了黄浦江核心段70平方千米和苏州河东段30平方千米的数字孪生底座的建设。"一江一河"数字孪生平台可以动态监测各种水文信息，并将其应用到数字化船舶驾驶舱。同时，游客可以在数字孪生底座的基础上，体验增强现实、体感互动、人工智能技术打造的旅游项目，实现了人在实景中，又穿梭在虚拟世界，游览过去与未来的外滩风景。

上海市交通委员会时任副主任刘斌表示，上海市交通行业积极推进数字化转型，形成交通治理新模式。"交通行业数字孪生，第一步是实现'虚实映射'，进而按照'虚实分析''虚实优控''虚实共生'等目标逐步推进。"

上海市城运中心则透露，目前已经接入220个系统和一批数字孪生应用场景，并不断总结提升，推广数字孪生在基础设施、历史建筑、社区、文旅、教育、医疗、应急、消防等领域的应用，在城市安全、城市运行、创新引领等方面打造一批独具特色的数字孪生应用场景。

资料来源：http://www.jjckb.cn/2022-09/15/c_1310662892.htm[2025-03-06].

12.1 精益生产

12.1.1 精益思想

第二次世界大战结束后，汽车工业中统治世界的生产模式是以美国福特汽车公司为代表的大批量生产方式，这种生产方式以流水线形式，少品种、大批量生产产品。在当时，大批量生产方式即代表了先进的管理思想与方法，大量的专用设备、专业化的大批量生产是降低成本、提高生产率的主要方式。与处于绝对优势的美国汽车工业相比，日本的汽车工业则处于相对幼稚的阶段，丰田汽车公司从1937年成立到1950年的十几年间，总产量甚至不及福特汽车公司1950年一年的产量。汽车工业是日本"倍增计划"的重点发展产业，为此日本派出了大量人员前往美国考察。丰田汽车公司在参观美国的几大汽车厂之后发现，大批量生产方式仍有进一步改进的余地，而且日本企业还面临需求不足与技术落后等严重困难；加上战后日本国内的资金严重不足，也难有大量的资金投入以保证日本国内的汽车生产达到有竞争力的规模，因此他们认为在日本采用大批量、少品种的生产方式是不可取的，而应考虑一种更能适应日本市场需求的生产组织策略。

以丰田汽车公司的大野耐一等人为代表的精益生产方式的创始者们，在不断探索之后，终于找到了一套适合日本国情的汽车生产方式：准时生产、全面质量管理、并行工程、充分协作的团队工作方式和集成的供应链关系管理方式，逐步创立了独特的多品种、小批量、高质量和低消耗的精益生产方式。在1973年第一次石油危机的背景下，日本的汽车工业闪亮登场。由于市场环境发生变化，大批量生产方式所具有的弱点日趋明显，而丰田汽车公司的业绩却开始上升，与其他汽车制造企业的距离越来越大，精益生产方式开始为世人所瞩目。

20世纪90年代，美国进行了一系列的对精益生产方式的研究和实践。其中包括美国军方1993年出台的政府指令性文件。除了汽车行业，还有更多的美国企业如波音、洛克希德·马丁、惠普等投入到精益生产的大潮中来。在这个过程中，日本企业提供了基本的思考和方法，用出色的实践证明了精益生产的强大生命力；美国学者、美国企业，乃至美国政府的研究和实践，则证明了精益思想在世界上的普遍意义，并将其升华为新一代的生产哲理。终于，1996年沃麦克和琼斯的《精益思想》一书问世，精益生产方式由经验变为理论，新的生产方式正式诞生。

长春第一汽车制造厂（简称"一汽"）是最早引进精益生产方式的中国企业。1979年下半年，一汽开始边学习，边创造条件，边试点，逐步推广精益生产方式。1981年，精益生产方式的创始人之一，大野耐一先生访问了一汽，帮助推广精益生产方式，内容主要是应用看板系统控制生产现场作业。到1984年，在短短的实行精益生产方式的几年时间里，有20个专业厂的2831种汽车零部件实行看板取货，42种协作产品由协作厂直送工位，压缩了流动资金1830万元，取消了中间仓库17个，节约了仓库面积1661平方米。一汽还在看板取货的基础上组织了看板生产，全厂10条生产线61种零部件实行了看板生产。20世纪80年代初，中国企业管理协会组织推广现代管理方法，看板管理被作为推广的现代管理方法之一，在全国范围内进行宣传，并为许多企业所采用。在《改变世界的机器》一书中文版于1991年在中国出版后，中国制造业开始广泛学习和试图导入此先进生产方式。

12.1.2 丰田生产方式

丰田生产方式（Toyota Production System，TPS）的理论框架包含"一个目标""两大支柱"和"一大基础"。

（1）"一个目标"是低成本、高效率、高质量地进行生产，最大限度地使顾客满意。

（2）"两大支柱"是准时化与自动化。

准时化，即以市场为龙头，在合适的时间，生产合适数量和高质量的产品。准时化需要以拉动生产为基础，以平准化为条件。所谓拉动生产是以看板管理为手段，采用"取料制"方式生产，即后道工序根据"市场"需要进行生产，若本工序在制品短缺，则按短缺的量从前道工序取相同的在制品量，从而形成全过程的拉动控制系统，绝不多生产一件产品。平准化是指在工件被拉动到生产系统之前，应人为地按照加工时间、数量、品种进行合理的搭配和排序，使拉动到生产系统中的工件有加工工时上的平稳性，保证均衡生产，同时在品种和数量上实现混流加式运动，起到对市场多品种、小批量需求的快速反应和满足功能。

自动化，是将人的智慧赋予机器。"自动化"这种思想的发端是丰田佐吉先生的丰田式自动纺织机。丰田式自动纺织机在经纱断了或纬纱没有了的时候，会立即停车，这是通过装有使机器能判断工作状态的装置实现的。丰田汽车公司将这种想法不仅用于机器，而且也扩大到流水线上的操作者。这就是说，如果发生异常，操作者可以让整个流水线停止。自动化的优点是，能够防止生产次品，制止过量制造。此外，还能自动控制生产现场发生的异常现象。

（3）"一大基础"是指改善。

改善是丰田生产方式的基础，可以说没有改善就没有丰田生产方式。这里的改善具有以下含义。

① 从局部到整体永远存在着改进与提高的余地。在操作方法、产品质量、生产结构和管理方式上要不断地改进与提高。

② 消除一切浪费。丰田生产方式认为不能提高附加价值的一切工作（包括生产过剩、库存、等待、搬运、加工中的某些活动、多余的动作、不良品的返工等）都是浪费。这些浪费必须通过全员努力不断消除。

③ 连续改善。连续改善是当今国际上流行的管理思想。它是指以消除浪费和改进提高的思想为依托，对生产与管理中的问题，采用由易到难的原则，不断地改善、巩固、提高的方法，旨在通过不懈的努力，追求长期的积累，从而获得显著效果。

12.1.3　丰田生产方式的关键点

1）自动化

丰田生产方式始终强调"自动化"必须是人字旁的"自动化"。所谓"自动化"，是将人的智慧赋予机器。

2）准时化

如果能做到在需要的时间、按需要的数量取得需要的物品，就能够消除生产现场中的无效劳动和浪费，以及改善生产不均衡的状态和消除管理不到位的现象，从而提高效率。准时化思想是丰田汽车公司的创业人丰田喜一郎先生提出的。他的继承者们发展了这种思想，将其总结成为生产体系。准时化不仅要适时，而且要适量，这是关键中的关键。

3）平衡化

所谓平衡化指的是"取量均值性"。假如后生产工程取量变化大，则前生产工程必须准备最高量，因而会产生库存的浪费。因此，丰田生产方式要求各生产工程取量尽可能达到平均值，也就是前后一致，为的是使需求与供应达成平衡，降低库存与生产浪费。

4）单件流

单件流（One Piece Flow，OPF）指的通过对现场的人员、设备、物料等进行组织，使产品按照顾客需要的速率一个一个（或一个一个固定批）地通过整个生产流程的一种生产方式。

5）看板

看板生产（又称拉式生产）重新改造了生产流程，改变传统的由前端经营者主导生产数量的模式，重视后端顾客需求，后一项工序的人员通过看板告诉前一项工序人员其需求，例如零件需要多少，何时补货，即"逆向"去控制生产数量的流程模式，这种模式不仅能节省库存成本（达到零库存），更重要的是能提高流程效率。

6）标准化

丰田生产方式对生产过程中每个活动的内容、顺序、时间控制和结果等所有工作细节都制定了严格的标准，例如装个轮胎、引擎需要几分钟。但这并不是说标准是一成不变的，只要工作人员发现更好、更有效率的方法，就可以变更标准。标准化的目的在于提高生产效率。

7）重复问五次为什么

丰田生产方式要求每个员工在任何一项作业环节中，都要重复问为什么，然后思考如何做，以严谨的态度完成制造任务。

8）质量保险装置

为了生产100%的合格品，应对附件和安装工具进行多方面的改进，防止出现次品，这种结构叫作"质量保险装置"。这种装置的功能如下：①如果操作有差错，就让物品和锻制工具脱离；②如果物品不合适，机器就不开始加工；③如果操作有差错，机器就不加工；④在自然修正操作差错和运动差错之后再加工；⑤在后一道工序检查前一道工序不合适的地方，防止不良状况出现；⑥如果忘记操作就不开始下一道工序；等等。

9）目视化管理

"目视化管理"代表性的装置是工作指示灯。这是挂在生产现场的"生产线工作指示灯"，在机器开动时亮绿灯，在作业人员要求帮助调节生产线的延误时亮黄灯，为纠正异常现象需要生产线停止运行时亮红灯。这样可以彻底排除异常现象。

10）快速换模法

快速换模法的英文是"Single Minute Exchange of Die Procedure"，是一种快速和有效的切换方法，换模时间主要由4部分组成：准备时间、换模操作时间、调整时间、整理时间。快速换模法这一概念指出，所有的转变（和启动）都能够并且应该少于10分钟——因此才有了"单分钟"这一说法。快速换模法又称为单分钟快速换模法、10分钟内换模法，其目的是将可能的换模时间缩到最短。

12.2 敏捷制造

12.2.1 敏捷制造的含义及其发展

敏捷制造（Agile Manufacturing，AM）是指制造企业采用现代通信手段，通过快速配置各种资源（包括技术、管理方法和人等），以有效和协调的方式响应顾客需求，实现制造的敏捷性。敏捷性是其核心，它是指企业在不断变化、不可预测的经营环境中善于应变的能力，是企业在市场中的生存和领先能力的综合表现。

20世纪90年代，信息技术突飞猛进，信息化的浪潮汹涌而来，许多国家制订了旨在提高自己国家在未来世界中的竞争地位，培养竞争优势的先进的制造计划。在这一浪潮中，美国走在了世界的前列，给美国制造业改变生产方式提供了强有力的支持，美国想凭借这一优势重塑其在制造领域的领先地位。在这种背景下，一种新型生产方式——敏捷制造诞生了。

敏捷制造是美国国防部为了促进21世纪制造业发展而支持的一项研究计划。该计划始于1991年，有100多家公司参加，由通用汽车公司、波音公司、AT&T、摩托罗拉等15家著名大公司和国防部的代表组成了核心研究团队。此项研究历时三年，于1994年年底提出了《21世纪制造企业战略》。这份报告提出了既能体现国防部与工业界各自的特殊利益，又能体现他们共同利益的一种新的生产方式，即敏捷制造。

12.2.2 敏捷制造三要素

敏捷制造的目的可以概括为：将柔性生产技术、有技术和知识的劳动力以及能够促进企业内部和企业之间合作的灵活管理技术这三大要素集成在一起，通过建立共同基础结构，对迅速变化的市场需求做出快速响应。从这一目的中可以看出，敏捷制造实际上主要包括三个要素：生产技术、管理技术和人力资源。

1. 要素一：生产技术

首先，必需的生产技术在设备上的具体体现是：由可改变结构、可测量的模块化制造单元构成的可编程柔性机床组；"智能"制造过程控制装置，用传感器、采样器、分析仪与智能诊断软件相互配合，对制造过程进行闭环监视；等等。

其次，在产品开发和制造过程中，企业需要利用计算机能力和控制信息的知识基础，用计算方法设计复杂产品，可靠地预测产品特性和状态，准确地建立产品制造过程。各项工作是同时进行的，而不是按顺序进行的。生产技术在缩短新产品的开发与生产周期上可以充分发挥作用。

再次，市场研究、采购、财务、仓储、销售、研究等部门之间的信息需要顺畅流动，而且还需要在制造企业与其供应商之间持续流动。制造商和供应商在产品设计和开发中都应起到积极作用。每个产品都可能需要使用具有高度交互性的网络，同一家企业的、实际上分散但在组织上整合的人员可以彼此合作，并且可以与其他企业的人员合作。

最后，把企业中分散的各个部门集中在一起，靠的是严密的通用数据交换标准、坚固的"组件"（许多人能够同时使用同一文件的软件）、宽带通信信道（用于传递需要交换的大量信息）。把这些技术综合到现有的企业集成软件和系统中去，标志着信息制造时代的开始。

2. 要素二：管理技术

首先，敏捷制造在管理上所提出的创新思想之一是"虚拟企业"。敏捷制造认为，新产品投放市场的速度是当今最重要的竞争优势，推出新产品最快的办法是利用不同企业的资源，使分布在不同企业的资源互换，然后把它们综合成单一的靠电子手段联系的经营实体——虚拟企业，以完成特定的任务。也就是说，虚拟企业就像专门完成特定计划的一家企业一样，只要市场机会存在，虚拟企业就存在；该计划完成了，市场机会消失了，虚拟企业就解体。能够经常形成虚拟企业的能力将成为企业一种有力的竞争优势。

其次，敏捷制造企业应具有组织上的柔性。因为先进的工业产品的激烈竞争环境已经开始形成，越来越多的产品要投入瞬息万变的世界市场上去参与竞争。产品的设计、制造、分配、服务将使用分布在世界各地的资源来完成。企业需要及早了解各个地区的客观现状，这些客观现状不仅涉及经济、政治和经济价值，而且还涉及人们对环境、能源供应等问题的态度。

3. 要素三：人力资源

敏捷制造在人力资源方面的基本思想是，在动态竞争的环境中，关键的因素是人员。柔性生产技术和柔性管理要使敏捷制造企业的人员能够实现他们自己提出的想法。没有一个一成不变的原则来指导此类企业的运行。唯一可行的长期指导原则,是提供必要的物质资源和组织资源,支持人员的创造性和主动性。

在敏捷制造时代,人力资源是敏捷制造企业的宝贵财富。因此,不断对人员进行教育、不断提高人员素质,是企业管理层应该积极支持的一项长期投资。

敏捷制造企业中的每一个人都应该认识到,信息技术可以使企业转变为一种通用工具。这种工具的应用方式取决于人们对于使用这种工具进行工作的想象力。大规模生产企业的生产设备是专用的,因此这类企业就像一种专用工具。与此相反,敏捷制造企业是持续发展的信息系统,该系统的能力仅受人员的想象力、创造性的限制,而不受设备的限制。敏捷制造企业的特性支持着它在人员管理上所具有的、完全不同于大批量生产企业的态度。另外,管理者与员工之间的敌对关系是不能容忍的,这种敌对关系限制了员工接触有关企业运行状态的信息。信息必须完全公开,管理者与员工之间必须建立相互信赖的关系。工作场所不仅要安全,而且对在企业的每一个层次上从事脑力创造性活动的人员都要有一定的吸引力。

12.3 约束理论

约束理论(Theory Of Constraints,TOC),美国生产与库存管理协会(APICS)又称它为约束管理(Constraint Management)。

约束理论是一套完整的管理哲理,其目的是更好地、持续地达成系统的目标。约束理论是从整体考虑问题,但又不是笼统地研究整体,而是从制约整体的约束入手,通过解决约束的问题来解决整体的问题,这是处理复杂管理问题的正确思路和方法。

约束理论包括两项基本工作:聚焦五步骤及其在运作中的应用;了解思维流程及其在项目管理和人的行为方面的应用。按照约束理论,每个组织都有一个关键约束,这项约束限制了系统达成其目标的可能性。从广义上讲,这些约束可以分为内部约束和市场约束。为了达成目标,系统必须聚焦五步骤,来正确识别和管理这些约束。

12.3.1 约束理论的管理原则

约束理论认为,任何系统都至少存在着一个约束,否则,它就可能有无限的产出。任何企业或组织均可视为一个系统,要提高系统的产出,必须打破系统的约束。不应当把一个系统看成许多零散链环的堆积,而应当把它看成由许多链环连接成的一个链条。最薄弱的一环只是整个链条的一部分,却决定了整个链条的强度。同样,也可以将一个企业视为一个链条,每一个部门是这个链条中的一环。如果想要达成预期的目标,必须抓住最薄弱的一环,进行改进,这样整个系统才可得到显著的改善。换言之,突破约束加快了一个企业达成目标的速度。只有从克服约束着手,才可以在短时间内显著地提高企业的产出。

约束理论已经在许多领域得到成功的应用。应用约束理论需要遵循以下13条原则。

(1)在解决问题和应对变化时,系统思维比分析思维更重要。

（2）随着系统环境的变化，原有的最佳系统方案会逐渐失效，需要持续改进来更新和维护方案，以确保其有效性。

（3）系统的局部最优并不等于整体最优。也就是说，当系统的每一部分处于最优状态时，系统作为整体可能并不是最优的；当系统整体是最优状态时，可能有一些部分不是最优的。

（4）系统像一根链条。每个系统都有一个最弱的环节，它就是约束，约束最终限制了整个系统的产出。

（5）加强链条的每一个环节来改善整个链条的强度，不如加强它最薄弱的环节。

（6）要想知道改变什么，必须对系统有一个彻底的了解，如系统的现实状况、它的目标和规模等。

（7）一个系统中的意外紧急制动（Undesirable Emergency Braking，UDE）主要是由少数几个核心问题造成的。

（8）核心问题从来都不是表面化的。它们主要通过一系列的 UDE 来显示，这些 UDE 相互作用，形成一个网络。

（9）通过排除单个的 UDE 提供一个虚假的安全感觉，而忽视潜在的核心问题的方案极可能是短命的，而针对核心问题的方案会同时排除所有的 UDE。

（10）隐藏的冲突使核心问题长期存在。针对核心问题的解决方法需要挑战隐藏在冲突中的假定，至少使其中的一个假定失效。

（11）系统的约束可能是有形的或无形的。有形的，诸如设备能力不足、原材料短缺、资金缺乏等；无形的，诸如落后的管理思想、不合理的规章制度等。有形的约束相对容易识别，排除也较简单。而对无形的约束的识别和排除是困难的，但排除它们比排除一个有形的约束收益更大，系统会有更大的改进。

（12）思维惯性是持续改进的最大敌人。解决方案通常有自己的一些假定，这可能会阻碍进一步的变化。

（13）想法不是解决方案。

以上 13 条原则构成了运用约束理论解决复杂问题的思想和方法，其正确性已经得到很多实践的验证。

12.3.2　约束理论的思维流程

1. 三个问题

任何持续改善必然会遇到三个问题——要改进什么？要改进成什么样？怎样使改进得以实现？

在对生产、分销、项目管理、公司战略制定、沟通、授权、团队建设等方面的各种问题进行持续改善时，必然要回答以上三个问题。

思维流程是通过一组工具来完成的，这组工具能帮助管理者启动和实施一系列步骤：①对问题达成一致；②对求解的方向达成一致；③对解决问题的办法达成一致；④对克服任何潜在的负面影响达成共识；⑤对克服任何实施的障碍达成共识。约束理论的实践者有时把这个过程看成克服多层阻力的一种过程。

要回答"要改进什么"，就要找出系统中存在哪些约束。因为约束并非来自一个具体的资源实体，所以没有现成的、摆在那里的证据（如在制品）告诉我们哪些是约束。因此，我们只能先摸清楚系统的现状是怎样的，此时用到的逻辑结构图就是"当前现实树"（Current Reality Tree）。建立此树并非一件易事，但一旦成功完成，就自然得到了第一个问题的答案。

接下来便是"要改进成什么样"的问题。这个问题直观上已表述得很明白，但要回答它还是应该遵循以下两个步骤：找出克服当前约束的突破点；确保解决方案所产生的结果不会添乱。"疑云消散图"（Evaporating Cloud）可以用来突破当前企业的主要约束，"未来现实树"（Future Reality Tree）可以用来确认当前面对的不尽如人意的状况能否用这个突破法来解决，能否得到令人满意的结果。而实施这些改进措施会出现的那些意料不到的负面影响可以用"负效应枝条"（Negative Effect Branches）来表示。如果这些负面影响可以避免，那么你就可以确信提出的解决方案所产生的结果不会添乱，也就知道了应该改进成什么样的结果，即得到了第二个问题的答案。

下面就该回答"怎样使改进得以实现"的问题了。简单来说，就是让那些与这些转变直接相关的人来制定实施转变所需的行动方案。能动的思维流程要把那些受转变影响最大的人包括在内，企业应主动去征求这些人的意见，看他们认为什么会阻碍企业推进这一改进过程。要发动员工集思广益，保证最初的实施能够顺利进行。做到上述几点，行动方案就基本成型了。

2. 思维流程的思路

思维流程并不是什么约束理论发明的新的东西。正如儿童学东西一样，因为他们没有太多的经验和知识，所以他们会先问问题，然后去验证他们的种种想法是不是确实会发生和奏效，思维流程的思路也是如此：在不明白、不清楚一件事的时候，先搞清楚一件事和另一件事之间的因果关系是怎样的，然后逐渐去理解要实现的目标，进而发现应该做什么。

12.3.3 约束理论的聚焦五步骤

约束理论有一套思维的方法和持续改善的程序，被称为聚焦五步骤（Five Focusing Steps），这五个步骤表述如下。

第一步，找出系统中的约束。约束就是那些妨碍组织达成目标的资源和政策。例如，在信息系统中，E-mail 的使用使信息传输速度大大提高，但人们处理信息的速度仍然保持不变，于是人就成为信息系统中的约束。约束可以分为两类。

① 实物约束，如机器设备和物料方面的约束。例如，最优生产技术中的约束大多是实物约束，如瓶颈资源限制了产量的提高。

② 非实物约束，如政策、市场和管理方面的约束。非实物约束有时比实物约束更重要。例如，一项错误的政策，往往导致企业追求错误的目标，而错误的目标又限制了一切资源发挥作用。因此要找出企业内部和外部限制有效产出的各种非实物约束。

第二步，确定充分利用约束资源的办法。要挖掘约束资源的潜能，就要确定约束资源确实是在做只有它才能做的事情，而不是在做它不必做的事情，同时还要使约束资源得到充分的利用。例如，一位教授在审查一批研究生的论文，答辩时间已经临近，这位教授就成为约束资源。如果这位教授还在做一些打扫卫生、领取邮件、报账等不必由教授本人去做的事情，就没有充分利用约束资源。

第三步，使所有其他过程服从于第二步所做出的决定。不必由约束资源完成的任务，将分派给其他资源去完成，而且其他资源应该与约束资源同步。例如，在教授的例子中，打扫卫生可由清洁工人去做，领取邮件和报账可由办公室人员完成，这样约束资源就能得到充分利用，而约束资源的利用情况决定了系统对其他资源的利用程度。

第四步，突破所确定的约束。可以根据需要永久性地提高约束资源的能力，或者将自制任务更多地外包出去。对于面临多种任务都会出现的约束，应该提高约束资源的能力；对于面临某种任务才出现的约束，可将一部分任务外包给其他企业。

第五步，如果采取上述步骤后，第一步找出的约束不再是约束，那么就重新回到第一步，开始新的循环。就像一根链条一样，你加强了其中最薄弱的环节，但还会有下一个最薄弱的环节。要记住：今天的解决方案就是明天的问题所在，也许你为了突破这个约束采取了一些很好的措施，可一旦约束转移到其他环节，这些措施对于新的约束可能就会无能为力！因为系统中永远存在约束，只有继续寻找系统中的约束才能继续增加有效产出。否则，惰性就成为持续改善的约束。

以上五步构成了一组持续改善的程序，每循环一次，有效产出就提高一次。

 思维风向

党的二十大报告作出加快建设数字中国的重要部署。建设数字中国是数字时代推进中国式现代化的重要引擎，是构筑国家竞争新优势的有力支撑。2023年印发的《数字中国建设整体布局规划》提出："以数字化驱动生产生活和治理方式变革，为以中国式现代化全面推进中华民族伟大复兴注入强大动力。"将数字技术广泛应用于国家治理，是建设数字中国的应有之义和必然要求，对推进国家治理体系和治理能力现代化具有重要意义。我们要深刻认识数字化给国家治理带来的机遇，把握数字化赋能国家治理的主要方面，创新治理理念和方式，推动治理流程再造和模式优化，不断提升国家治理效能。

习近平总书记指出："当今时代，数字技术作为世界科技革命和产业变革的先导力量，日益融入经济社会发展各领域全过程，深刻改变着生产方式、生活方式和社会治理方式。"随着互联网、大数据、云计算、人工智能、区块链等有关数据采集、存储、分析、应用的关键技术不断发展，全球数字化进程在21世纪进一步提速，正在深刻改变国家治理的理念、规则、制度与方式。以数字化推动国家治理体系完善和治理能力提升，是抓住数字化时代机遇，适应社会生产生活方式和治理方式变革，推进国家治理现代化的必然选择。

资料来源：https://www.peopleweekly.cn/html/2023/rmgc_1103/185618.html[2025-03-06]。

12.4 智能制造

智能制造是目前国际公认的实现工业体系转型升级的新一代工业技术，智能制造并不等于自动化生产，无人工厂、无人物流、无人仓储等也并不能代表智能制造。

12.4.1 智能制造的概念及发展

一般认为，最早提出智能制造概念的是怀特教授和布恩教授，他们在1988年出版了《智能制造》一书。近些年，智能制造受到关注。美国成立了智能制造领导力联盟（SMLC），定义智能制造为：通过对高级智能系统的深度应用，实现新产品的快速制造，产品需求的动态响应，生产和供应链网络的实时优化。

2012年，美国提出"先进制造业国家战略计划"，提出中小企业、劳动力、伙伴关系、联邦投资以及研发投资等五大发展目标和具体实施建议。

2013年，德国宣布启动"工业4.0"国家级战略规划，意图在新一轮工业革命中抢占先机，奠定德国工业在国际上的领先地位。

2014年，日本发布《制造业白皮书》，提出重点发展机器人、下一代清洁能源汽车、再生医疗以及3D打印技术。

2015年，中国为实现制造强国的战略目标，由国务院印发了《中国制造2025》，智能制造成为主攻方向。

12.4.2 智能制造的方向

1. 智能工厂

智能工厂重点研究智能化生产系统和过程，以及网络化分布式生产设施。智能工厂是智能制造中的一个关键主题，其主要内容可从多个角度来描述。

第一，智能工厂是工业化与信息化融合的应用体现。它借助于信息化和数字化技术，通过集成、仿真、分析、控制等手段为制造工厂的生产全过程提供全面管控的整体解决方案，包括产品工程、工厂设计与优化、车间装备建设及生产运作控制等。

第二，智能工厂将物联网技术全面应用于工厂运作的各个环节，实现工厂内部人、机、料、法、环、测的泛在感知和万物互联，互联的范围甚至可以延伸到供应链和顾客环节。

而智能工厂从范式维度看，是制造工厂层面的信息化与工业化的深度融合，是数字化工厂、网络化互联工厂和自动化工厂的延伸和发展。它通过将人工智能技术应用于产品设计、工艺、生产等过程，使得制造工厂在其关键环节或过程中能够体现出一定的智能化特征，即自主性的感知、学习、分析、预测、决策、通信与协调控制能力，能动态地适应制造环境的变化，从而实现提质增效、节能降本的目标。

2. 智能生产

智能生产是智能制造中的另一个关键主题。在未来的智能生产中，生产资源（设备、人、仓储系统和设施等）将通过集成形成一个闭环网络，具有自主、自适应、自重构等特性，从而可以快速响应、动态调整。智能生产的研究内容主要包括以下几个。

1）基于制造管理系统的生产网络

生产价值链中的供应商通过基于制造管理系统的生产网络可以获得和交换生产信息，供应商提供的全部零部件可以通过智能物流系统，在正确的时间以正确的顺序到达生产线。

2）基于数字孪生的生产过程设计、仿真和优化

可以通过数字孪生将虚拟空间中的生产过程设计、仿真、优化与现实世界的实际生产过程完美融合，从而为现实世界里的物件（包括物料、产品、设备、生产过程、设施等）建立一个高度真实仿真的"孪生体"，生产过程的每一个步骤都可在虚拟空间中进行设计、仿真和优化。

3）基于现场动态数据的决策与执行

利用数字孪生模型，为真实的物理世界建立一个高度真实仿真的"孪生体"，以现场动态数据驱动，在虚拟空间里对定制信息、生产过程或生产流程进行仿真、优化，给实际生产系统和设备发出优化的生产工序指令，指挥和控制设备、生产线或生产流程进行自主的、自组织的生产执行，满足顾客的个性化定制需求。

3. 智能物流和智能服务

智能物流和智能服务也是智能制造的主题。在一些场合下，这两者也常被认为是构成智能工厂和进行智能生产的重要内容。

智能物流主要通过互联网、物联网和物流网等，整合物流资源，充分发挥现有物流资源供应方的效率，使需求方能够快速获得服务匹配和物流支持。

智能服务是指能够自动辨识顾客的显性和隐性需求，并且能够主动、高效、安全、绿色地满足其需求的服务。

在智能制造中，智能服务需要在集成现有多方面的信息技术及其应用的基础上，以顾客需求为中心，进行服务模式和商业模式的创新。因此，智能服务的实现涉及跨平台、多元化的技术支撑——在智能工厂中通过物联网（物品的互联网）和务联网（服务的互联网），将智能电网、智能移动、智能物流、智能建筑、智能产品等与智能工厂（智能车间和智能制造过程等）互相连接和集成，实现对供应链、制造资源、生产设施、生产系统及过程、营销及售后等的管控。

12.4.3 智能制造的实现步骤

对于不同的行业、不同的领域，或是不同的企业，具体实施智能制造时会需要各自不同的技术路线和解决方案。所以我们今天所探讨的智能制造实现步骤也只是一个基本的逻辑和思路。

1. 步骤一：需求分析

需求分析是指在系统设计前和设计开发过程中对顾客实际需求所做的调查与分析，是系统设计、系统完善和系统维护的依据。

需求分析主要涉及对如下内容的分析：发展趋势、已有基础、问题与差距、目标定位等。

2. 步骤二：网络基础设施建设

网络基础设施建设是网络化的基础，主要目的是实现企业各种设备和系统之间的互联互通，包括工厂内网络、工厂外网络、工业设备和产品联网等涉及现场级、车间级、企业级设备和系统之间的互联，即企业内部纵向集成；还涉及企业信息系统、产品、用户与云平台之间的不同互联场景，即企业外部（不同企业间）的横向集成。因此，网络基础设施建设为实现企业内部纵向集成和企业外部横向集成提供了技术保障。在网络基础设施建设中，企业还必须考虑网络安全和信息安全问题，即要通过综合性的安全防护措施和技术，保障设备、网络、数据和应用的安全。

3. 步骤三：数据互联可视的数字化

以产品全生命周期数字化管理为基础，把产品全价值链的数字化、制造过程数据获取、产品及生产过程数据可视化作为智能化第一步,实现对数据的可视化呈现。主要内容包括:产品全生命周期价值链的数字化、数据的互联共享、数据的可视化及展示。

4. 步骤四:现场数据驱动的动态优化

现场数据驱动的动态优化本质上就是以工厂内部"物理层设备—车间制造执行系统—企业资源管理信息系统"纵向集成为基础,通过对物理设备、控制器、传感器的现场数据采集,获得对生产过程、生产环境的状态感知,进行数据建模分析和仿真,对生产运作过程进行动态优化,做出最佳决策,并通过相应的工业软件和控制系统精准执行,完成对生产过程的闭环控制。

5. 步骤五:虚实融合的智能生产

虚实融合的智能生产是智能制造的高级阶段。这一阶段将在实现产品全生命周期价值链端到端数字化集成、企业内部纵向管控集成、网络化制造与企业外部网络化集成这三大集成的基础上,进一步建立与产品、制造装备及工艺过程、生产线、车间、工厂和企业等不同层级的物理对象映射融合的数字孪生,并构建智能工厂,全面实现动态感知、实时分析、自主决策和精准执行等功能,进行赛博物理融合的智能生产,实现高效、优质、低耗、绿色的制造和服务。

 知行合一

【北京数字经济增加值占 GDP 比重超四成】

12.5 云制造

12.5.1 云制造概念

云制造的概念最初是由李伯虎及其团队于 2009 年提出的。云制造是一种并行网络和分布式系统,是将云计算、物联网、服务计算、智能科学等新兴信息技术与制造技术深度融合的一种制造业信息化新模式与新手段,是云计算理念与技术在制造领域的落地与拓展。它将制造资源和制造能力转换为制造服务,可以以智能、统一的方式对其进行管理和操作,以实现制造资源和制造能力的完全共享和流通。云制造可以在整个制造生命周期中提供安全可靠、高质量、廉价和按需定制的制造服务。这里的制造概念是包括产品整个生命周期(例如设计、仿真、生产、测试、维护)的大型制造。

虽然云制造的体系结构已经初步形成,但这里面还有许多层面的问题尚待研究。例如,在云制造的运行机制方面,还需要探索制造资源共享的商业模式、推动机制等基本问题；在基础理论方面，云制造的基本概念、内涵、体系、技术基础等基础理论仍需探讨；在实现的关键技术方面，为了实现云制造的理念和建立完善的商业模式，还需要探索其中的平台构建、运行管理等实现技术；在应用实践方面，应开展若干云制造的试验试点。

12.5.2 云制造的分类

第一类涉及在制造云上部署制造软件，即计算的"制造版本"。

第二类的范围更广，涉及制造业务的生产、管理、设计和工程能力。云制造与计算和数据存储不同，涉及物理设备、监视器、材料等。这种云制造系统在制造云上同时部署了物质和非物质设施，以支持整个供应链。昂贵的资源在网络上得到共享。这意味着很少使用的设备的利用率得到提高，并且降低了昂贵设备的成本。根据云技术的概念，云用户与服务提供商之间不会直接进行交互。云用户不应管理或控制基础架构和制造应用程序。

四种类型的云部署模式（私有云、社区云、公共云和混合云）作为单一访问点无处不在。

私有云是企业（大型企业或集团企业）或者组织内部所建立的云制造服务平台，能够实现企业内各种制造资源的共享与协同，降低企业内的各种制造活动的成本。

社区云是由一些有着类似需求并打算共享基础设施的组织共同创立的云。

公共云是面向社会化运营的、涵盖各行业门类的、支持多元化服务的云制造公共服务平台，形成云制造社区，促进区域内或行业内的中小企业制造资源和制造能力的共享与协同。

混合云是由两种或更多种云（私有云、社区云或公共云）组成的，这些云仍然是不同的实体，但也相互绑定在一起，提供了多种部署模式。

12.5.3 云制造的应用方向

（1）大型集团企业的研发设计能力服务平台。

针对大型集团企业，若利用网格技术等先进信息技术，整合集团企业内部现有的计算资源、软件资源和数据资源，建立面向复杂产品的研发设计能力服务平台，为集团内部各下属企业提供技术能力、软件应用和数据服务，支持多学科优化、性能分析、虚拟验证等产品研制活动，则可以极大提高集团企业的产品创新设计能力。这类服务平台主要是面向集团企业内部下属企业的。

（2）区域性加工资源共享与服务平台。

中国已经成为当今世界上制造加工资源最丰富的国家。云制造可以针对制造资源分散和利用率不高的问题，利用信息技术、虚拟化技术、物联网以及射频识别技术等先进技术，建立面向区域的加工资源共享与服务平台，实现区域内制造加工资源的高效共享与优化配置，促进区域制造业发展。

（3）制造服务化支持平台。

针对服务成为制造业企业价值主要来源的发展趋势，我们可以利用云制造技术建立制造服务化支持平台，支持制造业企业从单一的产品供应商向整体解决方案提供商及系统集成商转变，提供在线监测、远程诊断、维护和大修等服务，促进制造业企业走向产业价值链高端。这类平台主要针对大型设备使用企业。

（4）服务于量大面广的中小企业的公共服务平台。

针对中小企业信息化建设资金不足、人才缺乏的现状，云制造可以建立面向中小企业的公共服务平台，为其提供信息化知识、产品设计方案、解决方案、应用案例等资源，促进中小企业发展。

（5）建立物流拉动的现代制造服务平台。

针对我国制造业物流成本高等现状，云制造可以利用射频识别技术、网络技术、物流优化技术等，研究整机制造企业、零部件制造企业和物流企业的多方协作模式和第三方服务模式，建立物流拉动的现代制造服务平台，为整机制造企业、零部件制造企业和物流企业提供服务，促进制造业发展。

云制造为制造业信息化提供了一种崭新的理念与模式，云制造作为一种初生的概念，在未来具有巨大的发展空间。云制造的研究与实践工作，需要依靠政府、产业界、学界等多方联合与共同努力，云制造的应用将是一个长期的阶段性渐进过程，而不是一蹴而就的项目工程。对于业界的广大制造业企业而言，当前使用云制造技术仍具有一定门槛。这首先要求制造企业具有良好的信息化基础，要求其已经实现企业内部的信息集成与过程集成。

云制造的未来发展仍面临着众多关键技术的挑战，除了对于云计算、物联网、语义网、高性能计算、嵌入式系统等技术的综合集成，基于知识的制造资源云端化、制造云管理引擎、云制造应用协同、云制造可视化与用户界面等技术均是未来需要攻克的重要难关。

12.6　3D 打印技术

3D 打印技术出现于 20 世纪 80 年代末期，实际上是利用光固化和纸层叠等技术的快速成型装置。它与普通打印机工作原理基本相同，打印机内装有液体或粉末等"打印材料"，与计算机连接后，通过计算机控制把"打印材料"一层层叠加起来，最终把计算机上的蓝图变成实物。这一技术如今在多个领域得到应用。

12.6.1　3D 打印技术原理

3D 打印技术，是以计算机三维设计模型为蓝本，通过软件分层离散和数控成型系统，利用激光束、热熔喷嘴等方式将金属粉末、陶瓷粉末、塑料、细胞组织等特殊材料进行逐层堆积黏结，最终叠加成型，制造出实体产品的技术。与传统制造业通过模具、车铣等机械加工方式对原材料进行定型、切削形成最终产品不同，3D 打印技术将三维实体变为若干个二维平面，通过对材料处理并逐层叠加进行生产，大大降低了制造的复杂度。这种数字化制造模式不需要复杂的工艺、庞大的机床、众多的人力，直接依据计算机图形数据便可生成任何形状的零件，使生产制造得以向更广的生产人群范围延伸。

3D 打印技术需要用到的材料有很多，以下是几个例子。

（1）工程塑料。

指被用做工业零件或外壳材料的工业用塑料，是强度、耐冲击性、耐热性、硬度及抗老化性均优的塑料。

（2）光敏树脂。

即 UV 树脂，由聚合物单体与预聚体组成，其中加有光（紫外光）引发剂（或称为光敏剂）。一定波长的紫外光（250～300纳米）照射会立刻引起聚合反应，完成固化。其一般为液态，用于制作高强度、耐高温、防水等产品。

3D打印技术常用材料还有耐用性尼龙材料、石膏材料、铝材料、钛合金、不锈钢、镀银、镀金、橡胶等。

12.6.2 打印的过程

1. 步骤一：三维设计

三维设计的过程是：先通过计算机建模软件建模，再将建成的三维模型"分区"成逐层的截面，即切片，从而指导打印机逐层打印。设计软件和打印机之间协作的标准文件格式是STL文件格式。STL文件使用三角面来近似模拟物体的表面。三角面越小，其生成的表面分辨率越高。

2. 步骤二：切片处理

打印机通过读取文件中的截面信息，用液体状、粉状或片状的材料将这些截面逐层地打印出来，再将各层截面以各种方式黏合起来，从而制造出一个实体。这种技术的特点在于几乎可以造出任何形状的物品。

打印机打出的截面的厚度（即Z方向）以及平面方向[即（X，Y）方向]的分辨率是以dpi或者微米来计算的。一般的厚度为100微米，即0.1毫米，也有部分打印机可以打印出16微米的厚度。而平面方向则可以打印出与激光打印机相近的分辨率。打印出来的"墨水滴"的直径通常为50～100微米。用传统方法制造出一个模型通常需要数小时到数天，根据模型的尺寸以及复杂程度而定。而用3D打印技术则可以将时间缩短为数小时，当然也是由打印机的性能以及模型的尺寸和复杂程度决定的。

传统的制造技术如注塑技术可以以较低的成本大量制造聚合物产品，而3D打印技术则可以以更快、更有弹性以及更低成本的办法生产数量相对较少的产品。一个桌面尺寸的三维打印机就可以满足设计者或概念开发小组制造模型的需要。

3. 步骤三：完成打印

3D打印机的分辨率对大多数应用来说已经足够（在弯曲的表面可能会比较粗糙，像图像上的锯齿一样），要获得更高分辨率的物体可以通过如下方法实现：先用当前的3D打印机打出稍大一点的物体，再对表面进行打磨即可得到表面光滑的"高分辨率"物体。

有些技术可以同时使用多种材料进行打印。有些技术在打印的过程中还会用到支撑物，比如在打印一些倒挂状的物体时就需要用到一些易于除去的东西（如可溶的东西）作为支撑物。

12.6.3 3D打印技术面临的挑战

1. 材料的限制

许多打印的材料是比较昂贵和稀缺的。另外，3D打印机也还没有达到成熟的水平，无法支持我们使用在日常生活中所接触到的各种各样的材料。研究者们在多材料打印上已经取得了一定的进展，但除非这些进展达到成熟并有效的水平，否则材料依然会是 3D 打印技术的一大障碍。

2. 机器的限制

3D 打印技术在重建物体的几何形状和机能上已经达到了一定的水平，几乎任何静态的形状都可以被打印出来，但是运动的物体就难以实现了。这个困难对于制造商来说也许是可以解决的，但是 3D 打印技术若想要进入普通家庭，想要每个人都能随意打印想要的东西，机器的限制就必须得到解决。

3. 知识产权的忧虑

在过去的几十年里，音乐、电影和电视产业对知识产权的关注越来越多。3D 打印技术也会涉及这一问题，因为现实中的很多东西都可以通过该技术得到更加广泛的传播。人们可以随意复制任何东西，并且数量不限。如何制定 3D 打印的法律法规以保护知识产权，也是该技术面临的问题之一。

4. 道德的挑战

道德是底线。什么样的东西会违反道德是很难界定的，该技术会面临极大的道德挑战。

5. 花费的承担

3D 打印技术需要承担的花费是高昂的。如果想要普及，降价是必须的，但又会与成本形成冲突。

每一种新技术诞生初期都会面临着这些类似的障碍，但我们相信会找到合理的解决方案。

12.7 绿色制造

12.7.1 绿色制造发展

环境与资源问题是当前和今后人类社会面临的重要问题。自 20 世纪 70 年代以来，全球掀起了一场绿色革命。1992 年，联合国在巴西里约热内卢召开了联合国环境与发展大会，会议通过了《21 世纪议程》，提出了全球可持续发展的战略框架。随后，我国政府率先组织制定了《中国 21 世纪议程——中国 21 世纪人口、环境与发展白皮书》，把可持续发展战略列为我国的国家发展战略。

可持续发展是既满足当代人的需求，又不对后代人满足其需求的能力构成危害的发展。绿色制造是可持续发展的重要组成部分，是可持续发展战略思想在制造业中的体现，是 21 世纪制造业的可持续发展模式。

绿色制造的概念和内涵尚处于探索阶段，至今还没有统一的定义。绿色制造，又称为环境意识制造、面向环境的制造，是一个综合考虑环境影响和资源利用效率的现代制造模式。它的目标是使产品从设计、制造、包装、发运、使用到报废处理的整个产品生命周期中的废弃资源和有害排放物最少，资源的利用率最高。简单地讲，它是维持自然生态的制造模式。

12.7.2 实行绿色制造的意义

制造业的实质是人类利用自然界的资源制造出大量自然界原来没有的物品，这些物品比人类直接从自然界采集得到的物品，如植物果实等物品要丰富得多、有用得多。这些物品极大地满足了人们生活和生产的需要，为人类社会创造了大量的物质财富，使人们的衣食住行和通信条件得到前所未有的提高，制造业已成为人类创造财富的支柱产业。今天，人们享受着如此丰富多彩的物质生活和精神生活，其中制造业起了重要作用。制造业的发展体现了人类利用自然、改造自然的能力。

在创造大量财富的同时，制造业也打破了大自然原有的平衡，导致制造资源枯竭、自然环境受到污染和破坏。制造业的规模越大，造成的环境破坏也就越大。巨大的原材料消耗，使地球上丰富的矿藏资源面临枯竭；企业随意将废水、废气、废渣排入河流、空气、大地。产品在制造、使用和报废过程中又产生大量的工业垃圾和生活垃圾，这些垃圾很难为大自然所降解和吸收。人们在享受汽车所带来的出行便利的同时，需要忍受汽车尾气的污染，承受交通拥堵，并面临大量报废汽车垃圾；在享受电力带来的种种方便时，要承受发电过程产生的大气污染；在向自然界索取更多资源的同时，要承受自然资源日益枯竭的后果。

空气、水、食物和阳光是维持人类健康生活的基本条件。环境破坏使人类为工业化付出了沉重的代价。人们发展生产是为了使自己的生活更好，但事与愿违，环境的破坏有时导致人们连基本的生活条件都难以保证。

人们不得不思考，出现这种状况的原因究竟是什么？否定制造业，回到农业经济时代可以让人们过着田园诗般的生活，但人们需要承受生产力低下、劳动强度高的贫困生活，这是不现实的。环境污染的根本原因是大规模工业化破坏了大自然原有的循环，又没有建立新的循环。而绿色制造可以减轻环境污染。

12.7.3 实现绿色制造的途径

实现绿色制造的途径有两个：一是在产品制造和使用过程中不断降低资源消耗；二是要在产品制造、使用和报废处理过程中实现循环，使在产品制造过程、使用过程和报废处理过程中产生的各种废弃物都能得到重新利用。

1. 降低资源消耗

降低产品在制造过程和使用过程中的资源消耗，是实现绿色制造的重要措施。而要做到这一点，就要做到产品精细化。产品精细化具有以下几个特征：一是在产品制造过程中资源消耗少；二是在产品使用过程中能源消耗少；三是产品质量好、使用寿命长。产品精细化可以大大减少制造资源的消耗，如果像《改变世界的机器》一书中所讲的那样，通过产品精细化使制造产品的资源消耗减少"一半"，那么自然资源的使用期、能源消耗时间将延长一倍，这是一个令人鼓舞的数字！

另外，研发和采用降低资源消耗的技术，如纳米技术、3D 打印技术、干式切削加工技术、近净成形技术等，也可以降低产品制造过程中的材料和能源消耗，减少环境污染。

（1）纳米技术就是通过纳米精度的"加工"来形成纳米大小的结构的技术。纳米技术的使用使产品微型化，所需资源减少，产品的成本极为低廉；而且产品加工过程中互相撞击摩擦产生的交变应力将大为减小，噪声污染会得到有效控制。

（2）3D打印技术能够快速、精确地生产个性化定制产品，完全消除了传统加工过程中产生的切屑。你只要配备一台3D打印机及需要的打印材料，就能够像现在家庭安装的平面打印机那样方便地得到所需的打印产品。

（3）干式切削加工技术就是在加工过程中不使用冷却润滑油的加工方法。干式切削加工简化了工艺，减少了成本，并消除了冷却润滑油带来的大量污染问题。寻求干式切削刀具工件、机床及其参数的最佳配合方式是目前的重点方向。

（4）近净成形技术是指零件仅需少量加工或不需加工，就可用作机械构件的成形技术。近净成形技术包括铸造、焊接、塑性加工等，它目前正向精密成形或净成形方向发展，这样可以大大减少原材料和能源的消耗，也缩短了生产周期。

2. 创造制造业的循环

仅仅降低资源消耗还不够，在技术难关没有被攻克之前，产品制造过程不可避免地会产生废水、废气和各种废渣；产品（如工业锅炉、汽车、家电等）在使用和维护过程中也要消耗能源和材料，排出"三废"；产品报废也会产生大量的工业垃圾和生活垃圾。"三废"和未经处理的垃圾，不仅浪费了资源，而且污染了环境。要实施绿色制造，就要创建产品制造、使用和报废处理各阶段的循环流程，使产品制造、使用和报废处理过程所产生的"三废"和垃圾得到回收和利用，使所消耗的资源得到补充。绿色制造流程见图12-1。

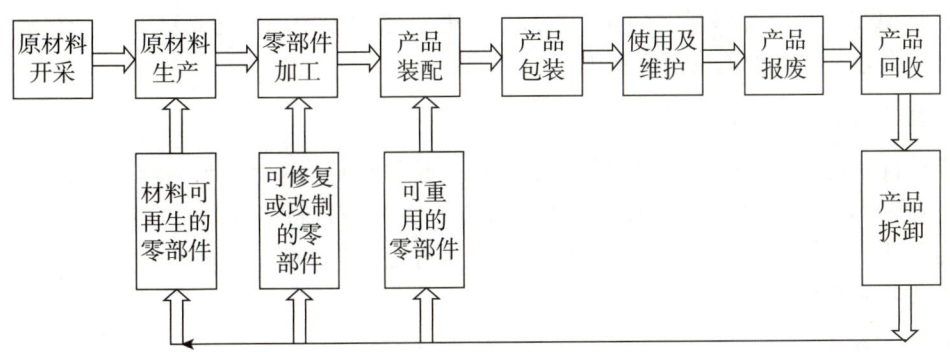

图 12-1 绿色制造流程

要达到资源重复利用的目的，就需要发展科学技术，研究新的物理处理和化学反应技术。例如，如果新的物理处理或化学反应技术，可以使生产各个环节产生的一切有害的废弃物质都变成可用物质，就不会有废物产生。物理处理只改变物质的形态，不改变物质的分子结构。化学反应会将分子破裂成原子，使原子重新排列组合生成新的物质。

12.7.4 绿色制造的内容

传统的制造模式是一个开环系统，即原材料→加工→装配→发运→产品使用→报废处理。而绿色制造在从设计、制造、使用一直到产品报废、回收的整个生命周期内，综合考虑产品的环境属性，对环境保护从源头抓起，改变了原来末端处理的环境保护办法，使产品在满足环境目标要求的同时，还具备应有的基本性能、使用寿命和质量。绿色制造涉及产品整个生命周期的所有问题，包括绿色设计、绿色工艺规划、绿色材料、绿色包装和回收处理等。

1. 绿色设计

传统设计是依据顾客对产品提出的功能、质量和成本要求来设计产品，以满足市场需求为主要设计目的，没有或很少考虑资源的再生利用问题以及对生态环境的影响。绿色设计是指在产品生命周期的全过程中，在综合考虑产品的功能、质量、开发周期和成本的同时，充分考虑其对资源和环境的影响的设计。绿色设计采用三种设计方法：资源重复利用设计、产品可拆卸设计和产品再制造设计。资源重复利用设计指的是设计的产品可以在下一代产品的生产中利用；产品可拆卸设计指的是产品容易拆卸；产品再制造设计指的是产品及其零部件可以用于其他产品的生产。通过绿色设计，可以减少资源的消耗，减少垃圾，从源头上减少废弃物。绿色设计是绿色制造的关键，它在很大程度上决定了材料、工艺、包装和产品寿命终结后处理的绿色性。这就要求设计人员必须具有良好的环境意识，既综合考虑产品的 TQCS（Time，Quality，Cost，Service）属性，还要注重产品的 E（Environment）属性，即产品使用的绿色度。

2. 绿色工艺规划

产品制造过程的工艺方案不一样，对材料和能源的消耗就不一样，对环境的影响也不一样。绿色工艺规划就是根据制造系统的实际情况，尽量研究并采用材料和能源消耗少、废弃物少、噪声低、对环境污染少的工艺方案和工艺路线。例如，在金属切削加工过程中，通过研发新型刀具材料，创建新型加工过程，做到少切削和无切削，推行节水技术，减少加工余量，实现切削液回收利用。

3. 绿色材料

绿色材料指的是在生产过程中能耗低、噪声低、无毒性的材料和材料制品。应优先选用可再生材料，尽量选用可回收材料和低能耗、少污染材料。选用的材料应该易于再利用、再回收、再制造或者易于降解，应减少不可再生资源和短缺资源的使用量，尽量采用各种替代物质和技术。

4. 绿色包装

绿色包装是指对环境和人体无危害、可回收重用或可再生的包装。必须尽可能简化产品包装，避免过度包装，使包装可以多次重复使用或便于回收，且不会产生二次污染。目前，绿色包装方面的研究大致可以分为包装材料、包装结构和包装废弃物回收处理三个方面。当今世界主要工业发达国家要求按"3R1D"（Reduce，减量化；Reuse，回收重用；Recycle，循环再生；Degradable，可降解）原则包装。应发展纸质包装制品，开发各种代替塑料薄膜的防潮、保鲜的纸包装制品，适当发展易回收利用的金属包装及高强度的薄壁轻量玻璃包装，研究开发塑料的回收再生工艺。

5. 回收处理

从产品设计开始就要充分考虑面向环境的产品回收处理。产品寿命终结后，可以有多种不同的处理方案，如再使用、再利用、废弃等。各种方案的处理成本和回收价值不一样，所以应对各种方案进行分析与评估，确定最佳的回收处理方案，从而以最低的成本代价获得最高的回收价值。

习 题

一、名词解释

请分别解释：丰田生产方式、快速换模法、敏捷制造、约束管理、云制造、3D打印技术。

二、选择题

1. 丰田生产方式的理论框架包含一个目标、（　　）大支柱和一大基础。
   A. 一　　　　　　B. 两　　　　　　C. 三　　　　　　D. 四

2. 换模时间是由几部分组成的？（　　）
   A. 2　　　　　　B. 3　　　　　　C. 4　　　　　　D. 5

3. 通过"取料制"，即后道工序根据"市场"需要进行生产的生产方式又称作（　　）。
   A. 推式生产　　　　　　　　　　B. 拉式生产
   C. 推-拉结合式生产　　　　　　D. 均衡化生产

4. 以下哪一项不是丰田生产方式的"一个目标"所追求的？（　　）
   A. 低成本　　　　B. 高效率　　　　C. 高质量　　　　D. 低产品

5. 以下哪一项是丰田生产方式的两大支柱？（　　）
   A. 准时化与自动化　B. 准时化与均衡化　C. 自动化与均衡化　D. 均衡化与目视化

6. （　　）指制造企业采用现代通信手段，通过快速配置各种资源，包括技术、管理和人等，以有效和协调的方式响应顾客需求。
   A. 集成制造　　　B. 敏捷制造　　　C. 精益生产　　　D. 云制造

7. 从广义上来讲，约束理论的约束可概括为（　　）和市场约束？
   A. 内部约束　　　B. 外部约束　　　C. 政策约束　　　D. 资源约束

8. 约束理论有一套系统的方法和持续改善的程序，具体可分为（　　）步骤。
   A. 4个　　　　　B. 5个　　　　　C. 6个　　　　　D. 7个

9. 四种云部署模式不包含以下哪一个？（　　）
   A. 公共云　　　　B. 私有云　　　　C. 混合云　　　　D. 集体云

10. 以下哪一生产方式可以最大限度地减轻地球的环境负担？（　　）
    A. 绿色制造　　　B. 批量制造　　　C. 智能制造　　　D. 云制造

三、简答题

1. 丰田生产方式的理论框架包含几个方面？
2. 敏捷制造有几个要素，各是什么？
3. 智能制造的实现步骤都有哪些？
4. 云制造可以应用在哪些方面？

5. 实现绿色制造的方式有哪些？

四、论述题

企业如何进行智能制造转型？

五、案例分析题

数字化资源开放生态系统

如果说工业互联网重构了运营管理模式，那么云计算、大数据、物联网、移动互联网和人工智能（"云大物移智"）等数字化技术的综合应用及协同管理模式的创新带给运营管理的影响将是颠覆性的。

未来已来，抢抓机遇，勇立潮头。让我们展望一下，在数字化时代，从个性化订单的投放到产品的研发与制造，再到产品的配送与交付，呈现在我们面前的将是一个不一样的运营管理新场景。数字化资源开放生态系统有以下三个内涵。

（1）资源。这个系统提供无限的资源。其中，能力、需求、产成品、零部件、数据都以资源的形式呈现。

（2）开放。开放即信息开放。因为开放，系统里的每一个实体都是平等的。例如，一旦系统的成员以用户的身份把需求投放到该系统，系统的任何一个实体都有可能成为供应商。

（3）生态。生态即进化生态。系统在不断进化和迭代中实现各项指标的改善。

下面说明数字化资源开放生态系统的运行过程与迭代机制。

1. 订单投放

顾客在移动端把需求上传到生态系统，经过大数据中心分析匹配后，确认生产企业，并生成初始订单。

2. 上下游资源匹配与合同生成

在大数据分析基础上进行上下游资源匹配是数字化工厂与数字化运营的关键。数字化工厂以顾客需求为驱动，根据顾客提出的产品或服务的规范，依据一定的算法来匹配最佳供应商。这实际是建立了一种激励机制，通过这种机制激励生态系统中的成员追求卓越性能，进而实现卓越绩效。经过上下游的若干次反馈，待所有资源需求得到满足后，企业就可以应用区块链技术生成正式合同。

3. 智能化设计与制造

依据合同规定的产品或服务规范，相关企业利用虚拟仿真技术对部件（产品）的研发或加工制造进行模拟仿真。以串行与并行相结合的模式，在数字化工厂里实现智能化制造。在数字化工厂里，设计、加工过程、产品、装备都是智能的。

4. 产品的配送与交付

利用物联网技术，对已加工的产品实现智能化的配送与仓储配置，并送达最终顾客。订单履行后，顾客生成的反馈意见经加密投放到数字化资源开放生态系统，供应商解密后获知顾客意见。通过快速轻量化迭代升级，在数字化资源开放生态系统里，新的循环又开始了。

【第12章习题答案】

问题：

识别数字化资源开放生态系统的风险点，并给出相应的风险管控方案。

参考文献

巴纳德，2016. 经理人员的职能 [M]. 李丹，译. 北京：电子工业出版社.

波特，2014. 竞争战略 [M]. 陈丽芳，译. 北京：中信出版社.

蔡斯，雅各布斯，阿奎拉诺，2007. 运营管理：原书第 11 版 [M]. 任建标，等译. 北京：机械工业出版社.

陈荣秋，马士华，2021. 生产与运作管理 [M]. 5 版. 北京：高等教育出版社.

大野耐一，2016. 丰田生产方式 [M]. 谢克俭，李颖秋，译. 北京：中国铁道出版社.

戴维 FRED R，戴维 FOREST R，戴维 M E，2021. 战略管理：建立持续竞争优势：第 17 版 [M]. 徐飞，译. 北京：中国人民大学出版社.

德鲁克，2009. 卓有成效的管理者：珍藏版 [M]. 许是祥，译. 北京：机械工业出版社.

高德拉特，科克斯，2019. 目标：第 3 版：典藏版 [M]. 北京：电子工业出版社.

哈默，钱皮，2007. 企业再造：企业革命的宣言书 [M]. 王珊珊，胡毓源，徐荻洲，译. 上海：上海译文出版社.

哈默，钱匹，2019. 企业再造 [M]. 小草，译. 南昌：江西人民出版社.

海泽，伦德尔，2011. 运作管理：第 10 版 [M]. 陈荣秋，张祥，等译. 北京：中国人民大学出版社.

霍布斯鲍姆，2017. 工业与帝国：英国的现代化历程 [M]. 2 版. 梅俊杰，译. 北京：中央编译出版社.

李娟，2019. 权衡的艺术：运营管理中的供需匹配策略 [M]. 北京：社会科学文献出版社.

林雪萍，2022. 质量简史 [M]. 上海：上海交通大学出版社.

罗宾斯，贾奇，2016. 组织行为学：第 16 版 [M]. 孙健敏，王震，李原，译. 北京：中国人民大学出版社.

马风才，2021. 运营管理 [M]. 6 版. 北京：机械工业出版社.

马克思，2018.1844 年经济学哲学手稿 [M]. 北京：人民出版社.

毛泽东，1991. 毛泽东选集：第一卷 [M]. 2 版. 北京：人民出版社.

齐二石，2006. 生产与运作管理教程 [M]. 北京：清华大学出版社.

邱灿华，蔡三发，2019. 运营管理 [M]. 北京：高等教育出版社.

史蒂文森，张群，张杰，等，2019. 运营管理：原书第 13 版 [M]. 北京：机械工业出版社.

孙慧，2011. 运营管理 [M]. 上海：复旦大学出版社.

孙明波，高举红，2015. 运营管理 [M]. 北京：机械工业出版社.

所罗门，卢泰宏，杨晓燕，2013. 消费者行为学：第 10 版 [M]. 杨晓燕，郝佳，胡晓红，等译. 北京：中国人民大学出版社.

泰勒，2007. 科学管理原理 [M]. 马风才，译. 北京：机械工业出版社.

王能民，何奇东，张萌，2023. 供应链管理 [M]. 北京：机械工业出版社.

王能民，史玮璇，何正文，2023. 运营管理：新思维、新模式、新方法 [M]. 北京：机械工业出版社.

王毅，吴贵生，2023. 技术创新管理 [M]. 4 版. 北京：清华大学出版社.

王玉荣，葛新红，2016. 流程管理 [M]. 5 版. 北京：北京大学出版社.

沃麦克，琼斯，2015. 精益思想：白金版 [M]. 沈希瑾，张文杰，李京生，译. 北京：机械工业出版社.

吴奇志，赵璋，2021. 运营管理 [M].2 版. 北京：中国人民大学出版社.

张申生，等，2000. 敏捷制造的理论、技术与实践 [M]. 上海：上海交通大学出版社.

HEIZER J, RENDER B, MUNSON C, 2023.Operations management: sustainability and supply chain management[M]. 14th ed. Upper Saddle River: Pearson.

JACOBS F R, CHASE R B, 2017. Operations and supply chain management[M]. 15th ed. New York: McGraw-Hill.

附录

AI 伴学内容及提示词

AI 伴学工具：生成式人工智能工具，如 DeepSeek、Kimi、豆包、腾讯元宝、文心一言等。

序号	AI 伴学内容	AI 提示词
1	第1章 运营管理概论	什么是运营管理
2		运营管理的实质是什么，运营的四个要素是什么
3		运营决策通常可以使用哪些方法和工具
4		运营管理理论经历了几个发展阶段
5		影响运营管理的企业内外部问题有哪些
6		出一套关于运营管理基本理论的自测题
7	第2章 运营战略、生产率和竞争优势	运营战略、运营策略和运营方案的区别与联系是什么
8		运营战略分析通常有哪些分析模型
9		SWOT 分析的主要步骤
10		订单资格要素和订单赢得要素的关系
11		基本竞争优势要素有哪些
12		出一套关于运营战略、生产率和竞争优势的自测题
13	第3章 产品和服务设计	产品和服务设计的八个阶段是什么
14		为实现产品和服务设计的可持续性，需要考虑哪些方面的要素
15		质量功能展开和传统生产质量控制的差异
16		使用卡诺模型的步骤有哪些
17		影响流程生产率的要素有哪些
18		双钻模型的核心是什么，各个阶段的特点和内容是什么
19		出一套关于产品和服务设计的自测题
20	第4章 设施选址与布置优化	选址决策对企业的重要意义和影响因素
21		服务业与制造业选址关注点的差异
22		设施布置的影响因素有哪些
23		设施布置的典型形式和优缺点
24		服务业与制造业的设施布置存在哪些差异
25		选址与布置决策有哪些定量分析法
26		生产线平衡的基本概念及意义
27		现代设施布置的数字化应用

续表

序号	AI 伴学内容	AI 提示词
28	第 5 章 工作设计	工作设计的影响因素有哪些
29		工作设计中的行为理论
30		生产时间消耗结构的构成与研究意义
31		不同生产条件下单件工时定额的时间构成
32		工作测量的几种常用方法及其优缺点
33		工作环境研究与设计的意义
34		影响生产过程的工作环境因素有哪些
35	第 6 章 生产计划	综合计划的主要目标是什么
36		可持续如何影响综合计划的制定
37		比较平准策略与追赶策略的成本差异
38		信息技术对制定生产计划的作用
39		收益管理在旅游业中的应用
40		出一套关于主生产计划的自测题
41	第 7 章 作业计划	作业计划是什么
42		对比大批量运营系统和小批量运营系统作业计划的区别
43		排程调度的具体过程
44		举例说明生产作业计划的重要性和必要性
45		出一套应用甘特图模拟排程的自测题
46	第 8 章 运营能力管理	规模经济的产生原因有哪些
47		焦点工厂的典型案例
48		什么行业更重视生产柔性
49		制定能力规划方案的常用方法有哪些
50		大数据与人工智能如何影响需求预测方法
51		出一套关于需求预测的自测题
52	第 9 章 库存管理	库存管理对组织的影响
53		库存管理的核心要点有哪些
54		什么是定期检查库存控制系统
55		出一套经济订货批量模型的自测题
56		解释连续性检查库存控制系统原理
57		价格折扣模型的应用和评价

续表

序号	AI 伴学内容	AI 提示词
58	第 10 章 物料需求计划与企业资源计划	MRP 的编制逻辑
59		与订单编制有关的参数
60		ERP 的功能有哪些
61		举例说明 ERP 系统的优势
62		出一套关于 ERP 的自测题
63	第 11 章 供应链管理	供应链管理含义
64		供应链如何设计
65		供应商管理方法
66		牛鞭效应是如何形成的
67		供应链的发展方向
68		供应链管理下的物流管理、库存管理、采购管理有何特点
69	第 12 章 新型生产方式	新型生产方式都有哪些
70		精益制造有哪些特点
71		什么是约束理论
72		智能制造的特点
73		绿色制造的途径有哪些